日本語ネイティブが
苦手な英語の
音とリズムの作り方が
いちばんよくわかる

単語の教科書

大東文化大学外国語学部教授

靜 哲人 著
Tetsuhito Shizuka

テイエス企画

はじめに

　本書を手にとってくださりありがとうございます。書名からもわかるように本書は単なる単語集ではなく単語の「教科書」です。一般の単語集と同様に単語とその例文を収録してはいますが、すべてを英語の「音とリズム」という視点から構成するというアプローチをとっています。

　それは私の教える大学生たちの状況から推測するに、多くの方が行っている単語学習において「音」に対する注意が不十分だと思えるからです。語彙を構成する主な要素としては、スペリング、発音、意味、用法、使用域などがありますが、その他の要素に比べて発音（母音や子音、音節とアクセントのパターン）に向けられる注意が絶対的に不足だと思うのです。

　スピーキング、リスニングにおいては音がすべてです。コミュニケーション・ブレイクダウン（意思疎通の失敗）のほとんどは文法でなく発音を原因として起こる、という報告があります。それはそうでしょう。子音や母音がおかしければ別の単語に聞こえかねません。アクセントの位置が違ったり、音節の数が変わってしまえば通じないこともあります。せっかく単語を覚えても、そんな音声の単語が実は存在しないならば、すべては徒労ですね。

　本書は、日本語ネイティブが注意すべき主要な音ごとにそれを含む単語を配列し、その音が確実に習得できるよう工夫しました。発音表記には発音記号に加えて独自のカナ・英文字併用表記も採用しています。音声学にもとづいた「こだわり」のカナ・英文字併用表記は必ずみなさんのお役に立つでしょう。次に同じアクセントと音節のパターンを持つ単語を集め、それらの単語の全体イメージが無理なく覚えられる工夫をしました。またすべての例文には文全体のリズムがわかる強弱パターン表記をほどこしてあります。その可視化された音声表記を見ながら録音音声を聞いて練習すれば、その単語を含む例文が、もっと英語らしいリズムで言えるようになるでしょう。

　みなさんが本書を活用して、英語らしい音とリズムで単語が使いこなせるようになってくださることを願っています。

著者

Contents

序章

英単語学習10のポイント

第1章

英単語の発音強化のポイント36

<table>
<tr><td>第 2 章</td></tr>
</table>

通じる発音でマスターする
英単語450

第3章

リズムでマスターする
英単語1200

第4章

その他の重要ポイントで
マスターする英単語300

第5章

必修句動詞170

Column

英単語学習
10のポイント

　どうしても英単語との出合いが文字から始まることの多い私たち日本語ネイティブにとって、スペリングから想像した発音やアクセントが実際とは違っていて、結果的に音として「世の中に存在しない」単語を「記憶」してしまうという残念な体験はよくあるのではないでしょうか。そんな失敗をできるだけ減らすには、最初から正しい発音とアクセントで覚えることが大切なのは言うまでもありません。本章では英単語の発音を正しく身につけるための重要ポイントを学習します。

存在しない単語を覚えないこと

▶「単語を知っている」とは

　ある語を「知っている」というのは、どういうことでしょうか。「その語を見て意味がわかる」ことでしょうか。それはリーディングの場合の話です。リスニングなら、その語を聞いて意味がわかり、スピーキングなら発音して聞き手に意味を伝えられて初めて、その語を「知っている」と言えます。

▶「その語が発音できる」のが出発点

　つまり、ある語を「知っている」と言えるためには、その語の意味だけでなく正しく発音できることが必要です。その後はコロケーション（その語と慣用的に組み合わせて使われる語句）や、レジスター（くだけた語なのか硬いニュアンスの語なのか）など、より高次の知識も必要ですが、まずはスペリング、発音、そして意味をお互いに結びつけることが出発点です。

▶存在しない単語を覚えるという残念

　このうち、「スペリングと意味」の結びつきを無視する人はいないと思いますが、「発音と意味」のほうは、ついおろそかになってしまう人もいるようです。たとえば、新しく出合った語の発音を誤解（正確に言えば、自己流に推測）したまま覚えてしまう、ということが起こりがちです。

　bury（埋める）を「バリー」（正しくは /béri/）、bully（いじめる）を「バリー」（正しくは /búli/）、clothes（服）を「クロウジズ」（正しくは /klóuz/）、measure（測る）を「ミージャー」（正しくは /méʒər/）、choir（聖歌隊）を「チョイア」（正しくは /kwáɪər/）と覚えていた人はいませんか。

チョイヤーッ

　これでは、貴重な記憶能力の完全なむだ遣いになってしまっています。実にもったいない！

Point 2 アクセントの位置が大切

❯「悪いのはスペリングのほう」だけど

　Point 1 の「発音の誤解のあるある」で挙げた例はすべて個々の母音もしくは子音の発音に関わるミスでした。ただし学習者のみなさんの名誉のために指摘しておくと、ミスの責任・原因は誤解してしまった人のほうでなく、むしろ英語のスペリングの「いいかげんさ」にあります。そもそも bury を /béri/ と読まなければならないほうが理不尽なのです。

　英単語のかなりの部分は、慣れればスペリングから発音が判断できる程度の規則性はありますが、中には Wednesday のように「そのスペリングでその発音はおかしい！」と突っ込みたくなるケースもあります。語源や英語史を調べれば、そのズレの理由は解明できますが、そうする時間も興味もないという場合は、そういうものだと潔く諦めたほうが賢明です。

❯アクセントが最も重要

　また、別のタイプの発音ミスとして重大なのが、occur を「オカー」、determine を「デターマイン」、comfortable を「コンフォータブル」、manage を「マネージ」、alternative を「オルターネイティブ」としてしまうようなミス、つまりアクセント位置の誤りです。母音・子音のミスよりも、むしろこちらのほうが要注意です。語の全体イメージに与える影響が大きいからです。（カタカナ表記でのアクセントは実際の英語とは違うと思っていたほうが安全です）

❯知り合いに出会ってもわからない？

　正しいと思い込んでいる発音のままでは、相手に通じにくいし、何よりリスニングで困ります。知っているはずの語を聞いてもわからないのですから。知り合いの容貌についての思い込みが誤っていて、人混みですれ違ってもその人だとわからない場合と似ています。

子音の発音では
「四角四面」であることが大切

▶子音とは妨害の産物

　人が口から出す音は大きく分けて母音と子音になります。母音は「あ」「い」「う」「え」「お」で子音はそれ以外、のようにざっくりと理解されている人が多いと思いますが、もう少し厳密に言うと母音と子音の違いは「進路妨害の有無」です。発音は肺から押し出されてくる呼気が口や鼻から外に出るときの音ですが、その呼気の流れが①口の中のどこかで何らかの妨害をされてできる音が子音、②何の妨害もされないのが母音なのです。

▶どこで妨害をしているのか

　pet、take、cup という単語の最初の音はそれぞれ /p/、/t/、/k/ ですが、いずれも子音です。/p/ は、呼気の流れを上下の唇を閉じていったん止めるという「妨害」の産物です。/t/ は舌先を歯ぐきのあたりにつけて呼気をいったん止めるという「妨害」で作られます。では cup の最初の /k/ はどこで邪魔が起こるでしょう。「カ、カ、カ…」と連続して言ってみて、舌のどこがどこについているか感じてください。わかりますか？　そう、舌の後ろのほうが口の中のかなり後ろのほうの天井に接触して「邪魔」をしています。

▶きっちり邪魔をすれば OK

　ということは、子音はある意味では母音より習得がしやすいはずです。それは子音ごとに「どこをどう邪魔するか」が明確だからです。舌先を歯につける（th 音）、下唇を上前歯につける（f/v音）、舌先だけを歯ぐきにつける（l音）など、するべきことがはっきりしています。したがって、子音は決まったやりかたで四角四面にきっちり「邪魔」すれば、クリアな音になります。

Point 4　母音の発音では柔軟性が大切

❯母音は接触感覚を利用できない

　母音には子音にはない難しさがあります。それは口内での接触点がないことです。自分の舌や唇がどこかに接触すれば、その感覚があります。しかし「妨害」ゼロの母音ではそれがありません。「アイウエオ」の違いは何かというと、口の開き具合や舌の盛り上がり具合の違いです。「ア～」と「エ～」を繰り返し発音してみると、「ア～」のほうが口を大きく開いているのがわかります。そこで、母音を正しく発音するには口の開き方や舌の盛り上げ方などを学び、自分の出した声を聞きながら修正する必要があります。

❯アイウエオの間の境界を崩せばいい

　母音の習得には、舌先でどこかを触る感覚を利用できないという難しさはありますが、それを逆手にとりましょう。それは口の中の大きさと形を「適当に」変えさえすれば、私たちは誰でも世界中の言語で使われているどのような母音も発音できる能力を（潜在的には）まだ持っているということです。赤ん坊のときの人はみな、あらゆる母音を出せていました。それが、日本語だけが話される環境で育ったために「アイウエオ」の5種類しか出せない（出さない）ように筋肉が習慣づけられたにすぎません。その習慣の殻を破りさえすればよいのです！

%&$#'!

❯リラックスすれば「妙な」音も出せる

　英語には「ア」と「エ」の中間の /æ/ とか、「アー」と「ウー」の中間のような /ə:/ とか、日本語にない「妙な」音がいくつもあります。でも難しいことはありません。単に口の開き方と舌の盛り上げ方を微調整すればよいのです。大まかに理解したら、あとは試行錯誤です。「アイウエオ」から外れた「妙な」音でもいいのです。それが英語では「フツウ」なのです。

Point 5　子音の後に不要な母音を付けない

▶日本語は開音節言語

　日本語ネイティブが英語の正しい発音を身につける上で大切なことはいろいろありますが、最も注意すべきことを1つだけ挙げるならば、ずばり**子音の後に不要な母音をつけない**ことです。日本語の音は「母音」または「子音＋母音」が基本単位になっています。「あ」= a、「か」= k + a、「さ」= s + aであることはローマ字表記からもわかります。その特徴として、音節の最後が母音で終わるので、**開音節**基本の言語と言われます。

▶英語は閉音節言語

　英語は「母音＋子音」または「子音＋母音＋子音」という音節のパターンが基本です。たとえば it は i + t で「母音＋子音」、net は n + e + t で「子音＋母音＋子音」です。どちらのパターンであっても最後は子音で終わります。こちらは**閉音節**基本の言語と言われます。

　日本語の開音節に慣れている日本語ネイティブには子音で終わる閉音節だと「座りが悪い」のです。そこで net をついつい「ネット (netto)」と発音したくなります。net の後に o という不要な母音を付けてしまうのです。つまり日本語ネイティブは英語の閉音節を開音節にして発音しがちです。

net ＋ オ ＝ ？

熱湯じゃねえよ!!

▶閉音節を開音節にしない

　この「閉音節の開音節化」をやめる、つまり子音で終えるべきときは子音だけで終える、というルールを徹底するだけで、英単語発音のクオリティは格段に上がります。そこで本書では子音で終える発音の表記は原則として子音字を生かして、たとえば walk は /ウォー k/、net は /ネ t/ などと表記することにします。

14

Point 6 子音の間にも不要な母音を入れない

▶子音連結の中で

Point 5 は主に単語の終わりに着目して、子音で終わるべきところに余分な母音を付けないようにしましょう、という話でした。余分な母音を付けないように気をつけるべきところはもう1つあります。それは**子音連結**の中です。子音連結とは、子音だけが2つ以上つながる現象のことです。たとえば、st<u>r</u>eet とか、n<u>ext</u> の下線部に見られます。street の母音の前には「s + t + r」という3つの子音が、そして next の母音の後には「k + s + t」という3つの子音が連結しています（ここで x は ks と発音されるので、x だけで子音が2つです）。

▶母音数が激増！

しかし日本語ネイティブは子音だけが集まる子音連結にもともと慣れていないので、これまで慣れ親しんだ「子音＋母音」のパターンにした自己流の発音をしたくなります。それが、sutoreeto（ストリート）とか、nekusuto（ネクスト）などのカタカナ発音の正体です。それは不要な母音挿入によって母音数を激増させる発音と言えるでしょう。

▶t を「ト」と言わないのがカギ！

子音連結の中でも発音の良し悪しの差が最も出やすいのが、t の部分です。<u>t</u>ry、<u>t</u>rap、s<u>t</u>rike、s<u>t</u>reight、s<u>t</u>range、s<u>t</u>rong などの t を、いかに母音をつけた「ト」と言わず、子音だけの /t/ で発音できるかがポイントです。

おすすめの練習方法は、ap → rap → trap のように、子音連結の後の母音から始めて、その前に注意深く子音を1つずつ増やしていくというものです。この時には、あくまで母音は a（エァ）だけだ、と意識し続けるとうまくいきます。

15

Point 7 音節の大切さ

音節数が違うと通じない！

日本語的に「ステーキ」と発音した音声を日本語をまったく知らない英語ネイティブに聞かせて「なんという英単語を発音していると思いますか？」と尋ね、その回答を分析した研究があります[1]。結果はsteakよりもsteadyとかreadyとかの回答が多かったそうです。「ステーキ」というカタカナ発音（steh-ki）には母音が2つある（すなわち2音節である）ため、2音節語であるstead-y、read-yかな？などと思われてしまったのです。ある音声がある単語だと正しく判断されるためには、その単語本来の音節数のイメージ通りの音声で発音することが不可欠だ、ということがわかります。

音節はいくつ？＝母音はいくつ？

そもそも音節とは、基本的には母音を中心とする音のカタマリのことです。辞書の見出し語がpart-ner、sub-scrip-tionのように途中で区切られているのを見たことはあると思いますが、あれが音節のカタマリです。つまりpartnerは2音節語、subscriptionは3音節語であり、アクセントの位置と合わせるとそれぞれ〇o、o〇oといったカタマリ感だとわかります。

母音は増やしても減らしても通じにくい

上の「ステーキ」研究からわかるように、その語が本来もっている音節数を変えてしまうのは絶対避けたいNG発音です。だからこそ**Point 5**と**Point 6**で「不要な母音を付けない」「不要な母音を入れない」と繰り返し書いてきました。逆に本来あるはずの母音の数より少ない発音もいけません。

1 西川惠・原田依子（2015）英語母語話者はカタカナ式に発音されたカタカナ語をどのくらい理解できるか —外国語学習における重要語の発音教育のための示唆— 関東甲信越英語教育学会　第39回山梨研究大会（2015.8.8）

Point 8　実は、発音はアクセントに支配されている

＞発音とアクセント、どっちが大事？　どっちも！

　少し前まで「子音や母音などの個々の要素（分節要素）と、アクセント・リズム・イントネーションなどのより大きな要素（超分節要素）の、どちらが大切なのか」という議論がありました。現在はその二分法の発想自体が古いとされてきています。なぜかというと、分節要素と超分節要素は密接に結びついていて、お互いに影響し合うことがわかってきたからです。

＞アクセントの有無で母音は変わる

　英語リズムの本質は**音が伸び縮み**することです。日本語は原稿用紙のマス目に象徴されるように、すべての音（節）がほぼ同じ長さ同じリズムで発音されます。一方英語は、アクセントのある音（節）は長く、アクセントのない音（節）は短く発音されます。この時、もう１つ大切な差があります。それは、**アクセントがあるときは母音が「はっきりした」音で発音され、ないときは「あいまいな」音になる**ことです。これは日本語にはない特徴です。

＞母音によっては明瞭に発音「しない」のが大切

　ざっくり言うと、その部分にアクセントがないとき、スペリング上の文字が a、i、u、e、o のどれであっても、ほぼすべて「あいまい母音」/ə/ になります。そうすることでアクセントのある部分の音が目立つことになり、英語らしいメリハリが生まれます。

　たとえば次の語の下線部はすべてあいまい母音で、文字は違ってもほぼ同じ音です。

blossom / balance / focus / system / support / officer

　アクセントがない部分は短くかつ「いい加減な音」で発音するのが英単語の発音の隠れたコツなのです。

17

Point 9 本書の各項目について

　本書は一般的な単語集と性格が異なっていますので、各項目の表記を詳しく解説しておきます。以下の解説をよく読んで、本書の特長と学習上のポイントを理解していただくと、より効果的な語彙学習につながります。

• 単語

0011 expensive ❶	**形** 高価な ❹
☑ イks ペンスィ v □ /ɪkspénsɪv/ ○○。 ❸　❷	My **sis**ter **drives** a **ver**y ex**pen**sive **car**. ❺ 姉貴はすごく値段の高い車に乗ってるんだぜ。
❻ 音 si を「シ」と言わないように。　expense 名 C U 費用	

• 句動詞

2038 let off 〜　❶ □ let 〜 off □ □	〜を放免する❹	☆★★
	He was let off with no punishment. ❺ 彼は処罰なしで放免されました。	
❻ let(許す)+off(離れる方向に) → 離れることを許す → 放免する		

---

❶ 見出し語

　日常生活に必須の約 2,000 語（単語 1,961 語と句動詞 176）を収録しています（本書は発音・アクセント上の重要テーマによって各レッスンが構成されていますので、一つの単語が複数のレッスンで取り上げられていることがあります）。

❷ カナ発音と発音記号

　本書では発音表記として、通常の国際音標文字（IPA）（いわゆる発音記号）とともに、カタカナと英文字を併用した独自の表記を掲載しています。これは音声学の専門知識がない一般の日本語ネイティブの方を念頭に、発音イメージをわかりやすく可視化しようとしたものです。それぞれの音の出し

18

方については p.40 〜 p.74 で説明していますが、ここでは表記全体に関わる事柄について説明します。

＞発音記号は読み取りが実は難しい

もちろん発音記号は音声を正確に表します。しかし記号がいかに精緻なものであろうとも、見慣れない記号自体を正確に読み取れない人にとってはあまり役に立ちません。さらに生半可な知識で読もうとすると、ミスリードされることさえあります。

例1

たとえば、あいまい母音を表す /ə/ は1種類の音ではなく、元の文字によって微妙に異なります。activity、variety の下線部は発音記号ではどちらも /ə/ ですが、まったく同じ音ではありません。それぞれ元の文字である i、e の香りのする音です。これを発音記号だけを見てまったく同じ音なのだと思ってしまうのは誤解です。

例2

別の例を挙げると、一般には短いイだと思われている /ɪ/ は、実はイとエの中間的な音です。ですから object の下線部の発音記号が /ɪ/ であるのを見て、「object の je はジェでなくてジなのか」と思ってしまうのもやはり誤解です。

例3

子音についても例を挙げると L の音である /l/ には実は2種類あります。後に母音が続く場合の /l/ は明るい音（明るい L）、母音が続かない場合の /l/ は暗い音（暗い L）です。暗い L のほうは舌先が歯茎にしっかり接触しないこともあり、耳で聞くと「ル」よりも「ウ」や「オ」に近い音です。それを知らずに /túːl/ という記号を見て、tool を「トゥール」と発音してしまうのも誤解です。（本書での表記は「**トゥー**ォ」です。）

＞カタカナと英文字を併用する理念

しかし日本語ネイティブならカタカナは誰でも同じように読めますし、普

通の英文字も文字自体は見慣れているはずです。そこで本書では英単語の発音をカタカナと英文字のコンビネーションによって書き表すことにしました。

　カタカナと英文字を併用することにしたのは、以下のような考えに基づいています。

1. 英語の発音には日本語にもよく似た音が存在するものと、日本語にはまったく存在しないものがある。
2. 日本語にもよく似た音があるもの（/b/ や /k/ などの子音や、かなりの母音）に関してはとりあえず日本語と同じで良いわけなので、カタカナで書けば誤解なく読める。
3. 一方、日本語にはまったくない音（たとえば /r/ や /l/、/f/ や /v/、th など）をカタカナで書いてしまうのは「日本語の音でいいのだ」という誤解を招くので避けるべきである。
4. そこで「とりあえず日本語と同じ音でよいですよ」という部分はカタカナの組み合わせを工夫して表し、「日本語とは違う、全く別の音ですよ！」と注意を喚起したい部分は英文字で書く。

▶カナ・英文字併用表記の大原則

　つまりカタカナと英文字の使い分けの大原則は以下の通りです。

（1）カタカナ部分はとりあえずそのまま読めば大きな問題はありません。
（2）英文字部分は日本語にはない英語独特の音なので、解説をよく読み、実際の音声をよく聞いて真似してください。

この２つの大原則がいわば総論なのですが、各論をいくつか記しておきます。

▶子音のみ発音する場合は英文字、母音を合わせる場合はカタカナで

　日本語ネイティブは子音だけ発音するのが基本、苦手です。例えば t とい

う子音だけ発音すべき時にも母音をつけて t + o =「ト」としてしまいがちです。例えば net を「ネット」などと言いたくなりますよね。「ト」ではないことを強調して「ネットゥ」などと書いても「ゥ」という母音が邪魔になります。よって本書ではそういう場合は、子音のみであることを強調するために英文字を使って「ネt」とすることにしました。

> **seat スィ-t　　tip ティp**

表記のなかでたとえば s とあれば、これは「ス」(= su) ではなく、子音だけの s だと思って発音してください。

> **skin sキンx　　stick sティk**

これに対して「ス」とあれば、s に「ウ」をあわせたような母音つきの音だと思ってください。

> **sustain スsテインx　　success スkセ-s**

上の2つでは su 部分を「ス」としていますが、これはあいまい母音を含むので、実際には「サ」と「ス」の中間のような音です。しかし明瞭に「サ」と言わないほうがよいので、口の開きが小さくなるように「ス」で表記しています。実際の音に当たってください。

❯英文字のなかでも /r/ と /l/ は重要なので大文字で

　L／R の区別のない日本語を母語とする我々にとって、Engrish（L と R の区別がない日本人的発音、転じて、誤ったとんでも英語一般をさす言葉）などとバカにされないためにも、/l/ と /r/ の的確な区別は最優先事項です。そのメッセージを明確にするために、/l/ と /r/ に関しては日本語にない音という意味で英文字 l、r を使うだけでなく、大文字 L、R を使って目立たせています。

rent **R**エンt	arrive ア**R**アーィv
late **L**エィt	release **R**ィ**L**イーs

➤ ただし暗い L は「オ」または「ウ」で

後に母音のこない /l/ は暗い L と呼ばれ、はっきりとした明るい L とは音色がかなり異なり「オ」や「ウ」に似たような音です。このことを知らない人が L を見たら、「ル」的な発音をしてしまうはずです。それを避けるため、カタカナの「オ」または「ウ」で表記しています。「オ」にするか「ウ」にするかはその単語ごとに、より適切と思われるほうを選んでいます。いずれにしてもその中間的な響きです。

ill **イ**ォ	fall f**オー**ゥ	fault f**オー**ゥt	guilty **ギ**ォティ

➤ TH 音は、そのまま th で

英語の th は舌先を歯にあてて出す日本語にはない音です。無声音 /θ/ である場合と有声音 /ð/ である場合があります。無声でも有声でも舌先の動きは共通なので、無声 th はそのまま th で、有声 th は、th に濁点をつけた th゛で表記します。

think th**イ**ンk	month **マ**ンth
father f**アー**th゛ァ	without ゥィth゛**ア**ゥt

➤ たたき音はダ行で

「たたき音」とは、アメリカ式に、pre<u>tt</u>y、be<u>tt</u>er、bu<u>tt</u>er を発音したときに下線部に現れる音で、日本語の「ラ行」音によく似ています。そこで本シリーズの『発音の教科書』では「ラ」「リ」「ル」「レ」「ロ」で表記したのですが、本書では d 音を連想させる「ディ」などで表記することにしました。それはアメリカの発音教本ではこの音は「t が d 化したものだ」という表現がなされることと、私が教えている学生を見ていると「ラ行音」という表現に

よって英語の R の音だと勘違いするケースがどうしても一定数出てしまうからです。今回は「ディ」などと表記していますが、通常の「di」ではなく、日本語のラ行のように舌先で一瞬だけ歯茎を叩く音です。

pretty pR**イ**ディ	committee カ**ミ**ディ
exciting イk**サ**イディン	matter メ**ア**ーダ

＞破擦音 dȝ はヂ、摩擦音 ȝ はジ

破擦音 dȝ とは、d の部分でいったん舌先を歯茎に接触させて呼気を閉鎖して出す音です。舌先を接触させない ȝ とはそこが異なります。その違いを表すために、dȝ は、「ヂ」で、ȝ は「ジ」で表記します。

individual **イ**ンドゥv**イ**ヂュオウ	casual ケ**ア**ージュオウ
major メ**イ**ヂャ	measure メ**ジ**ャ

＞語末の dȝ はチ

ただし破擦音 dȝ が語尾に来た時は、事実上（あるいはほぼ）無声音になることが知られています（え？と思った人は実際の音声を聞いて確認してみてください）。そこで思い切って、語末に来る dȝ は有声をあらわす「ヂ」でなく無声を表す「チ」で表記することにしました。チと書いたほうが、dȝ のために必要な舌先の歯茎への接触を確実に実現できるからという理由もあります。

large L**ア**ーチ	message メ**セ**チ
image **イ**ミチ	sausage ソ**ー**セチ

＞あいまい母音はその語に応じた最も近いカナで

上であいまい母音 /ə/ はもとの母音字 a, i, u, e, o の香りが残る音だと書きましたが、「ア」「イ」「ウ」「エ」「オ」のどれとも違う、あいまいな音です。強いて選ぶならば、口をあまり開けずに発音するという点で「ウ」が近いで

23

す。よって「ウ」段の音「ウ」「ス」「ク」「ム」などで表記するのを原則としました。しかし実際の音が他の音に近く聞こえる場合には「ア」段（カなど）や「エ段」（ケなど）を使っていることもあります。いずにしてもあいまいな音です。

❯日本語にない æ、ə: はカナを組み合わせて

　日本語ネイティブは母音に関しては特に「ア」に似た /æ/、「アー」に似た /ə:/ を身につける必要があります。/æ/ は「エ」に近い「ア」なので「ェァ」と表記し、/ə:/ は「ウー」に近い「アー」なので、「ウァー」と表記しています。ただしそれぞれ、**「エ」から「ァ」に移るわけでも、「ウ」から「ァ」に移るわけでもなく、最初から２つの音が混ざったような音です。**実際の音声にあたって確認してください。

hand　ヘ**ァー**ᴅ　　learn　L**ウァー**ᴺ₌ₓ

❯アクセントを文字の太さで表現

　ここまでに示したカナ・英文字併用表記で気づいたと思いますが、強く発音すべき部分はボールド体（太字）の文字にしてあります。ボールド体の部分をそうでない部分よりも「長めに、ピッチを高めに、はっきりと」発音してください。アクセントのある音節の中の、そのまた特に強い部分をボールド体にしている、というイメージです。

❯母音の長さは " ー " と "-" で微妙に調整

　日本語は「伸ばさない音」と「伸ばす音」の区別が明確です。例えば「してき（指摘）」と「しいてき（恣意的）」の「し」と「しい」部分の長さは、日本語ネイティブの意識の上で明確に分かれます。ひらがなで原稿用紙のマス目に書くときに１マス使うか２マス使うかは絶対的かつ恒常的な違いです。

　ところが英語は母音の長さに関して「１マス」vs「２マス」のような絶対的・安定的な違いが実はありません。一応「短母音」と「長母音」の区別はあり、発音記号上で母音のあとに /:/ があればそれは長く発音される長母音で

あることになっていますが、実は同じ長母音でも短めの長母音と長めの長母音があるのです。たとえば /iː/ は後に有声子音が来るときより、無声子音が来る時のほうが短くなります。つまり、bead より beat のほうが ea 部分が短いのです（→ Lesson 28 & 29）。また一応短母音に分類されていてもアとエの中間的な音である /æ/ はかなり長い音であることが知られています（→ Lesson 15）。これらの長さの違いは発音記号には表されていませんので、一般の方が発音記号のみによって適切に判断するのは事実上無理かと思います。

　そこでカナ・英文字併用表記においては、「一応長母音で発音記号には /ː/ があるけれどもやや短めの音」（beat /ビ-t/　route /Rウ-t/ など）、「短母音で発音記号には ː がないけれどもやや長めの音」（van /vエァ-ンｽ/　drag /dRエァ-g/ など）など（他にもあります）に、一部、短い棒引き「-」を用いています。

　「一部」と書いたのは、そのような音のすべてに**機械的に**「-」を当てることはしていないからです。現実の母音の長さを物理的に測定してみると３段階どころかもっとずっと多いのでそれを「棒引きがない／短い棒引きがある／長い棒引きがある」の３段階で系統的に表現するのは不可能です。そうではなく、多くの日本語ネイティブのみなさんが「短すぎる短母音で発音しがちだけれども、気持ち長めに発音したほうが良い」、逆に「長すぎる長母音で発音しがちだけれども、気持ち短めに発音した方が良い」と考えられる場合に限り、「-」を用いています。この点に関しては次項「整合性より近似性」もご参照ください。

❯カタカナ表記は「整合性」より「近似性」を重視

　最後にまた総論に戻り、お伝えしておきたいことがあります。それは、カナ・英文字併用表記において、（英文字部分は完全に整合性が取れていますが）カタカナ部分の表記内での整合性には、あえて過度にこだわらないようにしたということです。

　発音記号は（ある程度の幅のある様々な音を表すあいまい母音 /ə/ などを除いては）基本的にひとつの記号がひとつの音に対応します。異なる音の数

だけ、一般のひとには馴染みのないような新しい記号を使っているのでそれが可能です。しかしその記号の多さが原因となって、一般の人には発音記号が読みにくいものになっているのも事実です。一方、もともと文字の種類が限られていて、特に母音字はアイウエオの5種類しかないカタカナ表記の場合は、音と表記の一対一対応は土台不可能です。無理にやろうとしても、かえって実際の単語の音と離れてしまうことがあります。

　ですから本書のカナ・英文字併用表記においては、あくまで**当該の単語の現実の音、具体的には本書の録音を担当した3名のナレータの発音に、カタカナと英文字を用いて最大限「寄せる」ことを第一の目標にしました。**カタカナ表記内部での整合性や、カタカナと発音「記号」の対応関係を整えることは第一の目標にはしていません。

　結果的に別々の単語のカタカナ表記を比べてみると、同じ音（母音）が異なる表記になっていたり、異なる音が同じ表記になっていたりすることはありえます。また発音記号とカタカナ表記を比べてみると、同じ発音記号が異なるカタカナに対応していたり、異なる発音記号が同じカタカナに対応していたりすることはありえます。

　どちらも一つ一つの単語の実際のナレーターの音声イメージをわかりやすい表記で可能な限り「寄せて」表現しようとした結果です。実際の音声に当たって確認してみてください。**本書のカナ・英文字併用表記を見ながら音声を聞いてみると、自力で音声だけを聞いた時には「聞こえない」細かな音までもが「聞こえてくる」**はずだと考えています。

❸ 音節パターン

　この単語が、いくつの音節から成っていて、どの音節が強くてどの音節が弱いのか、を、3種類の大きさの〇で表しています。〇が第1アクセント、○が第2アクセント、。がアクセントのない音節を表します。詳しくは**Lesson 36** で説明します。

❹ 品詞と見出し語訳

　見出し語の品詞、動詞なら自動詞・他動詞の区別、名詞なら可算・不可算

の区別、そしてその単語に関して最も最初に覚えるべき訳語を示しています。その訳語を例文の訳文の中でも原則としてそのまま使用することで覚えやすくなっています。

本書で使用される記号

動 動詞（自 自動詞 他 他動詞）　　名 名詞（C 可算 U 不可算）　　形 形容詞

副 副詞　　代 代名詞　　接 接続詞　　助 助動詞　　前 前置詞　　感 感嘆詞

音 発音注意　〈源〉語源　〈俗〉俗語　〈反〉反意語　（強）強形　（弱）強形

【活用】活用注意　　　【複】複数　　　【単】単数

《英》イギリス英語　　《米》アメリカ英語　　《主に米》主にアメリカ英語

---

❺ 例文

　その語の家庭、職場、学校などでの使い方がよく分かるように、ネイティブスピーカが書き下ろした自然な例文をつけました。例文の音声をリズム面から「見える化」するために、全例文に強弱表示をつけています。以下、例文の強弱表示について説明します。

❯ 例文の強弱表示について

　高低アクセントの日本語に対して、英語は強弱アクセントだとよく言われます。（より厳密には強は「音声のピッチを高く、音を長く、母音を明瞭に」という意味であり、弱は「音声のピッチを低く、音を短く、母音を曖昧に」という意味です。しかし冗長なので以下では単に「強」「弱」と書きます。）単語にアクセントがあるように、文にもアクセント（文ストレス）があり、発話に適切な強弱をつけることが、英語らしい英語音声を生み出すには欠かせません。

❯ 文ストレスを２段階で表示

　本書では、すべての例文の文ストレスを、（原則としては）音節ごとに２段階で表現しています（ストレスのある音声は文字を太く、大きく）。たとえ

ば、I'm proud to be a citizen of this city.（この市の市民であることを誇り
に思う）は、

I'm **proud** to be a **cit**izen of **this cit**y.

のように表記しています。これは proud、cit、this、cit の部分（＝音節）を
比較的強く、I'm, to, to, a, izen, of, y の部分を比較的弱く発音するという意
味です。

❯単純化です

　急いでつけ加えますがこの表示は単純化の結果です。人間の声帯は機械で
はありませんので、強弱レベルがこれほどきれいに２段階に分かれた音声を
出すのは物理的に不可能です。強から弱、弱から強に移り変わる瞬間にはそ
の中間的な強さがあります。ひとつの強のなか、弱の中でも一定ではなく変
化があります。そしてすべての強同士、すべての弱同士が厳密に同じ強さで
もありません。あくまで、太字になっている部分はその前後の太字でない部
分に比べると比較的目立って聞こえる傾向がある、程度の意味と理解してく
ださい。（音声学の専門書では４段階の強さを区別する場合もありますが、
それも結局は単純化です。）

❯そして一例です

　さらに唯一の正解ではありません。典型的な読まれ方ではありますが、あ
くまでひとつの例です。文ストレスは流動性の大きなもので、話し手の気
持ち、話すスピード、言い方、前後の文脈によってかなり変わります。「他
の人とは違って自分は…」という気持ちがあるならば、**I'm proud** to... の
ように、I を強めに言うことはありえますし、「別の市からこの市に移ってき
て」という状況であれば、**this** city のように city は弱めにして this だけを
強調することもありえます。
　ですから正直に言えば、本書の例文の文ストレス表示を最終的に決めるま
でには非常に苦労しました。一度決めたものを何度も修正し、最終的に録音

28

のナレーションと照らし合わせてさらに微修正したものです。（しかし別の
ナレーターの方が別の読み方をすればまた違う可能性もあります。）

　そのような流動性の大きな音声のイメージですが、多少単純化したもので
はあっても何らかの可視化してみることには大きな意義があり、読者のみな
さんの役に立つはずだと考え、このような形にしました。（以下の解説で引
用している文はすべて本書の例文であり、本書に収録された音声に即して解
説したものです。）

❯文ストレスを決める大きな２つの原則

　以上述べたように流動性が大きいものとは言え、その底には原理原則があ
ります。本書の例文以外の文を、モデルを真似ることなしに自力で発話する
ときには、以下の大きな原則を頭に入れておくと役に立ちます。

> **大原則 1** 　内容語または意味的に「重い」語（のアクセントのある音節）は
> 　　　　　　強くなる。機能語または意味的に「軽い」語は弱くなる。
> **大原則 2** 　原則1に従うと「強くなる」べき音節が２つ連続してしまう時は、
> 　　　　　　どちらかの音節がやや弱くなることで、強弱リズムを維持する。

❯文の中で比較的強い品詞

　まず **大原則 1** から説明します。文の中でストレスが置かれやすいのは以
下の品詞（内容語）です。

> 名詞、動詞、形容詞、副詞、疑問詞

逆にストレスが置かれにくいのは、以下の品詞（機能語）です。

> 代名詞、助動詞、前置詞、接続詞、関係代名詞

　同じ動詞系でも本動詞は強く、助動詞は弱いことに留意してください。た
とえば同じhaveでも本動詞の場合と助動詞の場合がありますが前者は強く、

後者は弱いです。

> If you **want**, you can **have** an**oth**er **dough**nut. ［本動詞の have］.
> （よかったら、もう１つドーナッツをどうぞ）
>
> I **could**n't have **fin**ished with**out** your **help**. ［助動詞の have］
> （あなたの助けなしでは完了できませんでした）

❯助動詞が強くなる場合

　上の２つの例文には can と couldn't が使われていますが、couldn't の could 部分が強くなっているのに気づいたでしょうか。助動詞 + not の短縮形は、いわば not の強さを「助動詞が腹の中に飲み込んでしまう」結果、助動詞が強くなります。次のようです。

> could **not** → **could**n't
> will **not** → **won't**
> have **not** → **have**n't

　また助動詞的な表現である have to の have は強弱リズムを生み出すためにも強くなることが多いです。

> I **have** to **make** a **speech** at the **con**ference.
> （会議でスピーチをしないといけないんです）

　原則として might は弱い助動詞ですが、その助動詞の持つ意味を強調したいときには強くなります。次の例文で「ひょっとしたらそうなるかも」という意味を強調する場合には might を強く言います。

> We **might drive fly**ing **cars** in the **fu**ture.
> （私たち、将来は空飛ぶ車を運転してるかもね）

❯前置詞が強くなる場合

　前置詞でも２音節以上のものは、そもそも語アクセントのある音節のほうがアクセントのない音節よりも強いわけなので、文のなかでもそちらの音節が強く聞こえることがあります。

I **have** a **gap** <u>be**tween**</u> my **front teeth**.
（私、前歯の間に隙間があるの）
I'll **fin**ish the re**port** <u>with**in**</u> a **day**.
（１日以内に報告書を仕上げます）

　また before や without は２音節語であることに加え、担っている意味が「重い」とも考えられ、強くなることがあります。

I **felt** a **bit ner**vous <u>be**fore**</u> the **game**.
（試合の前、私は少し緊張していた）
My **day** would be **bor**ing <u>with**out**</u> **vid**eo **games**.
（ビデオゲームなしでは毎日が退屈だろうな。）

❯代名詞が強くなる場合

　機能語である代名詞も、文脈からあるいは強弱リズムの必要性から強くなることもあります。

My **wife** is **outgo**ing, where**as I** am **shy**. ［wife との対比で I を強くする］
（妻は社交的ですが、その一方で私は人見知りなんで）
In **case** you **did**n't **know**, <u>he</u> is our **new boss**.
［ある男性のことを「彼こそが」と、強く指し示すために強くする］
（知らない場合のために言うけれど、彼は僕たちの新しい上司だよ）

❯再帰代名詞が強くなる場合

　yourself、himself などの再帰代名詞は、意味的にはそれぞれ you、him

を「繰り返し」ているようなものであり、意味的に情報量が少ないと言えます。おそらくそのため、動詞や前置詞の目的語の場合、あまり強く発音されないのが普通です。

> **Dress** yourself.
> （ちゃんと服を着て）
>
> **Don't** be **so mod**est about yourself.
> （そんなに謙遜しない〈自分に関して謙虚でいない〉でください）

ただし慣用表現の場合は強く発音されることがあります。

> She **organized** this e**vent all** by her**self**!
> （彼女はこのイベントを1人で企画した〈組織した〉！）

❯リズム優先で内容語でもやや弱くなる場合

つぎに 大原則2 です。内容語であっても強くしてしまうと強い音節が連続になってしまうので、強弱を維持するため内容語でもやや弱く言うことがあります。

次の例文で has は本動詞で内容語です。しかし son に続いて has も強く言うと強い音節が続いてしまってリズムが作りにくいこと、および has の「持っている」という意味があまり「重い」ものでない、という2つの理由から has は弱く言われています。

> My **son** has a **lot** of en**er**gy.
> （息子は元気一杯〈多くのエネルギーを持っている〉です）

次の例文では、have も no も money も内容語ですが、強弱リズムを生むために真ん中の no がやや弱くなっています。

> I **have** no **mon**ey on me now.

（今はお金の持ち合わせがないんだ）

❯時を表す副詞的要素はやや弱くなる

　上の例文 I have no money on me now. の now は内容語ですが、あまり強くは読まれません。一般的に、now, today, yesterday, this year など、時を表す副詞的要素は強く読まれないのが普通です。「いつ」というのはそれほど目立たせて伝えたい要素はない、ということでしょう。

We **made** a **good prof**it <u>this year</u>.
（我が社は今年、大きな利益を上げました）
I **res**cued a **drown**ing **pup**py <u>today</u>!
（今日、溺れかけていた子犬を救助したよ！）
What time did you re**turn home** <u>yesterday</u>?
（昨日は何時に家に戻ったの？）

　ただしその「期限」自体が焦点であれば当然強く発音します。

They'll **send** us a pro**pos**al by <u>to**mor**row</u>.
（先方は、明日までに提案を送って来る）

❯まとめ

　この他にも特殊なケースを上げてゆくときりがありませんし、複雑さを過度に印象づけてしまうと逆効果にもなるので、これでやめておきます。しかし、要するにポイントは、

（1）重要だと相手に伝えたい部分は強く、長く、はっきりと言い
（2）その上でなるべく強弱が交互に出てくるようにする

ということです。この2つを頭に入れたら、あとは実際の音声にあたって慣れてゆくのみです。

❻ワンポイント解説

　ほぼすべての語に何らかの補足情報をつけました。見出し語の派生語、見出し語を含む重要・慣用表現などに加えて、語源的な情報（〈源〉）、音声面でのアドバイス（🔊）もあります。とくに🔊に力を入れましたので、活用してください。

＊ ＊ ＊

　本書中で使われている「発音を作り出す器官」の名称とその位置は以下のとおりです。

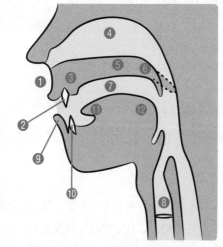

発音を作り出す器官

❶上唇　　　❷上前歯

❸歯ぐき　　❹鼻腔

❺硬口蓋（こうこうがい）

❻軟口蓋（なんこうがい）

❼口腔　　　❽声帯

❾下唇　　　❿下歯

⓫舌先　　　⓬後舌

(1)「ば、ば、ば」と言うとき、①と⑨が接触します。
(2)「た、た、た」と言うとき、⑪が③に接触します。
(3)「か、か、か」と言うとき、⑫が⑥に接触します。

Point 10 本書を使った効果的なトレーニング

　本書の特長は、発音ポイントごとに単語が提示され、発音記号にくわえて読みやすいカナ発音表記があり、例文に強弱のリズム表記がなされていることです。これらの特長を最大限に活かすため、かならず音声をダウンロードした上で、以下でご紹介する方法でトレーニングしていただくのが効果的です。

トレーニング用音声の収録内容

　さまざまなトレーニングの方法に合わせ以下の音声が用意されています。次項「各章のトレーニング方法」には、使用する音声番号（音声 001 〜 013）を示していますので、ご参照ください。

音声番号	章	内容	練習方法	形式
音声 001	第1章・コラム	単語など	リスニング	単語など
音声 002	第2章〜第4章	単語	リスニング	単語
音声 003			リピート	単語→ポーズ→単語→ポーズ
音声 004			日本語→英語	見出し語訳→ポーズ→単語
音声 005		例文	リスニング	例文
音声 006			リピート	例文→ポーズ→例文→ポーズ
音声 007			日本語→英語	例文訳→ポーズ→例文
音声 008	第5章	句動詞	リスニング	句動詞
音声 009			リピート	句動詞→ポーズ→句動詞→ポーズ
音声 010			日本語→英語	見出し語訳→ポーズ→句動詞
音声 011		例文	リスニング	例文
音声 012			リピート	例文→ポーズ→例文→ポーズ
音声 013			日本語→英語	例文訳→ポーズ→例文

各章のトレーニング方法

第1章のトレーニング

　英語の発音を構成する「分節音」（ひとつひとつの音）の中で、習得しないと意味の区別に差しさわる「絶対重要ポイント」と、これも習得するとぐっと英語らしくなる「重要ポイント」を取り上げ、それぞれの発音のしかたを

解説した上で例となる単語を3つずつ掲載しています。最後に、分節音以上に大事だとも言える「音節パターン」を取り上げて詳しく解説しています。

　音声（音声001）を注意深く聞いて、各ポイントをしっかりとマスターしてください。この第1章は英単語の全重要発音を網羅しています。これをマスターすれば基礎はできたと言えますので、あとは単語を増やしていくだけです。

第2章～第5章のトレーニング

　第2・3章は第1章と対応しています。まずは全体像を知りたい人は、第1章をすべて終えてから第2・3章に入ってください。各音ごとの関連単語を一気にマスターしたい人は、第1章でひとつのレッスンを終えるごとに対応する第2・3章のレッスンに移ってください。第4章では、第2アクセント・同綴語・黙字を含む語などの学習テーマに沿って単語を増やし、第5章では重要な句動詞をマスターします。トレーニング方法は以下をお勧めします。

●見出し語（単語・句動詞）のトレーニング

■STEP 1：赤シートで「カナ発音」を隠して見出し語を発音してみる
【ポイント】■音声002を使用してください。
　　　　　　■スペリングだけを見て単語を自力で読んでみましょう。
　　　　　　■音声を聞きながら「カナ発音」を確認します。自分が持っていた音声イメージとぜんぜん違う！という発見がたくさんあるはずです。
　　　　　　※句動詞にはカナ発音がありませんのでこのStepの対象外です。

■STEP 2：本を見ながらリピートする
【ポイント】■音声003、009を使用してください。
　　　　　　■見出し語を聞いてポーズ（2回）の間に真似て発音してみましょう。
　　　　　　■最初のポーズで見出し語のつづりを、2回目はカナ発音を見ながら発音してみましょう。

■STEP 3：本を見ないで日本語→英語を練習する
【ポイント】■音声004、010を使用してください。
　　　　　　■日本語を聞いてポーズ（1回）の間に英語を発音してみましょう。

●例文のトレーニング

■STEP 1：本を見ながらリピートする
【ポイント】■音声006、012を使用してください。
　　　　　　■例文を聞いてポーズ（2回）の間に真似て発音してみましょう。
　　　　　　■全体のリズム、メロディ（＝イントネーション）を「モノマネ」してみましょう。

■STEP 2：本を見ないでリピートする

【ポイント】■音声006、012を使用してください。

■例文を聞いてポーズ（2回）の間に真似て発音してみましょう。

■うまくできない場合は、STEP 1に戻りましょう。

■STEP 3：本を見て、リード＆ルックアップする

【ポイント】■音声は使用しません。

■例文を一瞬見て全部を記憶し、顔を上げて一気に言ってみましょう。

■うまくできない場合は、STEP 2に戻りましょう。

■STEP 4：本を見ないで日本語→英語を練習する

【ポイント】■音声007、013を使用してください。

■日本語を聞いてポーズ（1回）の間に英語を発音してみましょう。

■うまくできない場合は、STEP 3に戻りましょう。

※リスニング用音声（音声002、005、008、011）の使い方について

それぞれの練習に入る準備として、見出し語や例文を繰り返しリスニングすると効果的です。また、例文のオーバーラッピング（聞こえてくる音に合わせてかぶせるように発音する。最初は本を見ながら、慣れてきたら本を見ないで）の練習をする際に使用してください。

トレーニング用音声のダウンロード

本書に収録している英単語・句動詞および例文の音声は、以下のウェブサイトからダウンロードすることができますのでご活用ください。

パソコンにダウンロードする

❶パソコンからインターネットでダウンロード用サイトにアクセス

お使いのブラウザで下記のURLを入力してサイトにアクセスしてください。

https://tofl.jp/books/2663/

❷音声ファイルをダウンロード

サイトの説明に沿って音声ファイル（MP3形式）をダウンロードしてください。

※スマートフォンにダウンロードして再生することはできません。いったんパソコンにダウンロードしてから、スマートフォンに転送してください。

音声を再生する

パソコン上で音声を再生する場合は、iTunesなどの再生ソフトをお使いください。iPhoneなどのスマートフォンや携帯用の音楽プレーヤーで再生する場合は各機器をパソコンに接続し、音声ファイルを転送してください。

※各機器の使用方法につきましては、各メーカーの説明書をご参照ください。

アブクド読みの勧め

MP3
01

　みなさんは、英単語の読み方（発音）をどのように学んできましたか。「英語の実際の発音は、スペリングからはわからないから、発音記号を確認したり、実際の音声をデジタル辞書などで聞いたりして1つ1つ覚えなければならない」と思っているとしたらそれは少し違います。

　表音文字である日本語の「かな」は、それぞれの文字を読めばそのまま日本語の音になりますね。アルファベット文字も基本的には「かな」と同じ表音文字なので、1文字1文字読んでいけばよいのです。ただし、そのためにはアルファベット文字の単語の中での読み方を知る必要があります。

　文字の単語の中での読み方とは、文字の名前のことではありません。a、b、c、dの文字を見て「エイ」「ビー」「スィー」「ディー」と読むのは、文字の名前であって、単語の中での読み方ではありません。a、b、c、dの単語の中での読み方はおおよそ「エァ」「ブッ」「クッ」「ドゥ」です。そこで、このような「アルファベット文字が単語の中で使われる場合の読み方」のことを「アブクド読み」と言います。「アブクド」とはa、b、c、dの読み方をつなげたものです。

　このアブクド読みができれば初めて見る単語でもかなり正確に発音でき、知っている単語の発音の正確さも向上します。text を「テキスト」と発音してしまう人がいますが、「t＋e＋x＋t ＝ トゥ＋エ＋クス-＋トゥ」だと認識できれば、「キ」の音はどこにもないことがわかります。

アブクド読み

文字	a	b	c	d	e	f	g	h	i	j	k	l	m
発音記号	/æ/	/b/	/k/	/d/	/e/	/f/	/g/	/h/	/i/	/dʒ/	/k/	/l/	/m/
カタカナ	エァ	ブッ	クッ	ドゥ	エ	フー	グッ	ハー	イ	ヂック	クッ	ル	ンム

文字	n	o	p	q	r	s	t	u	v	w	x	y	z
発音記号	/n/	/ɑ/	/p/	/k/	/r/	/s/	/t/	/ʌ/	/v/	/w/	/ks/	/j/	/z/
カタカナ	ンヌ	オ	ブッ	クッ	ウ	スー	トゥ	アッ	ヴー	ウォ	クスー	イェ	ズー

※色が薄い音は、声帯を振動させずに発音します。カタカナは各文字の発音の目安をすべてカタカナで表したもので、本書の単語としてのカナ表記と異なります。

英単語の発音
強化のポイント36

　本章では英単語の発音でポイントとなる音を取り上げ、その音を含む単語の発音を練習します。英語は日本語より母音も子音も種類が多いのですが、心配はいりません。最も大切なポイントさえ押さえれば大丈夫です。

　ところで、母音と子音ではどちらが重要だと思いますか。答えは子音です。なぜなら子音の方が、情報量が多いからです。例を挙げると、ある単語の母音だけ残した「○A○A○」だとまったく正体不明ですが、子音だけ残した「J○P○N」なら見当がつきます。

　ということで、本章では、まず子音の発音ポイントから解説していきます。

シじゃないスィ（歯茎摩擦音）

〉「シティ」ホテルは汚いホテル？！

sit を「シット」、city を「シティ」と発音するのは絶対に NG です。それぞれ shit（クソ）、shitty（不快な）という言葉の発音に近いからです。babysitter は正しくは「ベイビースィター」のような発音ですが、sitter 部分を「シッター」と言ってしまうと、shitter（shit する人）のように聞こえて場違いな情景を連想させますし、シティ（= shitty）ホテルに泊まりたい人などいないでしょう。

si- や ci- は原則として「スィ」と発音してください。ただし英語に「シ」がないわけではなく、sh- というつづりなら、「シ」と発音します（sheet、she など）。s だけなら「スィ」、sh なら「シ」と覚えておきましょう。

〉スィの発音のしかた

❶ 上下の歯を近づけ、舌先と上の歯の隙間から「sssss」と息を出します。

❷ その ssss の息の後に「イ」と言うと「スィ」になります。

SSSSS

単語で発音しましょう

- seat　　　スィ-t　　　（席）
- simple　　スィンポウ　（簡素な）
- season　　スィーズンヌ（季節）

Summer is my favorite season.

［訳］夏は私が
一番好きな
季節です。

チじゃないティ・ツじゃないトゥ
（歯茎破裂音）

▶ 2 は「ツー」ではありません！

日本語の「た・ち・つ・て・と」をローマ字表記すると ta – chi – tsu – te – to です。つまり「た」「て」「と」は t 系統（t ＋母音）ですが、「ち」と「つ」はそうではありません。日本語ネイティブは「た・ち・つ・て・と」につられて ti を chi、tu を tsu と発音してしまいがちです。英語つづりでの ti はティ、tu はトゥと発音することが大切です。

▶ ティ、トゥの発音のしかた

tea を「ティー」と読むのはカタカナ読みとしても市民権を得ており、「チー」と読む人は皆無です。しかし team になると正しく「ティーム」と読むのは気どっているようで抵抗がある人は多いでしょう。さらに「トゥ」になると、two を「ツー」、twitter を「ツイッター」と言うのが普通でしょう。

要はティ、トゥに関しては、発音自体は難しくないものの、「チ」「ツ」との混同があるのだと思います。そこで、t 系統（t ＋母音）、ts 系統（ts ＋母音）、ch 系統（ch ＋母音）の音を整理しておきましょう。

単語で発音しましょう

MP3
03

- tip　　　**ティ**p　　（チップ）
- ticket　**ティ**ケt　（チケット）
- tour　　**トゥ**ァ　（ツアー）

How much should I tip him?

[訳]
いくらチップを
あげようか？

41

r の音の基本（歯茎接近音）

> r と l の区別は世界では普通

　r と l の区別がないという点で、日本語は実は珍しい言語です。英語には r と l の違いだけで区別されるような単語のペアがとてもたくさんあります。rice（ライス、米）— lice（シラミ）、reader（読み手）— leader（指導者）、rock（岩）— lock（鍵）、red（赤）— led（導いた）、room（部屋）— loom（機織り機）の区別は、すべて r と l の違いにかかっています。

> r の発音のしかた

❶ 舌先を反らせて歯ぐきの後ろのほうに近づけます。近づけるだけで、どこにも接触させてはいけません。

❷ キスをするようなつもりで唇を丸めて少し突き出します。

❸ その状態で「ウ〜」と言うとそれが r の音になっています。

❹ 次の母音に移るとき、舌先をどこにも接触させないでください。

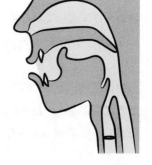

MP3
04

単語で発音しましょう

• rich　　Rイチ
（金持ちの）

• rank　　Rエァ-ンk
（ランク付けする）

• rock　　Rアーk　　（揺らす）

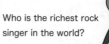

Who is the richest rock
singer in the world?

[訳] 世界で最も金持ちのロック歌手は誰？

母音にはさまれた r（母音間の歯茎接近音）

単語の最初以外でも r に注意

前のレッスンで単語が r で始まっている語の発音は身につけました。こういう単語は誰でも「さあ r の単語だ！」と身構えるので、比較的容易に発音できるようです。ところが単語の最初だと発音できる人でも、America（アメリカ）とか tomorrow（明日）など、単語の中で r が母音と母音に挟まれていると、r だと意識できずにカタカナのラ行に逆戻り、ということがよくあります。母音間でも r では絶対に舌先を歯ぐきに接触させてはいけません。

母音間の r の発音のしかた

r 自体の発音法は単語の最初と同じですが、母音にはさまれるために舌の動きがさらに速くなるので、r の部分で舌先がどこにも触れないよう、さらに注意してください！

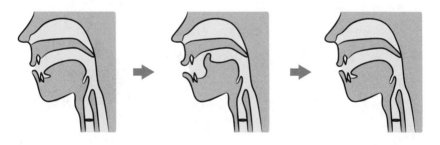

MP3
05

単語で発音しましょう

* **error**　エRウァ　（間違い）

* **carry**　ケアRイー　（運ぶ）

* **sorry**　ソーRイ　（申し訳なく思って）

Oops! Sorry!

[訳] おっと！
　　　ごめん！

第1章

l の音の基本（歯茎側面音）

＞実はlは隠れたくせ者

　rに比べてlの難しさはそれほど話題にならないように思います。「lは日本語のラ行と同じ」という誤った俗説さえ耳にします。その結果でしょうか、rが正しく発音できるようになった発音中級者以上によく見かけるのが、「lもrもすべてr音で発音してしまう」人たちです。日本人の客室乗務員さんの機内アナウンスなどでも、結構、そのパターンがあるようです。lのポイントは「舌をしっかり、長く押しつける」です。

＞lは舌先を長くつける

❶ 舌先を歯ぐきにしっかりと押し当てます。力を入れて！

❷ 舌先はずっと当てたまま「ア〜」と言います。その時点でそれは / l / の音。

＊舌の両脇を呼気が通るのを意識してください。それが大切。

❸ ギリギリまで舌先を離さないで次の母音を発音します。

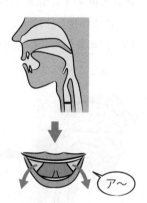

ア〜

単語で発音しましょう

MP3
06

Am I last on
your list?

• last　　Lエァ-st　（続く）

• list　　Lイst　（リスト）

• loss　　Lオ〜s　（ロス（失うこと））

[訳] 私はあなたのリストの最後なの？

母音にはさまれた l（母音間の歯茎側面音）

>母音にはさまれても、しっかりタッチ

　rの場合以上に、「単語がlで始まるとき」の発音成功率と、「lが単語の中で母音にはさまれているとき」の発音成功率には差があります。母音と母音の間でしっかりと舌先を歯ぐきに接触させるのは慣れないと難しいのです。母音間でもlで舌先をタッチしないのは、水泳プールでターンをするときに壁にタッチしないようなもので「失格」です！　特に副詞の語尾の -ly の l が盲点となります。舌でしっかりタッチしましょう。

第１章

>母音間の l の発音のしかた

❶「ア〜」と言ってください。舌先は歯ぐきについていません。

❷「ア〜」と言い続けながら、舌先をしっかりと歯ぐきにつけます。

❸ さらに「ア〜」と言い続けながら舌先を歯ぐきから離し、もとの「ア〜」に戻ります。

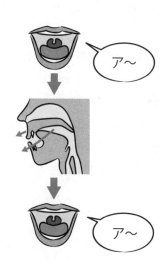

ア〜

ア〜

MP3
07

単語で発音しましょう

- alone　ァ**L**オゥン、　（一人で）

- police　パ**L**イ-s　（警察）

- relax　Rィ**L**エァ-ks　（くつろぐ）

I'm most relaxed when I'm alone.

[訳]
一人が一番落ち着く。

ちょっと「暗い」l（軟口蓋化したl）

❯頑張らなくてもよいlもある

　今まで「lは舌先を歯ぐきに！」と強調してきましたが、実は例外があります。舌先を歯ぐきにしっかりつけてきたのは母音が続く場合（lア、lイ、lウなど）でした。ところが、次に母音が来ない場合（bell とか help など）は、舌先は必ずしも完全に歯ぐきにつけません。音色も「ウ」とか「オ」に近く、「ラ行」には聞こえません。people の発音が「ピーポー」に聞こえるのはそういう理由です。こういうlは「頑張らなくてもよいl」です。「暗いl」と呼ぶことがあります。

❯暗いlの発音のしかた

❶ いったん舌先を歯ぐきにつけ、

❷ その位置で「ウ〜」と言ってください。そのこもったような音が「暗いl」です。

❸ その状態からちょっとだけ舌先を離して「ウ〜」と言ってください。それも暗いlです。

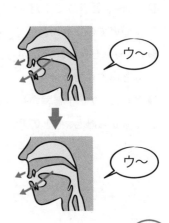

ウ〜

ウ〜

単語で発音しましょう

MP3
08

It smells so good!

- boil　ボイオ　（ゆでる）

- sale　セイオ　（セール）

- smell　sメオ　（においがする）

[訳]
とってもいい匂いだわ！

澄んだ th の音（無声・歯音・摩擦音）

> 澄んだ th は「こもった」音

　th は、t と h の 2 文字を使いますが、単一の音を表します。**無声の澄んだ音で発音される場合と、有声の濁った音で発音される場合があります。**見ただけではどちらかの判別はつかないので、無声なのか有声なのかはひとつずつ覚えることになります。ここでは澄んだ th の音を取り上げます。

　澄んだ th はカタカナ発音では「サ行」で代用されますが、「サ行」の音がかなり耳に響く鋭い音なのに対して、澄んだ th はやや「こもった」音です。（ちなみに、この th は実は f の音（➡ p.49）とよく似た音色です）

第 1 章

> th の発音のしかた

❶ 舌先を上前歯にしっかりつけて息の通り道をふさぎます。鏡で見て舌先が見えるように。

❷ 舌と歯の間から無理に息を出します。あまり音は聞こえないのが正解。

❸ 次に母音を発音するときに舌先が歯から離れます。

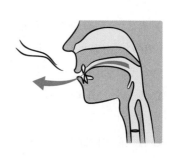

単語で発音しましょう

- **healthy** ヘォthイ 　（健康な）
- **thank** thエァーンk 　（感謝する）
- **bath** ベァ-th 　（風呂）

Health is the most important.

[訳] 健康が一番大事。

MP3
09

濁った th の音 （有声・歯音・摩擦音）

▶目立つ、濁った th の音質

　カタカナ発音では they を「ゼイ」、that を「ザット」のように、濁った th （ティーエイチ）の音を「ザ行」で代用します。しかし、そういう代用発音はかなり目立ち、典型的な「外国人なまり」の元になります。なぜなら濁った th は、the、they、that、this などの語に含まれ、事実上ほとんどの文に出現するからです。発音に、ある程度「外国人っぽさ」がることは必ずしも悪いことではありませんが、難しい音ではないので、英語本来の th 音を身につけるに越したことはありません。本書独特の表記としては、「thˇ」を使うことにします。

▶濁る thˇ の発音のしかた

　thˇの口の形と動きは澄んだ th と同一です。
息の代わりに声を出します。

❶ 舌先を上前歯につけ、呼気の出口をふさ
　ぎます。

❷ 舌と歯の隙間から無理に「声」を「ウ〜」
　と出してください。それが濁った thˇ で
　す。

thˇ

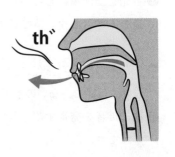

単語で発音しましょう

MP3
10

- **father**　fアーthˇァ（父）

- **weather**　ウェthˇァ　（天気）

- **another**　ァナthˇァ　（もう1つの）

Tomorrow's weather is ...

[訳]
明日のお気は…

>> Lesson 10

f の音の基本（無声・唇歯・摩擦音）

＞駅のホームで歩きスマホ？

　「駅のホームで歩きスマホは危ないよ。ヘッドホンしていると、さらに危険だ」と言うときの「ホーム」が home だと思っていませんか？　実は platform なので「f オー m」が本来の音です。また「スマホ」の「ホ」も、「ヘッドホン」の「ホ」も phone の略なので、本当の発音は「f オ」です（スペリングとしては、f だけでなく、ph も同じ音を表します）。なお、俗に言われる「f は下唇を噛んで発音する」という説明は正しくないので、今日限り忘れてください。

＞ f の発音のしかた

❶ 下唇の内側を、かなり強く上の歯に当てて呼気を密封します。

❷ 密封した唇と歯の間から無理に息を「フー」と出すとそれが f の音です。

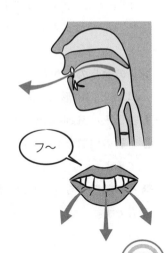

フ〜

単語で発音しましょう

I feel fine!

- wife　ワイf　（妻）
- face　fエイs　（面する）
- feel　fイーォ　（感じる）

[訳]
僕は気分がいいんだ！

MP3
11

49

v の音の基本（有声・唇歯・摩擦音）

〉v はだらしない感じの音？！

　一部の日本語ネイティブが日本語を話すとき、本来は両唇で発音する「バ行」を、両唇でなく下唇と上の歯で発音する現象が見られます。つまり b を v で発音するということです。これは特に女性に多いのではないでしょうか。ニコニコして歯を見せたまま話すため、そういう癖がつくのでしょう。この現象は英語ネイティブには見られません。それはおそらく英語では b を使う単語と v を使う単語で、意味が異なる場合があるからです。カタカナでは同じ「バ行」でも、英語の b と v はまったく別の音です。v は多くのみなさんが思っているよりもずっと「ソフトな」「だらしない感じの」音で、「ヴ」というカタカナ表記がぴったりです。

〉v の発音のしかた

　v は f と口の形は一緒です。f では息を出しましたが v では声を出します。

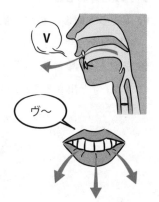

❶ 下唇の内側を上前歯にごく軽くソフトに当てます。

❷ その隙間からウ～と声を出すとそれが v の音です。

単語で発音しましょう

MP3
12

- **view**　　vユー　　（眺め）
- **voice**　　vオィs　　（声）
- **never**　　ネvァ　　（一度も～ない）

What a nice view!

［訳］
なんていい
眺めなんだ！

50

語末のｎは「ン」じゃない（有声・歯茎・鼻音）

▶「イナナウ」って何？！

　ある数学の先生が、ニュージーランドからきたラグビーのコーチに練習中に言われたフレーズ「イナナウッ」が聞き取れず、あとでそのフレーズを文字で見てショックを受けました。「知っている簡単な単語ばかりなのに！」と感じたそうです。そのフレーズとは "in and out" でした。in と and がつながって「イナン」、and と out がつながって「アナウ t」となり、両方つながって「イナナウ t」になったのです。語末の n は「ン」でなくて「ンヌ」だと思いましょう。sun は「サンヌ」one は「ワンヌ」、on は「オンヌ」です。そう発音して、次に母音が来たときにリンキング（2つの音がつながって発音される音変化）をさせて「ナニヌネノ」のような音にするのが正解です。

▶ ｎ では必ず舌先を歯ぐきに

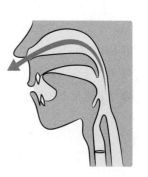

❶ 英語の n では、必ず舌先を歯ぐきにつけてください。

❷「はんせい（反省）」の「ん」は英語の n ではありません。

❸「はんたい（反対）」の「ん」が英語の n と同じです。

第
1
章

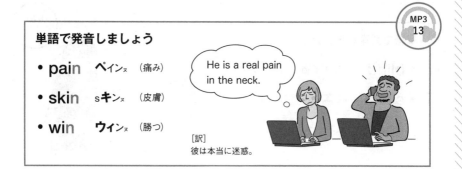

単語で発音しましょう

MP3
13

* **pain**　ペインヌ　（痛み）
* **skin**　sキンヌ　（皮膚）
* **win**　ウィンヌ　（勝つ）

> He is a real pain in the neck.

[訳]
彼は本当に迷惑。

子音連結の中の l（子音連結内の歯茎側面音）

▶恐怖を楽しめ？！

　語の最初に l があればしっかり発音できる人でも、l が子音連結の中、いわば別の子音の陰に隠れる位置にあるとうまく発音できなくなることがあります。Enjoy your flight.（フライトを楽しんで）のつもりで、Enjoy your fright.（恐怖を楽しめ）と発音している日本語ネイティブの客室乗務員さんは、私が確認した範囲では結構高い率でいらっしゃいます。子音連結の中でも l と r の違いで別の単語になるケースがあるので、その区別は大切です。

▶ l を作っておいてから

　l を含む子音連結を発音するコツは、舌先を歯ぐきに当てておいてから、前の子音を発音することです。たとえば bl なら、

❶ l の準備で舌先を歯ぐきに当て

❷ そのまま両唇で b を発音し、

❸ すかさず l を発音する。

l

bl

MP3
14

単語で発音しましょう

- blind 　bL**ア**ィnd 　（目が不自由な）
- claim 　kL**エ**ィm 　（主張する）
- floor 　fL**オ**ー_ァ_ 　（階）

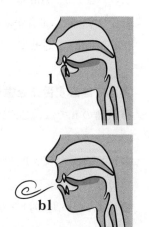

Look at my black cat.

［訳］私の黒猫を見て。

子音連結の中の r（子音連結内の接近音）

> tr はすりつぶす？！

　r は舌先をどこにもつけないのは子音連結の中でも一緒です。語頭の r は発音できる人でも、pr（たとえば print）になると、舌先をつけて pl と発音してしまうミスが多いようです。p の唇の動きにつられて無意識に舌先が歯ぐきについてしまうのでしょう。そうならないよう、pride（自尊心）、pray（祈る）、priest（司祭）、pro（プロ）などは特に気をつけましょう。なお、tr（try、trip など）は実はちょっと特殊です。r で舌先をつけないことは同じですが、t を言ってからその後に r というイメージでなく、t と r が 1 つの音になるように「すりつぶす」イメージです。dr もその傾向があります。

> 子音連結での r の発音のしかた

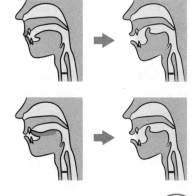

・pr、br の場合

❶ p、b で両唇を合わせます。舌先が歯ぐきについていないことを確認。

❷ 舌先をつけず r を発音します。

・tr、dr の場合

❶ t、d のため舌先は歯ぐきにあります。

❷ 舌先を離すと同時に r を「すりつぶし」ます。

単語で発音しましょう

MP3 15

I like your dress!

- price　pRアɪs　（価格）

- trend　tRエンd　（流行）

- dress　dRエs　（服を着る）

[訳] 君のドレスいいね。

第1章

53

>> Lesson 15

アの種類を増やす❶（前舌母音）

❭イエロー「ハット」のほうの「ハット」

　日本語には「ア」の音は1種類しかないので、（イエローハットの）hat も
（ピザハットの）hut もカタカナ発音では「ハット」となりますね。しかし
英語では a で表される「ア（的な音）」（/æ/）と u で表される「ア（的な音）」
（/ʌ/）を区別しなければなりません。

　このレッスンでは hat（帽子）、bag（バッグ）、fan（ファン）lack（欠け
る）、app（アプリ）などの発音に必要な「エに近いア」を練習し、hut（小
屋）、bug（虫）、fun（楽しみ）、luck（運）、up（上に）と区別できるよう
になりましょう。

❭ a の「エァ」の発音のしかた

❶ 唇を左右に引き、大きめに口を開け、「エ」を言うつもりで「ア」と言いま
す。

❷ 少し長めに発音することもコツです。

単語で発音しましょう

MP3
16

- **track**　tR**エァ**k　（追跡する）

- **fan**　f**エァ**-ン̩ヌ　（ファン）

- **brand**　bR**エァ**-ンd（ブランド）

I'm his big fan!

［訳］
私、彼の
大ファンです！

54

アの種類を増やす❷ (中舌母音)

▶ ピザハットのほうの「ハット」はカンフーの「ハッ！」

　ピザハットのハット（hut）は、u で表される「ア」を使って発音します。この「ア」は**日本語のアをやや短めに**言う感じで大丈夫です。中国武術カンフーの気合の「ハッ！」にもちょっと似ています。難しい音ではないのですが、学生の発音を聞いていると、u の「ア」でいいところを a 的な「エァ」で言ってしまう、というミスが結構あります。husband（夫）を hasband「ヘァ z…」と発音してしまうようなミスです。直前とか直後に a で表される「エァ」がある（たとえば handsome husband）と、それにつられてしまうようです。とにかく a の「エァ」なのか、u の「ア」なのかを常に意識して区別しましょう。

▶ u の「ア」の発音のしかた

❶ あまり口を大きく開けず、のどの奥のほうで短めに「ア」と言います。

❷ 日本語の「ア」だと思っていて OK ですが、とにかく「エァ」にしないでください。

単語で発音しましょう

- **stuff**　ₛ**タ**f　（物）

- **bug**　**バ**g　（バグ）

- **fun**　f**アン**ₓ　（楽しみ）

We are having lots of fun!

[訳]
僕たちすごく
楽しんでる。

MP3
17

第1章

アーの種類を増やす❶（中舌・半狭・長母音）

▶口閉じのアーはウァー？

　英語には「アー」に似た音が２種類あります。明るい響きの「口開けの
アー」と、暗い響きの「口閉じのアー」です。このレッスンでは heard（聞い
た）、hurt（痛い・傷つける）、bird（鳥）などに使われる「口閉じのアー」
を練習します。「口閉じのアー」は日本語にはない音なので、うまく発音で
きるようになると英語らしさが増します。「アー」的な音が、-ir-、-er-、-ur-
でつづられる場合は、この「口閉じのアー」だと思ってください。

▶口閉じのアーの発音のしかた

　ほとんど口を開けず「ウー」のつもりで「アー」
と言う感じです。別の表現をすると「ウー」と
「アー」の中間です。本書では「ウァー」と表記
しますが、「ウ」と「ア」は最初から混ぜてください。

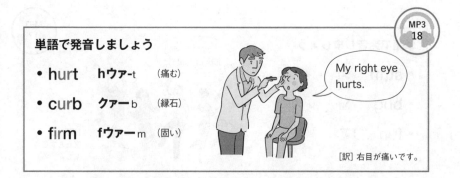

単語で発音しましょう

- hurt　**hウァ-**t　（痛む）
- curb　**クァー**b　（縁石）
- firm　**fウァー**m　（固い）

MP3
18

My right eye
hurts.

[訳] 右目が痛いです。

アーの種類を増やす❷（中舌・広・長母音）

❯口開けのアーはいつも明るく！

　hard（固い・難しい）、heart（心臓）、card（カード）などの「アー」は「口開けのアー」です。「口開けのアー」とは「あくびをするとき」や「うがいをするとき」のように、「大きく口を開けて出るアー」という意味です。これ自体はまったく難しい音ではなく、日本語のアーで構いません。うっかり口を閉じて暗い響きのアーにならないことだけに気をつけてください。

❯明るいアーの発音のしかた

　日本語の「アー」で構いません。アメリカ人っぽく発音したいなら、最後で舌を巻き上げて「アーr」とすればよいです。ただし最初からrの音をかぶせると「口閉じのアー」になってしまうので注意です。

単語で発音しましょう

MP3
19

- **park**　パ-k　（駐車する）
- **hard**　ハー d　（困難な）
- **heart**　ハ-t　（心臓）

She broke my heart.

[訳] 彼女に
　　失恋した。

オウとオーを区別する❶（二重母音）

➤「トーキョー」でなく「トウキョウ」？

　日本語は「オー」と「オウ」の違いに無頓着です。「東京」は「トウキョウ」と読み仮名をふりますが普通は「トーキョー」と発音します。文字どおりに「トウキョウ」と発音しても、少し聞きなれない感じはしますが、単語の意味は変わりません。しかし英語の場合は**丸める「オウ」**なのか**伸ばす「オー」**なのかは重要な区別です。たとえば cold（冷たい）は丸める「オウ」で called（呼んだ、呼ばれた）は伸ばす「オー」です。意味も発音も違います。ここでは、丸める音を練習しましょう。

➤丸めるオウの発音のしかた

「オ・ウ」ではなく、「オ」を強く言った後、なめらかに小さい「ウ」につながる感じで、「オゥ」のように発音します。少し「アゥ」に寄せてもよいです。

単語で発音しましょう

MP3
20

May I take
your coat?

- poll　　**ポ**ォゥ　（世論調査）

- coat　　**コ**ゥt　（コート）

- bowl　　**ボ**ォゥ　（（食事用の）ボウル）

[訳] コートをお預かり
　　しましょうか？

オウとオーを区別する❷（長母音）

▶「トウキョウ」でない「トーキョー」

　このレッスンでは「**伸ばすオー**」の練習をしましょう。au とか aw というスペリングを見ると、ローマ字的に「アウ」と言いたくなるかもしれませんが、英語では「オー」と伸ばす音です。August（8月）、automatic（自動の）、caught（捕まった）、pause（休止）、law（法律）、raw（生の）など、すべてこの「伸ばすオー」です。少し「アー」に寄せても構いません。「オー」でも「アー」でもいいので、**最後まで口を開けたまま音を伸ばします**。

▶伸ばすオーの発音のしかた

　オをそのまま引っ張って「オー」といえば OK です。難しい音ではありませんが、最後まで「オー」と口を開けておいて口をすぼめないのがポイントです。最後に口をすぼめて「オーゥ」にしないこと。

第1章

MP3
21

単語で発音しましょう

- raw　　**R**オー　　（生の）
- hall　　**ホー**ゥ　　（廊下）
- lawn　　**L**オーンヌ　（芝生）

Eating raw fish is healthy!

[訳] 刺身を食べるのは健康的！

59

語尾などの「ヂ」をきちんと（後部歯茎・破擦音）

>語尾には「ジ」は来ない

たとえば large（大きい）、age（年齢）、page（ページ）、language（言語）など ge で終わる単語の ge 部分の発音はカタカナでは「ジ」と書かれます。「ラージ」「エイジ」「ページ」などのように。これらの単語を日本語ネイティブがカタカナとして普通に言うとき、「ジ」の部分で舌先は歯ぐきにつきません。しかし英語では、この部分は発音記号的には /dʒ/ という音で、イメージは「ヂ」または「チ」です。この発音ができるようになると、あなたの英語の発音がグッと引き締まります。

>ヂの発音のしかた

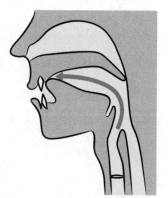

❶「チ、チ、チ」と言うとき、舌先が歯茎につくのを確認します。

❷「シ、シ、シ」ではつかないのを確認します。

❸「チ」を発音しようとして舌先を歯ぐきにつけておいて、声帯を振動させると「ヂ」です。

❹ 単語の最後の場合は「ヂ」より「チ」と思ってください。ただし直前の母音はやや長めに発音しましょう。

単語で発音しましょう

MP3
22

He was a huge man.

- large　**Lアーチ**　（大きな）

- huge　**ヒューチ**　（巨大な）

- charge **チャーチ**　（料金）

[訳] 彼は
巨大な男だった。

>> Lesson 22

ズとヅの区別をつける❶（歯茎・破擦音）

❯ -ds と -s は音が違う！

　発音の上級者でも見落としがちな区別の１つがこれ。たとえば、card（カード）の複数形 cards と car（自動車）の複数形 cars を考えてください。カタカナだとどちらも「カーズ」ですが実は音が違います。発音記号だと、cards の語尾は /dz/、cars の語尾は /z/。いわば「ヅ」と「ズ」の違いと言ってもいいでしょう。日本語ネイティブが無意識に発音するとまず100％、/z/ のほうです。そこで /dz/ のほうを発音できるようにすれば、発音の区別ができるようになります。/dz/ は実はほとんど無声の /ts/「ツ」なのです。

❯ヅの発音のしかた

❶「ツ、ツ、ツ」と言って、舌先が一回一回歯茎につくことを確認します。

❷「ツ」を言うつもりで、ほんの少し声帯を震わせます。

❸声帯を震わせようとすると「ズ」になってしまうことが多いので、無声の /ts/「ツ」だと思って発音しましょう。

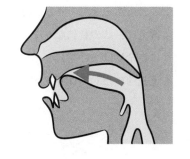

❹ ただし、その前に来る母音をやや長めに発音してください。

単語で発音しましょう

MP3
23

I walked backwards ...

- **roads**　**Rオウ**ッ （道路・複数形）

- **cards**　**カー**ッ　（カード・複数形）

- **backwards**　**ベア**kワッ （後ろへ）

[訳] 私は後ずさりした。

61

ズとヅの区別をつける❷（歯茎・摩擦音）

❯ ズはスを濁らせた音

　今度は「ズ」/z/ の方です。前に d のない s や z、たとえば ca<u>u</u>se（原因）、<u>z</u>oo（動物園）、car<u>s</u>（自動車・複数形）などの下線部でですが、「ヅ」でなく「ズ」です。「伸ばそうと思えば伸ばせる」というのが、前のレッスンの「ヅ」（/dz/）との違いです。「ヅ」は一回一回歯ぐきに舌先をつける必要があり、音を伸ばせません。ときどき i<u>s</u> や becau<u>s</u>e の下線部で「ヅ」を使ってしまう学生がいますが、そうならないよう気をつけましょう。

❯ ズの発音のしかた

　長めに息を出して sssssss と言うときは舌先が歯ぐきについていません。それをそのまま濁らせて（声帯を震わせて）zzzzz と言えば、この音になります。舌先を歯ぐきに完全にはつけずに、その狭い間から声を連続的に出して作ります。

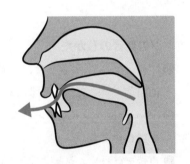

MP3
24

単語で発音しましょう

- tease　　**ティー**z　　（からかう）
- disease　ディ**ズイー**z　（病気）
- accuse　ァ**キュー**z　　（責める）

I was only teasing.
I didn't mean to
upset you.

［訳］からかっただけだよ。怒らせるつもりはなかった。

長いイーと短いイは音が違う❶
（前舌・軟音）

> **レバニラ定食がリバニラでない訳**

　ご存じのように「レバニラ」の「レバ」はレバー（肝臓）で、英語スペリングは liver です。「デジタル」は digital です。英語を耳から身につけたジョン万次郎（中浜万次郎）は、river（川）の発音を「レバ」と表記しました。つまり、li が「レ」、di が「デ」、ri が「レ」と表記されているのですが、これらに共通するのは英語の短い i 音が、カタカナのエ段になっているということです。それは英語の短い i は、日本語ネイティブには「エ」に近く聞こえるからです。逆に言えば、**英語の短い i は、「イ」より「エ」に寄せて発音するのが正解です。**

> **短いイはエに近く**

❶ 短いイは、実はイとエの中間的な音です。

❷「エ」を発音するつもりで「イ」と言うとうまくいきます。

単語で発音しましょう

MP3
25

- hit 　　ヒt 　　（ヒット（曲など））

- fit 　　fイt 　　（（サイズが）合う）

- dip 　　ディp 　　（浸す）

heat?　… hit …

[訳] 熱？　ヒット

第1章

長いイーと短いイは音が違う❷

（前舌・硬音）

> leave が live に聞こえちゃう？！

　前のレッスンでは短い「イ」をエに寄せて発音する練習をしましたが、逆に長い「イー」は思い切り明瞭な「イー」でなければなりません。たまに長い「イー」まで「エー」に寄った発音をする癖のある方がいるのですが、そういう発音だと、いくら長くしても、leave（出発する）が live（住む）に、feet（足・複数形）や feat（功績）が fit（適合する）に聞こえてしまう可能性があります。短い /ɪ/ と長い /iː/ は、長さというより、音が違うのです。短い /ɪ/ はエに近く、長い /iː/ は、クリアな「イ」を引っ張ります。

> 長いイーはクリアな音で

❶ 長いイーは思い切り口角を横に引っ張り、「イー」と言います。

❷ 口角を横に引っ張るときは、力を入れて口の筋肉を緊張させます。

単語で発音しましょう

MP3
26

- **peace**　　ピ-s　（平和）
- **sheet**　　シ-t　（シーツ）
- **keep**　　キ-p　（取っておく）

It's important to keep peace in mind.

[訳] 心の平安を
　　保つのが大事。

長いウーと短いウは長さの違いじゃない ❶
（後舌・軟音）

▶「私はバカです」に聞こえないために

　衣服の留め具のことを「ホック」と言いますが、スペリングは hook です。ジョン万次郎は、book の発音を「ボック」としていました。つまり短い /ʊ/ が、日本語ではウ段でなくオ段で表記されていますが、短い /ʊ/ がウとオの中間のような音だから、そのような表記になったと思われます。短い /ʊ/ を純粋な「ウ」だと思って発音すると、I'm full.（お腹がいっぱいです）と言ったつもりなのに、I'm fool.（私は愚かだ）と聞こえてしまうかもしれません。「イ」と「イー」の場合と同様、「ウ」と「ウー」も、長さの違いだけなく音の違いもあるのです。

▶短いウはオに近く

❶ 短いウのほうは、少しオに近い音です。

❷ オを言うつもりで、力を入れずにウと言うとうまくいきます。

単語で発音しましょう

MP3
27

- **full**　　**f ウ**　　（満腹の）

- **woman**　**w ウ**ムンヌ　（女性）

- **book**　　**ブ**k　　（予約する）

うおまんの魚は新鮮だよ

魚万

woman?

[訳] 女性？

第1章

長いウーと短いウは長さの違いじゃない ❷
（後舌・硬音）

＞長いウーは口に力を！

　長いウーのほうは、日本語の「ウ」を単に伸ばせば基本的には十分です。短い「ウ」（オとウの中間）よりも口の筋肉を緊張させて「ウー」と言いましょう。つまり full（お腹がいっぱい）よりも fool（ばか者）のほうが、pull（引っ張る）よりも pool（プール）のほうが、発音時の口の筋肉の緊張の度合いが強くなります。

＞ウー の発音のしかた

　長いウーは唇に力を入れて、ウー！と言います。

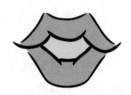

単語で発音しましょう

- sue　**スー**　　　（告訴する）

- pool　**プーォ**　　（プール）

- room　**Rウー**m　（余地）

MP3
28

We stayed in a room
with a pool!

[訳]
プール付きの
部屋に
泊まったんだ！

≫ Lesson 28

「長い」母音の長さの違い❶ (軟音前の母音)

❯ カードとカートは d と t の違いじゃない？！

card（カード）と cart（手押し車）の発音上の違いは語尾の d と t の違い（だけ）ではありません。それぞれの単語が This is my **card**. / This is my **cart**. のように文の最後に来る場合、card の d はほとんど無声化してしまい、事実上 t と同じになることがあります。しかしそれでも英語ネイティブは card と cart を聞き分けることができます。それは、card のほうが cart よりも、ar の部分が長いからです。一般的に次の法則があります。

- b、d、g など**有声音の前** ：母音は（気持ち）長め
- p、t、k など**無声音の前** ：母音は（気持ち）短め

❯ 長めの母音の発音のしかた

❶ 母音自体は難しいものではありません。それぞれの母音を発音すれば OK です。

❷ ポイントは、次の有声子音に移る前に「長めに」母音を引っ張ることです。

❸ 母音が短いと、下の例ではそれぞれが height（高さ）、face（顔）、mat（マット）に間違えられる可能性があります。

単語で発音しましょう

MP3
29

- hide　　ハ-ɪd　　（隠す）
- phase　fエ-ɪz　　（段階）
- mad　　メア-d　　（怒って）

Mom's mad! Hide somewhere!

[訳] ママカンカンだよ！
どこか隠れて！

67

「長い」母音の長さの違い❷（硬音前短縮）

❯無声子音の前では母音は短く！

　有声子音の前では母音は長めに、無声子音の前では母音は短めになる、ということが前のレッスンで学習した法則です。そうすると、たとえば子音の有声／無声の違いだけだと思っていた動詞の use（使う）/jú:z/ と名詞の use（用途）/jú:s/、動詞の excuse（許す）/ɪkskjú:z/ と名詞の excuse（言い訳）/ɪkskjú:s/ などのペアでは、母音の長さも変わることがわかります。

　face（顔）/ phase（段階）、race（レース）/ raise（上げる）、peace（平和）/ peas（エンドウ豆）、mate（友達）/ made（作った）などはすべて語尾が「無声／有声」のペアですが、前の語の母音を短く切り上げないと、後の語に聞こえてしまうかもしれません。

❯無声子音の前の母音の発音のしかた

❶ これも発音自体は難しいことはありません。

❷ 「伸ばさないように」と意識しておけば大丈夫です。

MP3
30

単語で発音しましょう

- bet　　ベt　　　（断言する）

- site　　サイt　　　（場所）

- route　Rウ-t　　　（ルート）

I bet this
website is fake.

[訳] 絶対このサイトは偽物だ。

Content

Lesson 30

閉鎖音が連続するとき（非開放の閉鎖音）

▶連続したら聞こえないように発音

英語では、2つ以上の閉鎖音（p、t、k、b、d、g）が連続する（pt、bd など）とき、最初の閉鎖音は開放させない（破裂させない）ほうが普通です。そうすると、その音自体は（ほぼ）聞こえません。Good-bye が「グッバ〜イ」のように聞こえるのは、good の最後の /d/ と bye の最初の /b/ が連続した閉鎖音（db）で、d は破裂させないからです。次の語の、赤字の音は破裂させず（ほぼ）聞こえないように発音するのが英語としては自然です。

laptop（ノートパソコン）　podcast（ポッドキャスト）
need to 〜（〜せねば）　must go（行かねば）　break down（故障する）

▶閉鎖音連続のしかた

❶ 最初の閉鎖音で閉鎖したらそのまま一瞬止めます。
❷ 次の閉鎖音を準備します。
❸ 準備できたら2番めの閉鎖音を破裂させます。

第 1 章

単語で発音しましょう

- perfect　プァーfエ(k)t　（完璧な）
- admire　ァ(d)マイア　（感心する）
- concept　カーンセ(p)t　（概念）

注）m は普通閉鎖音とは呼びませんが同様に振る舞います。

MP3 31

I admire your perfect teeth!

［訳］申し分ない歯ですね！

69

飲み込まれる t と d ❶（鼻腔開放）

> t や d の後に n が来ると

　閉鎖音の後に閉鎖音が続くと、最初の閉鎖音は開放されないので聞こえなくなる、ということを学びました。それと同様に、t もしくは d の直後に n が来ると、その t、d は開放されず（＝破裂せず）、飲み込んだような、鼻に抜けるような発音になるのが普通です。音声学で**「鼻腔開放」**と呼ぶ現象です。

> 鼻腔開放のしかた

❶ まず t（または d）で舌先を歯ぐきにつけます。

❷ 舌先をつけたまま、鼻から「ン〜」と声を出します。（＝喉から鼻に抜ける道のドア「軟口蓋」を開ける）

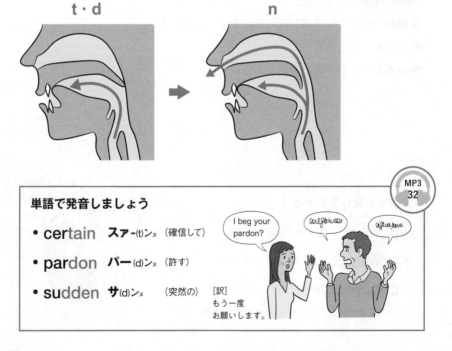

t・d　　　　　　　　　　**n**

MP3
32

単語で発音しましょう

- **certain**　**スァ**-(t)ンх　（確信して）

- **pardon**　**パー**(d)ンх　（許す）

- **sudden**　**サ**(d)ンх　（突然の）

I beg your pardon?

［訳］
もう一度
お願いします。

飲み込まれる t と d ❷ （側面開放）

> -tly や -dly の発音

t や d の後に n が続くと、t や d は開放されないので聞こえない「鼻腔開放」という発音方法を前のレッスンで学びました。それと関連した現象が、t もしくは d の後に l が続くと起こります。これは「**側面開放**」といいます。この方法を知らないと、最後が -tly または -dly である副詞 silently（黙って）、hotly（激しく）、kindly（優しく）、coldly（冷たく）などの発音が、-try または -dry となり、存在しない単語（silentry、hotry、kindry、coldry など）になってしまいます。

> 側面開放のしかた

❶ t（または d）のために舌先を歯ぐきにつけます。

❷ t（または d）のことをいったん忘れます。

❸ 舌先が歯ぐきについ
ているので、そのま
ま l を発音します。

※この時、舌の側面だけを
開けるので「側面開放」と
呼ぶのです。

t・d　　　　　l

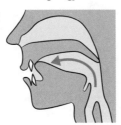

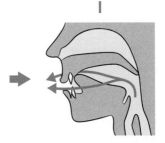

単語で発音しましょう

They have been
friendly recently.

MP3
33

- **frequently**
  f**Rイー**kウェン(t)Lイ　（頻繁に）

- **recently**　　**Rイー**スン (t)Lイ　（近頃）

- **fortunately**　f**オー**チュネ(t)Lイ　（幸運にも）

[訳]
彼らは
最近
仲良しだ。

>> **Lesson 33**

キレッキレッの p・t・k（帯気音）

▶日本語よりも強い p・t・k

　アクセントのある音節がp、t、kで始まるとき、子音が日本語のパ行、タ行、カ行よりも「強く」「はっきりと」聞こえます。それは「帯気」が起こるからです。「帯気」とは、破裂音が破裂する際に普通よりも破裂が強く聞こえる現象です。

「帯気」をもって発音すべき音を、単なる日本語の「パ行」「タ行」「カ行」の音で発音してしまうと、場合によっては b、d、g と聞き間違われかねません。たとえば pet と言っても bet に、tea と言っても D に、Kate と言っても gate に聞かれてしまうことがありえます。

▶帯気音の発音のしかた

❶ 口内の気圧を高めてから強く破裂させます。この時、声ではなく息（h の音）だけを出します。

❷ その後、一瞬遅れで声帯を振動させます。

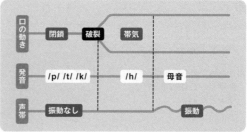

単語で発音しましょう

- **taste**　ティst　（味がする）

- **care**　ケア　（世話）

- **key**　キー　（鍵）

Take care!

［訳］気をつけてね！

MP3 34

語頭・語中の w（円唇・後舌・接近音）

> woman は、「ウー」マンではないです

カタカナ語としての表記で「ウ」もしくは「ウー」の部分の英語のスペリングに、w が入っていて、かつそれが語頭であるときは注意が必要です。たとえば、ウーマン（woman）、ウッド（wood）、ウルフ（wolf）、ウール（wool）などです。これらを英語でも「ウ」と言ってはいけません。これらは「ア行のウ」ではなく、「ワ行の wウ」なのです。「ウ」の前に w の音をしっかりと加えましょう。

> ワ行の wウ の発音のしかた

❶ 思いきり（キスをするように）唇を丸めて突き出し、wa（ワ）と言ってください。

❷ 同様にして、wi（ウィ）と言ってください。

❸ 同じように、唇から音を出すつもりで、wu と言ってください。「ウ」の前に w をつけた「wウ」です。

> スペリングにない隠れ w にも注意

swim、Swiss、sweet など w がある単語はもちろん、つづりに w がない question、quiz、queen、language などの u の部分も w の発音です。

単語で発音しましょう

- would　wウd　（〜するだろう）
- quiz　kウィz　（小テストをする）
- wood　wウd　（木）

How much wood would a woodchuck chuck?

［訳］ウッドチャックはどれくらいの木を放り投げるだろう？

第1章

MP3 35

73

語頭の y（非円唇・前舌・接近音）

>新しい耳、おめでとう～！

　ear も year も発音は同じだと思っていませんか？　「year = y + ear」で
すから、y のぶんだけ発音が違います。ほとんどの日本語ネイティブはそれ
を意識しないために Happy new year! のつもりで Happy new ear! と発音
してしまい、英語ネイティブにおもしろがられます。相手が新しい耳を手
に入れたことを祝っていることになるからです。「イースト菌」の yeast も
「東」を意味する east とは y の分だけ発音が異なります。

> y + ear の発音のしかた

❶ ヤ（ya）ユ（yu）ヨ（yo）と言って、ヤ行の最
　　初の子音の y を感じます。舌の中ほどが口の
　　天井に付くくらいまで盛り上がります。

❷ 舌を思い切り盛り上げて y の準備をします。

❸ その状態を伸ばして yyyyy と言ってから ear
　　と言います。

❹ y を徐々に短くします。

　　yyyy-/ear → yy-/ear → y-/ear → year

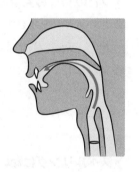

単語で発音しましょう

HAPPY
NEW
EAR

• **year**　　**yイ**ヤ　　　（年）

• **youth**　　**ユ**-th　　　（若さ）

• **yield**　　**yイ**ーォd　　（生産量）

MP3
36

音節パターン

> アクセントの位置

　単語のアクセントの位置は、多くの人がすでに意識していると思います。おさらいしておくと、日本で出版されている英語辞書では発音記号の中で母音を表す記号の真上に（´）が付いていればそこに最も強い「第１アクセント」が置かれることを表します（例：photo /fóutou/）。単語によってはそれに加えて別の記号の真上に（`）が置かれていますが、それはやや強い「第２アクセント」があることを表します（例：photograph /fóutəgræf/）。以上は２音節以上の語の場合で、１音節の語については慣例的にアクセント記号が省略されていることもあります（例：phone /foun/）。記号がなくても、**内容語**（名詞・形容詞・動詞・副詞のように実質的な内容を表す）であれば母音部分に第１アクセントが置かれることには変わりありません。

> 音節の数

　その一方で、意識している人があまり多くないと思われるのは、**音節の数**です。音節とは原則として母音を中心とする音声的なカタマリですが、英単語を構成する「音」を「数える」ときに基本となる単位です。日本語の「さくらのはな」は、日本語ネイティブには「さ／く／ら／の／は／な」という６音だと感じられます。これは、短歌や俳句にも反映されている、日本語の基本的なリズム感覚です。幼稚園児でも数えられるはずです。

　まったく同じことが英語にも言えます。cherry blossoms は英語ネイティブには cher / ry / blos / soms という４音（＝４音節）だと感じられます。英語ネイティブの幼稚園児でも間違いなく数えられるはずの、基本的な感覚です。したがって、cherry blossoms が「４音だ」ということがわからない英語学習者がいたとしたら、基本的な部分に問題があると言わざるを得ません。しかしそうした学習者は日本人には少なくなさそうです。逆に言えば、かなりの日本語ネイティブの英語学習者は、この**「音節感覚」**（＝いくつの音節な

のかが無意識にわかる感覚）に関して伸びしろがあることになります。そして
この「音節感覚」を養うことが、英語学習においては非常に大切になります。

▶母音挿入とは音節増加

　多くの日本語ネイティブ英語学習者が、初期段階に犯しやすい間違いは、
子音で終わるべき単語の最後に不要な母音を付け加えてしまうことです。た
とえば、hat を hatto（ハット）や hattu（ハットゥ）、net を netto（ネット）
もしくは nettu（ネットゥ）と発音するようなことです。この誤りは、/t/ で
終わるべきところに余計な母音（ウやオ）を付加しているので、それによっ
て「音節の数を増やしている」という現象であるとも言えます。

▶音節増加は誤解の増加

　この音節の数を増やすことが、発音された単語の認知（＝その単語だと認
識されること）に対して悪影響を及ぼすことを示す研究があります[1]。steak
/steɪk/ という単語をわざとカタカナ的に「ステーキ」と発音して録音し、
それを日本語に触れたことのない英語ネイティブに聴かせたときに何とい
う単語に聞こえるか調べたのです。すると steak ではなく、steady とか
ready とか beggin などという解答が多かったという結果が出ました。これ
は steak（1 音節語）を「ステーキ」/stéːki/ のように 2 音節で発音するこ
とによって、2 音節語である steady、ready、begging などに誤解されて
しまった、ということです。

▶音節の数が誤解されている単語

　おそらく多くの方が音節の数を誤解している（あるいははっきり認識して
いない）ものに、名詞の複数形の語尾と動詞の活用語尾があります。たとえ
ば、次の表の中で、上下で音節の数が変わるのはどれでしょう。

A.	B.	C.	D.	E.	F.
book	play	image	watch	want	advantage
booked	plays	images	watches	wanted	advantages

答えは、C〜Fの4つです。CやDのesの部分には母音がないという誤解をしていませんでしたか。母音がある場合には、はっきりとその部分の音節を発音することが大切です。

❯音節の数と強弱を視覚化

そこで第1アクセント（または第2アクセント）のある音節を大きなマル（○）で、無アクセントの音節を小さなマル（o）で表してみると以下のようになります。AとBはマルの数が増えず、C〜Fは増えることが一目瞭然になります。

A.	B.	C.	D.	E.	F.
book	play	image	watch	want	advantage
○	○	○o	○	○	o○o
booked	plays	images	watches	wanted	advantages
○	○	○oo	○o	○o	o○oo

❯子音連結の練習にも

音節とは基本的に母音を中心としたカタマリですから、その前後に子音がいくつ連結してもしなくても、音節の数は変わりません。たとえば以下はすべて1音節語なので、どれもマル1つ（○）というイメージで発音するのが適切な単語です。

rap（○）/ trap（○）/ strap（○）/ straps（○）

また、語の途中に子音連結を持つ distribute という語は、dis/trib/ute という音節区切りで2番めの音節にアクセントがあるので、o○oというイメージです。このo○oのパターンは、McDonald's（Mc/Don/ald's）、strategic（stra/te/gic）、extension（ex/ten/sion）などにも見られます。つまり、これらの単語も個々の子音や母音はさまざまでも、全体としてはo○oというイメージで発音すると適切な音声になるのです。

---

1 西川惠・原田依子（2015）英語母語話者はカタカナ式に発音されたカタカナ語をどのくらい理解できるか —外国語学習における重要語の発音教育のための示唆— 関東甲信越英語教育学会 第39回山梨研究大会（2015.8.8）

❯ 音節の数＋強弱の可視化＝音節パターン

そこで本書の第3章では、単語の音節の数とその強弱の位置を、大きなマル〇と小さなマル。を用いて表記したものを「音節パターン」と呼ぶことにします。これらの音節パターンごとに単語を整理して発音する練習をすることで、個々の音（子音や母音）を超えて**全体としての単語イメージ**（超分節的なイメージ）の感覚を養えるという効果が期待できます。具体的には次の8パターンを扱います。

❶	〇型	1音節（で当然その音節にアクセントがある）	⇨ Lesson **72**
❷	〇。型	2音節で、第1音節にアクセントがあるもの	⇨ Lesson **73**
❸	。〇型	2音節で、第2音節にアクセントがあるもの	⇨ Lesson **74**
❹	。〇。型	3音節で、第2音節にアクセントがあるもの	⇨ Lesson **75**
❺	〇。。型	3音節で、第1音節にアクセントがあるもの	⇨ Lesson **76**
❻	〇。。。型	4音節で、第1音節にアクセントがあるもの	⇨ Lesson **77**
❼	。〇。。型	4音節で、第2音節にアクセントがあるもの	⇨ Lesson **78**
❽	。〇。。。型	5音節で、第2音節にアクセントがあるもの	⇨ Lesson **79**

❯ 音節パターンを見抜きましょう（その1）

では、ここで単語を見てその音節パターンを見抜く練習をしてみましょう。①「音節がいくつあるのか」、そして②「そのどの部分が強いのか」を見極める練習です。次の枠内の12語（アルファベット順）の音節パターンは、〇型、〇。型、。〇型、。〇。型のうちどれでしょうか。それぞれの型に該当する単語が3つずつあります。後で示す解答を見ずに考えてみてください。

abroad	absent	advantage	bet	destroy	extremely
instruction	pregnant	strength	subscribe	traffic	trust

手がかりがないと、なかなか難しいかもしれません。そこで思い出していただきたいのは**音節とは基本的に母音を中心としたカタマリ**だということです。そこで母音を表現している文字に色を付けてみると次のようになります。

abroad	absent	advantage	bet	destroy	extremely
instruction	pregnant	strength	subscribe	traffic	trust

　これで少なくとも音節の「数」は可視化できました。ここで、浮かぶかもしれない疑問に答えるべく、補足しておきます。abroad の oa は /ɔː/ という１つの母音（長母音）を表しています。destroy の oy は、/ɔɪ/ という１つの母音（二重母音）を表しています。これらは２つの文字が１つの母音に対応している例です。exteremely の y は、/i/ という母音を表しています。y が「母音」というのはちょっと引っかかるかもしれませんが、問題なのは「文字が母音字か」どうかではなく、あくまで「音声が母音か」どうかです。（注：例外的に子音が音節の中心になることもある場合を後ほど紹介することになります）たとえば、yellow の y は子音を表していますが、city の y は母音を表しています。

　strength には母音が１つしかないので、１音節だとわかります。bet も１音節です。すると strength も bet もある意味では「同じ長さ」で、同じ「１カタマリ」のものとして発音する必要があることがわかります。strength は、母音 e の前に「s＋t＋r」の３つの子音、e の後には、「ng＋th」の２つの子音（ng も th も、それぞれ文字は２つで１つの音を表します）を持ちます。一方、bet は e の前にも後ろにも１つずつしか子音がありません。このように、前後に付いている子音の数がいかに異なっていても、１音節語は１音節語です。すなわちカタマリとしての感覚としては strength ＝ bet なのです。

　strength をもしカタカナ的に「ストレングス」と発音すれば、sutorengusu のようになり、母音数が激増（＝音節数が激増）します。bet も「ベット」と発音すれば betto と母音数が倍増し、本来の発音とはイメージが大きく変わるのです。それを防ぐために、次のように音節数パターン別に整理して発音してみることが有効です。正解は以下のとおりです。

○型：bet ＝ strength ＝ trust
○o型：absent ＝ pregnant ＝ traffic
o○型：abroad ＝ destroy ＝ subscribe

o○○型：advantage = instruction = extremely

▶音節パターンを見抜きましょう（その２）

いかがでしたか。理解が進んだところで、もう一回、別の単語で挑戦してみてください。次の12語は○○○型、○○○○型、o○○○型、o○○○○型のどれでしょうか。やはりそれぞれの型に３語ずつ当てはまります。正解は後で示します。

actually	anonymous	approximately	character	considerable	democracy
miserable	obviously	penalty	sympathy	technology	unfortunately

character、democracy、penalty はそれぞれ「キャラクター」「デモクラシー」「ペナルティ」というカタカナ語でおなじみのはずですが、日本語でのアクセントのイメージとは、英語の第１アクセントの位置が異なるので注意してください。それぞれの音声は、character は /ケァRゥkタ/、democracy は /ディマー kRウスィ/、そして penalty は /ペノウティ/ という感じです。

technology はもちろん「テクノロジー」に当たるのですが、日本語では２音節で発音される「テク」にあたるのが tech であることに注目しましょう。つまりここには母音は１つしかありません。さらに ch 部分の発音は /k/ ですが、n の前なので、/k/ は「開放しない」発音になります。詳細は p.147 をご覧ください。こうすると ch 部分は事実上聞こえないような発音が標準となるので、/テ (k) ナーLゥヂー/ のような音のイメージです。

正解は以下のとおりです。

○○○型：character = penalty = sympathy
○○○○型：actually = miserable = obviously
o○○○型：anonymous = democracy = technology
o○○○○型：approximately = considerable = unfortunately

＞音節パターンごとに発音してみる

　分類の仕方はわかりましたが、分類して終わりではありません。分類を生かして発音してこそ分類の価値が出てくるのです。最初はさまざまな音節パターンの単語を次々に発音するのではなく、**音節パターンが同じ単語を集めて発音してみる**ことが有効です。その際、一定の間隔でリズミカルに発音し、「確かに同じパターンだ」ということを実感・体感することが大切です。

　以下に音節パターンで分類した単語をそのパターンごとに並べました。音節の区切りを示し、かつ第１アクセントのある部分を大文字で表記してあります。同じパターン内の３語がすべて「個々の子音や母音の違いを超えて同じリズムを持っている！」「同じカタマリだ！」と感じられるまで、発音してみてください。

○型：BET = STRENGTH = TRUST

○o型：AB-sent = PREG-nant = TRAF-fic

o○型：a-BROAD = de-STROY = sub-SCRIBE

o○o型：ad-VAN-tage = in-STRUC-tion = ex-TREME-ly

○oo型：CHAR-ac-ter = PEN-al-ty = SYM-pa-thy

○ooo型：AC-tu-al-ly = MIS-e-ra-ble* = OB-vi-ous-ly

o○oo型：a-NON-y-mous = de-MOC-ra-cy = tech-NOL-o-gy

o○ooo型：ap-PROX-i-mate-ly = con-SID-er-a-ble*= un-FOR-tu-nate-ly

* 注：ble は発音記号で表記すれば /bl/ であり、見てのとおりこの音節に母音はありません。こういう場合子音である /l/ が音節の中心（音節主音）となっています。こういう子音を音節主音的子音と呼びますが、その用語を覚える必要はありません。音節主音的子音になりうるのは、/l/ /m/ /n/ の３つです。もちろん、この３つの子音はいつも音節主音であるということではなく、そういう場合があるという意味です

＞音節の数が減ることがある

　ここまで来て「ちゃぶ台返し」のようで恐縮なのですが、発音の仕方によって音節数が変化することがあります。**あいまい母音「シュワ」はとても弱い音**ですが、素早い発話、丁寧すぎない自然な発話の中では「弱い」を越えて完全に脱落することがあるのです。母音であるシュワがなくなってしまうとその分ひとつ音節数が減ることになります。そのようなことが起こる

シュワは、辞書の発音表記ではカッコ（　）に入っていたり、イタリック体になっていたりします。

＜下線部のシュワが脱落し、〇oo が 〇o になる例＞

different　　　〇oo /dífərənt/ → 〇o /dífrənt/

family　　　　〇oo /fǽməli/ → 〇o /fǽmli/

federal　　　　〇oo /fédərəl/ → 〇o /fédrəl/

camera　　　　〇oo /kǽmərə/ → 〇o /kǽmrə/

＜下線部のシュワが脱落し、〇ooo が 〇oo になる例＞

generally　　　〇ooo /dʒénərəli/ → 〇oo /dʒénrəli/

comfortable　 〇oooo /kʌ́mfətəbl/ → 〇ooo /kʌ́mftəbl/

basically　　　〇oooo /béɪsɪkəli/ → 〇ooo /béɪsɪkli/

fashionable　 〇oooo /fǽʃənəbl/ → 〇ooo /fǽʃnəbl/

シュワについては、p.84 のコラム（あいまい母音「シュワ」の大切さ）で解説していますので、ご参照ください。

❯音節の区切りの位置は気にしなくてよい

　最初の方で、cherry blossoms が 4 音節だとわかるのは基本中の基本であると書きました。繰り返すと、**音節とは原則として母音を中心とするカタマリ**です。そして母音は子音よりも「よく響く」音なので、「響きのカタマリ」だとも言えます。音節がいくつあるのか、というのは言い換えれば、響きのカタマリがいくつあるのか、ということですから、慣れてくれば辞書などを確認せずとも、耳で響きを聞いて判別できるようになります。cherry blossoms は、色の付いた文字の部分が響くので、耳で聞いて 4 つだとわかります。

　その部分が音節の中心だということがわかったら、黒い文字、つまり子音字が前と後ろのどちらの音節に属するのかが気になるかもしれません。つまり区切り方は、che/rry なのか cher/ry なのか、blo/ssoms なのか blos/

82

soms なのか、はたまた bloss/oms なのか、ということです。この問題について本書の立場は、「学者でない限りそれは気にしなくて構わない」というものです。正確な区切り方を知りたければ、辞書で確認すればよいのです。その背後にある複雑で面倒なルールを理解する必要はありません。つまり「ある単語がいくつの音節からなっているのか」は、誰でも必ず理解・実感する必要があるものの、「子音字がどちらの音節に属すべきか」は、音声学者以外には関わりのないことです。cherry blossoms の正しい区切りは cher/ry blos/soms ですが、これを che/rry blo/ssoms と捉えていても発音上まったく何の問題も生じません。むしろ、そのほうが私たちの感覚に近いのではないでしょうか。

あいまい母音
「シュワ」の大切さ

　第1章で主要な母音を練習しましたが、実は英語の中で最も頻繁に現れる母音を扱っていませんでした。それは /ə/ です。まるで e が引っくり返ったようなこの発音記号 /ə/ は「シュワ（schwa）」という名で呼ばれ、「あいまいな母音」を表します。口をあまり開かず脱力した感じで発音します。

　なぜこれが英語の中で最も頻繁に現れる母音なのかというと、それは「どのような母音であっても、単語あるいは文の中で発音されるときにアクセントが置かれないと、このシュワとして発音される」という傾向があるからです。たとえば、次の5つの語は下線部の文字は a、i、u、e、o ですが、いずれもあいまいな /ə/ で発音されます。

> Japanese　activity　focus　systematic　o'clock

　一方、第1または第2アクセントのある赤字の文字は、それぞれの文字本来のはっきりとした母音で発音されます。

> Japanese　activity　focus　systematic　o'clock

　このような「下線部の文字の音のあいまいさ」と「赤字の文字の音の明瞭さ」に際立った対比があるのが英語の特徴です。このように「すべての母音をはっきりとは発音しない」ことが英語らしさを生み出すためには重要です。そのような発音を自分でもできるようになることがリスニングにも役立つので、ぜひマスターしてください。

　では、なぜそのような重要な母音を第1章、第2章の Lesson として取り上げなかったのでしょうか。それは、シュワがほぼすべての単語に現れるため、特定の単語のみを例に出しにくいためです。ですから本書の全編を通じて、このシュワの音を意識するようにしてください。

通じる発音でマスターする 英単語450

　本章では第1章で学習した子音と母音の発音ポイントを含む単語の例を増やし、より本格的に学習していきます。

　各語についてはカナ発音が付けられています。そのまま読めば英語として適切な音が出せる、音声学に基づいたこだわりのカナ発音です。スペリングから受けるイメージの修正に役立ててください。

　また英単語は例文の中で正しく発音できてはじめて身についたと言えます。例文は強弱リズムがわかるように表記されていますので、それを参考に英語ネイティブによるモデル音声とできるだけ近い読み方ができるようになるまで練習しましょう。

🎧 0001-0014

》》 Lesson 37

発音強化のポイント

シじゃないスィ

Lesson 01（➡ p.40）で学習した**シじゃないスィ**（**歯茎摩擦音**）を含む 14 語を取り上げました。カタカナ発音的に「シ」とならぬよう練習しましょう。s だけを sssss と伸ばしてから「イ」に移るのも有効です。

0001 silly | **形** ばかな
スィ∟イ /síli/ ○○ | You're **so silly**!
君は愚かだ！

🔊 L をきちんと発音しないと、city に聞こえる可能性あり。　Don't be silly. ばかを言うな。

0002 civil | **形** 市民の
スィvオウ /sívl/ ○○ | It's a **civil right**.
それは公民権（市民の権利）だ。

civilization **名** **C** **U** 文明　civilian **名** **C**（軍人に対して）一般市民

0003 seat | **名** **C** 席
スィ -t /síːt/ ○ | **Come in. Have** a **seat**.
中に入って。さあ席に着いて。

動 **他** 席に座らせる　take a seat 座る　seat belt シートベルト

0004 simple | **形** 簡素な
スィンポウ /símpl/ ○○ | I **live** in a **simple way**.
私は質素な生活をしています。

simple-minded **形** 頭の弱い　simply **副** 単に　simplify **動** **他** 簡素化する

0005 scene | **名** **C** シーン
スィーンヌ /síːn/ ○ | I **cried** in the **last scene**.
ラストシーンでは泣いちゃったよ。

🔊「シーン」と言わないこと。　behind the scenes 舞台裏で

0006 season | **名** **C** 季節
スィーズンヌ /síːzn/ ○○ | **What** is your **favorite season**?
あなたの好きな季節は？

動 **他**（香辛料で）味付けする　seasoning **名** **U** 調味料　seasonal **形** 季節ごとの

86

0007 seal

動 他 密閉する

スィーォ
/síːl/ ○

Can you **seal** the **box** with **tape**?
その箱をテープで密閉しておいてくれる？

🔊 「シー」ではない。　名 C シール　別単語だが「アザラシ」という名詞でもある。

0008 seem

動 自 ～に思える

スィー m
/síːm/ ○

His pro**pos**al seemed **fine** to me.
彼の申し出は問題ないように思えました。

So it seems. どうやらそうみたいね。　seemingly 副 見た目には

0009 sick

形 病気の

スィ k
/sík/ ○

I was **sick** in **bed** this weekend.
僕は今週末、具合が悪くて寝ていたんです。

sick and tired of ～ ～にうんざりして　sickness 名 U 病気

0010 signal

名 C 合図

スィ g ノゥ
/sígnl/ ○。

You're **not us**ing your **turn sig**nals!
あなたはウィンカー（曲がる合図）を使っていませんよ！

「ウィンカー」は和製英語であり、通じません。　名 C 信号機

0011 expensive

形 高価な

イ ks ペンスィ v
/ɪkspénsɪv/ ○○。

My **sis**ter **drives** a **ver**y ex**pen**sive **car**.
姉貴はすごく値段の高い車に乗ってるんだぜ。

🔊 si を「シ」と言わないように。　expense 名 C U 費用

0012 citizen

名 C 市民

スィ ディズンぇ
/sítəzn/ ○○○

I'm **proud** to be a **cit**izen of **this cit**y.
この市の市民であることを誇りに思うよ。

🔊 「シ…」と言わないように。　citizens group 市民団体

0013 sink

動 自 他 沈む

スィ ン k
/síŋk/ ○

There's a **hole** in our **boat**. It's **sink**ing!
このボートには穴がある。沈んでいる！

【活用】sink-sank-sunk　名 C （台所の）流し　Sink or swim. 沈みたくなければ泳げ。

0014 seek

動 他 探す

スィ -k
/síːk/ ○

We **had** to **seek shel**ter when the ty**phoon hit**.
私たちは台風の時に避難所を探す必要がありました。

【活用】seek-sought-sought　hide-and-seek 名 U かくれんぼ

≫ Lesson 38

発音強化のポイント

チじゃないティ・ツじゃないトゥ

　Lesson 02（➡ p.41）で学習した**チじゃないティ・ツじゃないトゥ**（**歯茎破裂音**）を含む 14 語を取り上げました。カタカナ発音では「チ」または「ツ」である語がほとんどなので気をつけてください。

0015 **still**	副 **まだ**
s**テイ**ォ /stíl/ ○	Are you **still cough**ing? まだ咳が出ているの？
🎧 i は少し「エ」に近く言わないと、steel に聞こえる。　　形 静止した	

0016 **plastic**	名 U C **プラスチック**
p**L エア**-s**テイ**k /plǽstɪk/ ○○	Is **this made** from **plas**tic? これはプラスチックで出来てますか。
〈源〉「可塑性の」　　形 プラスティック製の　 plasticity 名 U 可塑性	

0017 **tip**	名 C **チップ**
テイp /típ/ ○	I u**sually leave** a **big tip**. いつもたくさんチップを置くんだ。
秘訣　 helpful tips 役に立つ助言　　🎧 t は帯気音。	

0018 **stink**	動 自 **臭う**
s**テイ**ンk /stíŋk/ ○	This **gar**bage **re**ally **stinks**. このゴミ、ひどく臭うよ！
【活用】stink-stank-stunk　 stinky 形 臭い（くさい）	

0019 **ticket**	名 C **チケット**
テイケt /tíkət/ ○○	Did you **lose** your **con**cert **tick**et? コンサートのチケットを失くしたの？
🎧 t は帯気音。　 ticket gate 改札口	

0020 **till**	名 C **レジ**
テイォ /tíl/ ○	**Please pay** the **check** at the **till**. お会計はレジでお願いします。
cash register とも言う。　　🎧 t は帯気音。	

0021 stick | 名 C 棒きれ

sテイ k
/stík/ ○

Where did you **get** that **stick** from?
その棒きれはどこから取ってきたの？

ステッキ　動 他 突き刺す、くっつく　【活用】stick-stuck-stuck　stick to 〜 〜から離れない

0022 stiff | 形 こわばって

sテイ f
/stíf/ ○

My **back** is **stiff** from **sleep**ing **wrong**.
変な姿勢で寝たせいか、背中がこわばっている。

have stiff shoulders 肩が凝っている　stiffen 動 他 固くする

0023 until | 前 〜まで

ァンテイォ
/əntíl/ ○○

I'll **be out** of the **off**ice un**til** 4 (**four**) p.**m.**
4時まで外回りなんです。

音 t は帯気音。　接 〜まで　by 〜は「〜までに＝〜より前のどこかの時点で」。

0024 routine | 名 U C 決まった手順

Rゥーテイーン ヌ
/ru:tí:n/ ○○

I **drink cof**fee as a **part** of my **morn**ing rou**tine**.
毎朝の日課（決まった手順）としてコーヒーを飲む。

音 t は帯気音。　〈源〉「いつも通る決まった道(route)」　daily routine 日課

0025 tool | 名 C 道具

トゥーォ
/tú:l/ ○

Hand me my **tools**.
僕の道具を渡してくれ。

音 t は帯気音。　「ツ」にならないように。　tool box 道具箱

0026 twin | 名 C 双子

tウィン ヌ
/twín/ ○

I **have** a **twin broth**er.
僕には双子の兄がいるんだ。

音 t は帯気音。　twin は「双子の一方」を指すので「双子の両方」は twins となる。

0027 cartoon | 名 C 漫画

カートゥーン ヌ
/kɑːrtú:n/ ○○

My **kids love watch**ing car**toons**.
うちの子どもたちはアニメ（漫画）を見るのが好きよ。

音 t は帯気音。　cartoonist 名 C 漫画家

0028 tour | 名 C ツアー

トゥァ
/túər/ ○

We'll **give** you a **cam**pus **tour af**ter **this**.
このあとキャンパスツアーを行います。

音 t は帯気音。　動 自 他 旅行する　tourist 名 C 観光客　tourism 名 U 観光事業

第2章

≫ Lesson 39

発音強化のポイント

r の音の基本

Lesson 03（➡ p.42）の r の音の基本（歯茎接近音）に当たる、語頭に r が来る 14 語を取り上げました。r の部分では唇を丸め、舌先が絶対に歯茎に接触しないよう意識を集中してください。

0029	**reach**	動 他 手が届く
☐ ☐ ☐	**R**イーチ /ríːtʃ/ ○	I **can't reach** it! それは手が届かないよ！

連絡がつく、到着する　名 U 手の届く範囲

0030	**round**	形 丸い
☐ ☐ ☐	**R**アゥンd /ráund/ ○	The **earth** is **round**. 地球は丸い。

動 他 丸める　round off 四捨五入する　round trip 往復（旅行）

0031	**rich**	形 金持ちの
☐ ☐ ☐	**R**イチ /rítʃ/ ○	I **want** to be **rich someday**. いつか金持ちになりたい。

形 豊富な　the rich and famous 大金持ちの有名人

0032	**rent**	動 他 （家を）借りる
☐ ☐ ☐	**R**エンt /rént/ ○	We **rented** a **cheap** a**part**ment. 私たちは安いアパートを借りた。

名 C U 家賃　For Rent［掲示］この家（部屋）貸します

0033	**rank**	動 他 ランク付けする
☐ ☐ ☐	**R**エァーンk /rǽŋk/ ○	I was **ranked** the **eighth best**! 僕は8位にランクされたよ。

名 U 階級　ranking 名 C ランキング　the rank and file 一般従業員

0034	**real**	形 本当の
☐ ☐ ☐	**R**イーォ /ríːl/ ○	**Ac**tually, her **real name** is **Am**y. 実は彼女の本当の名前はエイミーよ。

reality 名 C U 現実　realistic 形 現実的な　for real 本当の、本気の

0035 rock
□□□ Rアー-k
/rάːk/ ○

動 他 揺らす
Stop rocking the **boat** right **now**!
ボートを揺らすのは今すぐやめろ。

動揺させる　名 C （岩）石　rocking chair 揺り椅子

0036 rough
□□□ Rアf
/rΛ́f/ ○

形 荒れている
My **skin** is **ver**y rough in **win**ter.
私の肌は冬はとても荒れている。

大雑把な　roughly 副 ざっと　roughly speaking およそのところ

0037 race
□□□ Rエィs
/réɪs/ ○

名 C レース（競争）
Do you **want** to **go watch** the race?
そのレースを見に行きたい？

動 自 競争する、速く動く　race against time 時間との競争

0038 rest
□□□ Rエst
/rést/ ○

名 U C 休息
I **did**n't **get en**ough rest last night.
昨晩はよく休息が取れませんでした。

the rest of one's life 残りの人生　restless 形 落ちつかない

0039 roast
□□□ Rオゥst
/róʊst/ ○

動 他 焼く
I roasted **chick**en for **din**ner tonight.
今夜は夕食にチキンを焼きました。

音 oa は「丸める音」なので、「オー」でなく「オゥ」となる。

0040 ride
□□□ Rアー-ィd
/ráɪd/ ○

動 他 乗る
I rode a **horse** for the **first time** today.
私は今日初めて馬に乗りました。

【活用】ride-rode-ridden　名 C 車に乗ること　have an easy ride 楽をする

0041 rate
□□□ Rエィt
/réɪt/ ○

名 C 率
The **crime rate** in the **city** is **su**per **high**.
その町の犯罪発生率はすごく高いんだ。

ペース、速度　動 他 査定する　at any rate とにかく

0042 row
□□□ Rオゥ
/róʊ/ ○

名 C 列
Sit in a row so I can **count** you **guys eas**ier.
楽に数えられるように一列に座りなさい。

動 他 （ボートを）漕ぐ　縦並びの列は line や queue。　in a row 続けて

>> Lesson 40

発音強化のポイント

母音にはさまれた r

　Lesson 04(➡ p.43)で学習した**母音にはさまれた r（母音間の歯茎接近音）**を含む14語を取り上げました。母音→ r →母音と舌が変化しますが、r の部分で舌先が歯茎を叩かないことがポイントです。

0043 **borrow**	**動** **他** 借りる
□ □ □ バーRオウ /bá:rou/ ○o	Can I **bor**row your **pen**? ペンを借りることができる？
〈反〉lend 貸す　borrower **名** **C** （金の）借り手	

0044 **horrible**	**形** ひどい
□ □ □ ホーRウボウ /hɔ́:rəbl/ ○oo	**What** a **hor**rible **sto**ry! 何てひどい話だ！
horror **名** **C** **U** 恐怖　a horrible sight ぞっとするような光景	

0045 **moral**	**名** **C** モラル
□ □ □ モーRオウ /mɔ́:rəl/ ○o	**She** has **such high mor**als! 彼女はすごくモラルの高い人だよ。
音 ral をはっきりと「ラル」と言わないように。　morally **副** 道徳上は	

0046 **error**	**名** **C** **U** 間違い
□ □ □ エRウァ /érər/ ○o	The com**put**er **made** an **er**ror. コンピューターが間違いを犯した。
human error 人為的ミス（←nリンキングを忘れずに）　err **動** **自** 誤る	

0047 **marry**	**動** **自** **他** 結婚する
□ □ □ メアーRイ /mǽri/ ○o	We got **mar**ried **two weeks ago**. 僕たち2週間前に結婚したんです。
marriage **名** **C** **U** 結婚　married **形** 既婚の　marital **形** 結婚の	

0048 **arrive**	**動** **自** 到着する
□ □ □ ァRアーイヴ /əráɪv/ o○	My **un**cle will ar**rive** on **Sun**day. おじが日曜日に到着する。
arrival **名** **C** **U** 到着　the arrival gate （空港の）到着ゲート	

0049 narrow | 形 細い

□
□ ネア-Rオウ
□ /nǽrou/ ○○

His **house** is on a **nar**row **street**.
彼の家は、細い道に面しています。

動 他 細める　narrow down（範囲を）絞る　a narrow escape 危機一髪

0050 correct | 形 正しい

□
□ クRエkt
□ /kərékt/ ○○

Is **this sales da**ta **re**ally cor**rect**?
この売り上げデータ本当に正しい？

音 co部分をはっきり「コ」と言わないこと。　〈反〉wrong 間違った　correctly 副 正しく

0051 carry | 動 他 運ぶ

□
□ ケア-Rイ
□ /kǽri/ ○○

Can I **car**ry your **books** to your **room**?
君の本を部屋まで運んでいいかな？

carrier 名 C 運搬業者　carriage 名 U 運送（費）　carry-on luggage 機内持ち込み手荷物

0052 sorry | 形 申し訳なく思って

□
□ ソーRイ
□ /sɔ́:ri/ ○○

I'm **sor**ry. I **did**n't **re**ally **mean** that.
申し訳ありません。そんなつもりじゃなかったの。

「残念に感じる」という意味なので、謝罪以外にも使う。

0053 terror | 名 U 恐怖

□
□ テRウァ
□ /térər/ ○○

I was **filled** with **ter**ror **af**ter **that mov**ie.
あの映画を見た後、恐怖でいっぱいになった。

テロ　terrorist 名 C テロリスト　terrorism 名 U テロリズム

0054 boring | 形 退屈な

□
□ ボアRイン
□ /bɔ́:rɪŋ/ ○○

My **day** would be **bor**ing with**out vid**eo **games**.
ビデオゲームなしでは毎日が退屈だろうな。

boring は「周囲を退屈させるような」。　He is boring. 彼は退屈な人間だ。

0055 worry | 動 自 心配する

□
□ wウァーRイ
□ /wə́:ri/ ○○

Don't worry. It's **not** the **end** of the **world**.
心配するなって。世界の終わりってわけじゃないんだから。

名 C U 心配　worry about ～ ～について心配する

0056 hurry | 動 自 急ぐ

□
□ hウァーRイ
□ /hə́:ri/ ○○

We **need** to **hur**ry. The **mov**ie will **start** soon.
急ぐ必要がある。もうすぐ映画が始まるよ。

名 U 急ぐこと　(be) in a hurry 急いで

第2章

93

≫ Lesson 41

発音強化のポイント

ｌの音の基本

Lesson 05（➡ p.44）のｌの音の基本（歯茎側面音）に当たる、語頭にｌが来る14語を取り上げました。舌先をしっかり歯茎または歯の裏側に当てて、llll ... と長めに発音してみると確実にｌの音が出ます。

0057 lie	名 C うそ
□ **L ア-ィ** □ /lάɪ/ ○	**Don't tell** a lie. うそをつくな。

□ 動 自 うそをつく　liar 名 C うそつき　a white lie 罪のないうそ

0058 lock	動 他 自 鍵をかける
□ **L ア-k** □ /lάːk/ ○	**Did you** lock **the** door**?** ドアの鍵は閉めた？

□ 名 C 鍵　lock out 鍵をかけて締め出す

0059 low	形 低い
□ **L オゥ** □ /lóu/ ○	I pre**fer** low fat milk. 私は低脂肪乳のほうが好きです。

□ 🔊「オー」と伸ばすとlaw（法律）に聞こえる。　副 少なく　lower 動 他 低くする

0060 lend	動 他 自 貸す
□ **L エ**ₙd □ /lénd/ ○	**Can you** lend **me your** pen**?** ペンを貸してもらえますか。

□ 【活用】lend-lent-lent　lend an ear 耳を傾ける　lender 名 C 貸し主

0061 last	動 自 続く
□ **L エァ-**st □ /lǽst/ ○	**The** rain lasted **for** two days**.** 2日間雨が降り続きました。

□ 🔊 a部分をエァと言わないと、lust（欲望）に聞こえる。　形 最後の　lasting 形 永続的な

0062 list	名 C リスト
□ **L イ**st □ /líst/ ○	I've made **the** par**ty** guest list**.** パーティーのゲストのリストを作っておいたよ。

□ 動 他 リストに載せる　on the short list 最終選考に残って

0063 loss
- Lオ-s
- /lɔ́ːs/ ○

名 U C ロス(失うこと)

I'm **try**ing to re**duce** food **loss**.
フードロスを減らそうと頑張ってるの。

(be) at a loss 困って　lose 動 他 失う　【活用】loose-lost-lost

0064 link
- Lインk
- /líŋk/ ○

動 他 結ぶ

That highway links the **two cit**ies.
その幹線道路は2つの都市を結ぶ。

名 C （サイトの）リンク　linkage 名 C U 連関、結合

0065 late
- Lエィt
- /léɪt/ ○

形 遅れて

I'll be **late**, so **don't wait** for me.
私は遅れると思うから、待ってないで行ってね。

副 遅くに　belated 形 時期遅れの

0066 leak
- Lイ-k
- /líːk/ ○

動 自 他 漏れる

The **bathroom sink** is **leak**ing a**gain**.
バスルームの洗面台がまた漏れている。

名 漏洩、リーク　take a leak〈俗〉小便をする　leakage 名 U 漏洩

0067 like
- Lアィk
- /láɪk/ ○

前 ～のように

My **daugh**ter **laughs** like her **moth**er.
うちの娘は母親と笑い方が似ている（母親のように笑う）。

〈反〉unlike ～と違って

0068 let
- Lエt
- /lét/ ○

動 他 （許可して）～させる

I **let** my **son** play **games two hours** a **day**.
息子には1日2時間ゲームをさせる。

【活用】let-let-let　音 let me はtを脱落して発音されることがほとんど。

0069 line
- Lアー-インぇ
- /láɪn/ ○

名 C 行列

There's **al**ways a **line** out**side** the **bak**ery.
そのパン屋さんの外にはいつも行列があるんだ。

〈源〉「リンネル(linen)の糸」　動 他 線を引く　jump the line 列に割り込む

0070 leap
- Lイ-p
- /líːp/ ○

動 自 跳ぶ

She **leapt** at the **chance** to be**come** a **man**ager.
彼女は管理職になる機会に飛びついた（跳んだ）。

leap year うるう年　by leaps and bounds とんとん拍子に

発音強化のポイント

母音にはさまれた l

　Lesson 06（➡ p.45）で学習した**母音にはさまれた l**（**母音間の歯茎側面音**）を含む 14 語を取り上げました。特に l に続く母音にアクセントがない場合（daily など）に、舌先の接触を軽視しないよう要注意です。

0071 **alone**	副 一人で
□ □ ァ**L**オウンヌ /əlóun/ ₒ◯	My **moth**er **lives** a**lone**. 母は一人で暮らしている。

形 一人の　all alone まったく 1 人ぼっちで

0072 **dollar**	名 C ドル
□ □ ダー**L**ァ /dá:lər/ ◯ₒ	Can I **pay** in **US dol**lars? アメリカドルで支払いができますか。

音 L の音をはっきり発音しましょう。　dollars to doughnuts 十中八九確かで

0073 **police**	名 U 警察
□ □ パ**Lイー**s /pəlí:s/ ₒ◯	The po**lice pulled** me **o**ver! 警察が僕の車を停止させたんだ。

音 カタカナ語のアクセントと違うので注意。　複数扱い。

0074 **alive**	形 生きている
□ □ ァ**L**ァ-ィv /əláɪv/ ₒ◯	Are your **par**ents **still** a**live**? ご両親はまだお元気（生きている）ですか。

come alive （ものごとが）生き生きとする

0075 **release**	動 他 放す
□ □ R ィ**Lイー**s /rɪlí:s/ ₒ◯	I re**lease all** the **fish** I **catch**. 私は釣った魚はすべて放す。

公表する、発売する　名 U 解放　C 発表　　a press release 記者発表

0076 **relax**	動 自 他 くつろぐ
□ □ R ィ**Lエァ**ks /rɪlǽks/ ₒ◯	Just re**lax**. **He**'ll be **here** soon. どうぞくつろいでください。彼はすぐ来ます。

relaxation 名 C U くつろぐこと　relaxing 形 くつろげる

0077 rely

☐☐☐
Rイ**L**アーイ
/rɪláɪ/ ⊙◯

動 自 頼る

My **sis**ter re**lies** on me **too much**.
妹は私に頼り過ぎている。

reliable 形 信頼できる　reliability 名 U 信頼性　reliance 名 U 依存

0078 daily

☐☐☐
ディ**L**イー
/déɪli/ ◯○

形 毎日の

This is a **part** of my **dai**ly rou**tine**.
これは私の毎日の日課の1つだ。

音 Lをしっかり発音。　副 毎日　weekly 形 毎週の　monthly 形 毎月の

0079 really

☐☐☐
R**イー**Lイ
/ríːli/ ◯○

副 本当に

I **real**ly **want** to **go** to the **con**cert!
本当にそのコンサートに行きたいんだよ。

音 「リアリー」でなく「リーリー」というイメージの発音が標準的。

0080 foolish

☐☐☐
f**ウー**Lィsh
/fúːlɪʃ/ ◯○

形 愚かな

Don't be **fool**ish by **leav**ing **col**lege.
大学を辞めるなんて愚かなことをするな。

fool 名 C ばかもの　動 他 ばかにする　foolishly 副 愚かにも

0081 relieve

☐☐☐
Rイ**L**イーv
/rɪlíːv/ ⊙◯

動 他 楽にさせる

This herbal **tea** can re**lieve** my **headache**.
このハーブティーは頭痛を和らげてくれる。

relief 名 C U 安心、解放、救援　in relief 安堵して

0082 salad

☐☐☐
セア-Lアd
/sǽləd/ ◯○

名 U C サラダ

Would you **like** some **sal**ad with the **steak**?
ステーキとご一緒にサラダはいかがですか。

〈源〉「塩味(salt)を付けたもの」。sauce や sausage と同源。

0083 follow

☐☐☐
f**アー**Lオウ
/fáːlou/ ◯○

動 自 他 ついて行く

The **dog** is **fol**lowing his **mas**ter on a **walk**.
その犬は散歩で飼い主の後をついて行っている。

following 名 C ファン　follower 名 C フォロワー

0084 select

☐☐☐
ス**L**エkt
/səlékt/ ○◯

動 他 自 選択する

We se**lect**ed **three can**didates for an **in**ter**view**.
3人の志望者を面接に選びました。

selection 名 C U 選択　selective 形 選択的な

第2章

>> Lesson 43

発音強化のポイント

ちょっと「暗い」1

Lesson 07（➡ p.46）で学習したちょっと「暗い」1（軟口蓋化した l）を含む 14 語を取り上げました。舌先は歯茎または歯の裏に接近するだけで接触は必ずしも必要ではありません。「オ」だと思って発音してください。

0085 **male**	形 男性の
メィオ /méɪl/ ○	We **keep** a **male dog**. うちはオス犬（男性の犬）を飼っています。
名 C 男性 〈反〉female 女性(の)	

0086 **ill**	形 気分が悪い
イォ /íl/ ○	I **felt** so **ill af**ter **lunch**. 昼ご飯の後、とても気分が悪くなったんです。
【活用】ill-worse-worst 副 悪く illness 名 C U 病気	

0087 **smile**	動 自 他 ほほえむ
sマィオ /smáɪl/ ○	**Every**bod**y, smile**! Say **cheese**! みんな笑って！ はい、チーズ！
名 C ほほ笑み smile from ear to ear 満面の笑みを浮かべる	

0088 **boil**	動 他 自 ゆでる
ボィオ /bɔ́ɪl/ ○	**How long** should I **boil** the **eggs**? 卵は何分ゆでればいいの？
boiled egg ゆで卵 boil water 湯を沸かす	

0089 **sale**	名 C U セール
セィオ /séɪl/ ○	There's a **sale** at the **store** today! 今日はあの店でセールがある。
on sale 特売中 a garage sale ガレージセール	

0090 **smell**	動 自 においがする
sメオ /smél/ ○	**What's** for din**ner**? It **smells great**! 夕食は何かな？ すごくいいにおいがするよ！
名 C におい sense of smell 臭覚 smelly 形 くさい	

0091 **wild**

☐
☐ ワイォd
☐ /wáild/ ○

形 熱狂した

Everybod**y went **wild** at the **con**cert.**
コンサートではみんな熱狂していた。

形 野生の　wildly 副 激しく　wilderness 名 C 荒野

0092 **pill**

☐
☐ ピォ
☐ /píl/ ○

名 C 錠剤

Do you **have any **pills** for a **headache**?**
頭痛の錠剤を持っていますか。

音 i を少しエに近く発音しないとpeel(皮をむく)に聞こえる。

0093 **hell**

☐
☐ ヘォ
☐ /hél/ ○

名 U 地獄

This past year I've been through **hell**.
ここ1年は地獄のようだったよ。

What the hell! いったい何だ？　go to hell 消えろ、くたばれ

0094 **file**

☐
☐ fアィォ
☐ /fáil/ ○

動 他 提出する

His **company **filed** **bank**ruptcy this year.**
彼の会社は今年、破産申請した（破産の書類を提出した）。

名 C ファイル　file a complaint 苦情を申し立てる

0095 **cell**

☐
☐ セォ
☐ /sél/ ○

名 C （刑務所の）監房

A **prisoner **broke out** of his **pri**son **cell**.**
1人の囚人が監房から脱走した。

細胞　cancer cells がん細胞　cell-phone 名 C 携帯電話

0096 **mile**

☐
☐ マィォ
☐ /máil/ ○

名 C マイル（＝約1.6km）

We **have to **run** a **mile** in **gym class** today.**
今日、体育の授業で1マイル走らないといけないんだ。

mileage 名 走行マイル数、燃費

0097 **film**

☐
☐ fイォm
☐ /fílm/ ○

名 C U 映画

That **film was **mar**velous! I **loved** the **ac**tor.**
あの映画はよかったよね。俳優が気に入ったよ。

動 自 他 動画を撮る　film festival 映画祭

0098 **grill**

☐
☐ gRイォ
☐ /gríl/ ○

動 他 （直火で）焼く

What time should I **start **gril**ling the **steak**?**
何時にステーキを焼き始めたらいいかな。

厳しく問い詰める　名 C （バーベキュー用の）グリル

第2章

99

>> Lesson 44
発音強化のポイント
澄んだ th の音

Lesson 08（➡ p.47）学習した**澄んだ th の音**（無声・歯音・摩擦音）を含む 14 語を取り上げました。舌先を歯に接触させることに集中しましょう。あまり大きな「音」は聞こえないのが正解です。

0099 thin — 形 やせて
th**イン**ｘ
/θín/ ○
You're **so thin**.
君はほんとうにやせてますね。
🔊 語末のｎでしっかりと舌先を歯ぐきにつける。　形 薄い　a thin slice of ～ 薄切りの～

0100 thing — 名 C 物
th**イン**
/θíŋ/ ○
What's that **red thing**?
あの赤い物は何？
🔊 ng部分には「グ」という音はない。　How are things? 元気？

0101 math — 名 U 数学
メア-th
/mǽθ/ ○
My **daugh**ter **likes** math.
うちの娘は数学が好きです。
mathematics の省略形。

0102 truth — 名 U 真実
t**Rウー**th
/trúːθ/ ○
Are you **tell**ing the **truth**?
あなたは真実を話している？
The truth is, ... 実を言うと…　truthful 形 正直な、真実の

0103 healthy — 形 健康な
ヘォthイ
/hélθi/ ○。
I'm **try**ing to **stay** healthy.
私は健康でいようと努めています。
health 名 U 健康　healthily 副 健康に

0104 thank — 動 他 感謝する
th**エア**-ンk
/θǽŋk/ ○
I **thanked** him for his **help**.
手伝ってもらって彼に感謝した。
Thanks. ありがとう。　thankful 形 ありがたく思う

100

0105 bath
名 C 風呂

ベア -th
/bǽθ/ ○

I'll **take** a **hot bath** to**night**.
今夜は熱いお風呂につかろう。

bathe「ベイ th゛」動 自 風呂に入る

0106 month
名 C 月

マ ン th
/mʌ́nθ/ ○

Which month were you **born** in?
あなたはどの月の生まれですか。

音 複数形 months の ths 部分の発音は /ts/ でよい。　monthly 形 毎月の

0107 throw
動 他 自 投げる

th R オ ゥ
/θróʊ/ ○

Throw the **ball** to **third base**!
3塁にボールを投げろ！

【活用】throw-threw-thrown

0108 athlete
名 C アスリート

エ ア -th レ イ -t
/ǽθliːt/ ○o

My **daugh**ter is a **great ath**lete.
娘は優秀なアスリートなんですよ。

athletic 形 運動好きな　athletics 名 U 陸上競技

0109 faith
名 U C 信頼

f エ イ th
/féɪθ/ ○

I have **no faith** in **poli**ti**cians**.
私は政治家を信頼していないんだ。

名 U 信仰心　faithful 形 信頼できる　faithfully 副 誠実に

0110 think
動 他 自 思う

th イ ン k
/θíŋk/ ○

I **think** he can **come** to the e**vent**.
彼はそのイベントに来られると思うよ。

【活用】think-thought-thought　thought 名 C 考え

0111 death
名 U C 死

デ th
/déθ/ ○

Death by **e-cig**a**rettes** is **ra**pidly **ris**ing.
電子タバコによる死亡が急速に増えているね。

音 語尾の th では無理に音を出そうとせず、舌を歯に当てるだけでよい。

0112 length
名 U C 長さ

L エ ン (k)th
/léŋkθ/ ○

Skirts of **this length** are **trend**y this season.
今シーズンは、この長さのスカートが流行です。

long 形 長い　lengthen 動 他 伸ばす　lengthy 形 長ったらしい

≫ Lesson 45
発音強化のポイント
濁った th の音

　Lesson 09（➡ p.48）で学習した濁った th の音（有声・歯音・摩擦音）を含む 14 語を取り上げました。舌先を歯に接触させるとき、あまり強く当てないでください。強すぎて d の音にならないように。

0113 leather ｜ 名 Ｕ（動物の）革
Ｌエth゙ァ
/léðər/ ○。
I want a leather sofa.
革のソファが欲しいんだ。
leathers 名 Ｃ 革製品（特に革のジャケットなど）

0114 rather ｜ 副 むしろ
Ｒエァ-th゙ァ
/rǽðər/ ○。
I'd rather not do that.
それをするのは避けたい（むしろしない）。
🔊 ra の部分は、伸ばし気味に発音すること。

0115 breathe ｜ 動 自 他 息をする
bＲイーth゙
/bríːð/ ○
Are you OK? Can you breathe?
大丈夫？　息をすることができる？
🔊 the部分は、無理に有声音にする必要はない。　breath「brエth」名 Ｕ 息

0116 father ｜ 名 Ｃ 父
fアーth゙ァ
/fáːðər/ ○。
My father has his own business.
私の父は自営業です。
呼びかけでは Father は硬く、Dad が普通。　fatherly 形 父親のような

0117 either ｜ 形 どちらかの
イーth゙ァ
/íːðər/ ○。
I'll take either one, you decide.
私はどっちでもいい（どちらかのを取る）。あなたが決めてよ。
代 どちらか一方　「どちらもだめ」なのがneither。　🔊 ei部分を「アイ」と発音する人もいる。

0118 worthy ｜ 形 値する
wウアーth゙イ
/wə́ːrði/ ○。
This is worthy of the Nobel Prize!
これはノーベル賞に値するよ！
🔊 or部分は暗い音で。この語の th は有声音！

0119 weather

ウェ th゙ ア
/wéðər/ ◯。

名 U 天気

What's the **weath**er like in **New York**?
ニューヨークの天気はどんな具合？

weather forecast 天気予報　weather permitting 天候が良ければ

0120 within

ウィ th゙ イ ンｘ
/wɪðín/ ₀◯

前 ～以内で

I'll **fin**ish the re**port** with**in** a **day**.
1日以内に報告書を仕上げます。

in a day であれば「1日後に」の意味。

0121 gather

ゲア -th゙ ア
/gǽðər/ ◯。

動 他 集める

Gather some **wood** for the **fire**, please.
焚き木のために少し木を集めてきてください。

〈源〉to+gather が変化して、together になった。

0122 rhythm

Rイ th゙ オ m
/ríðm/ ◯。

名 U C リズム

I **can't fol**low the **rhyth**m of **this song**.
この曲のリズムにはついていけない。

音 m は子音字だが、音節の中心になる。　rhythmic/rhythmical 形 リズムのよい

0123 bother

バー th゙ ア
/bɑ́:ðər/ ◯。

動 他 自 邪魔する

Sorry to **both**er you, but can we **talk now**?
邪魔して申し訳ないけど、今ちょっと話せる？

Don't bother. お構いなく、気にしないで

0124 whether

ウェ th゙ ア
/wéðər/ ◯。

接 ～であろうとなかろうと

You're **go**ing **wheth**er you **like** it or **not**!
好きであろうとなかろうと、あなたは行くのです！

この意味では if は使えない。　whether A or B　A か B か

0125 another

ア ナ th゙ ア
/ənʌ́ðər/ ₀◯。

形 もう1つの

If you **want**, you can **have** an**other dough**nut.
よかったら、もう1つドーナッツをどうぞ。

〈源〉もともと an+other だったものが N リンキングして1語になった。

0126 without

ウィ th゙ ア ゥt
/wɪðáut/ ₀◯

前 ～なしで

I **could**n't have **fin**ished with**out** your **help**.
あなたの助けなしでは完了できませんでした。

音 with との違いは out なので、out を強く言う。　with は w/、without は w/o と略記することがある。

第2章

Lesson 46

発音強化のポイント

f の音の基本

Lesson 10（➡ p.49）で学習した f の音の基本（無声・唇歯・摩擦音）を含む 14 語を取り上げました。鏡を見ながら、上唇が動かずに下唇だけが上の歯に当たっていることを確認するのが有効です。

0127 fail ／ fエィォ ／ /féɪl/ ○

動 他 自 失敗する

What if I **fail** the ex**am**?
もし私が試験に失敗したらどうなるだろう？

failure 名 C U 失敗　〈反〉succeed 成功する

0128 wife ／ ワィf ／ /wáɪf/ ○

名 C 妻

My **wife works** part **time**.
妻はパートで働いています。

〈源〉「女（woman）」　〈反〉husband 夫　spouse 名 C 配偶者

0129 fake ／ fエィk ／ /féɪk/ ○

形 偽造の

That bag looks **fake** to me.
そのバッグ、私にはニセモノに見える。

名 C 偽物　動 他 でっちあげる　fake news フェイクニュース

0130 fire ／ fアィァ ／ /fáɪər/ ○

名 C 火事

There's a **huge fire** out **there**!
あちらは大火事だ！

名 U 火　動 他 火をつける　on fire 燃えている

0131 face ／ fエィs ／ /féɪs/ ○

動 他 面する

Our ho**tel room faced** the **moun**tain.
私たちのホテルの部屋は山に面していた。

直面する　名 C 顔　Let's face it. 現実を見よう。　facial 形 顔の

0132 staff ／ sテアーf ／ /stǽf/ ○

名 U スタッフ

Some **staff mem**bers **can't come** today.
今日はスタッフの数名が来られないんです。

音 a部分は「エァ」。ただの「ア」だと stuff（もの）に聞こえる。　集合的な意味での「職員」。

0133 chef	名 C シェフ
□ シェf □ /ʃéf/ ○	**Tell** the **chef** the **food** was del**i**cious. シェフに、おいしかったと伝えてください。
〈源〉英語の chief に当たるフランス語。	

0134 fat	形 太った
□ fエァt □ /fǽt/ ○	**That cat** is **so fat**. **What** does it **eat**? あのネコすごい太っている。何を食べているんだろう。
名 C U 脂肪　fatty 形 脂っこい　〈反〉thin やせた	

0135 fear	名 C U 恐怖
□ fイァ □ /fíər/ ○	I have a **great fear** of **pub**lic **speak**ing. 僕は人前で話すことにとても恐怖を感じるんだ。
動 他 恐れる　fearful 形 おびえた　fearless 形 怖れを知らない	

0136 few	形 少数の
□ fユー □ /fjú:/ ○	There are a **few peo**ple **wait**ing out**side**. 外には少数の待っている方がいらっしゃいます。
a の有無でニュアンスが逆。　a few 少しはある　few 少ししかない	

0137 deaf	形 耳の不自由な
□ デf □ /déf/ ○	**This** is our **new ser**vice for **deaf peo**ple. これが耳の不自由な方々のための、我が社の新サービスです。
hearing-impared のほうが PC 的な表現　deafening 形 耳をつんざくような	

0138 feel	動 自 他 感じる
□ fイーォ □ /fí:l/ ○	I've **felt sick** for **al**most **three hours** now. もう3時間ぐらい吐き気を感じてます。
【活用】feel-felt-felt　feeling 名 C 気持ち	

0139 fair	名 C 祭り
□ fエァ □ /féər/ ○	**Dad** will **take** us to the **coun**ty **fair** tomorrow! パパが明日、地区の祭りに連れて行ってくれる！
〈源〉「休日」	

0140 force	動 他 強制する
□ fオーァs □ /fɔ́:rs/ ○	You're **sick**! **Don't force** yourself to **come** to **work**. 君は病気なんだ！無理に出勤する（自分自身に出勤を強制する）な。
名 U 力　the use of force 暴力の行使	

第2章

▶▶ Lesson 47

発音強化のポイント

v の音の基本

Lesson 11（➡ p.50）で学習した v の音の基本（有声・唇歯・摩擦音）を含む 14 語を取り上げました。f と同様の舌の動きですが、v に関しては下唇をごくごく軽く当てましょう。「ヴ〜」のような感じです。

0141 fever

□ fイーvア
□ /fíːvər/ ○。

名 C U 熱

I **have** a **slight fe**ver.
ちょっと熱があるんだ。

hay fever 花粉症　feverish 形 熱っぽい

0142 leave

□ Lイーv
□ /líːv/ ○

動 他 自 出発する

What time do you **leave home**?
何時に家を出発するの？

他 そのままにしておく、後に残す　【活用】leave-left-left

0143 eve

□ イーv
□ /íːv/ ○

名 U 前夜

Christmas **Eve** is ex**cit**ing **too**.
クリスマスイブもわくわくするよね。

〈源〉even（夕方）の短縮形。evening と同語源。　音「イー」と伸ばすことに注意。

0144 view

□ vユー
□ /vjúː/ ○

名 C 眺め

This is **such** a **beau**tiful **view**.
これはすごくよい眺めだ。

意見　動 他 眺める　in my view 私の意見では　viewer 名 C 視聴者

0145 voice

□ vオィs
□ /vɔ́ɪs/ ○

名 C 声

This singer **has** a **great voice**.
この歌手はすばらしい声だね。

名 C （文法用語の）態　the passive voice 受動態　voiced 形 有声の

0146 vote

□ vオゥt
□ /vóut/ ○

動 自 投票する

Did you **vote** in **this** elec**tion**?
今回の選挙で投票した？

音 b で発音すると boat（船）に聞こえる。　名 C 投票　Let's have a vote. 投票しよう。

0147 never

☐
☐ ネヴァ
☐ /névər/ ○○

副 一度も～ない

I have **nev**er **shot** a **gun** in my **life**.
今まで銃を撃ったことは一度もありません。

〈源〉「not（ない）+ever（どんな時も）」 never ever 絶対に～ない（never の強意表現）

0148 via

☐
☐ **v**アイア
☐ /váɪə/ ○○

前 ～によって

Send it via **e-mail**.
それをメールで（によって）送ってください。

〈源〉ラテン語「道」 via Paris パリ経由で

0149 visit

☐
☐ **v**イズィt
☐ /vízət/ ○○

動 他 訪問する

I **u**sually **vis**it my **moth**er on **Sundays**.
たいてい日曜は母を訪ねる。

名 C 訪問 visitor 名 C 訪問者 hospital visiting hours 病院の面会時間

0150 solve

☐
☐ ソーゥv
☐ /sɔ́ːlv/ ○

動 他 解決する

I **don't think** I can **solve this prob**lem.
この問題を解決することができるとは思えません。

〈源〉「ゆるめる」→「解決する、溶かす」 solution 名 C 解決

0151 vegan

☐
☐ **v**イーグン
☐ /víːgən/ ○○

名 C ビーガン

Have you **tried** the **new ve**gan **res**taurant?
新しいビーガンレストランにはもう行った？

卵や乳製品も含めて動物性の食物をまったくとらない人たち

0152 move

☐
☐ ムーv
☐ /múːv/ ○

動 他 動かす

Move your **car**. **This** is a **no-park**ing **ar**ea.
車を動かしてください。ここは駐車禁止です。

自 引っ越す movement 名 C U 活動

0153 save

☐
☐ セイv
☐ /séɪv/ ○

動 他 貯める

Let's save some **mon**ey for the **sum**mer **trip**.
夏の旅行のためにお金を貯めよう。

助ける／節約する saving 名 C 貯金

0154 achieve

☐
☐ アチーv
☐ /ətʃíːv/ ○○

動 他 達成する

Our **com**pany a**chieved what** it set **out** to **do**.
我が社は目標を達成しました。

achievement 名 C U 成果 a sense of achievement 達成感

第2章

107

≫ Lesson 48

発音強化のポイント

語末の n は「ン」じゃない

　Lesson 12（➡ p.51）の**語末の n は「ン」じゃない**（有声・歯茎・鼻音）に当たる 14 語を取り上げました。n で終わる語ばかりですので「舌先を歯茎に当てて発音し終わる」ことを徹底してください。

0155 **own**	形 ～自身の
☐ **オ**ゥン_ヌ ☐ /óun/ ○	Is **that** your **own** i**de**a? それは、あなた自身のアイデアですか。

own の前の your, my, his などを忘れがちなので注意。　on one's own 自力で

0156 **pan**	名 C フライパン
☐ **ペア**ーン_ヌ ☐ /pǽn/ ○	**Quick**, **hand** me the **pan**! 速く！ そのフライパンをちょうだい！

🔊 pa 部分を「ペァ」と言わないと、pun（だじゃれ）に聞こえる。

0157 **keen**	形 大好きで
☐ **キー**ン_ヌ ☐ /kíːn/ ○	I'm **not too keen** on her. 彼女のことはあまり好きで（大好きなわけでは）ない。

keenly 副 熱烈に　keenness 名 C U 熱心さ

0158 **mean**	動 他 自 意味する
☐ **ミー**ン_ヌ ☐ /míːn/ ○	**Sor**ry, I **did**n't **mean** that. ごめんなさい、そういう意味ではなかったの。

【活用】mean-meant-meant　meaning 名 C U 意味　meaningful 形 意味のある　meaningless 形 意味のない

0159 **fine**	形 元気な
☐ f**アー**イン_ヌ ☐ /fáin/ ○	I feel **fine** now, **thank** you. もう元気です、ありがとう。

細かい、細い　〈源〉「完成された」　a fine line 細い線

0160 **join**	動 他 自 ～に加わる
☐ **ヂョ**イン_ヌ ☐ /dʒɔ́in/ ○	Will you **join** us for **cof**fee? ご一緒にコーヒーはいかがですか（私たちに加わる）？

join hands 手を組む　joint 名 C 関節　形 合同の

0161 pain

☐
☐
☐

ペイン ヌ
/péin/ ○

名 C U 痛み

I **feel** a **sharp pain** in my **back**.
背中に鋭い痛みを感じたんです。

〈源〉「刑罰・罰金」 painful **形** 痛い painless **形** 痛みのない

0162 main

☐
☐
☐

メインヌ
/méin/ ○

形 主な

What's the **main top**ic of the **meet**ing?
会議の主な議題は何ですか。

main course（食事の）メインディッシュ mainly **副** 主に

0163 skin

☐
☐
☐

sキンヌ
/skín/ ○

名 U C 皮膚

My **skin** is a **bit sen**sitive in **spring**.
私の肌は春にはちょっと過敏になる。

C （野菜の）皮 **動** 他 皮をむく skin an apple リンゴの皮をむく

0164 win

☐
☐
☐

ウインヌ
/wín/ ○

動 他 勝つ

Our school team won the **cham**pion**ship**!
私たちの学校のチームが優勝したの！

【活用】win-won-won 〈反〉lose 負ける winner **名** C 勝者

0165 bone

☐
☐
☐

ボウンヌ
/bóun/ ○

名 C 骨

I **broke** a **bone** when I **fell** to the **ground**.
道で転んで骨を折ってしまいました。

音 o の部分は二重母音。 in one's bones 直感的に（わかる・感じる、など）

0166 dine

☐
☐
☐

ダーインヌ
/dáin/ ○

動 自 食事をする

We **dined** at the **new res**taurant last night.
昨日の夜、あの新しいレストランで食事をした。

dining **名** U 食事 diner **名** C 食堂

0167 gain

☐
☐
☐

ゲインヌ
/géin/ ○

動 他 自 手に入れる

He **gained mon**ey af**ter win**ning the **lot**tery.
彼は宝くじに当たって金を手に入れた。

名 U 利益 gain weight 体重を増やす gain ground 優勢になる

0168 cone

☐
☐
☐

コウンヌ
/kóun/ ○

名 C コーン（円すい）

There were **man**y **traf**fic **cones** in the **street**.
道にたくさんトラフィックコーンが置かれていた。

音 o 部分は「オウ」。「オー」にすると corn（とうもろこし）と間違われる。

第2章

109

≫ Lesson 49
発音強化のポイント

子音連結の中の l

Lesson 13（➡ p.52）で学習した**子音連結の中の l（子音連結内の歯茎側面音）**を含む 14 語を取り上げました。まず l の準備で舌先を歯茎にしっかり当てておいてから最初の子音を発音するのがコツです。

0169 **place**	名 C 場所
☐ p**L エ**ｲs ☐ ☐ /pléɪs/ ○	**This** is a **nice place**! これはいい場所だね。
家・部屋、〜位　my place 僕の部屋　second place 第2位	

0170 **blood**	名 C 血
☐ b**L ア**d ☐ ☐ /blʌ́d/ ○	I'm going to **do**nate **blood**. 私は、献血するつもりです。
bloody 形 血だらけの　bleed 動 自 出血する	

0171 **blind**	形 目が不自由な
☐ b**L アー**ｲnd ☐ ☐ /bláɪnd/ ○	**Let's help** that **blind per**son. あそこの目が不自由な人に手を貸してあげよう。
動 他 目をくらませる　Love is blind. 恋は盲目。　blindfold 動 他 目隠しする	

0172 **clear**	形 明快な
☐ k**L イ**ｱ ☐ ☐ /klíər/ ○	Do you **un**der**stand**? Am I **clear**? わかった？　理解できた（私は明快）かな？
動 他 くっきりさせる　clarity 名 U 明快さ	

0173 **slide**	名 C 滑り台
☐ s**L アー**ｲd ☐ ☐ /sláɪd/ ○	I'll **push** you **down** the **slide**. 滑り台を下るときに後ろから押してあげるよ。
動 自 他 滑る　【活用】slide-slid-slid	

0174 **claim**	動 他 主張する
☐ k**L エ**ｲm ☐ ☐ /kléɪm/ ○	She **claimed** it was **not** her **fault**. 彼女は自分のミスじゃないと主張した。
日本語の「クレーム」のように「文句を言う」という意味はない。　名 C 主張	

0175 floor
- fL**オ**ーァ
- /flɔ́:r/ ○

名 C 階

My **of**fice is on the **sec**ond **floor**.
私の事務所は2階です。

〈源〉「平らな (flat)」　flooring 名 U 床材

0176 bloom
- bL**ウ**ーm
- /blú:m/ ○

動 自 開花する

The **cher**ry **trees** are **bloom**ing now.
桜が咲いてきています（開花しつつある）。

名 U 開花　(be) in full bloom 満開で

0177 flat
- fL**エ**ァt
- /flǽt/ ○

形 平らな

This cornfield is **per**fectly **flat**.
このトウモロコシ畑は完全に平らです。

音 L の準備で舌を歯茎につけておいてF を発音するとよい。　flatly 副 平らに　flatten 動 他 平らにする

0178 slip
- sL**イ**p
- /slíp/ ○

動 自 滑る

Be **care**ful **so** that you **don't slip**.
滑らないように気をつけてね。

名 C スリップ（女性の下着）　slippery 形 滑りやすい

0179 plot
- pL**ア**-t
- /plɑ́:t/ ○

名 C 筋書き

Don't tell me about the **book**'s **plot**.
その本の筋書きを僕に教えないでよ。

〈源〉「小さい地所」

0180 plant
- pL**エ**ァ-ɲt
- /plǽnt/ ○

名 C 植物

Let's put some **plants** in the **liv**ing **room**.
居間に観葉植物を置きましょうよ。

動 他 植える、（偽の証拠や爆弾などの非合法な品物を）仕掛ける

0181 glance
- gL**エ**ァ-ɲs
- /glǽns/ ○

動 自 ちらっと見る

My **cat** just **glanced** at a **bird** by the **win**dow.
うちの猫がたった今窓の鳥をちらっと見た。

名 C 一瞥　at a glance 一目で

0182 club
- kL**ア**b
- /klʌ́b/ ○

名 C クラブ（バー）

I'll **meet** you at the **club** around 7 (**sev**en) p.**m**.
7時ごろクラブで会いましょう。

〈源〉「太い棍棒」　動 他 棍棒などで殴る

第2章

>> **Lesson 50**

発音強化のポイント

子音連結の中の r

Lesson **14**（➡ p.53）で学習した**子音連結の中の r（子音連結内の接近音）**を含む 14 語を取り上げました。r で舌先を歯茎に接触しないこととともに、t がある部分では「ト」と言わないことが最大のポイントです。

0183 price	名 C 価格
pR**ア**ィs /práis/ ◯	**What** is the **price** of **gas** there? そちらでは、ガソリンの価格はいくら？

動 他 値段をつける　price tag 値札　price list 価格表

0184 praise	動 他 褒める
pR**エ**ィz /préɪz/ ◯	I **praised** the **dog** after he **peed** out**side**. うちの犬が外で用を足した時はすぐに褒めてあげた。

名 U 称賛　a highly praised film 評価の高い映画　praiseworthy 形 称賛に値する

0185 bread	名 U パン
bR**エ**d /bréd/ ◯	**This bread** tastes **great**. このパンはとてもおいしい。

音 r をきちんと発音しないと、bled（血が出た）に聞こえる。　bread winner 名 C 一家の稼ぎ手

0186 trap	名 C わな
tR**エア**p /trǽp/ ◯	**Let's set** a **trap** for **rats**. ネズミ捕りのわなをしかけよう。

動 他 わなにかける　be trapped とじこめられて、抜け出せない

0187 strict	形 厳しい
stR**ィ**kt /stríkt/ ◯	**Wow**, your **mom sounds strict**. へぇ～、君のママって厳しいんだね。

strictly 副 厳密に　strictly speaking 厳密に言えば

0188 street	名 C 道路
stR**ィ**-t /stríːt/ ◯	**Don't run out** into the **street**! 道路に飛び出しちゃだめだよ！

〈源〉「石で舗装された」　streetlight 名 C 街灯

0189 stress

stR**エ**s
/strés/ ◯

動 他 ストレスを与える

I've been **stressed** these days.
ここのところ、ストレスを感じているんだ。

(be) stressed out ストレスをためて　release stress ストレスを発散する　stressful 形 ストレスの多い

0190 strong

stR**オーン**
/strɔ́:ŋ/ ◯

形 強い

I **want** to **be** as **strong** as **Dad**!
僕、パパみたいに強くなりたい！

be still going strong まだまだ元気／頑張っている　strongly 副 強く

0191 trend

tR**エ**ﬨd
/trénd/ ◯

名 C 流行

Is **that** a **new trend** or **some**thing?
それって新しい流行か何か？

trendy 形 流行の

0192 dress

dR**エ**s
/drés/ ◯

動 他 自 服を着る

We'll **leave** in a **min**ute. **Dress** yourself.
すぐに出かけるよ。ちゃんと服を着て。

名 C ワンピース　dressed-up 形 ドレスアップした

0193 drag

dR**エァ**-g
/drǽg/ ◯

動 他 引きずる

He got **drunk**, so we **dragged** him **in**to the **cab**.
彼が酔っ払ってしまったから、引きずってタクシーに乗せた。

音 a部分を長めに「エァ」と言わないと、drug と間違えられる。

0194 free

ﬦR**イー**
/frí:/ ◯

形 自由な

You're **free** to **do** as **you like**.
あなたは好きに何をしても自由ですよ。

音 L音で発音すると flee(逃げる)に聞こえる。　動 他 自由にする　freedom 名 C U 自由

0195 grant

gR**エァ**-ﬨt
/grǽnt/ ◯

動 他 認めて与える

I **hope** my **visa** is **grant**ed **soon**.
すぐにビザが下りる（認められて与えられる）といいんだけど。

名 C U 助成金、許可　take ～ for granted ～を当然のことと思う

0196 crime

kR**ア**ﬧm
/kráɪm/ ◯

名 C 犯罪

There is **litt**le **crime** in my **neigh**bor**hood**.
うちの近所では、犯罪はほとんどないですよ。

音 L音で発音すると climb(登る)に聞こえる。　commit a crime 犯罪を犯す　criminal 名 C 犯人

第2章

≫ Lesson 51

発音強化のポイント

アの種類を増やす❶

Lesson 15（➡ p.54）の**アの種類を増やす❶**（前舌母音）で学習したアとエの中間の「エァ」のような音を含む 14 語を取り上げました。エを 7、アを 3 の割合で混ぜたつもりで長めに発音します。

0197 hand

☐ ヘアーンd
☐ /hǽnd/ ○

動 他 手渡す

Can you **hand** me the **plate**?
そのお皿、手渡してくれる？

名 C 手　handful 形 一つかみの　handy 形 便利な

0198 lack

☐ Lエァk
☐ /lǽk/ ○

動 他 欠く

He **lacks** a **sense** of **hu**mor.
彼にはユーモアのセンスが欠けているんだ。

音 a 部分を長めに「エァ」と言わないと、luck（幸運）に聞こえてしまう。

0199 track

☐ tRエァk
☐ /trǽk/ ○

動 他 追跡する

How can I **track** my **pack**age?
荷物はどうしたら追跡することができますか。

名 C （陸上競技の）トラック、軌跡、曲　音 「エァ」の音を出さないと truck（乗り物のトラック）に聞こえる。

0200 fan

☐ fエアーンヌ
☐ /fǽn/ ○

名 C ファン

I'm a **big fan** of the **An**gels.
僕はエンゼルスの大ファンなんだ。

扇風機　動 他 あおぐ　音 「エァ」の音を出さないと fun（楽しみ）に聞こえる。

0201 hang

☐ ヘアーン
☐ /hǽŋ/ ○

動 他 掛ける

Hang this **wet tow**el out**side**.
この濡れてるタオルを外に掛けておいて。

【活用】hang-hung-hung　「絞首刑にする」の意味もある。　hang on しっかりつかまる　hang out ぶらつく

0202 chance

☐ チエアーンs
☐ /tʃǽns/ ○

名 C チャンス

Take a **chance**. **Don't** be a**fraid**.
チャンスに賭けなさい。怖がらずに。

〈源〉「偶然性」　a chance meeting 偶然の出会い

114

0203 pack

□
□ ペアk
□ /pǽk/ ○

動 他 詰める

Have you **packed** all your **things**?
荷物は全部詰めた？

名 C 1パック　packed 形 満員の

0204 gap

□
□ ゲアp
□ /gǽp/ ○

名 C 隙間

I **have** a **gap** be**tween** my **front teeth**.
私、前歯の間に隙間があるの。

Mind the gap.〔英・カナダ〕車両とホームのすき間にご注意。

0205 brand

□
□ bRエアーンd
□ /brǽnd/ ○

名 C ブランド

This brand is the **best** on the **mar**ket.
売られている中ではこのブランドがベストだよ。

音 r をきちんと発音しないと、bland（味気ない）に聞こえる。

0206 task

□
□ テアsk
□ /tǽsk/ ○

名 C 課題

I **have** a **lot** of **tasks** to **do** by to**night**.
今晩中に仕上げないといけない課題がたくさんあるんだ。

〈源〉「税金(tax)の代わりの仕事」　task force タスクフォース（特別部隊）

0207 mass

□
□ メア-s
□ /mǽs/ ○

形 大衆の

The **band's last con**cert had **mass** ap**peal**.
そのバンドの最後のコンサートは大勢に受けたよ。

名 C 大衆、大量　mass production 大量生産　mass media マスメディア

0208 sack

□
□ セアk
□ /sǽk/ ○

名 C 袋

Grab the **sack** of po**ta**toes **off** the **shelf**.
棚からジャガイモの袋を取ってきて。

〈源〉昔、解雇された人が衣類を大袋(sack)に入れて立ち去ったことから。　動 他 首にする

0209 ban

□
□ ベアーンx
□ /bǽn/ ○

動 他 禁止する

My **com**pany **banned smok**ing in the **build**ing.
我が社では社屋内での喫煙を禁止しました。

音 a を[エア]と言わないと bun（丸パン、菓子パン）に聞こえる。　名 C 禁止

0210 tax

□
□ テアks
□ /tǽks/ ○

名 U 税金

It's $120 (**one hun**dred **twen**ty **dol**lars) with **tax**.
税込みで120ドルです。

動 他 税金をかける　taxation 名 U 課税

≫ Lesson 52

発音強化のポイント

アの種類を増やす❷

　Lesson（16）（➡ p.55）の**アの種類を増やす❷**（中舌母音）で学習した、のどの奥の方で短めに言う「アッ」を含む14語を取り上げました。綴りはuの場合が多いことも意識してください。

0211 **tub**	名 C バスタブ
□ □ タb □ /tʌ́b/ ○	**Fill** the **tub** for me! バスタブにお湯を入れて！

🔊 テァ…と発音してしまうと tab（ラベル、勘定書）に聞こえてしまう。

0212 **lucky**	形 幸運な
□ □ Lアキ □ /lʌ́ki/ ○○	I was **ver**y **luck**y today! 今日はとても幸運だった！

luck 名 U 幸運　luckily 副 幸運なことに　〈反〉unlucky 不運な

0213 **plus**	前 足す
□ □ pLアs □ /plʌ́s/ ○	**Hap**piness is **you plus** me! 幸せとは僕たちが一緒にいること（君足す僕のこと）さ。

名 C 利点　a big plus 大きな利点　〈反〉minus 引く

0214 **bun**	名 C （丸い）パン
□ □ バンｘ □ /bʌ́n/ ○	**Warm** the **bun** for **break**fast. 朝食用に（丸）パンを温めて。

（髪型の）お団子　🔊 ban（禁止する）に聞こえないように。　have a bun in the oven 妊娠している

0215 **hunt**	動 他 自 狩りをする
□ □ ハンt □ /hʌ́nt/ ○	My **fa**ther used to **hunt deer**. 父は昔は鹿狩りをしていました。

名 C 追跡　hunter 名 C 狩人　hunting 名 U 狩猟

0216 **stuff**	名 U 物
□ □ sタf □ /stʌ́f/ ○	Did you **pack** your **stuff yet**? もう自分の荷物（物）は詰めたかい？

🔊 staff（職員）に聞こえないように。　動 他 詰め物をする　stuffed toy ぬいぐるみ

0217 junk

ヂャンk
/dʒʌ́ŋk/ ○

形 くずの

I **can't stop eat**ing **junk** food.
私、ジャンクフードを食べるのをやめられないの。

名 U くず　junk mail ジャンクメール　junk dealer 廃品回収業者

0218 touch

タチ
/tʌ́tʃ/ ○

動 他 触る

Don't touch the **stove**. It's **hot**.
コンロに触ってはだめですよ。熱いから。

名 U 肌ざわり、触ること　touch-type 動 自 他 キーを見ずに打つ

0219 brush

bRアsh
/brʌ́ʃ/ ○

動 他 歯を磨く

Brush your **teeth** be**fore** you **go** to **bed**.
寝る前に歯を磨きなさい。

音 L の発音では blush(赤面する)になってしまう。brash(生意気な)にも聞こえないように。　名 C ブラシ

0220 lovely

Lアvレイ
/lʌ́vli/ ○○

形 すばらしい

What **love**ly **weath**er we're **hav**ing today!
今日は、なんてすばらしい天気なんだ!

美しく魅力的な　You have lovely eyes. 君の目は美しい。

0221 bug

バg
/bʌ́g/ ○

名 C バグ

They **found** some **bugs** in the **new pro**gram.
新しいプログラムにバグを見つけた。

音 bag に聞こえないように。　名 C 虫、盗聴器

0222 drug

dRアg
/drʌ́g/ ○

名 C 薬

The **doc**tor **gave** me a **drug** for my **headache**.
医者が頭痛用の薬をくれた。

音 drag(引きずる)に聞こえないように。　麻薬　drug abuse 麻薬乱用　drug addict 麻薬中毒者

0223 fun

fアン ̮
/fʌ́n/ ○

名 U 楽しみ

You are **hav**ing a **par**ty, **aren't** you? **Have fun**!
パーティーするんでしょ?　楽しい時間を過ごしてね。

形 楽しい　音 fan(扇風機)に聞こえないように。　have fun 楽しむ　funny 形 愉快な

0224 crush

kRアsh
/krʌ́ʃ/ ○

動 他 押しつぶす

Crush the **box** and **put** it in the **recy**cle **bin**.
その箱をつぶして、リサイクル用のボックスに入れておいて。

音 crash(ぶつける)に聞こえないように。　名 C ベタぼれ　have a crush on ~ ~に夢中になっている

117

>> **Lesson 53**

発音強化のポイント

アーの種類を増やす❶

Lesson 17（➡ p.56）の**アーの種類を増やす❶**（中舌・半狭・長母音）で学習した、口を閉じ気味にして出す暗い響きの「ウァー」を含む 14 語を取り上げました。「ウー」7、「アー」3 の割合で混ぜるような意識です。

0225 **hurt**	動 自 他 痛む
□ h**ウァ**-t □ □ /hə́:rt/ ○	**It hurts!** 痛い（それは痛む）！

他 傷つける　【活用】hurt-hurt-hurt　音 ur 部分は暗い音。「アー」では heart に聞こえる。

0226 **curb**	名 C 縁石
□ **クァ**-b □ □ /kə́:rb/ ○	**Walk clos**er **to the curb.** （歩道の）縁石のもっと近くを歩くのよ。

音 cur 部分は暗い母音にしないと carb（炭水化物）に聞こえる。

0227 **learn**	動 他 自 学ぶ
□ L**ウァ**ーンヌ □ □ /lə́:rn/ ○	**I'm learn**ing **pro**gramming. 私は、プログラミングを学んでいる。

音 L をしっかり発音し、ear 部分は暗い音を出す。

0228 **worth**	形 （～する）価値がある
□ w**ウァ**-th □ □ /wə́:rθ/ ○	**This book** is **worth read**ing. この本は読む価値があるよ。

名 U 価値　worthwhile 形 （時間をかける）価値がある

0229 **firm**	形 固い
□ f**ウァ**ーm □ □ /fə́:rm/ ○	**The ho**tel's **bed** was **too firm.** ホテルのベッドは余りに固いものだった。

a firm date 確定的な日どり　firmly 副 強固に

0230 **earn**	動 自 他 稼ぐ
□ **ウァ**ーンヌ □ □ /ə́:rn/ ○	**How much** did you **earn** last year? 去年いくら稼いだ？

〈源〉「農作物を収穫する」　音 「アーン」にならないように、暗い音で。

0231 stir

☐☐☐ stウァー
/stə́:r/ ○

動 他 自 かき混ぜる

Can you **stir** the **soup** in the **pot**?
鍋のスープ、かき混ぜてくれる?

カクテル用語の「ステア」は この stir の誤読　stirrer 名 C マドラー

0232 birth

☐☐☐ ブァ-th
/bə́:rθ/ ○

名 U C 誕生

My **sis**ter gave **birth** to a **ba**by **boy**.
姉は男の子を産んだ(誕生を与えた)。

DOB = date of birth (生年月日)　birthday 名 C 誕生日

0233 dirty

☐☐☐ dウァ-ディ
/də́:rti/ ○○

形 汚い

How did your **clothes** get **so dirty**!?
どうやってそんなに服が汚くなったの?

(性的に)いやらしい　dirty jokes 卑猥な冗談

0234 work

☐☐☐ wウァ-k
/wə́:rk/ ○

動 自 働く

My **broth**er **works** at a **small com**pany.
弟は小さな会社で働いているよ。

機能する　名 U 仕事

0235 world

☐☐☐ wウァーオd
/wə́:rld/ ○

名 C 世界

How many **peo**ple **are** there in the **world**?
世界には何人の人がいるの?

音 or部分は暗い音で。　in the world / all over the world 世界中で

0236 turn

☐☐☐ tウァーン又
/tə́:rn/ ○

名 C 順番

Our **child**ren take **turns do**ing the **dish**es.
うちの子どもたちは順番にお皿洗いをするの。

音 t は帯気音で。ur部分は暗い音で。　回転　動 他 回す

0237 search

☐☐☐ スァ-チ
/sə́:rtʃ/ ○

動 自 他 探す

I **searched ev**ery**where** but **couldn**'t **find** it.
あらゆる場所を探したが見つからなかった。

名 C 検索　Search me! 知らないね。　Search engine サーチエンジン

0238 burst

☐☐☐ ブァ-st
/bə́:rst/ ○

動 自 他 急に〜する

I **burst out laugh**ing **lis**tening to the **sto**ry.
その話を聞いて私は爆笑した(急に笑い出した)。

【活用】burst-burst-burst　名 C 破裂　at a burst 一気に

🎧 0239-0252

>> Lesson 54

発音強化のポイント

アーの種類を増やす❷

　Lesson 18（➡ p.57）のアーの種類を増やす❷（中舌・広・長母音）で学習した、うがいをするときのようにのどの奥を開ける感じで出す「アー」を含む 14 語を取り上げました。r 音を後に付けても付けなくても OK です。

0239 park
- パ-k
- /páːrk/ ○

動 他 駐車する

Where can I **park** my **car**?
どこに駐車することができるかな？

名 C 公園　parking lot 駐車場　park and ride パークアンドライド方式

0240 cart
- カ-t
- /káːrt/ ○

名 C 手押し車

Let's get a **shop**ping **cart**.
ショッピングカートを取ってこよう。

put the cart before the horse 順序をあべこべにする

0241 harm
- ハー m
- /háːrm/ ○

動 他 害を与える

Smoking can **harm** your **lungs**.
喫煙は肺に害を与える可能性があるんだよ。

名 U 害　do more harm than good 害のほうが多い　harmful 形 有害な　harmless 形 無害な

0242 sharp
- シャ-p
- /ʃáːrp/ ○

形 鋭い

Your **knife** is **not ver**y **sharp**.
君の包丁はよく切れない（あまり鋭くない）。

副 ちょうど　sharpen 動 他 鋭利にする　〈反〉dull にぶい

0243 smart
- sマ-t
- /smáːrt/ ○

形 賢い

Our **guard dog** is **not** so **smart**.
うちの番犬はあまり賢いわけではない。

動 自 ズキズキする、憤慨する　smart aleck 名 C 嫌味な知ったかぶりをする人

0244 far
- fアー
- /fáːr/ ○

形 遠くの

How far is your **place** from **here**?
君の家は、ここからどれくらい遠いの？

副 遠くへ　比較級：farther（距離）/ further（程度）

120

0245 chart
チャ-t
/tʃá:rt/ ○
名 C 図表
This **chart** shows our **sales growth**.
この図表は、我が社の売り上げの伸びを示しています。
地図　uncharted area 地図に載っていない（→未知の）領域

0246 mark
マ-k
/má:rk/ ○
動 他 自 印をつける
He **marked** the **tar**get with a **red X**.
彼は目標に赤いバツで印を付けた。
名 C 印　marked 形 顕著な　markedly 副 著しく

0247 hard
ハ—d
/há:rd/ ○
形 困難な
It's **hard** to **read** such **t**iny **let**ters!
こんな小さい文字読むのは困難だよ。
hardly は「激しく」ではないので注意！　hard 副 激しく　hardship 名 C U 苦難、困難

0248 jar
ヂャー
/dʒá:r/ ○
名 C （広口の）瓶
Finish the **peanut but**ter in the **jar**.
瓶の中のピーナッツバターを使いきってね。
〈源〉「土器」

0249 party
パーディ
/pá:rti/ ○○
名 C パーティー
We're **hav**ing a **birthday par**ty for her.
彼女の誕生パーティーをやっているところです。
音 t部分は日本語のラ行的音になることがあるが、英語のR で発音するのはNG。

0250 guard
ガーd
/gá:rd/ ○
動 他 警備する
The **jew**elry **shop** is **guard**ed by **armed men**.
あの宝石店、銃を持った警備員に警備されているよ。
名 C ガードマン　音 guar部分で暗い音を出す間違いが多い。「ガー」でよい。

0251 darling
ダーLイン
/dá:rlɪŋ/ ○○
名 C 人気者
The **mod**el is a **darl**ing of the **fash**ion **world**.
そのモデルはファッション業界の売れっ子（人気者）だ。
ねえあなた、お前（妻・夫・恋人・子どもなどに愛情をこめた呼びかけ）　形 お気に入りの

0252 heart
ハ-t
/há:rt/ ○
名 C U 心臓
My **fa**ther **had** a **heart** at**tack** and **al**most **died**.
父は心臓発作になり、あやうく死ぬところでした。
heartbreak 名 U C ハートブレイク、傷心　heartfelt 形 心からの

≫ Lesson 55

発音強化のポイント

オウとオーを区別する❶

　Lesson 19 (➡ p.58) の**オウとオーを区別する❶**（二重母音）で学習した、二重母音の「オウ」を含む 14 語を取り上げました。少し「アウ」に寄せても構いません。つづり（oa など）にも注目です。

0253 **joke**	**動 自 冗談を言う**
ヂョウk /dʒóuk/ ○	Are you **jok**ing? あなたは冗談を言っているの？

名 C 冗談　make a joke 冗談を言う　a practical joke いたずら

0254 **blow**	**動 自 他 息を吹く**
bL**オ**ウ /blóu/ ○	You **need** to **blow hard**er. もっと強く息を吐いて。

【活用】blow-blew-blown　名 C 強打・ショック

0255 **post**	**名 C 書き込み**
ポウst /póust/ ○	**Read** this **post** about **you**! 君についてのこの書き込みを読んでみて！

🔊 o 部分は「オウ」　C U 郵便物　動 他 （ネット上に）載せる　postal 形 郵便の

0256 **soap**	**名 U 石鹸**
ソウp /sóup/ ○	**Wash** your **hands** with **soap**. 石鹸で手を洗いなさい。

soap opera 連続ドラマ　soapy 形 石鹸だらけの

0257 **grow**	**動 他 生やす**
gR**オ**ウ /gróu/ ○	**Oh**, you **start**ed to **grow** a **beard**! あら、髭を生やし始めたのね！

【活用】grow-grew-grown　自 生える　growth 名 U 成長　grown-up 名 C 大人

0258 **poll**	**名 C 世論調査**
ポ**オ**ウ /póul/ ○	They're **do**ing a **poll** over there. あそこで世論調査をやってるよ。

🔊 o は「オウ」で pole（棒）と同じ発音。　動 他 世論調査をする

0259 smoke

☐☐☐ sモゥk
/smóuk/ ○

動 自 他 喫煙する

I **stopped** smoking **a few days** ago.
数日前に喫煙するのをやめたんだ。

名 U 煙　smoke-free 形 禁煙の　smoker 名 C 喫煙者

0260 fold

☐☐☐ fオォゥd
/fóuld/ ○

動 他 自 畳む

I **like** folding **all my clothes neat**ly.
私は服を全部きちんと畳むのが好きです。

folder 名 C フォルダー、書類はさみ（折りたたまれたカバーが原義）　two-fold 形 2要素からなる

0261 coat

☐☐☐ コゥt
/kóut/ ○

名 C コート

Bring your **coat**. It'll be **cold** at night.
コートを持って来なさい。夜は冷えるから。

音 oa部分は、「オー」でなく、「オウ」。「オー」だと、court(コート)に聞こえる。　動 他 コーティングする

0262 host

☐☐☐ ホゥst
/hóust/ ○

動 他 主催する

Our **com**pany will **host** an e**vent** next week.
うちの会社は来週イベントを主催する。

音 o部分は、「オウ」と発音。　名 C 主催者

0263 foam

☐☐☐ fオゥm
/fóum/ ○

名 U 泡

There's a **lot** of **foam** on **top** of the **so**da.
ソーダの上のほうは泡がいっぱいだ。

音 oa は「オウ」。「オー」にすると form(形)に聞こえる。　動 自 泡立つ

0264 note

☐☐☐ ノゥt
/nóut/ ○

名 C メモ

I **u**sually **don't take notes** during a **speech**.
僕はいつもスピーチを聞くときにメモは取らないんだ。

日本語の「ノート」は notebook。　make a note メモを取る　musical note 音符

0265 bowl

☐☐☐ ボォゥ
/bóul/ ○

名 C （食事用の）ボウル

I **ate** a **bowl** of **oatmeal** for **break**fast today.
今日は朝食にボウル1杯のオートミールを食べました。

音 母音は「オウ」。「オー」だと ball(ボール)に聞こえる。　rice bowl 茶碗、丼

0266 goal

☐☐☐ ゴォゥ
/góul/ ○

名 C 目標

Our **goal** is to in**crease cus**tomer **sat**is**fac**tion.
私たちの目標は顧客満足度を上げることです。

音 oa部分は「オウ」で「オー」ではない。　サッカーの「ゴール」もこちら。

≫ Lesson 56

発音強化のポイント

オウとオーを区別する❷

　Lesson 20（➡ p.59）のオウとオーを区別する❷（**長母音**）で学習した、長母音の「オー」を含む 14 語を取り上げました。少し「アー」に寄せても構いません。つづり（au など）にも注目です。

0267 **pause**

名 C 休憩

□
□ ポーz
/pɔ́ːz/ ◯

Take a **pause**.
ちょっと休憩しよう。

🔊 au 部分は「オー」。「オウ」だと pose（提示する）に聞こえる。　動 自 中断する

0268 **fault**

名 U C 責任

□
□ fオー◡t
/fɔ́ːlt/ ◯

It's **not** my **fault**.
それは私の責任ではありません。

テニスの「フォルト」はこれ。　faulty 形 欠陥のある

0269 **false**

形 偽の

□
□ fオー◡s
/fɔ́ːls/ ◯

I have **false** **teeth**.
私は入れ歯（偽の歯）をしています。

false positive 偽陽性　false negative 偽陰性　falsify 動 他 誤りだと証明する

0270 **raw**

形 生の

□
□ Rオー
/rɔ́ː/ ◯

Do you **eat raw eggs**?
君は生の卵って食べる？

🔊 aw 部分は「オー」と伸ばす。「オウ」では、row（列）に聞こえる。　raw materials 原材料

0271 **wall**

名 C 壁

□
□ ウォー◡
/wɔ́ːl/ ◯

Did you **paint** the **wall**?
あなたはその壁を塗り替えたの？

〈源〉「城壁」　hit the wall（スポーツで）ばてる　wallpaper 名 C U 壁紙

0272 **cause**

動 他 引き起こす

□
□ コーz
/kɔ́ːz/ ◯

Your **lie caused** this **trou**ble.
あなたのうそが、この問題を引き起こした。

名 C 原因　causal 形 ～の原因となる　causality 名 U 因果関係

124

0273 awesome

オースm
/ɔ́:səm/ ○○

形 すばらしい

My **hus**band's **cook**ing is **awe**some.
私の夫が作る料理はすばらしいのよ。

「awe（畏怖の念）を起こすような」という意味が、よい意味で使われることが多くなった。

0274 fraud

fRオーd
/frɔ́:d/ ○

名 U C 詐欺

Are you **sure** it's **not tax fraud**?
それは絶対税金詐欺ではないの？

🔊 au部分は「オー」。　fraudulent 形 詐欺の

0275 hall

ホーゥ
/hɔ́:l/ ○

名 C 廊下

His **off**ice is just **down** the **hall**.
彼のオフィスは、この廊下のすぐ先です。

🔊 a部分は「オー」。「オウ」だとhole（穴）に聞こえる。　名 C（音楽会などの）ホール

0276 fall

fオーゥ
/fɔ́:l/ ○

動 自 落ちる

I **fell** from the **stairs** and **hurt** my **leg**.
階段から落ちて足をけがしました。

【活用】fall-fell-fallen　名 C 落下、秋　fallen 形 落ちた　fallen leaves 落ち葉

0277 launch

Lオーンチ
/lɔ́:ntʃ/ ○

動 他 始める

We'll launch a **new busi**ness next **month**.
私どもは来月新規事業を始めます。

🔊「ラウンチ」ではないので注意。　launcher とか launchpad は PC でアプリを立ち上げるページのこと。

0278 draw

dRオー
/drɔ́:/ ○

動 自 他 描く

I've been **draw**ing for **sev**eral **years** now.
私は絵をもう数年間描いてきました。

【活用】draw-drew-drawn　線で描く動作。色をつけて描く場合はpaint。　名 U 引き分け

0279 sauce

ソ-s
/sɔ́:s/ ○

名 U ソース

Could you **pour** me some **more sauce** please?
もう少しソースをかけてもらえますか。

〈源〉「塩（salt）で味付けされたもの」　Worcestershire sauce ウスターソース

0280 lawn

Lオーン ̮
/lɔ́:n/ ○

名 C U 芝生

My **child**ren **mow** the **lawn** for 2 (**two**) **dol**lars.
うちの子どもたちは2ドルで芝生を刈るのよ。

🔊 aw部分は「オー」。「オウ」だと lone（連れのない）に聞こえる。　lawn mower 芝刈り機

>> Lesson 57

発音強化のポイント

語尾などの「ヂ」をきちんと

　Lesson 21（➡ p.60）の語尾などの「ヂ」をきちんと（後部歯茎・破擦音）で学習した、/dʒ/ を含む 14 語を取り上げました。無声の「チ」を言うつもりでよいので、確実に舌先を歯茎に当ててください。

0281 budget — 名 C U 予算

□ バヂェt
□ /bʌ́dʒət/ ○○

It's **o**ver my **budg**et.
それは予算オーバーです。

形 安価な　at a budget price 安価で　budget deficit 財政赤字　budget surplus 財政黒字

0282 large — 形 大きな

□ Lアーヂ
□ /lɑ́ːrdʒ/ ○

A **large coke**, please.
Lサイズのコーラをください。

音 ge部分で舌先を歯ぐきにつける。「太っている」のを婉曲に large と言う。　largely 副 おおむね

0283 damage — 動 他 痛める

□ デア-メチ
□ /dǽmɪdʒ/ ○○

Suntanning can **dam**age your **skin**.
日焼けは肌を傷める可能性があります。

音 ge部分は「ジ」でなく「チ」　名 U 被害　The damage is done. もう手遅れだ。

0284 language — 名 C U 言語

□ Lエア-ngウィチ
□ /lǽŋgwɪdʒ/ ○○

How many **lan**guages do you **speak**?
あなたはいくつの言語を話しますか。

音 決して「ランゲ…」ではない！　linguistic 形 言語の　linguistically 副 言語的には　linguistics 名 U 言語学

0285 agent — 名 C 代理人

□ エイヂュンt
□ /éɪdʒənt/ ○○

Our **a**gent will **con**tact you **lat**er.
後ほど我が社の代理人がご連絡いたします。

名 C 諜報員　an FBI agent FBI捜査員　agency 名 C 代理店、〜庁

0286 judge — 動 他 自 評価する

□ ヂャチ
□ /dʒʌ́dʒ/ ○

Can you **judge** your **friend fair**ly?
君は友達を公平に評価することができる？

名 C 審判員　judging from 〜 〜から判断すると　judgment 名 C U 判断

0287 wage

□
□ ウェイチ
□ /wéɪdʒ/ ○

名 C 賃金

We're **fight**ing for **high**er **wag**es.
我々はより高い賃金を求めて闘っている。

特に専門職でない肉体労働に対する時間単位の報酬を指す。 ➡ 0473 pay、 1494 salary

0288 manage

□
□ メア-ネチ
□ /mǽnɪdʒ/ ○。

動 他 自 運営する

He **man**aged the **store** for a **dec**ade!
彼は10年間その店を運営したんだ！

何とか〜する　management 名 C U 経営　manager 名 C 支配人　managerial 形 経営に関わるような

0289 baggage

□
□ ベァ-ゲチ
□ /bǽgɪdʒ/ ○。

名 U 荷物

Don't for**get** to pick **up** your **bag**gage.
自分の荷物を受け取りに来るのを忘れないで。

🔊 ge は「ジ」でなく「ヂ」。ほとんど無声でよい。　baggage claim 手荷物受け取り所

0290 fridge

□
□ fRイチ
□ /frídʒ/ ○

名 C 冷蔵庫

Look in the **fridge** to **see what** we **have**.
冷蔵庫の中を見て、何があるか確かめてくれる？

refrigerator の略。　🔊 refrigerator は5音節だが、fridge なら1音節で、ずっと言いやすい。

0291 huge

□
□ ヒューチ
□ /hjúːdʒ/ ○

形 巨大な

We **bought** a **huge** freez**er** to **stock food**.
食料を保存するために巨大な冷凍庫を買ったんだ。

🔊 語末の ge 部分は、ほとんど「チ」に近い「ヂ」で発音。　hugeness 名 U 巨大さ　hugely 副 非常に

0292 charge

□
□ チャ-チ
□ /tʃɑ́ːrdʒ/ ○

名 C U 料金

The **charge** was **too high** for the **ser**vice.
料金があのサービスにしては高過ぎた。

動 他 課金する、充電する、告発する　be in charge 担当している、責任者である　charger 名 C 充電器

0293 edge

□
□ エ-チ
□ /édʒ/ ○

名 C 端

Don't put the **glass** at the **edge** of the **ta**ble.
テーブルの端にグラスを置いちゃだめですよ。

on the edge of 〜 〜の瀬戸際で　edgy 形 鋭い　形 double-edged sword 諸刃の剣

0294 urge

□
□ ウァ-チ
□ /ɔ́ːrdʒ/ ○

動 他 強く促す

My **par**ents are **urg**ing me to **go** to **univer**sity.
親はどうしても大学に行けと言い（強く促し）ます。

〈源〉「押している」　🔊 ur 部分は暗い母音。　名 C 衝動　urgent 形 緊急の

≫ Lesson 58

発音強化のポイント

ズとヅの区別をつける❶

　Lesson **22**（➡ p.61）で学習したヅ（歯茎・破擦音）に関する 10 語を取り上げました。以下の見出し語は besides を除き、すべて /d/ で終わります。「ヅ」/dz/ は、見出し語に s がついて、例文中に現れます。

0295 **kid** ☐☐☐	名 Ⓒ 子ども
キd /kíd/ ◯	**How man**y **kids** do you **have**? 子どもは何人いらっしゃいますか。

🔊 kids **キ**ツ　動 圎 他 からかう、冗談を言う　No kidding. うそだろ、冗談じゃないよ

0296 **expand** ☐☐☐	動 圎 他 拡大する
イks**ペア**-ンd /ɪkspǽnd/ ◦◯	My **stom**ach ex**pands** when I **eat**. 私の胃って食べるときには大きくなるのよね。

🔊 expands イks**ペア**-ンツ　〈源〉「ex(外へ)+pand(広がる)」　expansion 名 Ⓒ Ⓤ 拡大
expanse 名 Ⓒ（大地の）広がり

0297 **pound** ☐☐☐	名 Ⓒ ポンド(=約0.45kg)
パウ ンd /páund/ ◯	Could I **buy two pounds** of **ham**? ハムを2ポンドいただける?

🔊 pounds **パ**ウ ンツ　重量の単位で記号はlb.　英国の通貨の「ポンド」も同じ単語で記号は£。

0298 **exceed** ☐☐☐	動 他 超える
イk**スイー**d /ɪksíːd/ ◦◯	He **far** ex**ceeds** my ex**pecta**tions. 彼は私の期待をはるかに超えている。

🔊 exceeds イk**スイー**ツ　〈源〉「ex(外へ)+ceed(行く)」

0299 **besides** ☐☐☐	副 その上
ビ**サ**-イツ /bɪsáɪdz/ ◦◯	Be**sides**, it's **too big** to **fit** in**side**. その上、それは中に収めるには大き過ぎるよ。

〈源〉beside に副詞を表すs を加えたもの。

0300 demand

□
□ ディメアーンd
□ /dɪmǽnd/ ○○

動 他 要求する

My **wife** de**mands** that I **stop smok**ing.
妻は私に禁煙を要求するんだ。

🔊 demands ディメアーンツ **名 C** 要求、需要　supply and demand 需要と供給（日本語と順序が逆）
demanding **形** 要求の多い

0301 decade

□
□ デケイd
□ /dékeɪd/ ○○

名 C 10年

It's been **dec**ades since I've **seen** him.
彼と最後に会ってから何十年だ。

🔊 decades デケイツ　〈源〉「dec(10の)+ade(まとまり)」　🔊「ディ」でなく「デ」。

0302 depend

□
□ ディペンd
□ /dɪpénd/ ○○

動 自 ～次第である

My **sal**ary de**pends** on my a**mount** of **sales**.
僕の月給は、売り上げ次第だ。

🔊 depends ディペンツ　It depends. 状況によります。　depending on ～ ～次第で
dependence **名 U** 依存

0303 word

□
□ wウァーd
□ /wə́:rd/ ○

名 C 単語

How many **Eng**lish **words** have you **learned**?
英単語はいくつ学習した？

🔊 words wウァーツ. or は暗い音で。　**名 C** 言葉　in other words 言い換えれば
wordy **形** 冗長な　wording **名 U** 表現

0304 liquid

□
□ Lイkウィd
□ /líkwɪd/ ○○

名 C U 液体

There are re**stric**tions on **car**ry-**on liq**uids.
機内に持ち込める液体には制限があります。

🔊 liquids Lイkウィツ　**形** 液体の　liquid crystal 液晶　liquefy **動 他** 液化する
liquefied natural gas (LNG) 液化天然ガス

第2章

≫ Lesson 59

発音強化のポイント

ズとヅの区別をつける❷

Lesson 23（➡ p.62）で学習した**ズ**（**歯茎・摩擦音**）を含む14語を取り上げました。sに濁点をつけたような sˇ なので長く伸ばそうと思えば伸ばせるのが特徴です。/dz/「ヅ」のように舌先で空気をせき止めてはいけません。

0305 tease

ティーz
/tíːz/ ○

動 他 からかう

Stop teasing me!
からかうのはやめろ！

じらす　〈源〉「（羊毛などを）梳く」　teaser (ad) じらし広告

0306 news

ニューz
/n(j)úːz/ ○

名 U ニュース

That's good news!
それはいいニュースだね！

🔊 s部分は有声音なので注意する。　news agency 通信社

0307 phrase

fRエイz
/fréɪz/ ○

名 C 言い回し

That's a **com**mon **phrase**.
それはよくある言い回しだね。

🔊 face よりも a部分を長く発音。　動 他 言葉で表現する　phraseology 名 U 言い回し

0308 spouse

sパゥz
/spáʊz/ ○

名 C 配偶者

Have you **met** her **spouse**?
彼女の配偶者には会ったことがありますか。

硬い単語。partner といえばより日常的な語。　spousal 形 配偶者の

0309 oppose

ゥポゥz
/əpóuz/ ○○

動 他 反対する

Everyone op**posed** my i**de**a!
みんな私の考えに反対したのだ。

opposed 形 対立した　(be) opposed to ～ ～に反対である　opposition 名 U 反対、野党

0310 wise

ワーイz
/wáɪz/ ○

形 賢明な

That wasn't a **wise** de**ci**sion.
あれは賢明な決定ではなかったね。

wisely 副 賢明に　wisdom 名 U 賢明さ、知恵　wisecrack 名 C 気の利いた言葉

0311 please

☐☐☐ p**L イ**ーz
/plíːz/ ○

動 他 喜ばせる

He was **pleased** with my **an**swer.
彼は僕の返事に満足だった（喜こばされた）。

「どうぞ」の意は、「あなたを喜ばせるようにどうぞ」から。　pleasure 名 C U 喜び

0312 confuse

☐☐☐ クンf **ユ**ーz
/kənfjúːz/ ○○

動 他 混乱させる

Can you e**lab**orate? I'm con**fused**.
もうちょっと詳しく説明してくれる？　混乱した（混乱させられている）。

音 con部分はあいまい母音を使って発音する。　confusion 名 C U 混乱

0313 disease

☐☐☐ ディ**ズ イ**ーz
/dɪzíːz/ ○○

名 C U 病気

I **hope** it's **not** a **ser**ious dis**ease**.
深刻な病気でなければいいけど。

〈源〉「dis（打ち消し）+ease（安楽）」　an infectious disease 感染症　a heat disease 心臓病

0314 excuse

☐☐☐ イks **キュ**ーz
/ɪkskjúːz/ ○○

動 他 許す

Please ex**cuse** us. We should **go** now.
私たちは失礼させてください。もう行かなくては。

音 se部分は動詞は /z/ で名詞は /s/。cu部分は、動詞のほうが長く、名詞は短い。　名 C 言い訳

0315 refuse

☐☐☐ R イf **ユ**ーz
/rɪfjúːz/ ○○

動 他 拒否する

How can I re**fuse such** a **good of**fer?
そんないい提案を拒否できるわけないだろう！

reject（拒絶する）よりも弱く、decline（辞退する）よりも強い。　refusal 名 C U 拒絶

0316 advise

☐☐☐ ア(d)**v ア**ーイz
/ədváɪz/ ○○

動 自 他 忠告する

My **moth**er would ad**vise** a**gainst** that.
うちの母は、そんなことをするなと忠告するだろう。

adviser 名 C アドバイザー　advisory 形 助言を与える　advice 名 U 忠告

0317 rise

☐☐☐ R **ア**ーイz
/ráɪz/ ○

動 自 上昇する

The **sun rose** about an **hour** a**go**. Get **up**!
太陽は1時間前に昇ったよ。起きて！

起床する　【活用】rise-rose-risen　音 rice よりも i 部分を長めに発音。　名 U 上昇　on the rise 上昇中で

0318 accuse

☐☐☐ ア**キュ**ーz
/əkjúːz/ ○○

動 他 責める

Don't ac**cuse** me of **some**thing I **did**n't **do**.
やってもいないことで私を責めるな。

accuse A of B　A を B で非難する　the accused 被告　the accuser 原告　accusation 名 C 告発

第
2
章

≫ Lesson 60
発音強化のポイント
長いイーと短いイは音が違う❶

Lesson 24（➡ p.63）の**長いイーと短いイは音が違う❶**（前舌・軟音）で学習した「短いイ」を含む 14 語を取り上げました。口をややリラックスさせて「エに近いイ」を発音してください。

0319 **fix**	動 他 修理する
フィ ks /fíks/ ○	Can **you fix** the **door**? そのドアを修理できる？

固定する、決める　fixed 形 固定した　a fixed price 定価

0320 **hit**	名 C ヒット（曲など）
ヒt /hít/ ○	His **new song** is a **big hit**. 彼の新曲は大ヒットしているね。

音「イ」と「エ」の中間くらいの音を出す。　名 C 強打・命中　hit-and-miss 運まかせで

0321 **dish**	名 C 皿
ディ sh /díʃ/ ○	**Put** this **dish** on the **ta**ble. このお皿をテーブルに置いて。

料理　do the dishes（食後の）洗い物をする　Japanese dishes 日本料理

0322 **kit**	名 C U キット
キt /kít/ ○	**Where** is the **first-aid kit**? 救急キットはどこ？

音 kid よりも i の部分を短く発音する。　a sewing kit 裁縫セット　a survival kit 非常用携行品一式

0323 **fit**	動 他 （サイズが）合う
フィt /fít/ ○	**This** dress **does**n't **fit well**. このドレス、体に合わないわ。

fitness 名 U 健康な状態　fitting 形 ふさわしい　fittingly 副 ふさわしいことに

0324 **hip**	名 C 腰
ヒp /híp/ ○	**Put** your **hands** on your **hips**. 両手を腰に置いて。

腰骨のあたりの盛り上がった部分。一般には複数形で用いる。臀部を指す日本語の「ヒップ」は、buttocks。

0325 miss

☐☐☐ ミs
/mís/ ○

動 他 恋しく思う

Bye, **grandma**. I'll **miss** you.
おばあちゃん、またね。寂しくなるわ。

「ミスする」(間違える)は make a mistake で、miss ではない。　**動 他** 取り逃がす

0326 clip

☐☐☐ kレイp
/klíp/ ○

名 C クリップ（ビデオのひとコマ）

Have you **seen** this **vid**eo **clip**?
このビデオクリップ見たことある？

動 他 挟む、切り抜く　clipping **名 C**（新聞・雑誌の）切り抜き

0327 pick

☐☐☐ ピk
/pík/ ○

動 他 自 摘む

Let's go pick some **flow**ers for **mom**.
母さんにあげる花を摘みに行こうよ。

音 i を少しエに近く発音しないと peak(頂上)に聞こえる。　picky **形** 選り好みする

0328 slim

☐☐☐ sレイm
/slím/ ○

形（魅力的に）痩せている

Wow, you look **so slim** in that **dress**!
そのドレス、すごく痩せて見えるわよ！

〈源〉オランダ語「ずる賢い」　slim chance わずかな可能性　skinny は（悪い意味で）痩せている。

0329 dip

☐☐☐ ディp
/díp/ ○

動 他 浸す

I **love dip**ping the **chips** into **na**cho **sauce**.
チップスをナチョソースに浸すのが大好きなんだ。

名 U ディップ(クリーム状のソース)　「下がる」の意もある。　Blood pressure dipped. 血圧が下がった。

0330 shift

☐☐☐ シft
/ʃíft/ ○

動 自 他（向きを）変える

He **shift**ed **uncom**fortably when I **hugged** him.
私がハグしたら、彼は居心地悪そうに体の向きを変えたの。

名 C 交代制、変化　night shift 夜勤　dramatic shift 劇的な変化

0331 bit

☐☐☐ ビt
/bít/ ○

名 C 少し

My **cat u**sually **eats on**ly a **lit**tle **bit** of **food**.
うちのネコはいつも少ししか食べない。

a (little) bit 少し(だけ)　quite a bit かなり　bit by bit 少しずつ、だんだん

0332 split

☐☐☐ spレイt
/splít/ ○

動 自 別れる

Let's split up now and **meet a**gain af**ter lunch**.
ここで別れて、昼食後にまた会おう。

他 分割する　split the bill 割り勘にする　split hairs 無用に細かい区別をする

第2章

≫ Lesson 61

発音強化のポイント

長いイーと短いイは音が違う❷

Lesson 25（➡ p.64）の**長いイーと短いイは音が違う❷**（前舌・硬音）で学習した「長いイー」を含む 14 語を取り上げました。口角にやや力を入れて横に引き、きれいな「イー」という音を出してください。

0333 deal / 名 C 取引

ディーォ
/díːl/ ○

OK. It's a **deal**.
よし。取引成立だ。

a big deal 大したこと　It's a deal. じゃあ決まりだ。

0334 meet / 動 他 自 会う

ミ-t
/míːt/ ○

Nice meeting you.
お会いできてよかったです。

満たす　【活用】meet-met-met　meet criteria 基準を満たす　meeting 名 C 会議、会合

0335 team / 名 C チーム

ティー m
/tíːm/ ○

Let's work as a **team**.
1つのチームとして頑張ろう。

team player 協調性のある人　teammate 名 C チームメイト

0336 speed / 動 自 速度を上げる

sピー d
/spíːd/ ○

Can you **speed up**, please?
もう少し速度を上げてもらえますか。

「減速する」は speed down とは言わず、slow down とする。　名 U スピード　speedy 形 迅速な

0337 peak / 名 C 頂上

ピ-k
/píːk/ ○

Can we **climb** to the **peak**?
私たちは頂上まで登れますか。

動 自 頂点に達する　peak out 頭打ちになる、ピークアウトする　peaked 形 先のとがった

0338 sheet / 名 C シーツ

シ-t
/ʃíːt/ ○

I **change** my **sheets** e**very week**.
シーツは毎週取り換えてるよ。

U （紙などの）シート　音 「スィー...」と言わないよう注意。　a sheet of paper 1枚の紙

0339 fee

名 C 料金

フィー
/fíː/ ○

How much is their **han**dling **fee**?
彼らの手数料はいくらですか。

〈源〉「領土・財産」 a tuition fee 授業料 a small/large fee 安い／高い料金

0340 wheel

名 C 車輪

ウィーォ
/wíːl/ ○

Did **one** of the **wheels fall off**?
車輪の1つが外れたの？

the wheel で（車の）「ハンドル」の意味もある。 behind the wheel 運転中

0341 each

形 それぞれ

イーチ
/íːtʃ/ ○

Give this **handout** to **each per**son.
この配布資料をそれぞれの人に配ってください。

副 それぞれに each and every 〜（形容詞 each の強調形） each other 互い（に）

0342 piece

名 C 一片

ピーs
/píːs/ ○

Cut me a **piece** of **cake**, will you?
そのケーキ、一切れカットしてくれる？

to pieces ばらばらに a piece of cake 簡単なこと a piece of furniture 家具1点

0343 cheap

形 安い

チーp
/tʃíːp/ ○

That shop sells the **best cheap spic**es.
あのお店が、一番品質がよくて安いスパイス類を売ってるわよ。

「安っぽい」という否定的ニュアンスもある。 inexpensive **形** 安価な

0344 chief

形 （立場が）一番上の

チーf
/tʃíːf/ ○

I'm the **chief en**gineer on this **pro**ject.
私がこのプロジェクトのチーフエンジニアです。

名 C （組織の）長 chiefly **副** 主として

0345 speech

名 C スピーチ

sピーチ
/spíːtʃ/ ○

I **have** to **make** a **speech** at the **con**ference.
会議でスピーチをしないといけないんです。

U 話すこと、話す力、話し言葉 speak **動 自 他** 話す

0346 keep

動 他 取っておく

キーp
/kíːp/ ○

Keep some for me. I'd **like** to **eat** it **lat**er.
僕に少し取っておいて。あとで食べたいから。

【活用】keep-kept-kept Keep it. あげるよ。（持っていてくれ）

第2章

>> Lesson 62

発音強化のポイント

長いウーと短いウは長さの違いじゃない❶

Lesson 26（➡ p.65）の長いウーと短いウは長さの違いじゃない❶（後舌・軟音）で学習した「短いウ」を含む10語を取り上げました。口をややリラックスさせて「オに近いウ」を発音してください。

0347 cook

ク k
/kúk/ ○

名 C 料理人

My **hus**band is a **great cook**.
夫は最高に料理がうまい（偉大な料理人だ）。

音「コック」と「クック」の中間的な母音。　動他 調理する　a rice cooker 炊飯器

0348 pull

プゥ
/púl/ ○

動 他 引っ張る

You pull it and **I'll push** it.
あなたは引っ張って。私は押すから。

〈源〉「鳥などの毛[羽]をむしる」　名 C U 引くこと、引きつける力、魅力

0349 wool

w ウゥ
/wúl/ ○

名 U ウール

I **got** a **new wool coat** on **sale**.
セールで新しいウールのコートを手に入れた。

音 決して「ウー」ではない。　dyed in the wool 生粋の　woolly 形 羊毛の

0350 full

f ウゥ
/fúl/ ○

形 満腹の

That was a **nice din**ner. I'm **full**.
おいしい夕食だったね。満腹だよ。

音 u部分は少し「オ」に近く発音。　(be) full of ~ ~で一杯の　fully 副 完全に　fill 動 他 満たす

0351 push

プ sh
/púʃ/ ○

動 他 押す

She **pushed** the **ba**by in the **stroll**er.
彼女は赤ちゃんをベビーカーに乗せて押しました。

頑張らせる　Don't push yourself too hard. 無理しすぎるなよ。　pushy 形 強引な

0352 put

プ t
/pút/ ○

動 他 置く

I **put** the **book** on the **ta**ble for you.
その本、テーブルの上に置いておいたよ。

表現する　【活用】put-put-put　Let me put it this way. こう言いましょう。

0353 woman

☐
☐ wウムン̃
☐ /wúmən/ ○。

名 C 女性

This small woman next to me is my aunt.
僕の隣にいるこの小柄な女性は僕の叔母です。

音 決して「ウー…」ではない。　【複】women「ウィミン̃」　womanly 形 女性的な

0354 cooker

☐
☐ クカ
☐ /kúker/ ○。

名 C 調理器具

Many Japanese houses have a rice cooker.
日本では多くの家庭に炊飯器があります。

cook 動 他 料理する　cooking/cookery 名 U 料理、料理法

0355 book

☐
☐ ブk
☐ /búk/ ○

動 他 自 予約する

Can you book tomorrow's flight to Seoul for me?
明日のソウル行きの便を予約してもらえるかな？

fully booked 予約で満席　booking 名 C U 予約　make a provisional booking 仮予約する

0356 bully

☐
☐ ブレィ
☐ /búli/ ○。

動 他 いじめる

His teacher told him to stop bullying his classmates.
先生は彼にクラスメートをいじめるのをやめるよう言った。

音 「バリー」と覚えないこと。　名 C いじめっ子　bullying 名 U いじめ

第2章

≫ Lesson 63

発音強化のポイント

長いウーと短いウは長さの違いじゃない❷

Lesson 27（➡ p.66）の**長いウーと短いウは長さの違いじゃない❷**（後舌・硬音）で学習した「長いウー」を含む 13 語を取り上げました。唇にやや力を入れて丸めて突き出し、「ウー」という音を出してください。

0357 soon

□
□ **スーン**ヌ
□ /súːn/ ○

副 近いうちに

See you **soon**.
また近いうちにね。

ASAP = as soon as possible なるべく早く　sooner or later 遅かれ早かれ

0358 soup

□
□ **ス**-p
□ /súːp/ ○

名 U スープ

I **cooked** some **soup**.
スープを作ったよ。

〈源〉「パンを牛乳に浸す」　スープを「飲む」場合の動詞は have または eat。

0359 mood

□
□ **ムー**d
□ /múːd/ ○

名 C 気分

Mom is in a **good mood**.
ママは機嫌がいい。

moody 形 気分屋の　（「ムーディ」（雰囲気のある）という意味はない）

0360 flu

□
□ f**Lウー**
□ /flúː/ ○

名 U インフルエンザ

The **flu** is **go**ing a**round**.
インフルエンザが流行っています。

influenza の略。　音 L をしっかり発音すること。flew（飛んだ）と同じ発音。

0361 cool

□
□ **クー**ォ
□ /kúːl/ ○

形 かっこいい

Is **this** your **new car**? **Cool**!
これが君の新しい車かい？　かっこいいね！

冷たい、涼しい

0362 ruin

□
□ **Rウー**インヌ
□ /rúːn/ ○ｏ

動 他 破壊する

The ty**phoon ru**ined our **par**ty!
台風がパーティーを台無しにしてしまったわ！

名 C 破滅、遺跡　in ruins ダメになって　the ruins of Ancient Rome 古代ローマ遺跡

0363 sue

スー
/s(j)úː/ ○

動 他 告訴する

He **quit** and **sued** his **com**pany.
彼は辞職して会社を告訴した。

suit 名 C 訴訟　file a suit against ～　～を相手取って訴訟を起こす

0364 shoot

シュ-t
/ʃúːt/ ○

動 他 シュートする

Can you **shoot** the **ball high**er?
もうちょっと高くシュートすることができる？

【活用】shoot-shot-shot　自 撮影する　自 他 （銃で）撃つ

0365 pool

プーォ
/púːl/ ○

名 C プール

Want to **go swim**ming in the **pool**?
プールに泳ぎに行かない？

U ビリヤード　pool hall ビリヤード場　pool table ビリヤード台

0366 rule

Rウーォ
/rúːl/ ○

名 C 規則

My **school's rules** are **too strict**.
うちの学校の規則は厳し過ぎる。

動 他 統治する　rulling party 与党　the exception, not the rule 例外的なケース

0367 boost

ブ-st
/búːst/ ○

動 他 押し上げる

This **new pro**duct can **boost** our **busi**ness.
この新製品が、うちの業績を押し上げてくれる。

名 C 上昇　give a boost to the economy 経済を活性化する　booster 名 C 後援者、高めるもの

0368 room

Rウー m
/rúːm/ ○

名 U 余地

Is there **any room** in the **fridge** to **put this**?
冷蔵庫に、これを入れるスペースはある？

C 部屋　There is room for improvement. 改善の余地がある。　roomy 形 広々した

0369 suit

ス-t
/súːt/ ○

動 自 似合う

I'm **sorry**, but **that look does**n't **suit** you.
悪いけど、そのスタイルあまり似合わないよ。

名 C スーツ　follow suit 先例にならう　suitable 形 ふさわしい　suitableness 名 U 適切性

第2章

0370-0383

>> Lesson 64

発音強化のポイント

「長い」母音の長さの違い❶

Lesson 28（➡ p.67）での「長い」母音の長さの違い❶（軟音前の母音）で学習した「長めの母音」を含む 14 語を取り上げました。いずれも有声の子音で終わる語です。十二分に伸ばしてください。

0370 hide	**動 他 自 隠す**
☐ **ハー**ɪd	**Mom, Tom hid my toy!**
☐ /háɪd/ ○	ママ、トムが僕のおもちゃを隠したんだ！

【活用】hide-hid-hidden　hide-and-seek **名 U** かくれんぼ　hideaway **名 C** 隠れ家

0371 wide	**形 広い**
☐ **ワー**ɪd	**How wide is this door?**
☐ /wáɪd/ ○	このドアの幅は（どれほど広い）？

副 大きく　widely **副** 幅広く　widen **動 自 他** 広げる　width **名 U** 広さ、横幅

0372 beg	**動 他 自 懇願する**
☐ **ベ**ーg	**I beg your forgiveness.**
☐ /bég/ ○	どうかご勘弁を（許されることを懇願する）。

I beg your pardon? もう一度言っていただけますか。　beggar **名 C** 物ごいする人

0373 add	**動 他 追加する**
☐ **エア**ーd	**Add him to the guest list.**
☐ /ǽd/ ○	彼を招待客のリストに追加しておいてね。

addition **名 U** 追加　in addition to ~ ~に加えて　additive **名 U** 添加物

0374 rude	**形 無礼な**
☐ **R ウー** d	**He is rude. He has no manners.**
☐ /rúːd/ ○	彼は無礼なやつだ。マナーも何もあったもんじゃない。

〈源〉「未加工の」　rude awakening 突然思い知ること　rudeness **名 U** 無礼さ　rudely **副** 無礼に

0375 fade	**動 自 他 消えていく**
☐ **f エ**ーɪd	**My love for you will never fade.**
☐ /féɪd/ ○	君に対する僕の愛は決して消えないよ。

音 fate よりa部分が長い。　fade in 次第にはっきりしてくる　fade out 徐々に消えてゆく

0376 **nod**	**動 他 自**（頭を）縦にふる
ナ-d /nάːd/ ○	He **nod**ded his **head** in a**gree**ment. 彼は同意してうなずいた（首を縦に振った）。

🔊 not より o 部分が長い。　**名 C** うなずき　a nod of approval 同意のうなずき

0377 **phase**	**名 C** 段階
f**エ**-ɪz /féɪz/ ○	What **phase** of the **plan** are we on? 今、我々は計画のどの段階だね？

🔊 face（顔）より a 部分が長い。　**動 他** 段階的に実行する　phase down 段階的に削減する

0378 **side**	**名 C** 側
サ-ɪd /sáɪd/ ○	Which **side** of the **bed** do you **want**? ベッドのどちら側がいい？

side by side 一緒に　on one's side 〜の味方で　from side to side 左右に

0379 **grade**	**名 C** 学年
g**Rエ**-ɪd /gréɪd/ ○	What **grade** is your **daugh**ter **in** now? 今、娘さんの学年は？

等級、授業の成績　a failing grade 落第点　gradual **形** 段々の、徐々の

0380 **aid**	**名 U C** 援助
エ-ɪd /éɪd/ ○	My **moth**er **needs** the **aid** of a **walk**er. 母は歩行器の助けが必要なんです。

動 他 援助する　aid worker（国連などの）救援隊員　humanitarian aid 人道的支援

0381 **mad**	**形** 怒って
メア-d /mǽd/ ○	She got **mad** be**cause** I **did**n't **call** her. 僕が電話をしなかったので、彼女は怒ってしまった。

🔊 ma 部分をメァと言わないと、mud（泥）に聞こえる。　mad cow disease 狂牛病

0382 **job**	**名 C** 仕事
ヂャ-b /dʒάːb/ ○	I **made** a **big** mis**take**. I might **lose** my **job**. 大失敗をしてしまった。仕事を失ってしまうかも。

part-time job バイト　full-time job 専業　job hunting 就職活動　job interview 就職面接

0383 **dead**	**形** 死んで
デ-d /déd/ ○	The **flow**ers in the **vase** are al**read**y **look**ing **dead**. 花瓶の花はすでに枯れて（死んで）いるように見える。

over my dead body 絶対に〜させない　die **動 自** 死ぬ　dying **形** 死にかけている

第2章

≫ Lesson 65
発音強化のポイント
「長い」母音の長さの違い❷

Lesson 29（➡ p.68）の「長い」母音の長さの違い❷（硬音前短縮）で学習した「短めの母音」含む6語を取り上げました。いずれも無声の子音で終わる語です。母音は短めに切り上げてすぐ子音に移ります。

0384 wheat

ウィ-t
/wíːt/ ○

名 U 小麦

Do you **have** a **wheat all**ergy?
あなたは小麦アレルギーはありますか。

〈源〉「白い（white）」　wheat flour 小麦粉

0385 bet

べ-t
/bét/ ○

動 他 断言する

I **bet** I can **run fast**er than **you**.
僕は君より早く走れるって断言する。

【活用】bet-bet-bet　（お金を）賭ける　You bet. もちろん。その通り。

0386 set

セt
/sét/ ○

動 他 置く

Just **set** it **right there**, please.
それはそこに置いてくれればいいです。

【活用】set-set-set　名 C セット　set phrase 決まり文句

0387 beat

ビ-t
/bíːt/ ○

動 自 (心臓が) 鼓動する

My **heart beat fast**er when I **met** you.
君に会った時、鼓動が速くなった（より速く鼓動した）よ。

他 打ち負かす　【活用】beat-beat-beaten　名 C U （音楽の）ビート

0388 site

サイt
/sáɪt/ ○

名 C 場所

What are they **build**ing at that **site**?
あの場所に何を建築中なの？

（ネットの）サイト　音 side より i 部分の音が短い。　on site 現場で

0389 route

Rウ-t
/rúːt/ ○

名 C ルート

Our **mailman** takes the **same route** every **day**.
ここの郵便屋さんは、毎日同じルートを通るの。

〈源〉「切り拓かれた道」　an escape route 逃げ道

語彙の「広さ」と「深さ」 そして「速さ」とは？

　語彙力と聞いてまず思い浮かぶのは、どのくらいの数の単語を知っているか、でしょう。一口に数と言っても happy と happily を2語と数えるのか、これらに happiness、unhappy、unhappily、unhappiness まで加えて全体を1「語」とするのかによっても違います。後者のようなひとつのヘッドワード（この例では happy）に関連するすべての派生語をまとめて、ひとつのワードファミリーと呼びます。ちなみに英語母語話者は 17,000 ワードファミリーを理解できると言われます。これが語彙サイズ、つまり語彙の「広さ」です。

　しかし「知っている」と言ってもどの程度深く知っているかが問題です。その語の文法的な使い方（例：× It was happy to ... とは言えない）、どのような語と共起しやすいか（動詞：feel happy、make ～ happy、副詞：truly happy、extremely happy、前置詞：happy about ～、happy for ～など）、どの程度硬いまたはくだけた語か、どのような連想やニュアンスがある語か、どのような慣用句がある語か（many happy returns、the happy event、a happy medium など）をどの程度知っているか、など。これが語彙の「深さ」です。

　しかし「広さ」と「深さ」だけではまだ十分ではありません。英語標準テストのリーディングで、制限時間内に本文が読み終わらない人はいませんか？リスニングで、知っているはずの単語なのにすぐ思い出せず、考えているうちに音声がどんどん先に行ってしまう、という経験はありませんか？そのような人はある単語を見て、聞いてその語だと認識し、その文脈に適した意味を脳内から取り出すまでの処理スピードが遅いことが考えられます。つまり語彙（処理・想起）の「速さ」です。

　語彙の広さ、深さ、速さは一朝一夕には身につきません。みなさんは、とりあえず本書の見出し語の約 2,000 語について、メモ欄はすべて読み、例文はすべて聞いてかつ自分でも繰り返し発音し、活用しつくすことで、できる限りの深さと速さを獲得することを目指してください。

>> **Lesson 66**

発音強化のポイント

閉鎖音が連続するとき

　Lesson 30（➡ p.69）の**閉鎖音が連続するとき**（非開放の閉鎖音）に当たる 14 語を取り上げました。最初の閉鎖音で閉鎖したら破裂させず、そのまま次の閉鎖音に移ります。一種の省エネ発音です。

0390 act

□
□ エア(k)t
□ /ǽkt/ ○

動 自 振る舞う

Don't act stupidly.
馬鹿者みたいに振る舞うのはやめろよ。

🔊 t の前なので c は開放しないことが多い。a(c)t と聞こえる。　actor **名 C** 俳優　action **名 U** 行動

0391 perfect

□
□ プァーfエ(k)t
□ /pə́:rfɪkt/ ○○

形 完璧な

Wow, she's **so per**fect.
わあ、彼女って完璧だね。

perfectly **副** 完璧に　perfection **名 U** 完璧性　perfectionist **名 C** 完璧主義者

0392 admit

□
□ ァ(d)ミt
□ /ədmít/ ○○

動 他 自 認める

I ad**mit**ted I was **wrong**.
私が間違っていたことを認めます。

🔊 d は飲み込むように発音する。　admittedly **副** 確かに　admission **名 U** 入学（許可）、入場料

0393 fact

□
□ fエア(k)t
□ /fǽkt/ ○

名 C U 事実

Is **that** a **fact** or an o**pin**ion?
それは事実、それとも意見？

in fact 実際に　facts and figures 詳細データ　factual **形** 事実の

0394 admire

□
□ ァ(d)マイア
□ /ədmáɪər/ ○○

動 他 感心する

I ad**mire** you for your **hon**esty.
あなたの正直さには感心します。

🔊 d は飲み込むように発音する。　admiration **名 C** 感嘆

0395 addict

□
□ エアディ(k)t
□ /ǽdɪkt/ ○○

名 C 中毒者

The **poli**tician was a **drug ad**dict.
あの政治家は薬物中毒者だったんだよ。

動 他 中毒にさせる　addiction **名 C** 中毒　addictive **形** 中毒性のある

0396 prompt

形 迅速な

pRアーン(p)t
/prɑ́:mpt/ ○

Thank you for your **prompt** res**ponse**.
迅速なご対応ありがとうございます。

音 t の前の p は飲み込むように発音。　動 他 ～するよう刺激する　promptly 副 即座に

0397 expect

動 他 期待する

イksペア(k)t
/ıkspékt/ ○○

I ex**pect** you to **act** ap**pro**priately **here**.
ここでは、あなたがちゃんと振舞ってくれるって期待していますよ。

expectation 名 C U 期待　expecting 形 （赤ん坊の誕生を期待している→）妊娠中の

0398 connect

動 他 接続する

クネ(k)t
/kənékt/ ○○

Is **this print**er con**nect**ed to the com**put**er?
このプリンターはパソコンと接続されてる？

音 con部分はあいまい母音を使う。　connection 名 U 結合、コネ

0399 adapt

動 他 適応する

ァデア(p)t
/ədǽpt/ ○○

To a**dapt** to a **new time zone** is **eas**y for me.
私は簡単に時差に適応することができるんです。

音 デアと発音しないと、adopt と間違えられる可能性あり。　adaptation 名 U 適応

0400 accept

動 他 受け入れる

ァkセ(p)t
/əksépt/ ○○

You **have** to be **a**ble to ac**cept** your **fail**ures.
君は、自分の過ちを受け入れるようにしないと。

accepted 形 一般に認められている　acceptance 名 U 受容　acceptable 形 容認できる

0401 predict

動 他 予言する

pRイデイ(k)t
/prıdíkt/ ○○

She pre**dict**ed my **fu**ture with a **crys**tal **ball**.
彼女は水晶の玉で私の未来を予言した。

predictable 形 予言できる　predictably 副 予想どおり　prediction 名 C U 予言

0402 concept

名 C 概念

カーンセ(p)t
/kɑ́:nsept/ ○。

Do you un**der**s**tand** the con**cept** of the **pro**ject?
このプロジェクトのコンセプトはわかりますか。

conceive 動 他 心に抱く　conceptual 形 概念的な　conception 名 C U 概念、受胎

0403 except

前 ～以外は

イkセ(p)t
/ıksépt/ ○○

I'm **ful**ly a**vail**able ex**cept** for **Thurs**day **morn**ing.
木曜の午前以外は完全に時間が空いています。

〈源〉「ex(外へ)＋cept(取り出された)」　exception 名 C U 除外、例外　exceptional 形 例外の

第2章

≫ Lesson 67

発音強化のポイント

飲み込まれる t と d ❶

Lesson 31（➡ p.70）で学習した**飲み込まれる t と d ❶**（**鼻腔開放**）を含む 6語を取り上げました。t または d で舌先を歯茎に着けたらそのままの状態で鼻から息を出すと、n に移ることができます。

0404 **certainly**	副 もちろん
☐ ☐ ☐ **スァー**(t)ンレイ /sɔ́:rtnli/ ○○○	"Have you **fin**ished?" "**Cer**tainly." 「終わった?」「もちろん」

確かに　ascertain 動 他 確かめる、確認する

0405 **threaten**	動 他 脅す
☐ ☐ ☐ th**Rエ**(t)ンヌ /θrétn/ ○○	The **guy threat**ened them with a **knife**. そいつはナイフでみんなを脅した。

threat 名 C 脅し　threatening 形 脅迫的な　a threatening letter 脅迫的な手紙

0406 **certain**	形 確信して
☐ ☐ ☐ **スァー**(t)ンヌ /sɔ́:rtn/ ○○	I'm **cer**tain we can **find** a **good ba**by**si**tter. きっといいベビーシッターが見つかるよ（見つかると確信している）。

🔊 t部分は飲み込むように発音する。　for certain 確かに　certainty 名 U 確実性

0407 **pardon**	動 他 許す
☐ ☐ ☐ **パー**(d)ンヌ /pá:rdn/ ○○	**Par**don me. 失礼（私を許せ）。

🔊 d部分は飲み込むように発音するのが一般的。　Pardon my French. 汚い言葉で失礼。

0408 **wooden**	形 木製の
☐ ☐ ☐ w**ウ**(d)ンヌ /wúdn/ ○○	I **like** our **old wood**en **ta**ble. うちの古い木製のテーブル、気に入ってるんだ。

🔊 woo部分は決して「ウ」ではない。dは飲み込むように発音。　wood 名 C U 木材

0409 **sudden**	形 突然の
☐ ☐ ☐ **サ**(d)ンヌ /sʌ́dn/ ○○	**Every**one was **shocked** by her **sud**den **res**ig**na**tion. 誰もが彼女の突然の辞任に衝撃を受けた。

sudden death サドンデス　all of a sudden 突然に　suddenly 副 突然に

閉鎖音が聞こえるとき、
聞こえないとき

　閉鎖音（p、t、k、b、d、g）が2つ以上連続するとき、その最初の音は開放させないのが自然だと学びました。開放させないということは「破裂させず聞こえないように発音する」ということです。単語の中（たとえばlaptop）だけでなく、閉鎖音で終わる語の後に閉鎖音で始まる語が続く場合にも同じことが言えます。たとえば、次の（　）で囲んだ音は開放しないのが自然です。

> You loo(k) good.（元気そうだね）　　I woul(d) be happy to.（喜んで）

　実は、後に続く単語が閉鎖音で始まっていなくても、前の単語の最後の閉鎖音を開放しないことは結構あります。以下の文の（　）で囲んだ部分のいずれも開放しない（したがって聞こえない）のが自然です。

> Le(t) me see.（そうですね）　　Tha(t) was close.（今のは惜しかった）

　一方、語末の閉鎖音が（ほぼ）必ず開放されてよく聞こえる場合があります。それは次に母音が続く場合です。「子音＋母音」ではよくリンキングが起こるからです。

> Put_it_away.（片づけなさい）　　Who did_it?（誰がやったのか）

　このように閉鎖音に関しては、「開放せず発音する場合」と「次の母音とリンクさせてはっきり聞こえるように発音する場合」の区別が大切です。次の文では両方のケースが含まれることを意識して発音してください。

> If you need_any help, jus(t) call me.（助けが必要ならすぐ電話して）

>> Lesson 68

発音強化のポイント

飲み込まれる t と d ❷

　Lesson 32（➡ p.71）で学習した**飲み込まれる t と d ❷**（**側面開放**）を含む 13 語を取り上げました。t または d で舌先を歯茎に着けた瞬間、t または d のことは忘れ、l を発音しようとするとうまくいきます。

0410 partly	副 部分的には
バー(t)Lイ /pá:rtli/ ○●	It's **part**ly **my** fault. 部分的には私の責任です。
🔊 t は聞こえなくともよいので L をはっきり言う。　partly cloudy 晴れ時々曇り	
0411 shortly	副 間もなく
ショーァ(t)Lイ /ʃɔ́:rtli/ ○●	We'll **be** there **short**ly. 僕たち、間もなくそこに着くよ。
🔊 t は飲み込むように発音し、L をはっきり言う。　shortly after ～　～して間もなく	
0412 mostly	副 ほとんどは
モゥs(t)Lイ /móustli/ ○●	**What** I **heard** was **most**ly **true**. 僕の聞いたことのほとんどは本当だった。
🔊 t は発音しなくてよいので、L をしっかり発音する。　almost と混同しないこと。	
0413 immediately	副 ただちに
イミーディエ(t)Lイ /ɪmí:diətli/ ○○●○○○	I'll **call** the **boss** im**me**diately. ただちに上司に電話します。
🔊 t は聞こえなくてもよいので L をしっかり言う。　immediate 形 即時の	
0414 frequently	副 頻繁に
fRイーkウェン(t)Lイ /frí:kwəntli/ ○●○○	I **fre**quently **check so**cial **me**dia. 私、頻繁に SNS をチェックしちゃうのよね。
frequent 形 頻繁な　frequency 名 C U 頻度、周波数	
0415 lately	副 最近
Lエイ(t)Lイ /léɪtli/ ○●	I **have**n't **heard** from him lately. 最近、彼から連絡がない。
🔊 t は発音しないつもりでよいので、L をはっきり言う。　現在完了と使うことが多い。	

0416 definitely

☐
☐ デfェネ(t)レイ
☐ /défənətli/ ○○○○

副 絶対に

I could **def**initely **do that** for you!
私なら絶対にそれをしてあげられるんだけど。

🔊 t は聞こえなくともよいので L をはっきり発音する。　definite 形 明確な

0417 recently

☐
☐ Rイースン(t)レイ
☐ /ríːsntli/ ○○○

副 近頃

I've **re**cently been **feel**ing **ver**y **good**.
近頃、体の調子がいいんだ。

🔊 cen をはっきり「セン」と言わない。　現在完了や過去形と使う。　recent 形 最近の

0418 fortunately

☐
☐ fオーチュネ(t)レイ
☐ /fɔ́ːrtʃənətli/ ○○○○

副 幸運にも

Fortunately, I **man**aged to **catch** the **train**.
幸運なことに列車に間に合ったよ。

🔊 tely 部分の t は発音しないつもりでよいので、L をはっきり言うこと。　fortune 名 U 幸運

0419 badly

☐
☐ ベア -(d)レイ
☐ /bǽdli/ ○○

副 ひどく

I've **missed** you **bad**ly.
あなたがいなくてひどく寂しかった。

🔊 初心者は d は気にせず L だけしっかり発音するつもりで。　badly off 貧乏で困って

0420 friendly

☐
☐ fRエン(d)レイ
☐ /fréndli/ ○○

形 フレンドリーな

Our **neigh**bors are **ver**y **friend**ly.
ご近所さんは、とてもフレンドリーな人たちなんです。

environmentally friendly 環境に優しい　friendlily 副 親しみをこめて

0421 guideline

☐
☐ ガイ(d)Lアインヌ
☐ /gáidlàin/ ○○

名 C ガイドライン

Read the **guideline**s on **writ**ing re**ports**.
レポート作成のためのガイドラインを一読しておいてください。

複数形で使うのが普通。　➡ [コラム] 複合語はとにかく最初を強く、およびLesson 80

0422 hardly

☐
☐ ハー(d)レイ
☐ /háːrdli/ ○○

副 滅多に〜ない

I can **hard**ly **vis**it my **par**ents recently.
最近、両親には、めったに会えないんだ。

🔊 d は発音しないつもりでもよいが、L をしっかり言う。　hardly ever と言えば強めになる。

» Lesson 69

発音強化のポイント

キレッキレッの p・t・k

Lesson 33（➡ p.72）で学習した**キレッキレッの p・t・k**（**帯気音**）を含む 13 語を取り上げました。力を入れる必要はなく、p、t、k で開放したらすぐに声帯を振動させずに h の音を出すつもりで発音します。

0423 **pour**	**動 他 注ぐ**
☐ ☐ ☐ ポーァ /pɔ́ːr/ ○	**Pour** some **milk** for the **cat.** ネコにミルクを注いであげて。
自 どしゃ降りに降る　It is pouring now. 今は雨が激しい。	

0424 **peer**	**名 C 仲間**
☐ ☐ ☐ ピァ /píər/ ○	He **treats** his **peers** with re**spect.** 彼は敬意を持って仲間と接しているよ。
〈源〉「同等（par）の人 」　peer pressure ピアプレッシャー（仲間からの圧力）	

0425 **text**	**動 他 携帯メールを送る**
☐ ☐ ☐ テkst /tékst/ ○	I'll **text** you **lat**er. あとで携帯メールを送るね。
🔊「テキスト」ではない。　**名 C U** 文章　textual **形** 本文の　textually **副** 文章を使って	

0426 **tape**	**動 他 テープを貼る**
☐ ☐ ☐ ティp /téɪp/ ○	I **taped** the **box shut.** テープを貼って箱を閉じた。
録画する　**名 C U** 磁気テープ、セロハンテープ	

0427 **tend**	**動 自 他 傾向がある**
☐ ☐ ☐ テンd /ténd/ ○	I **tend** to **eat too much.** 僕はいつも食べ過ぎる傾向がある。
〈源〉「広がる・伸びる」　I tend to think ... …という気がする　tendency **名 C** 傾向	

0428 **tire**	**名 C タイヤ**
☐ ☐ ☐ タィァ /táɪər/ ○	I **had** a **flat tire** today. 今日、タイヤがパンクした。
「疲れさせる」の tire はつづりがおなじ別の語。	

0429 taste	動 自 味がする
ティst /téɪst/ ◯	**How** did the **chick**en **taste**? そのチキンはどんな味がした?

他 味見する　名 U 味　tasty 形 おいしい　tasteful 形 趣味、センスが良い

0430 top	形 一番上の
タ-p /tá:p/ ◯	**Fas**ten your **top but**ton please. 1番上のボタンを留めなさい。

動 他 上回る　名 C 頂点　at the top of ~ ~の頂点に　top-down 形 上意下達の

0431 type	名 C 種類
タィp /táɪp/ ◯	**What type** of **mu**sic do you **like**? あなたは、どんな種類の音楽が好き?

〈源〉「打ってできた型」 動 他 タイプで打つ　typical 形 典型的な　typically 副 典型的に

0432 teach	動 他 自 教える
ティ-チ /tí:tʃ/ ◯	I'm going to **teach** my **friend** math. 友達にこれから数学を教えるんだ。

【活用】teach-taught-taught　teacher 名 C 教師　teaching 名 C U 教職、教え

0433 tell	動 他 話す
テォ /tél/ ◯	He **told** me about your **brave ac**tions. あなたの勇敢な行動について彼が話してくれました。

【活用】tell-told-told　I'll tell you what. こうしましょうか。(提案の前置き)

0434 care	名 U 世話
ケァ /kéər/ ◯	My **sis**ter is **tak**ing **care** of our **par**ents. 姉が両親の世話をしてくれています。

動 自 気にかける　take care 気をつける　take care of ~ ~の世話をする

0435 key	名 C 鍵
キー /kí:/ ◯	**That** was the **key** to **solv**ing the **prob**lem. それがその問題を解決するための鍵だった。

key to ~ で比喩的に「~の鍵」だが、to のあとは名詞や動名詞なので注意。　key word キーワード

>> Lesson 70

発音強化のポイント

語頭・語中の w

Lesson 34（➡ p.73）で学習した**語頭・語中の w** を含む 14 語を取り上げました。文字に w がなくても qu というつづりの u は /w/ の音なので注意してください。w は「のどからではなく唇から音を出す」感覚です。

0436 wool

wウゥ
/wúl/ ○

名 U ウール

Don't wash this **sweat**er; it's **wool**.
このセーターは洗わないこと。ウールなので。

🔊 出だしが「ウ」にならないように。また oo 部分は伸ばす音ではない。 woolen 形 羊毛の

0437 would

wウd
/wúd/ ○

助 ～してくださいます

Would you **help** me **move** these **books**?
この本を動かすのを手伝ってくださいますか。

🔊 全体で1音節なので、最後の d のあとに母音をつけないこと。wouldn't では、d は開放しない。

0438 woman

wウムンₓ
/wúmən/ ○₀

名 C 女性

Our **com**pany has **more wom**en than **men**.
うちの会社には男性より女性のほうが多い。

womanhood 名 U 女性であること womanly 形 女性らしい womanizer 名 C 女たらし

0439 wooden

wウ(d)ンₓ
/wúdn/ ○₀

形 木製の

I **eat ice cream** with a **wood**en **spoon**.
私はアイスクリームを木製のスプーンで食べる。

〈源〉「wood（木）+en（製の）」 🔊 d では舌先を離さず直接 n に移る。 the Wooden Horse トロイの木馬

0440 wound

wウーンd
/wú:nd/ ○

動 他 けがをさせる

I **wound**ed my **leg** when I fell **off** the **chair**.
椅子から落ちて足にけがをしました。

名 C けが（特に武器による傷に使う） a wounded soldier 負傷兵

0441 switch

sウイチ
/swítʃ/ ○

動 他 交代する

Can we **switch** our **shifts**?
僕と君のシフトを交代してもらえるかな？

切り替える 名 C スイッチ switch one's major from A to B 専攻を A から B に変える

0442 **quality**

☐
☐
☐

kワーLアディ
/kwá:ləti/ ○○○

名 U C 品質

I **val**ue **qual**ity **o**ver **price**.
私は価格より品質に価値を置く。

〈反〉quantity 量　形 高品質の　quality control 品質管理　quality time 上質の時間

0443 **question**

☐
☐
☐

kウエsチュンぇ
/kwéstʃən/ ○○

名 C 質問

What's your **ques**tion a**gain**?
あなたの質問は何でしたか。もう一度お願いします。

〈源〉「quest(求める)+ion(こと)」　questionable 形 疑わしい　questionnaire 名 C アンケート

0444 **swear**

☐
☐
☐

sウエア
/swéər/ ○

動 他 自 誓う

I **swear** it will **nev**er **hap**pen a**gain**.
二度と同じ過ちは犯さないと誓う。

【活用】swear-swore-sworn　自 毒づく、ののしる　be sworn in 宣誓して就任する

0445 **sweet**

☐
☐
☐

sウィ-t
/swí:t/ ○

形 かわいい

The **old la**dy over there is **so sweet**!
あちらのおばあさん、かわいいわね。

甘い　sweeten 動 他 甘くする　sweetener 名 C U 甘味料　sweetheart 名 C 恋人、君

0446 **equal**

☐
☐
☐

イ-kウォウ
/í:kwəl/ ○○

動 他 等しい

Fifty-**two** plus **six** e**quals fif**ty-**eight**.
52足す6は58(58に等しい)。

音 「イコール」ではないので注意。　形 同等の　equally 副 等しく　equality 名 U 平等さ

0447 **quick**

☐
☐
☐

kウィk
/kwík/ ○

形 速い

I was a **quick run**ner when I was **young**.
僕は若い時には足が速かった(速いランナーだった)。

quicken 動 他 速める　quickly 副 素早く　quick-and-dirty 形 間に合わせの、おざなりの

0448 **swing**

☐
☐
☐

sウィン
/swíŋ/ ○

動 自 (弧を描くように)動く

This **door** can **swing** in **both** di**rec**tions.
このドア、両方向に開く(動く)んだ。

【活用】swing-swung-swung　名 C ブランコ　swing at 〜 〜になぐりかかる

0449 **quiz**

☐
☐
☐

kウィz
/kwíz/ ○

動 他 小テストをする

Our **teach**er **quizzed** us in **sci**ence today.
今日、先生が理科の小テストをしたんだ。

〈源〉「変人」→「悪ふざけ」→「質問、クイズ」　名 C 小テスト　a pop quiz 抜き打ちテスト

第2章

153

≫ Lesson 71

発音強化のポイント

語頭の y

Lesson 35（➡ p.74）で学習した**語頭の y**を含む6語を取り上げました。「イ」の前に y 音がある year や yield が難関ですが、「イ」と言うときに口の天井に着く部分の舌を少しだけ離すと year や yield の y 音になります。

0450 year	名 C 年
☐☐☐ **y イ** ャ /jíər/ ○	**What year** were you **born** in? あなたは、何年の生まれですか。

🔊 発音は ear の前に y の音をつける。　yearly 形 年1回の

0451 youth	名 U C 若さ
☐☐☐ **ユ**-th /júːθ/ ○	En**joy** your **youth** while you **can**. 楽しめるうちに若さを楽しんでおけよ。

〈源〉「young（若い）+th（状態）」　youthful 形 若々しい　youth hostel ユースホステル

0452 yell	動 自 怒鳴る
☐☐☐ **イ**ェォ /jél/ ○	**Don't** you **yell** at me like **that**! そんなふうに僕に怒鳴らないでよ。

名 C 叫び声　スポーツの応援での「エール」はこの語だが、発音がかなり異なるので注意。

0453 yield	名 U 生産量
☐☐☐ **y イー**ォd /jíːld/ ○	Our **yield** of **milk** has in**creased**. うちの牛乳の生産量は増えました。

動 他 産出する　yield to ～ ～に屈する　yield to demands 要求に屈する

0454 yawn	動 自 あくびする
☐☐☐ **ヨーン**ｘ /jɔ́ːn/ ○	You **keep yawn**ing. Are you **sleep**y? あくびばかりしているね。眠たいの？

名 C あくび　yawning 形 口を大きく開けた　a yawning gap 大きな隔たり

0455 yard	名 C 庭
☐☐☐ **ヤー**d /jɑ́ːrd/ ○	I **have** some **fruit trees** in the **yard**. 庭にいくつか果物の木が植えてある。

〈源〉「囲い」　距離の単位 yard（0.91m）は別の語。　yard sale 不用品セール

リズムでマスターする
英単語1200

　この章では音節パターンごとに整理された 1200 の単語を学びます。単語の音声イメージを決める上で、**(1)** その単語はいくつの音のカタマリからできているのか、そして **(2)** 音のカタマリのどの部分を強くどの部分を弱く発音するのか、の2つを示す音節パターンは何よりも重要です。子音や母音が正確であっても、音節パターンを間違えてしまうと相手にその意味が通じません。音声イメージを整えるには同じパターンの単語をまとめて練習することが効果的です。1音節語から始めて5音節語まで系統立てて練習していきましょう。

>> **Lesson 72**

音節パターン❶［○型］

　Lesson **36**（➡ p.75）で学習した**音節パターン**の［○型］の単語 263 語を取り上げました。まずは 1 音節の単語から始めましょう。音節が 1 つであることを意外に感じる単語も多いのではないでしょうか。

0456 grin	動 自 にやつく
gＲインｚ /grín/ ○	**Stop grin**ning. にやにや笑うのはやめろ。
〈源〉「歯をむき出しにする」　名 C にやにや笑い

0457 true	形 本当の
tＲウー /trú:/ ○	**That's not true!** それは本当のことじゃないよ！
true to life 実物そっくり　truly 副 本当に　truth 名 U 真実　to tell the truth 本当言うと

0458 check	名 C 勘定書
チェk /tʃék/ ○	**Check please.** お勘定をお願いします。
〈源〉「チェスの王手」
動 他 自 確認する
Can you check this calculation a**gain?** この計算をもう一度確認してもらえます？
名 C 検査　check-in 名 U チェックイン　check-out 名 U チェックアウト

0459 scare	動 他 怖がらせる
sケア /skéər/ ○	**Snakes scare me.** ヘビは怖い（私を怖がらせる）。
scared 形 怖がって　scaring 形 怖い　scary 形 恐ろしい　scarecrow 名 C かかし

0460 boost	名 C 励まし
ブ-st /bú:st/ ○	**Give me a boost.** 僕を励まして（励ましを与えて）くれ。
booster 名 C 高めるもの、後押しするもの　booster chair 子供用の補助椅子

156

0461 **tan**	動 他 日焼けさせる
テァーₙₓ /tǽn/ ○	You **look tanned.** 日焼けし（日焼けさせられ）ているね。

形 褐色の　名 C 日焼け = suntan(sunburn は痛むほどの日焼け)

0462 **loose**	形 緩い
Lウーs /lúːs/ ○	A **screw** is **loose.** ネジが一本緩んでいます。

音 se は無声なので注意。　〈反〉tight きつい　loosen 動 自 他 緩ませる(⇔ tighten 締める)

0463 **stare**	動 自 じっと見る
sテァ /stéər/ ○	**Don't stare** at me! 私をじっと見るのはやめろ！

名 C U 凝視

0464 **pass**	動 自 他 通す
ペァ-s /pǽs/ ○	**Let** the **girl pass.** その女の子を通してあげなさい。

名 C 合格、許可証　pass-fail 形 合格不合格2段階方式の

0465 **van**	名 C 小型トラック
vエァーₙₓ /vǽn/ ○	**Let's load** the **box**es **in**to the **van.** 荷物を車(小型トラック)に積もう。

もともとは、caravan の短縮形。　音 v をきちんと言わないと、ban(禁止)に聞こえる。

0466 **stove**	名 C コンロ
sトゥv /stóuv/ ○	**Turn off** the **stove.** コンロの火を消してちょうだい。

a wood stove 薪ストーブ　stovetop 名 C コンロ(レンジ)の上面

0467 **shape**	名 C 形
シェイp /ʃéip/ ○	**What shape** is **that**? それはどんな形？

動 他 形作る　(be) in shape 快調である　(be) out of shape 健康状態がよくない

0468 **tie**	名 C ネクタイ
ターイ /tái/ ○	Should I **wear** a **tie**? ネクタイをするべきかな？

引き分け、きずな　動 他 結ぶ　family ties 家族のきずな　be tied up with ～ ～とつながりがある

0469 **plain**	形 地味な
□ p**Lエ**ィンㇴ □ /pléɪn/ ○	**That dress** is **plain**. そのドレス、地味よね。

〈源〉「（地面が）平らな」　名 C U 草原　a plain shirt 無地のシャツ　plain paper 白い紙

0470 **pot**	名 C 鍋
□ **バ**ーt □ /pάːt/ ○	I **need** a **larg**er **pot**. もっと大きな鍋が必要だ。

pots and pans 鍋類一式　名 C potbelly 太鼓腹（ポットのような腹）

0471 **same**	形 同じの
□ **セ**ィm □ /séɪm/ ○	We are the **same age**. 私たちは同じ年齢です。

必ず前に the が必要！　同一性を強調する時は the very same 〜

0472 **toward**	前 〜に向かって
□ **トー**ァd □ /tɔ́ːrd/ ○	He **walked** toward **me**. 彼は僕に向かって歩いてきた。

音 w の音を発音する人もいる。　そうすると音節が増えて○○となる。

0473 **pay**	名 U 給料
□ **ペ**ーィ □ /péɪ/ ○	**How much** is the **pay**? 給料はいくらですか。
	「給料・賃金」を表す最も一般的な語。　➡ 0287 wage、1494 salary
	動 他 支払う
	I **paid** it by **card**. それはカードで支払いました。
	【活用】pay-paid-paid　payment 名 C U 支払い

0474 **steal**	動 他 盗む
□ s**ティー**ォ □ /stíːl/ ○	**Some**one **stole** my **bag**! 誰かが僕のカバンを盗んだ！

【活用】steal-stole-stolen　stealth 名 U 内密行動　stealth marketing ステマ

0475 **throat**	名 C のど
□ th**R**オゥt □ /θróʊt/ ○	I **have** a **sore throat**. のどが痛いんだ。

音 oa は二重母音。　clear one's throat 咳払いをする　at each other's throats いがみあって

0476 **path**	名 C 道
☐ ペア -th ☐ ☐ /pǽθ/ ○	**Just fol**low the **path**. ただ道なりに進んでください。

cross paths 出会う、出くわす　a career path 職業上の進路　pathfinder 名 C 草分け、先駆者

0477 **hear**	動 他 自 聞こえる
☐ ヒア ☐ ☐ /híər/ ○	**Did you hear the bell?** ベルの音が聞こえた？

【活用】hear-heard-heard　hear は「聞こえる」で listen は「耳を傾ける」。　hearing 名 C 聴聞会

0478 **type**	動 他 タイプする
☐ タイp ☐ ☐ /táɪp/ ○	**How fast** can you **type**? どのくらい速くタイプすることができますか。

〈源〉「打ってできた形」　one's type 好みのタイプの人　typeface 名 C 活字の字体

0479 **cost**	動 他 費用がかかる
☐ コ-st ☐ ☐ /kɔ́:st/ ○	**Our din**ner **cost** a **lot**. ディナーは、かなり費用がかかったよ。

【活用】cost-cost-cost　名 U 経費　costly 形 費用が高い　cost-effective 形 対費用効果がよい

0480 **else**	副 ほかに
☐ エォs ☐ ☐ /éls/ ○	**Is there any**thing **else**? ほかに何かありますか。

🔊 L 部分ははっきり発音しない。　or else さもなければ【警告】　elsewhere 副 どこか他のところで

0481 **aim**	動 自 目指す
☐ エイm ☐ ☐ /éɪm/ ○	**Al**ways **aim** for the **top**. 常に一番を目指しなさい。

名 C 目的　take aim 狙いを定める　形 aimless 目的のない　副 aimlessly 当てもなく

0482 **due**	形 期限が来て
☐ デュー ☐ ☐ /d(j)úː/ ○	**When** is the re**port due**? 報告書の提出期限はいつですか。

〈源〉「借りがある」　形 相応の　due date 締切日　due process 正当な手続き　due to ~ ~のせいで

0483 **sport**	名 C スポーツ
☐ sポーアt ☐ ☐ /spɔ́ːrt/ ○	**Do you play** any **sports**? あなたは何かスポーツをしますか。

潔い人　〈源〉disport（浮かれ騒ぐ）の di が消えたもの。　in sport 冗談で、おもしろ半分で

第3章

0484 firm
☐☐☐
fウァー m
/fэ́:rm/ ○

名 C 小規模な会社

Who owns this **law firm?**
誰がこの法律事務所(小規模な会社)のオーナーですか。

音 ir部分で口を開けて「アー」と言うとfarm(農場)に聞こえる。 形 強固な(名詞とは別単語)

0485 hack
☐☐☐
ヘアk
/hǽk/ ○

動 他 自 ハッキングする

Our **website** was **hacked!**
うちのサイトがハッキングされた!

hacker 名 C ハッカー　a life hack 仕事・生活に役立つアイデア

0486 wish
☐☐☐
ウィ sh
/wíʃ/ ○

動 他 ～たらなあと思う

I **wish** I could **help** you.
助けてあげられたらなあと思うけどね。

実際には無理だが、～できたらよいなあ、という望みを表す。 名 C 望み

0487 trip
☐☐☐
tRイ p
/tríp/ ○

名 C 旅行

I **took** a **trip** to Bra**zil**.
私はブラジルに旅行した。

make / take / go on a trip 旅行に行く 動 自 けつまづく 名 C 失敗 a trip of the tongue 失言

0488 die
☐☐☐
ダーィ
/dáɪ/ ○

動 自 死ぬ

The **rock star died** of a **drug o**ver**dose**.
そのロックスターは薬物過剰摂取で死んだ。

be dying 死にかけている　death 名 C U 死　deadly 形 命に関わる

0489 send
☐☐☐
センd
/sénd/ ○

動 他 送る

I'll **send** it **right a**way.
すぐにそれを送ります。

【活用】send-sent-sent　sender 名 C 送り主(⇔ receiver 名 C 受け取り人)

0490 war
☐☐☐
ウォーァ
/wэ́:r/ ○

名 C U 戦争

This war has **no mean**ing.
この戦争は意味がありません。

at war 戦争中で　war zone 交戦地帯　war crimes 戦争犯罪　war-torn 形 戦争の被害を受けた

0491 stream
☐☐☐
stRイー m
/strí:m/ ○

名 C 小川

We **play**ed in the **stream**.
僕たちはその小川で遊んだんだ。

動 他 (止めることなく)流す、ストリーミング(再生)する　streamline 動 他 仕事を能率化する

0492 **guess**	**動 他 自 推測する**
ゲs /gés/ ○	I **guess** he will be **late**. 彼は遅刻するんじゃないかな（遅れると推測する）。

名 C 推測　Guess what! （話のきっかけとして）ねえ、聞いてよ！　guesstimate 名 U あてずっぽう

0493 **fine**	**動 他 罰金を科す**
f**ア**イﾝﾇ /fáın/ ○	I was **fined** for **speed**ing. スピード違反で罰金を課されたよ。

〈源〉「結末」　名 C 罰金　形 で「細かい」という意味がある。　fine-tune 動 他 細かく調整する

0494 **quit**	**動 他 自 辞める**
k**ウィ**t /kwít/ ○	I **quit** my **job** last **month**. 僕は先月、仕事を辞めたんだ。

動 他 やめる　quit complaining ぐちを言うのをやめる　quitter 名 C すぐ諦めてやめる人

0495 **fit**	**形 健康的な**
f**イ**t /fít/ ○	You **look so nice** and **fit**! 君は体が引き締まって健康的だね。

適当な　名 C ぴったり合うこと　a perfect fit 完璧なフィット感　名 U fitness

0496 **freak**	**名 C 熱狂的ファン**
f**R**イ-k /frí:k/ ○	My **son** is a **soc**cer **freak**. 息子はサッカーの熱狂的ファンなんです。

動 自 動揺する　freak show 奇妙な人の集まり　freak out ビクビクさせる　形 freaky 異様な

0497 **jail**	**名 C 刑務所**
ヂェイォ /dʒéıl/ ○	The **jail** is **down** the **road**. 刑務所はこの道を先に行ったところにあります。

〈源〉「囲み」　イギリスでは gaol というつづりもある。　go to jail 刑務所送りになる

0498 **screen**	**名 C スクリーン**
sk**R**イーﾝﾇ /skrí:n/ ○	Please **look** at the **screen**. スクリーンのほうをご覧ください。

〈源〉「（熱などを）仕切るもの」　動 他 検出のため検査する　screening 名 C U スクリーニング

0499 **praise**	**名 U C 褒め言葉**
p**R**エイz /préız/ ○	We **gave praise** to our **dog**. 飼っている犬に褒め言葉をかけたよ。

〈源〉「価値」　動 他 褒める　sing ~'s praises ~を褒めちぎる　praiseworthy 形 称賛に値する

第3章

0500 **shelf**	名 C 棚
シェオf /ʃélf/ ○	**Put this** on the **top shelf**. これを一番上の棚に置いてちょうだい。

【複】shelves　shelf life（食品・薬品などの）有効期限　off the shelf 既製品なのですぐ手に入る

0501 **snap**	動 他 ぱちんと鳴らす
sネアp /snǽp/ ○	**Can you snap** your **fin**gers? 君は指をぱちんと鳴らすことができる?

自 ピシャリと言う　形 急な、即座の　a snap decision 即座の決定　snapshot 名 C スナップ写真

0502 **son**	名 C 息子
サンﾇ /sʌ́n/ ○	**My son** has **three child**ren. 息子には3人の子どもがいます。

音 語末のnで舌先を歯茎につける。　son of a bitch 野郎（非常に無礼な表現）　son-in-law 名 C 義理の息子

0503 **step**	動 自 踏む
sテp /stép/ ○	**You al**most **stepped** on **gum**. 君は、もうちょっとでガムを踏むところだったよ。

名 C 一歩　step down 公職から降りる　Watch your step. 足元に気をつけて。　step by step 着実に

0504 **squeeze**	動 他 絞る
skウィーz /skwíːz/ ○	**Squeeze** this **lem**on for me. このレモンを絞ってよ。

〈源〉「液汁などを絞り出す」→「締め付ける、搾り取る」　名 C 絞ること、ぎゅっと抱きしめること

0505 **press**	動 他 押す
pRエs /prés/ ○	**Press** this **but**ton to **stop**. 止めるにはこのボタンを押してください。

the press マスコミ、報道機関　the freedom of the press 報道の自由　pressure 名 U プレッシャー

0506 **break**	名 C 休憩
bRエイk /bréik/ ○	**Let's** take a **cof**fee **break**. コーヒー休みを取りましょう。

動 自 他 壊す　【活用】break-broke-broken　breakthrough 名 C 重大な発見、前進

0507 **few**	形 (数が)ほとんど〜ない
fユー /fjúː/ ○	**Few peo**ple **un**der**stand** this. これを理解している人はほとんどいない。

a の有無で意味がまったく異なるので注意。　few and far between めったにない、いない

0508 drawer

□
□ dRオーァ
□ /drɔ́ːr/ ○

名 C 引き出し

I **put** it in the **top drawer**.
それは一番上の引き出しに入れたよ。

上に蓋のない箱型のひとつがdrawerで、それが複数入る箱型家具(タンス)はa chest of drawers。

0509 pop

□
□ パ-p
□ /pɑ́ːp/ ○

形 大衆向けの

Do you **lis**ten to **pop mu**sic?
君はポップミュージック(大衆向けの音楽)って聞く?

popular（人気のある）の短縮形。　pop culture ポップカルチャー

動 自 他 はじける

The bal**loon popped sud**denly.
風船がいきなりはじけた。

〈源〉ポン！という音を表す擬音語。　pop-up 形 飛び出す形式の

0510 choose

□
□ チュー-z
□ /tʃúːz/ ○

動 他 自 選ぶ

Which meal will you **choose**?
どちらの料理を選びますか。

【活用】choose-chose-chosen　choice 名 C U 選択(肢)　choosy 形 選り好みする

0511 fill

□
□ fイォ
□ /fíl/ ○

動 他 自 満たす

Fill the **buck**et with **wa**ter.
そのバケツを水で満たして。

filling 名 C U 詰め物　full 形 満ちた　fulfill 動 他 (条件を)満たす　fulfilling 形 充実した

0512 spell

□
□ sペォ
□ /spél/ ○

動 他 つづる

How do you **spell** your **name**?
あなたのお名前は、どうつづりますか。

spelling 名 C U つづり(スペルでなくスペリング)　spell 名 U C 魔力、期間(動詞とは別単語)

0513 log

□
□ Lオ-g
□ /lɔ́ːg/ ○

動 自 接続する

I **can't log on** to the **site**.
そのサイトにログイン(接続して入ること)ができない。

名 C 操作記録、丸太　log file ログファイル　log cabin 丸太小屋　blog(ブログ)は web log の略。

0514 myth

□
□ ミth
□ /míθ/ ○

名 C 伝説

I **don't** be**lieve such** a **myth**.
そんな伝説なんか信じていないよ。

音 th をきちんと発音しないと miss に聞こえる。　mythical 形 神話上の　mythology 名 C U 神話(学)

0515 strike

□
□ stRアィk
□ /stráɪk/ ○

動 自 ストをする

Our **un**ion is **strik**ing today!
うちの労働組合は今日ストをしています！

【活用】strike-struck-struck　他 心に浮かぶ　名 C ストライキ、攻撃　an air strike 空爆

0516 owe

□
□ オゥ
□ /óu/ ○

動 他 借りがある

I **owe** you a **hun**dred **dol**lars!
僕は君に100ドルの借りがある。

音「オー」ではなく「オゥ」。 恩義がある場合にも使う。 I owe you one. ひとつ借りができた。

0517 smooth

□
□ sムーth゛
□ /smú:ð/ ○

形 滑らかな

My **ba**by's **face** is **so smooth**!
私の赤ちゃんの顔はとてもすべすべなの！

動 他 平らにする　smoothly 副 スムーズに　smoothness 名 U 滑らかさ

0518 size

□
□ サーィz
□ /sáɪz/ ○

名 C U サイズ

Do you **have one size big**ger?
ひとサイズ大きいものはありますか。

come in all shapes and sizes いろいろな種類がある　sizeable 形 大きい　sizeism 名 U 体格差別

0519 boy

□
□ ボーィ
□ /bɔ́ɪ/ ○

感 おや、まあ。

Oh boy! You **ate all** of them?
あらまあ！　あれを全部食べちゃったの？

主に米国で使われる、くだけた表現。 名 C 少年　boyhood 名 U 少年時代　boyish 形 少年らしい

0520 leave

□
□ Lイーv
□ /lí:v/ ○

名 U （仕事の）休暇

She'll **take** ma**ter**nity **leave**.
彼女は出産休暇を取る予定です。

〈源〉「楽しみ」　take a leave of absence 休暇を取る　sick leave 病気休暇　annual leave 年次休暇

0521 bet

□
□ べt
□ /bét/ ○

動 自 賭ける

"Can you **help** me?" "You **bet**!"
「手伝ってくれる？」「もちろん（君がそれに賭けられるほど確かだ）！」

You bet. という決り文句として覚えるのがよい。 Want to bet? 絶対かい？

名 C 賭け

I **lost** a **bet** on a **football match**.
フットボールの試合の賭けに負けちゃったよ。

one's best bet 最善の策　It's a safe bet that ... …はまず間違いない

0522 place

□□□
p**Lエ**ィs
/pléɪs/ ○

動 他 置く

Where did I **place** my **glass**es?
どこに眼鏡を置いてしまったんだろう？

place an order 発注する　placement 名 C U 配置　a placement test クラス分け試験

0523 chat

□□□
チェアt
/tʃǽt/ ○

名 C チャット

Can we **have** a **vid**eo **chat** now?
今、ビデオチャットができる？

〈源〉chatter（しゃべる）の短縮形。　動 自 おしゃべりする　chat with a friend 友人と雑談する

0524 catch

□□□
ケアチ
/kǽtʃ/ ○

動 他 自 捕まえる

It was **hard** to **catch** our **cat**.
うちのネコを捕まえるのは大変だった。

【活用】catch-caught-caught　Catch you later. また後で！　play catch キャッチボールをする

0525 fuss

□□□
f**ア**s
/fʌ́s/ ○

名 U 騒ぎ

I **did**n't **want** to **make** a **fuss**.
僕は騒ぎを起こしたくなかったんだ。

make a fuss 騒ぎ立てる　fussy 形 つまらないことにうるさい　a fussy eater 偏食する人

0526 pants

□□□
ペアンツ
/pǽnts/ ○

名 C パンツ

I **bought** a **new pair** of **pants**.
新しいパンツを一本買ったの。

pantaloons の短縮形　catch someone with their pants down 不意をついて恥をかかせる

0527 frame

□□□
f**Rエ**ィm
/fréɪm/ ○

名 C 枠

The **pic**ture **frame** is **cracked**.
この写真のフレームにはひびが入ってるよ。

動 他 額に入れる、はめる（＝だます）　I was framed! はめられた。　framework 名 C 枠組み

0528 hope

□□□
ホゥp
/hóʊp/ ○

動 自 望む

I **hope** you can **pass** the ex**am**.
あなたが試験に合格するよう望んでいます。

名 C U 望み　hopeful 形 望みを持って　hopefully 副 願わくば　hopeless 形 望みがない

0529 odd

□□□
ア-d
/ɑ́ːd/ ○

形 奇妙な

He **seems** to be an **odd fel**low.
彼は奇妙なやつみたいだ。

奇数の（⇔ even 偶数の）　oddity 名 U 奇妙さ　odds 名 C 確率　against all the odds 困難にかかわらず

第3章

0530 drive

☐☐☐ dＲア-ｨv
/dráɪv/ ○

動 自 他 運転する

Do you **u**sually **drive** to **work**?
あなたは普段、職場へ車を運転して行くの？

【活用】drive-drove-driven　名 C ドライブ　-driven ～主導の　data-driven 形 データに導かれた

0531 gym

☐☐☐ ヂm
/dʒím/ ○

名 C （スポーツ）ジム

I **go** to the **gym twice** a **week**.
私は週に2回ジムに通っています。

gymnasium（体育館）の短縮形。　gymnastics 名 U 体操　gymnast 名 C 体操選手

0532 own

☐☐☐ オウンヌ
/óʊn/ ○

動 他 所有している

My **broth**er **owns** a **res**taurant.
私の兄はレストランを所有している。

state-owned industries 国有産業　owner 名 C 所有者　ownership 名 U 所有権

0533 date

☐☐☐ デｨt
/déɪt/ ○

名 C （特定の）日

What's the **date** of **Ken's game**?
ケンの試合は、どの日だったっけ？

日付は米国では、「月／日／年」の順に、イギリスでは、「日／月／年」の順に書く。

動 他 デートする

I **dat**ed her a **cou**ple of **years** a**go**.
数年前に彼女とデートした。

名 C デートの相手、デート　a double date ダブルデート

0534 bring

☐☐☐ bＲイン
/bríŋ/ ○

動 他 持ってくる

Could you **bring** me some **wa**ter?
少し水を持ってきてくれる？

【活用】bring-brought-brought　bring about ～ ～を引き起こす　bring up 育てる

0535 role

☐☐☐ Ｒオゥゥ
/róʊl/ ○

名 C 役

What is **your role** in the **play**?
その劇で、あなたは何の役をするのですか。

play a role 役割を果たす、演じる　a role model ロールモデル　the leading role 主役

0536 meal

☐☐☐ ミーォ
/míːl/ ○

名 C U 食事

I **u**sually **eat two meals** a **day**.
僕が食事をするのは、たいてい1日2回です。

〈源〉「（食事の）決まった時間」　meals on wheels （行政による）食事宅配サービス

0537 sell
セォ
/sél/ ○
動 他 自 売る
Do they **sell fresh veg**etables?
そこは新鮮な野菜を売ってる？
〈源〉「与える」【活用】sell-sold-sold　sale 名 C U 販売、売上(高)、特売

0538 brief
bR**イ**-f
/bríːf/ ○
形 短い
Please keep your **speech brief**.
スピーチは短めにしておいてください。
動 他 説明する　briefing 名 C U 状況説明(会)　briefly 副 大まかに　brevity 名 U 簡潔さ

0539 shave
シエ-ィv
/ʃéɪv/ ○
動 他 (ひげを)剃る
I **shaved** my **face** this morning.
今日、僕はひげを剃りました。
shaving foam ひげそりクリーム　shaven 形 剃った　a shaven head つるつるの頭

0540 quote
k**ウォ**ゥt
/kwóʊt/ ○
動 他 自 引用する
I **quoted** the **book** in my **es**say.
私のエッセイにその本から引用しました。
言葉をそのまま引用する"〜"の部分は、quote 〜 unquote と言う。　quotation 名 U 引用

0541 range
R**エ**ィンチ
/réɪndʒ/ ○
名 C 範囲
This is **out** of my **price range**.
これは私が払える価格の範囲を超えている。
動 自 (範囲が)及ぶ　a wide range of 〜 広範囲の〜　range from A to B AからBまで及ぶ

0542 steak
s**テ**ィk
/stéɪk/ ○
名 U ステーキ
How would you **like** your **steak**?
ステーキの焼き加減はどういたしましょうか。
〈源〉「串に刺して焼く」　焼き加減は rare、medium、well-done。　steakhouse 名 C ステーキハウス

0543 shirt
シュア-t
/ʃɔ́ːrt/ ○
名 C シャツ
That shirt looks **great** on you.
そのシャツ、君にすごく似合うね。
「ワイシャツ」は、white shirt の音から。　Keep your shirt on. 落ち着けよ。

0544 weird
ウィアd
/wíərd/ ○
形 風変わりな
My **math teach**er is a **bit weird**.
私の数学の先生は、ちょっと風変わりだ。
weird and wonderful 奇抜な　weirdo 名 C 変人　weirdly 副 奇妙に　weirdness 名 U 奇妙さ

0545 top

タ-p
/tá:p/ ○

動 他 上回る

She **tops** me by **al**most **one foot**!

彼女は、背が30センチくらい僕を上回るんだ！

🔊 t部分は「帯気音」といって、t のあとにhのような音を出せるとベター。

0546 past

ペア-st
/pǽst/ ○

形 過ぎ去った

The **test** was this **past Tues**day.

そのテストはこの前の（この過ぎ去った）火曜日でした。

もともと pass の（古い）過去分詞形。

名 過去

You **can't change** the **past**.

過去は変えられない。

単数扱い。 〈反〉the present 現在　in the past 過去に

0547 shock

シャ-k
/ʃá:k/ ○

動 他 ショックを与える

I was **shocked** when I **found out**.

わかったときは、ショックだった（ショックを与えられた）。

名 Ⓤ ショック　in shock ショックを受けて　shocking 形 衝撃的な　shockingly 副 ひどく

0548 theme

thイー m
/θí:m/ ○

名 Ⓒ テーマ

What's the **theme** of the **sto**ry?

その物語のテーマは何だい？

🔊 カタカナ英語の「テーマ」はドイツ語 thema から入った発音。　thematic 形 主題の

0549 kind

カ-インd
/káɪnd/ ○

名 Ⓒ 種類

What kind of **mu**sic do you **like**?

どんな種類の音楽が好き？

〈源〉生まれが同じもの (kin)。　形 親切な　kind of （ぼかす表現で）まあちょっと

0550 crop

kRアーP
/krá:p/ ○

名 Ⓒ 穀物

This area's **main crop** is **corn**.

この地域の主要穀物はトウモロコシです。

a staple crop 主要農作物　genetically modified crops 遺伝子組み換え作物

0551 brew

bRウー
/brú:/ ○

動 他 自 （お茶などを）入れる

Can I **brew** some **cof**fee for **you**?

コーヒーを入れましょうか。

🔊 r をきちんと発音しないと blew（blow（吹く）の過去形）に聞こえる。　brewery 名 Ⓒ ビール醸造所

0552 skill

s**キ**ォ
/skíl/ ○

名 C 技術

She **has** a **lot** of **use**ful **skills**.
彼女は、役立つ技能をいくつも持っている。

skilled 形 熟練した　skillful 形 上手な　skillfully 副 巧みに　reskilling 名 U 職業再教育

0553 herb

ウァーb
/ə́:rb/ ○

名 C ハーブ

What kind of **herbs** did you **use**?
どんな種類のハーブを使ったの？

音 語頭の h を発音することもある　herbal tea ハーブティー　herbivorous 形 草食の

0554 state

s**テ**ɪt
/stéɪt/ ○

名 C 状態

I was in a **state** of **shock** then.
その時、私はショック状態でした。

〈源〉「立っていること」　state-of-the-art 形 最先端の

動 他 言う

Can you **state** your **name** for me, **please**?
お名前を言っていただけますか。

state the obvious 分かりきったことを言う　statement 名 C 声明

0555 plant

p**L**エァ-ンt
/plǽnt/ ○

名 C 工場

Our **com**pany **built** a **huge plant**.
うちの会社が巨大な工場を建てました。

「苗木」→「植物」→「工場」　a nuclear power plant 原子力発電所　plantation 名 C 大農園

0556 butt

バt
/bʌ́t/ ○

名 C 尻

My **butt** felt **sore af**ter **cy**cling.
サイクリングの後でお尻が痛くなってしまいました。

buttocks の略。　「武器／道具の太い方の端」の意味もあり。　cigarette butt タバコの吸い殻

0557 mind

マ-ɪンd
/máɪnd/ ○

動 自 他 気にする

Do you **mind** if I **take this seat**?
この席に座っても構いませんか（座ったら気にしますか）。

名 C U 思考　(be) on one's mind 気にかけている　mindful 形 心に留めて

0558 spare

s**ペ**ァ
/spéər/ ○

形 余分な

Hey, do you **have** any **spare cash**?
ねえ、余分な現金が手元にある？

動 他 惜しむ、割く　time to spare 割ける（余分な）時間　spare no effort 努力を惜しまない

第3章

169

0559 once

ワンs
/wʌ́ns/ ◯

副 一回

I **think** I **met** your **broth**er **once**.
私はあなたのお兄さんに一回会ったことがあると思います。

🔊 wants とほとんど同じ発音。　接 いったん～すると　once and for all これを最後に

0560 space

sペイs
/spéɪs/ ◯

名 U C スペース

I **have** e**nough space** in my **trunk**.
私のトランクには十分なスペースがあります。

U 宇宙　in the space of three days（たった）3日間の間に　spacious 形 広い

0561 trust

tRアst
/trʌ́st/ ◯

動 他 信じる

I **won't** do **this** a**gain**. **Trust** me!
こんなこと二度としないよ。信じてよ！

名 U 信頼　a trust company 信託会社　trustee 名 C 管財人　trustworthy 形 信頼できる

0562 spend

sペンd
/spénd/ ◯

動 他 自 （金・時間を）使う

How much did you **spend** in **to**tal?
全体でいくらお金を使ったの？

【活用】spend-spent-spent　「費やす」のは大きく分けて時間またはお金　well-spent 形 有効に使われた

0563 bend

ベンd
/bénd/ ◯

動 他 自 曲げる

I **feel pain** when I **bend** my **knees**.
ひざを曲げるときに痛みを感じるんだ。

【活用】bend-bent-bent　他 曲げる　bend the rule 規則を曲げる

名 C カーブ

Slow down. There's a **bend** in the **road**.
スピード落として。カーブがあるよ。

動 自 屈服する　the bends 潜水病

0564 mess

メs
/més/ ◯

名 U C 乱雑さ

What a **mess**! **Clean** your **room now**!
なんて乱雑なの！　今すぐ部屋を掃除しなさい！

mess with ～ ～にちょっかいを出す　messy 形 乱雑な

0565 choice

チョイs
/tʃɔ́ɪs/ ◯

名 C 選択

I **made** the **choice** to **change jobs**.
私は仕事を変えるという選択をしました。

make a choice 選ぶ　by choice 自分で選んで　choose 動 他 選ぶ

0566 scale

sケ-ィォ
/skéɪl/ ○

名 C 重量計	

Weigh your **suitcase** on the **scale**.
重量計でそのスーツケースの重さを測ってください。

うろこ、目盛り　U 規模　bathroom scale 体重計　on a large scale 大規模に

0567 coach

コウチ
/kóutʃ/ ○

名 C コーチ

My **swim**ming **coach** is **very strict**.
私の水泳のコーチはすごく厳しい。

音 oa部分は 二重母音で「オウ」とするのに注意。　動 他 指導する　名 U エコノミークラス、普通席

0568 prove

pRウーv
/prúːv/ ○

動 他 証明する

The **law**yer **proved** I was **in**nocent.
その弁護士が僕が無実であることを証明してくれました。

prove oneself 自分の能力を示す　proven 形 (すでに) 証明された　proof 名 U 証拠

0569 blame

bLエィm
/bléɪm/ ○

動 他 責める

I'm **not blam**ing you for **anything**.
君のことを何も責めてはいないよ。

名 U 責任　～ is to blame ～が責めを負うべきだ　blameless 形 非難されるところのない

0570 dull

ダォ
/dʌ́l/ ○

形 退屈な

The **meet**ing was as **dull** as **u**sual.
会議はいつもどおり退屈でした。

切れ味が悪い　〈源〉「(頭・感覚が) 鈍い」　a dull knife 切れないナイフ

0571 ground

gRアゥⁿd
/gráund/ ○

名 U 地面

I **slipped** and **fell** on the **ground**.
僕は滑って地面に倒れた。

動 他 (子どもなどを) 外出禁止にする　grounded 形 外出禁止になって　groundbreaking 形 革新的

0572 strength

stRエン(k)th
/stréŋkθ/ ○

名 U C 力

You have **more strength** than **I** do.
君は僕より力があるね。

〈源〉「strong (強い) +th (こと)」　「長所」の意味もある。　strengthen 動 他 強くする

0573 load

Lオゥd
/lóud/ ○

動 他 積み込む

We **loaded** the **truck** in **two hours**.
私たちは2時間でトラックに荷物を積み込みました。

音 oa部分は「オウ」。　名 C 荷物　upload 動 他 アップロードする

第3章

0574 tough	形 **たくましい**
タf /tʌ́f/ ○	You're a **tough boy**, **aren't** you? お前はたくましい男の子だろう？
事柄について用いると「つらい」「むずかしい」「苦しい」の意味。　toughness 名 U 頑丈さ	

0575 wear	動 他 **着る**
ウェア /wéər/ ○	**What** should I **wear** for the **par**ty? そのパーティーには何を着るべきなんだろう？
【活用】wear-wore-worn　名 U 衣類　wearable 形 ウェアラブル、身に付けられる	

0576 box	動 他 **箱に入れる**
バーks /bɑ́:ks/ ○	Can I **box gro**ceries in **this ar**ea? この辺りの食料品をまとめて箱に入れてもいい？
自 他 ボクシングをする　名 C 箱　the box office 切符売り場　Boxing Day クリスマスの翌日	

0577 rear	形 **後部の**
Rイア /ríər/ ○	**Somebo**dy **smashed** the **rear win**dow! 誰かが後部の窓を割った！
one's rear 〜のお尻　bring up the rear 最後部に位置する　rearview mirror (車の)バックミラー	

0578 count	動 他 自 **数える**
カウンt /káunt/ ○	**Let's count** the **num**ber of **guests**. 来客の数を数えよう。
「数に入る」が転じて「重要である」という意味もある。　count on 〜 〜を当てにする	

0579 will	助 **〜だろう**
(強)ウィオ (弱)ウォ / (強) wíl (弱) wəl/ ○	Do you **think** it will **snow** to**night**? 今夜は雪になるだろうと思うかい？
	過去形: would　否定: will not = won't
ウィオ /wíl/ ○	名 C U **意志**
	My **fa**ther **has** a **strong will**. 父は強い意志の持ち主です。
	C 遺書　at will 欲するままに　against one's will 意に反して

0580 speak	動 自 **話す**
sピーk /spí:k/ ○	He **spoke** to me like **I** was a **child**. 彼は私がまるで子どもであるように話しかけてきた。
【活用】speak-spoke-spoken　speak to 〜 〜に話しかける　speech 名 C U 発話、スピーチ	

0581 store

動 他 保存する

s**トー**ァ
/stɔ́ːr/ ○

Just store the **food** in the **cool**er.
食品は、保冷ボックスに保存するだけでいいです。

名 C 店　in stores 発売中の　in store 待ち構えて、今にも起こりそうに　storage 名 U 貯蔵

0582 thrill

動 他 わくわくさせる

th**Rイ**ォ
/θríl/ ○

I was **thrilled** with the **good news**.
よい知らせを聞いてわくわくし（わくわくさせられ）た。

名 C スリル　thrilling 形 スリル満点の　thriller 名 C スリラー（小説、映画など）

0583 wet

形 濡れた

ウェt
/wét/ ○

Where should I **put** this **wet tow**el?
この濡れたタオルは、どこに置いたらいい？

動 他 濡らす　all wet まったく間違っている　Wet Paint. ペンキ塗りたて［掲示］

0584 warm

形 暖かい

ウォーァm
/wɔ́ːrm/ ○

Your **home** feels **warm** and in**vit**ing.
君の家は、暖かいし居心地がよさそうな感じだ。

動 他 温める　global warming 地球温暖化　warm-hearted 形 温かい、思いやりのある

0585 prize

名 C 賞

p**Rア**-ィz
/práɪz/ ○

Did you **win** the **first-place prize**?
あなたは一等賞を獲得したの？

〈源〉「価値」語源はprice（値段）と同じ。　prize-winning 形 受賞した　prize winner 受賞者／作

0586 must

助 ねばならない

《強》**マ**st《弱》ﾑs
/《強》mʌ́st《弱》məst/ ○

I **don't want** to but I **must go** now.
行きたくないけど、もう行かねばならない。

must-read 名 C 必読のもの　must-see 名 C 必見のもの　must-have 名 C 必ず入手すべきもの

0587 shorts

名 C 半ズボン

ショーァｯ
/ʃɔ́ːrts/ ○

I **don't want** to **wear** these **shorts**!
この半ズボンは履きたくないんだ！

short 形 短い　shorten 動 他 短くする　shortly 副 ほどなく

0588 briefs

名 C 男性用下着

b**Rイー**fs
/bríːfs/ ○

These **briefs** are **ver**y **com**fortable.
このブリーフはとても快適です。

この意味では常にsが付くことに注意。　brief 形 短い　in brief 要するに

0589 lift
Lイ ft
/líft/ ○
動 他 持ち上げる
He **lift**ed the **case** with **no ef**fort.
彼は楽々とそのケースを持ち上げたよ。
（制限・禁止などを）解禁する　名 C 《英》エレベーター　shoplifting 名 U 万引き

0590 loan
Lオ ウン ヌ
/lóun/ ○
名 C U ローン
How can I re**duce** my **stu**dent **loans**?
どうしたら学生ローンを減らせるのかな？
音 oa部分は、「オー」でなく「オウ」。「オー」だとlawn(芝生)に聞こえる。　loanword 名 C 借用語、外来語

0591 ease
イー z
/íːz/ ○
動 他 自 和らげる
This **med**icine is to **ease** the **pain**.
この薬は痛みを和らげるためのものです。
名 U 安楽　at ease くつろいで　with ease やすやすと　easy 形 気楽な　easiness 名 U 容易さ

0592 drain
dRエ インヌ
/dréin/ ○
動 他 自 水を抜く
Drain the **bathtub** af**ter** your **bath**.
お風呂に入った後には水を抜いておいてね。
名 C 下水管　down the drain むだになって、だめになって　drainage 名 U 排水設備

0593 bleed
bLイー d
/blíːd/ ○
動 自 他 血が出る
Are you **OK**? Your **nose** is **bleed**ing.
大丈夫なの？　鼻から血が出ているわよ。
【活用】bleed-bled-bled　音 Lをしっかり発音しないとbreed(飼育する)に聞こえる。　blood 名 U 血

0594 guide
ガ イd
/gáid/ ○
名 C ガイド
Our **tour guide knew** so man**y things**.
僕たちのツアーガイドは知識が豊富だったよ。
動 他 案内する　guided tour ガイド付きツアー　guided missile 誘導ミサイル　guidance 名 U 案内

0595 guest
ゲ st
/gést/ ○
名 C 客
How man**y guests** do we **have** tonight?
今夜のお客さまは何人かしら？
〈反〉host もてなし役　Be my guest. どうぞご自由に。　guest speaker 招待講演者

0596 bored
ボー アd
/bɔ́ːrd/ ○
形 退屈して
I got **bored** during his **long speech**.
彼の長いスピーチの間、退屈してしまった。
bore 名 C 退屈な人　動 他 退屈させる　boring 形 つまらない　boredom 名 U 退屈さ、倦怠

0597 stretch

□
□ stRエチ
□ /strétʃ/ ○

動 自 他 ストレッチをする

Did you **stretch** be**fore work**ing **out**?
トレーニングの前にストレッチをした?

範囲や解釈を「広げる」とき、空間が「広がる」ときにも使う。　名 C 広がり　stretcher 名 C 担架

0598 head

□
□ ヘd
□ /héd/ ○

形 (地位が)トップの

Can I **please speak** to the **head chef**?
料理長(トップのシェフ)とお話しさせてもらえますか。

名 C 頭　head of the state 国家元首

動 自 向かう

I'm going to **head that way** if it's **okay**.
もし構わなければ、あちらへ向かうことにします。

動 他 向かわせる　head for ~ ~へ向かう　headed for ~ ~行きの

0599 clothes

□
□ kLオウズ
□ /klóuz/ ○

名 C 服

Wait. I'd **like** to **change** my **clothes**.
待って。服を着替えたいので。

音 thes部分は、z でよい。　cloth「k l オ th」名 U 布　clothing 名 U 衣類

0600 thick

□
□ thイk
□ /θík/ ○

形 厚い

These socks are **thick** and **very warm**!
このソックスは厚くてとても暖かい!

(毛が)ふさふさして　〈反〉thin 薄い　thickness 名 U 厚さ　thicken 動 他 厚くする

0601 warn

□
□ ウォーン_ヌ
□ /wɔ́:rn/ ○

動 他 警告する

My **doc**tor **warned** me to **quit smok**ing.
医者は私に禁煙するよう警告した。

音 「ワーン」ではない!　warn someone against ~ ~をしないよう警告する　warning 名 C U 警告

0602 dare

□
□ デア
□ /déər/ ○

動 他 けしかける

She **dared** me to **jump** into the **riv**er.
彼女は僕に川に飛び込めとけしかけた。

動 自 あえて~する　Don't you dare! そんなことしたら承知しないぞ。　daredevil 名 C 命知らずの人

0603 blush

□
□ bLアsh
□ /blʌ́ʃ/ ○

動 自 赤面する

The **kiss** on the **cheek made** me **blush**.
ほっぺにキスされて、赤面しちゃった。

音 L をしっかり発音しないと brush(ブラシ)に聞こえる。　名 U 頬紅　blushingly 副 はにかんで

第3章

0604 **bit** □ □ ビt □ /bít/ ○	名 C ちょっと
	The **weath**er is a **bit cold**er today. 今日の天気は昨日よりちょっと寒い。

〈源〉「bite（かみ）とられた一部分」 a little より a bit のほうがくだけた表現。

0605 **bunch** □ □ バンチ □ /bʌ́ntʃ/ ○	名 C 房
	Can you **pass** me the **bunch** of **grapes**? そのブドウの房をこっちに渡してくれる?

bunch of ~ かなりの数の~ a whole bunch of places たくさんの場所

0606 **stock** □ □ sター-k □ /stáːk/ ○	名 U 在庫
	This item is **cur**rently **out** of **stock**. この商品は今、在庫を切らしてます。

out of stock 在庫切れ 動 他 ストックする

	名 C U 株式
	My **fa**ther in**vests** in **stocks**. 私の父は株式に投資していますよ。

stock market 株式市場 stock exchange 証券取引所

0607 **branch** □ □ bRエァ-ンチ □ /brǽntʃ/ ○	名 C 枝
	Let's put a **birdhouse** on the **branch**. 枝に鳥小屋を置こう。

支店 動 自 枝分かれする、分岐する branch out 新分野に拡大する

0608 **frank** □ □ fRエァ-ンk □ /frǽŋk/ ○	形 ざっくばらんな
	Tom is a **very frank** and **good per**son. トムはすごく気さくでいい人だ。

To be frank (with you) 率直に言うと frankly 副 ざっくばらんに言うと

0609 **hay** □ □ ヘィ □ /héɪ/ ○	名 U 干し草
	We **store hay** in the **barn** for **win**ter. 冬のために干し草を納屋に貯蔵します。

hay fever 花粉症 Make hay while the sun shines. 好機を逃すな [ことわざ]

0610 **score** □ □ sコーァ □ /skɔ́ːr/ ○	動 他 自 得点する
	He **scored** a **goal** at the **last min**ute. 彼は最後の1分にゴールを決めた（得点した）。

名 C 点、楽譜 「20」という意味もある。 three score years and ten 70年

0611 trade
□
□ tＲエイd
□ /tréɪd/ ○

動 他 交換する

My **sis**ter and **I of**ten **trade clothes**.
私は妹とよく服を交換する。

名 Ⓤ 貿易　trader 名 Ⓒ 貿易業者　trade-off 名 Ⓒ トレードオフ

0612 bra
□
□ bＲアー
□ /brɑ́ː/ ○

名 Ⓒ ブラジャー

This sports bra is **ver**y **com**fortable.
このスポーツブラってとても快適だわ！

brassiere の略。　音 bla としないこと。

0613 grab
□
□ gＲエア-b
□ /grǽb/ ○

動 他 自 さっと食べる

Let's grab a **sand**wich be**fore** we **go**.
出る前にサンドイッチをさっと食べよう。

〈源〉「(ふいに)つかむ」　up for grabs 希望すれば手に入る　grabber 名 Ⓒ ひったくり

0614 sure
□
□ シュア
□ /ʃúər/ ○

形 確信して

I'm **sure** she's **not** up**set** with you.
絶対(私は確信している)彼女はあなたに腹を立てていない。

make sure 確認する　surely 副 きっと　assure 動 他 保証する　assured 形 自信のある

0615 class
□
□ kＬエア-s
□ /klǽs/ ○

名 Ⓒ 階級

The **mid**dle **class** is **get**ting **small**er.
中流階級が次第に減ってきている。

クラス　classy 形 しゃれた、高級な　classify 動 他 分類する　classification 名 Ⓤ 分類

0616 both
□
□ ボウth
□ /bóuθ/ ○

形 両方の

Both my **child**ren are **work**ing a**broad**.
私の子どもは二人とも(両方の子どもは)外国で働いています。

代 どちらも　both A and B AとBの両方とも　have it both ways 両方の良いとこ取りをする

0617 tip
□
□ ティp
□ /típ/ ○

名 Ⓒ 先

I **had** to **walk** on the **tips** of my **toes**.
つま先立ちで歩かないといけなかった。

秘訣、密告　動 他 チップを払う　音「チップ」だとchip(かけら)に聞こえる。

0618 hate
□
□ ヘイt
□ /héɪt/ ○

動 他 大嫌いである

I **hate peo**ple **smok**ing in **res**taurants.
レストランで喫煙する人は大嫌いだ。

名 Ⓤ 憎しみ　hate speech ヘイトスピーチ　hate crime ヘイトクライム　hatred 名 Ⓤ 嫌悪

第3章

0619 grand

g**R エア-ン**d
/grǽnd/ ○

形 壮大な

That **rich fam**ily **has** a **grand man**sion.
あの金持ち一家は豪邸(壮大な大邸宅)を持っている。

〈源〉「十分に成長した・大きい」 grandeur, grandness 名 U 壮大さ

0620 roll

R オゥゥ
/róul/ ○

名 C (紙を巻いた)ロール

Hey, **bring** me a **new toi**let **pa**per **roll**!
トイレットペーパーを1ロール持ってきて！

ロールパン a cinnamon roll シナモンロール

動 自 転がる

He **rolled down** the **hill**.
彼は丘から転がり落ちたんです。

roll up 巻き上げる a rolling stone 職業・住まいを転々と変える人

0621 mode

モゥd
/móud/ ○

名 U C モード

No, you **have** to **set** it in **vid**eo **mode**!
違うよ、ビデオモードに設定しなければいけないんだ。

〈源〉「測定の尺度」 モードとは「やり方、様式」のこと。 silent mode マナーモード

0622 gear

ギア
/gíər/ ○

名 U C 道具

We **need bet**ter **rain gear** for **camp**ing.
キャンプ用にもっといい雨具(雨の道具)が必要だ。

原義は「装置、装備」なので「ギア、歯車」などの意味もある。 out of gear 調子が悪く

0623 brace

b**R エ**イス
/bréɪs/ ○

動 他 心の準備をさせる

Brace yourself. I **have** some **bad news**.
心して聞いてくれ(自分に心の準備をさせよ)。悪い知らせがある。

名 C (歯列)矯正器具 wear braces on one's teeth 歯に矯正器具をつけている

0624 note

ノゥt
/nóut/ ○

動 他 気づく

She **noted** the **change** in his be**hav**ior.
彼女は、彼の行動の変化に気づいた。

名 C メモ notable 形 注目に値する noteworthy 形 注目に値する noted 形 著名な

0625 laugh

L エア-f
/lǽf/ ○

動 自 笑う

She was **so fun**ny. I **laughed** out **loud**.
彼女とてもおもしろいわ。大声で笑っちゃった。

laughing out loud は LOL と略す。 laugh at ～ ～をバカにして笑う laughter 名 U 笑い声

178

0626 style

□
□ sタイォ
□ /stáɪl/ ○

名 C 様式

The **park** has a **Jap**a**nese-style gar**den.
あの公園には日本庭園（日本様式の庭園）があるよ。

「文体」の意味もある。　out of style 流行遅れ　stylish 形 おしゃれな

0627 sore

□
□ ソーァ
□ /sɔ́:r/ ○

形 痛い

My **mus**cles are **sore** from **work**ing **out**.
トレーニングのせいで筋肉が痛いです。

（比喩的に）不愉快な、いらいらしている　名 C 痛いところ　soreness 名 U 痛さ

0628 mean

□
□ ミーン ̣
□ /mí:n/ ○

形 意地悪な

It's **mean** of you to **say such** a **thing**.
そんなことを言うなんて、君は意地悪だね。

「平凡な」→「あまりよくない」→「卑劣な」　meanly 副 意地悪く　meanness 名 U 意地悪さ

0629 source

□
□ ソーァs
□ /sɔ́:rs/ ○

名 C 源

The **source** of my **hap**piness is my **kids**.
私の元気の源は子どもたちです。

〈源〉「飛び出すところ」　名 C 情報源、典拠　reliable sources 信頼できる情報筋

0630 plan

□
□ pLエァ-ン ̣
□ /plǽn/ ○

名 C 予定

I **don't re**ally **have** any **spe**cial **plans**.
僕は特に何も予定はないんだ。

動 他 計画する　a change of plan 計画の変更　carry out a plan 計画を実行する

0631 match

□
□ メアチ
□ /mǽtʃ/ ○

動 他 自 合う

This tie should **match that na**vy **jack**et.
このネクタイは、あの紺のジャケットにきっと合うはずだ。

音 ma部分を「メァ」と発音しないとmuch（多く）と聞こえる。

名 C 試合

I'm **look**ing **for**ward to **see**ing the **match**.
その試合を観戦するのを楽しみにしているの。

団体競技や球技はgame、格闘技はmatch を使う傾向がある。

0632 web

□
□ ウェb
□ /wéb/ ○

名 C クモの巣

Do you **see** the **spi**der **web** by the **door**?
あなたには、ドアのところのクモの巣が見える？

複雑に絡み合った関係・組織　a web of lies 複雑に絡み合った嘘

第3章

179

0633 square
名 C 広場
skウエァ
/skwéər/ ○
Do you **want** to **walk** around the **square**?
この広場を散歩しない?

四角、2乗 形 貸し借りなしの 動他 2乗する four squared 4の2乗

0634 boss
名 C 上司
ボーs
/bɔ́:s/ ○
OK. I'll **fol**low you. **You** are the **boss**.
わかりました。言う通りにします。あなたが上司ですから。

動他 (人)をこき使う bossy 形 偉そうな、あれこれ指図する bossiness 名 U 偉そうなこと

0635 plate
名 C 皿
pLエɪt
/pléɪt/ ○
Put two pieces of **bread** on **each plate**.
それぞれのお皿にパンを2切れずつ置いてね。

板、表示版、プレート 〈源〉「平らなもの」 大皿はdish、個人用の取り皿がplate。

0636 short
形 短い
ショーアt
/ʃɔ́:rt/ ○
Her **short hairstyle** is **eas**y to **man**age.
彼女のショート(短い)ヘアスタイルは扱いやすい。

背が低い、足らない be short of money 金が足らない shortage 名 C U 不足

0637 guy
名 C やつ
ガーɪ
/gáɪ/ ○
He is a **nice guy**. **Ev**ery**bod**y **likes** him.
彼はいいやつだよ。みんな彼が好きさ。

複数形 guys で集団(男女の区別なし)に対する呼びかけに使うこともある。

0638 drop
動 自 落ちる
dRアーp
/drá:p/ ○
Our **sales dropped sud**denly this month.
今月は突然売り上げが落ちました。

名 C 雨粒 dropping 名 C ふん dropout 名 C 中途退学者 drop-dead 形 目を見張るほどの

0639 cool
動 他 自 冷やす
クーォ
/kú:l/ ○
Cool yourself in the **shade** over **there**.
あそこの木陰で涼み(自分自身を冷やし)なさい。

音 語尾のl は暗いL なので、はっきりと「ル」と言わないこと。 cooler 名 C 保冷容器

0640 lost
形 道に迷って
Lオ-st
/lɔ́:st/ ○
Sorry I'm **late**. I got **lost** on the **way**.
遅れてごめん。途中で道に迷ってしまって。

lost child 迷子 lost opportunity 逸した機会 the lost-and-found 遺失物取扱所

180

0641 rest 名 U 残り

Rエst
/rést/ ○

We **had** to **can**cel the **rest** of the **trip**.
旅行の残りをキャンセルしなければならなくなった。

休憩、停止 動 自 休む　take a rest 休む　at rest 静止して　come to rest 止まる

0642 stay 動 自 他 とどまる

sテイ
/stéɪ/ ○

I felt **sick** and **stayed** home yesterday.
昨日は具合が悪かったので家にとどまっていた。

名 C 滞在　stay away 近づかない　be here to stay 定着している

0643 screw 名 C ネジ

skRウー
/skrúː/ ○

You **don't need** any **screws** to at**tach** it.
それを取り付けるのに、ネジはまったく必要ないよ。

動 他 ネジで留める　screw up しくじる　Screw you! このくそったれ！

0644 play 名 C 劇

pLエィ
/pléɪ/ ○

Do you **want** to **go see** the **play** to**night**?
今晩、その劇を見に行きたい？

音 Lをきっちり発音してpray(祈る)と区別する。　動 他 (ゲーム、球技などを)する

0645 dense 形 理解が遅い

デンs
/déns/ ○

He's **very dense**; he **does**n't under**stand**.
彼は本当に理解が遅いの。わかってないのよ。

密集した　density 名 U 密度　densely 副 密集して　a densely populated area 人口密集地区

0646 gas 名 U C ガソリン

ゲァ-s
/gǽs/ ○

I should **get** some **gas** be**fore** I **run out**.
ガス欠になる前に少しガソリンを入れたほうがいい。

gasoline の略。　イギリス英語ではpetrol。　gas station ガソリンスタンド

0647 mixed 形 入り混じった

ミkst
/míkst/ ○

There are **mixed** o**pin**ions about the **mov**ie.
その映画には賛否両論(入り混じった意見)がある。

音 ed 部分の音は、/t/ であって/d/ ではない。　mix 動 他 混ぜる　mixture 名 C U 混合(物)

0648 draft 名 C 下書き

dRエァ-ft
/drǽft/ ○

I **have** to sub**mit** the **draft** by to**mor**row.
下書きを明日までに提出しなくちゃいけないんだ。

徴兵　動 他 (ドラフトで)選手を獲得する　the first draft 初稿　the final draft 最終稿

第3章

0649 proud
pRアゥd
/práud/ ○

形 誇りに思う

My **par**ents were **proud** when I **grad**uated.
僕が卒業したとき、両親は誇りに思いました。

(be) proud of ~ ~を自慢に思う　proudly 副 誇りに思って　pride 名 U 誇り

0650 buzz
バz
/bÁz/ ○

名 C うわさ

The **new group** is crea**t**ing a **lot** of **buzz**.
あの新しいグループは大きなうわさになっています。

〈源〉ブーンという擬音語。　物理的「ざわめき」の意味でも使える。

動 自 他 ざわめく

People are **buzz**ing about the **new game**.
ちまたでは新しいゲームのことでざわめいている。

自 （蜂などが）ブンブン言う　buzzer 名 C ブザー

0651 fair
fエァ
/féər/ ○

形 公正な

You **say on**ly I was **wrong**? It's **not fair**.
私だけが悪いっていうの？　そんなの公正ではないわ。

〈源〉「休日」　〈反〉unfair 不公正な　fair trade フェアトレード　fairness 名 U 公正さ

0652 stairs
sテアz
/stéərz/ ○

名 C 【複】階段

Let's take the **stairs**. I **need** ex**er**cise.
階段で行こうよ。僕は運動が必要なので。

staircase 名 C （手すりなども含む）階段　upstairs 副 階上へ　downstairs 副 階下へ

0653 care
ケァ
/kéər/ ○

動 自 気にする

I **don't care** about **hav**ing a **suntan** much.
私、日焼けはあまり気にしていないの。

名 U 世話、注意、手入れ　care for ~ ~が欲しい、~を好む　carer 名 C 介護者、ケアラー

0654 print
pRインt
/prínt/ ○

動 他 印刷する

Will you **print out** that **doc**ument for me?
その書類を印刷してもらえますか。

活字体で読みやすく書く　名 C U 印刷　out of print 絶版で　the print media 活字メディア

0655 wipe
ワイp
/wáɪp/ ○

動 他 拭く

Can you **wipe** the **dish**es with **this tow**el?
このタオルでお皿を拭いてもらえる？

wipe out 拭き取る → 絶滅させる、全滅させる、根絶する　wiper 名 C ふきん

0656 form

fオーァm
/fɔ́:rm/ ○

名 C 書類

Please fill out this **form** while **wait**ing.
お待ちの間に、この書類に記入してください。

🔊 or部分は「オー」または「オーァ」。「オウ」だと foam（泡）に聞こえる。 application form 申込用紙

0657 plug

pLアg
/plʌ́g/ ○

動 他（プラグを）差し込む

I **plugged** the ex**ten**sion **cord in** for you.
君のために延長コードを差し込んであげたよ。

〈源〉「栓」 **名** C プラグ ear plug 耳栓 〈反〉unplug プラグを抜く unplugged **形** アコースティックの

0658 code

コウd
/kóud/ ○

名 C 規則

Our **school** has a **strict code** of **con**duct.
うちの学校には厳しい行動規則がある。

暗号 🔊 o は「オウ」。「オー」だとcord（コード）に聞こえる。 dress code 服装の規定

0659 means

ミーンz
/mí:nz/ ○

名 C 手段

We **have** the **means** to **solve** this **prob**lem.
この問題を解決する手段はあります。

名 C 財力（複数扱い） by all means ぜひとも beyond one's means 収入を超えて

0660 land

Lエァ－ンd
/lǽnd/ ○

動 自 他 着陸する

The **airplane land**ed **safe**ly in the **storm**.
その飛行機は嵐の中無事に着陸した。

名 C U 土地 **動** 他 うまく手に入れる land a decent job まともな仕事につく

0661 while

ワィォ
/wáil/ ○

接 ～の間に

I **met** my **hus**band while I was in **col**lege.
私は大学生の間に、今の夫と出会いました。

名 C 期間 for a while しばらくの間 meanwhile **副** そうしている間に

0662 sound

サウンd
/sáund/ ○

形 健康な

Call me **so** I **know** you're **safe** and **sound**!
あなたが無事で健康にしているとわかるよう電話してね。

sound sleep 熟睡（音のsound とは語源が異なる）

動 自（～ように）聞こえる

He **sound**ed **re**ally **an**gry on the **phone**.
電話では、彼はすごく怒ってるように聞こえた。

名 C 音 soundproof **形** 防音の soundless **形** 音のしない

0663 cloud
k**L**アゥd
/kláud/ ○

名 C 雲

That cloud looks like it will **bring rain**.
あの雲は雨を降らせそうだ。

on cloud nine 有頂天で　cloud computing クラウドコンピューティング

0664 shy
シャーィ
/ʃáɪ/ ○

形 恥ずかしがりの

I don't want to **dance**. I'm a **shy per**son.
踊りたくないよ。僕は恥ずかしがり屋なんだ。

ためらって　動 自 避ける　shy of ~ ~に満たないで　shy away from ~ 自信がなくて~を避ける

0665 storm
s**ト**ーァm
/stɔ́ːrm/ ○

名 C 嵐

Let's not go out. A **storm** is ap**proach**ing.
出かけるのやめよう。嵐が近づいているから。

weather the storm 難局を乗り切る　stormy 形 嵐の　stormy marriage 波乱含みの結婚生活

0666 sort
ソーァt
/sɔ́ːrt/ ○

動 他 分類する

My mom sorted through the **clothes** for me.
母さんは私のために服を分類してくれた。

名 C 仕分け、種類、タイプ　all sorts of ~ あらゆる種類の~　Sort of. まあ、そんなとこだ。

0667 pool
プーォ
/púːl/ ○

動 他 （お金を）出し合う

Let's pool our **mon**ey to**geth**er and **buy** it.
お金を出し合ってそれを買おうよ。

音 単独ならばl部分は「オ」だが、あとに母音が続く場合ははっきりと「ｌア」とリンキング。

0668 quite
k**ワ**ィt
/kwáɪt/ ○

副 かなり

It's **quite wind**y out there. **Grab** a **coat**!
外はかなり風が強い。コートを持ちなさい。

quite a few ~ かなり多数の~　quite something なかなかのもの

0669 gross
g**R**オゥs
/gróus/ ○

形 嫌な

It **smells gross** in here. **What** did you **do**?
ここは嫌な臭いがするよ。何をしたんだい？

全体の　GDP(=Gross Domestic Product) 国内総生産

0670 cough
コーf
/kɔ́ːf/ ○

動 自 咳をする

The **smoke** from the **bonfire** made me **cough**.
焚き火の煙で咳が出た（私が咳をするようにさせた）。

名 C せき（払い）　cough medicine せきどめ薬

0671 **least**

☐
☐ **レイ**-st
☐ /líːst/ ○

副 少しも～ない

I'm the **least** ex**cit**ed about the **trans**fer.
転勤のこと、少しもわくわくしてない。

【活用】little-less-least　at least 少なくとも　not in the least ぜんぜん～ない

0672 **sex**

☐
☐ **セ**ks
☐ /séks/ ○

名 C U 性別

Do you **want** to **know** the **sex** of your **ba**by?
あなたは自分の赤ちゃんの性別を知りたいと思う？

セックス　have sex セックスをする　sexual **形** 性的な　sexist **形** 性差別的な　sexually **副** 性的に

0673 **game**

☐
☐ **ゲ**ィm
☐ /géɪm/ ○

名 C U ゲーム

Don't play **games** for **more** than **two hours**.
ゲームは2時間以上してはいけないよ。

C 試合　game-changing **形** 画期的な　gamification **名** U ゲームデザイン化すること

0674 **hire**

☐
☐ **ハ**ィア
☐ /háɪər/ ○

動 他 雇う

My **com**pany will **hire two** more **sales reps**.
うちの会社は、あと2人営業部員を雇うらしい。

名 U 賃貸し　boats for hire レンタルボート　hired hand 雇われ労働者

0675 **point**

☐
☐ **ポ**ィンt
☐ /pɔ́ɪnt/ ○

名 C 時点

At **what point** did it **fi**nally oc**cur** to you?
どの時点でそれに気づいたの？

得点、要点、地点、観点　What's the point of ～ing? ～してどうなるの？

動 他 指さす

Point at the **toy** you **want**.
欲しいおもちゃを指さしてね。

pointed **形** 先がとがった　a pointed question トゲのある質問

0676 **loud**

☐
☐ **L ア**ゥd
☐ /láʊd/ ○

形 大音量の

Use a **loud voice** when **speak**ing to **Grandpa**.
おじいちゃんに話しかけるときは大きな声で話してね。

loud and clear 大きな声ではっきりと　loudly **副** 大きな声で　loudness **名** 音量

0677 **hold**

☐
☐ **ホ**ゥd
☐ /hóʊld/ ○

動 自 他 つかまる

Please hold on to the **handrail** for **safe**ty.
安全のため、手すりにつかまってください。

【活用】hold-held-held　hold the line （電話を）切らないでおく　holding **名** C 持ち株

0678 hard

☐
☐ ハー d
☐ /hάːrd/ ○

副 一生懸命に

I **failed** the ex**am**. I **did**n't **stud**y so **hard**.
試験に落ちてしまった。あまり一生懸命に勉強しなかったからね。

🔊 herd となるミス多し。　形 固い　hard-and-fast 形 厳格な　hard-earned 形 苦労して得た

0679 brake

☐
☐ bRエイk
☐ /bréɪk/ ○

名 C ブレーキ

Use the e**mer**gency **brake** when**ev**er you **park**.
駐車するときはいつでもサイドブレーキを使いなさい。

動 自 他 ブレーキをかける　hit the brakes 急ブレーキを踏む　brake fluid ブレーキ液

0680 lean

☐
☐ Lイーンｘ
☐ /líːn/ ○

動 自 他 寄りかかる

He **leaned** a**gainst** the **count**er and **smirked**.
彼はカウンターに寄りかかってにやにやしてたよ。

形 (体が)ひきしまった　lean toward ~ ~の方に気持ちが傾く　lean in 前のめりに挑戦する

0681 chore

☐
☐ チョ-ァ
☐ /tʃɔ́ːr/ ○

名 C 雑用

My **child**ren do **chores** for their al**low**ance.
うちの子どもたちはお小遣いのために雑用をする。

通例複数形で用いる。　household chores 家事

0682 shot

☐
☐ シャ-t
☐ /ʃάːt/ ○

名 C 注射

My **kids** got **shots** at the **doc**tor's **of**fice.
子どもたちは診療所で注射をしてもらった。

shoot(打つ)の名詞　名 C 発砲　give it one's best shot ベストを尽くす

0683 fire

☐
☐ fアィァ
☐ /fáɪər/ ○

動 他 解雇する

We had to **fire** an **em**ploy**ee** for **neg**ligence.
職務怠慢で従業員を1人解雇する必要があった。

日本語の「クビにする」にニュアンスの似た表現。dismiss はより硬い言い方。　You're fired. お前はクビだ。

0684 board

☐
☐ ボーァd
☐ /bɔ́ːrd/ ○

名 C 役員会

The **board** de**cid**ed to **pur**chase **that com**pany.
役員会で、その会社を買収することを決定しました。

役員たちが会議をするテーブルをイメージすること。

動 他 搭乗する

We'll **board** the **flight** in 10 (**ten**) **min**utes.
僕たちは10分後に搭乗するよ。

航空機の床板をイメージすること。　boarding pass 搭乗券

0685 fund

fアンd
/fʌ́nd/ 〇

動 **他** 資金を出す

A **mill**ion**aire** is **fund**ing the **char**ity e**vent**.
1人の億万長者がそのチャリティイベントに資金を出しています。

名 C 資金　fund-raising 資金調達(の)　fund-raiser 資金調達の催し

0686 court

コーアt
/kɔ́ːrt/ 〇

名 C U コート

How many **ten**nis **courts** are there at **school**?
学校にテニスコートはいくつあるの？

C 法廷　**音** our部分は、「オー」と伸ばした後に、軽く「ア」を言う感じが良い。

0687 dear

ディア
/díər/ 〇

形 大切な

She's been a **dear friend** of **mine** for **years**.
彼はもう何年も私の大切な友人だ。

hold ~ dear ～を高く評価する　dearly **副** 愛情を込めて　dearness **名** U 大切さ

0688 free

fRイー
/fríː/ 〇

形 無料の

It's a **free app**. **Why don't** you **download** it?
それは無料のアプリだよ。ダウンロードしたら？

for free 無料で　freebie **名** C 無料の景品

0689 bug

バg
/bʌ́g/ 〇

動 **他** 邪魔する

Don't bug me. I **have** to **fin**ish **this** re**port**.
邪魔しないで。このレポートを仕上げないといけないから。

盗聴器を仕掛ける　My office is bugged. 事務所に盗聴器が仕掛けられている。

0690 raise

Rエイz
/réɪz/ 〇

動 **他** （お金を）調達する

She **raised enough mon**ey for a **new busi**ness.
彼女は新規事業のための資金を調達した。

育てる　raise children 子どもを育てる

動 **他** 挙げる（上げる）

Raise your **hand** when you **have** a **ques**tion.
質問があれば手を挙げてください。

raise taxes 税率を上げる　自動詞「上がる」は、rise。

0691 cream

kRイーm
/kríːm/ 〇

名 U クリーム

Would you **like** some **cream** with your **cof**fee?
コーヒーにクリームはいかがですか。

C 最良の部分　the cream of society 超エリート階級の人々　creamy **形** なめらかな

0692 brain
bR**エ**-イン_ヌ
/bréɪn/ ○

名 C 脳

I **used** my **brain** a **lot** to**day**, so I am **tired**.
今日は脳をたくさん使ったから疲れちゃったよ。

brain death 脳死　brain-dead 形 脳死状態の　brainchild 名 C 発想の産物・創造物

0693 shake
シェ**イ**k
/ʃéɪk/ ○

動 自 他 揺れる

The **build**ing was **shak**ing in the **earthquake**.
建物は地震で揺れていた。

【活用】shake-shook-shaken　shake hands 握手する　shaken 形 動転した　shaky 形 不安定な

0694 share
シェ**ア**
/ʃéər/ ○

動 他 一緒に使う

Timmy, **share** your **toys** or you're **ground**ed!
ティミー、おもちゃは一緒に使いなさい。さもないと外に行かせないわよ。

名 C 分け前・シェア（市場占有率）　one's fair share 公正な取り分　shareware 名 U シェアウェア

0695 case
ケ**イ**s
/kéɪs/ ○

名 C 場合

In **case** you **did**n't **know**, **he** is our **new boss**.
知らない場合のために言うけれど、彼は僕たちの新しい上司だよ。

〈源〉「落下」→「出来事」→「事例」　in case 万一に備えて　case-sensitive 形 大文字と小文字を区別する

0696 bulb
バオb
/bʌ́lb/ ○

名 C 電球

Where are the **new bulbs**? **That one** has **blown**.
新しい電球はどこかな？　あの電球は切れてるよ。

（チューリップなどの）球根　〈源〉「たまねぎ」　音 カタカナの「バルブ」とはかなり音のイメージが違う。

0697 spread
spR**エ**d
/spréd/ ○

動 他 自 広げる

I **like** to **spread strawber**ry **jam** on my **toast**.
私はトーストにいちごジャムを塗る（広げる）のが好きだ。

【活用】spread-spread-spread　名 C U パンに塗るもの　spreadsheet 名 C スプレッドシート

0698 cross
kR**オ**-s
/krɔ́ːs/ ○

動 他 横断する

Look both ways be**fore** you **cross** the **street**.
道路を横断する前には両側をよく見るのよ。

バツ印をつける　名 C バツ印、十字架　crossing 名 C 交差点

形 機嫌が悪い

Why are you **so cross**?
どうしてそんなに機嫌が悪いんだい？

crossly 副 不機嫌そうに　crossness 名 U 不機嫌さ

0699 shame

- シェ-イm
- /ʃéɪm/ ○

名 U 恥

It'd be a **shame** if they **found out** about it.
それがみんなにバレたら恥だ。

Shame on you! 恥知らずめ！　ashamed 形 恥じて　shameful 形 恥ずべき　shameless 形 恥知らずの

0700 bind

- バーインd
- /báɪnd/ ○

動 他 束ねる

Bind the **old magazines** and **put** them out**side**.
古い雑誌は束ねて外に出しておいてね。

【活用】bind-bound-bound　spellbind 動 他 魅了する（魔力でしばりつける）

0701 stain

- sテーイン
- /stéɪn/ ○

動 他 自 染みをつける

I **stained** my **shirt** by **spil**ling **cof**fee on it.
コーヒーをこぼしてシャツにしみを付けた。

「ステンレス」の「ステン」はこれ。　名 C 染み　stainless 形 （金属が）さびない

0702 waist

- ウエイst
- /wéɪst/ ○

名 C ウエスト

These **pants** are a **bit tight** around my **waist**.
このズボンはウエストまわりがちょっときつい。

🔊 waste（無駄）と同音。　waist-deep 形 副 腰までの深さの／に　waist bag ウェストポーチ

0703 vice-

- vアイs
- /váɪs-/ ○

形 副 ～

Who do you **think** is the **next vice**-**pres**ident?
君は誰が次の副大統領だと思う？

官職を示す名詞の前につける。

0704 depth

- デpth
- /dépθ/ ○

名 C U 奥行

Have you **checked** the **length**, **width**, and **depth**?
もう高さと幅と奥行を測った？

🔊 th では音を出そうとせず舌を歯に当てる。　depth psychology 深層心理学　deep 形 深い

0705 bill

- ビォ
- /bíl/ ○

名 C 請求書

Give me the **bill**. I'll **pay** it on my **way home**.
その請求書を渡して。帰る途中で払っておくから。

法案、紙幣、札　a ten-dollar bill 10ドル札　pass a bill 法案を可決する

0706 core

- コーァ
- /kɔ́ːr/ ○

名 C 核心

You **don't un**der**stand** the **core** of the **prob**lem.
君は問題の核心がわかってない。

（りんごなどの）芯　to the core 芯まで、内部まで　hardcore 形 本格的な、筋金入りの

0707 **wake**	動 自 目が覚める
ウェイk /wéɪk/ ◯	I **woke up** sev**eral times** throughout the **night**. 一晩中何度も目が覚めた。
【活用】wake-woke-waken 他 起こす　wake-up call 近い将来の危険を知らせる出来事	

0708 **nude**	形 ヌードの
ヌーd /n(j)úːd/ ◯	**Nude** sunbath**ing** is al**lowed** on **cer**tain **beach**es. ヌードの日光浴は特定の海岸で許可されている。
単に裸でなく、主に芸術の対象として裸になっていることを意味する。一般的な裸はnaked。	

0709 **breast**	名 C 胸
bRエIst /brést/ ◯	**Breast can**cer among **young wom**en is on the **rise**. 若い女性の乳がん（胸のがん）が増えている。
breast milk 母乳　breast-stroke 名 U 平泳ぎ　breast-feed 動 他 母乳で育てる	

0710 **hot**	形 熱い
ハ-t /háːt/ ◯	Hel**lo**. We **don't have** any **hot wa**ter in our **room**. もしもし、この部屋、全然熱いお湯が出ないんですが。
〈源〉heat (熱) と同じ語源。　「ピリッと辛い」「論争の的の」などの意味もある。　hotbed 名 C 温床	

0711 **grant**	名 C 助成金
gRエア-ンt /grǽnt/ ◯	The **go**vernment is **giv**ing **out grants** for **col**lege. 政府は大学に助成金を出しています。
〈源〉「保証する (=guarantee)」　apply for a grant 助成金に応募する	

0712 **found**	動 他 設立する
fアゥンd /fáund/ ◯	Our **com**pany was **found**ed in 1920 (**nine**teen-**twen**ty). 我が社は1920年に設立された。
founder 名 C 創始者　Founding Fathers (アメリカ) 建国の父　foundation 名 C U 土台、設立	

0713 **hit**	動 他 たたく
ヒt /hít/ ◯	It is **hard** to **hit** a **punch**ing **bag** for a **full min**ute. サンドバッグを丸1分叩くのはきつい。
【活用】hit-hit-hit 到達する、襲う　hit the main road 幹線道路に出る　hit-and-miss 形 行き当たりばったりの	

0714 ward
☐
☐ ウォーｱd
☐ /wɔ́:rd/ ○

名 C 病棟

Which ward of the **hos**pital is Mr. (**Mis**ter) **Smith** in?
スミスさんは、どの病棟に入院していますか。

(行政) 区　🔊「ワード」ではない！　Shinjuku Ward 新宿区　Suginami Ward 杉並区

0715 thief
☐
☐ thイ-f
☐ /θíːf/ ○

名 C 泥棒

A **thief en**tered the **buil**ding and **took** some **di**amonds.
泥棒が建物に侵入し、いくつかダイヤを盗んだ。

【複】thieves　robber は「強盗」、burglar は「押し入り強盗」。　theft 名 U 窃盗

0716 poor
☐
☐ プァ
☐ /púər/ ○

形 貧しい

At **that time** I was **poor** and **could**n't **buy** a **new coat**.
その時私は貧しくて新しいコートが買えなかった。

気の毒な　poverty 名 貧困　poorly 副 不十分に、まずく　perform poorly in school 成績が悪い

0717 kill
☐
☐ キォ
☐ /kíl/ ○

動 他 自 殺す

Is it **right** for the **state** to **kill** a **per**son as a **pun**ishment?
国家が刑罰として人を殺すのは正しいのか？

kill two birds with one stone 一石二鳥を得る　killer 名 C 殺人者　killer whale 名 C シャチ

0718 per
☐
☐ プァー
☐ /pər/ ○

前 ～につき

The **room costs** $2,500 (**two thou**sand **five hun**dred **dol**lars) per **night**!
その部屋は1泊につき2500ドルだって！

🔊 口を閉じ気味に暗い音で発音する。明るい音だと par(同等) に聞こえる。　per capita 一人あたりの

>> Lesson 73

音節パターン❷［○。型］

Lesson 36（➡ p.75）で学習した**音節パターン**の［○。型］の単語 394 語を取り上げました。間違えやすい単語の代表例として expert（専門家）、protein（タンパク質）などが挙げられます。

0719 **dizzy**	形 めまいがして
☐ **ディ**ズィ ☐ ☐ /dízi/ ○。	I **feel diz**zy. めまいがします。

動 他 めまいを起こさせる　dizziness 名 Ⓤ めまい　dizzying 形 目がくらむような

0720 **pardon**	名 Ⓒ 許し
☐ **パー**(d)ンﾇ ☐ ☐ /páːrdn/ ○。	I **beg** your **par**don? もう一度言っていただけますか（あなたの許しを請います）。

Pardon my French, ... 言葉は悪いですが…　pardonable 形 許容できる　pardonably 副 許容できる程度に

0721 **lazy**	形 怠惰な
☐ **L エ**イズィ ☐ ☐ /léizi/ ○。	I feel **la**zy today. 今日はだらけていたい（怠惰な）気分だ。

音 zy 部分は「ジー」ではない。　laziness 名 Ⓤ 怠惰さ　a lazy day のんびりした日

0722 **weapon**	名 Ⓒ 武器
☐ **ウェ**プンﾇ ☐ ☐ /wépən/ ○。	**Drop** your **weap**ons! 武器を捨てろ！

nuclear weapons 核兵器　WMD (= weapons of mass destruction) 大量破壊兵器

0723 **venue**	名 Ⓒ 会場
☐ **v エ**ニュー ☐ ☐ /vénjuː/ ○。	**What** a **cool ven**ue! なんてすてきな会場かしら！

コンサートや会議、試合などが開催される場所のこと。

0724 **injured**	形 けがをして
☐ **イン**ヂュァd ☐ ☐ /índʒərd/ ○。	My **dog** was **in**jured. 私の犬が、けがをしました。

injure 動 他 傷つける　the injured party 被害を受けた側、被害者　injury 名 Ⓒ Ⓤ けが

0725 dozen

□□□ ダズンぇ
/dʌzn/ ○○

名 C ダース

Get two dozen **eggs.**
卵を2ダース買ってきて。

.... 形 1ダースの　by the dozen 大量に　dozens of ～ 何十もの、多くの～

0726 label

□□□ Lエィボゥ
/léɪbl/ ○○

名 C ラベル

Just read the l**abel!**
とにかくラベルを読んで！

.... 音 「ラベル」とはまったく異なる！　動 他 レッテルを張る　be labeled as a loser 負け犬のレッテルを貼られる

0727 pregnant

□□□ pRエgヌンt
/prégnənt/ ○○

形 妊娠して

Our dog is **preg**nant.
うちの犬は妊娠しています。

.... 〈源〉「pre（前の）+gnatus（生まれる）」　a pregnant silence 意味ある沈黙　pregnancy 名 C U 妊娠

0728 tidy

□□□ タィディ
/táɪdi/ ○○

形 整頓して

Keep your room tidy.
自分の部屋は、いつも整頓しておきなさい。

.... 動 自 他 片づける　tidily 副 きちんと　tidiness 名 U きちんとしていること

0729 trouble

□□□ tRアボゥ
/trʌbl/ ○○

名 C 問題

Don't cause trouble.
問題を起こさないで！

.... trouble 動 他 迷惑をかける　(be) in trouble 困った状態である　troublesome 形 やっかいな

0730 nonsense

□□□ ナーンセンs
/nɑ:nsens/ ○○

名 U ばかげたこと

Don't talk nonsense!
ばかげたことを言わないで。

.... 〈源〉「non（ない）+sense（意味）」　a nonsense word 無意味語　nonsensical 形 ナンセンスな

0731 asset

□□□ エアセt
/ǽset/ ○○

名 C 長所

Honesty is an **as**set.
正直さは長所です。

.... assets と複数で、具体的な「資産」の意味になる。　an asset to ～ ～にとって貴重なもの、戦力

0732 later

□□□ Lエィダ
/léɪtər/ ○○

副 後で

I'll call you l**at**er.
後で電話するね。

.... 形 後の　See you later. じゃあね。　later on 後になって　at a later date 後日に

0733 **problem**	名 Ⓒ 問題
pRアーbLゥm /prɑ́:bləm/ ○○	**What's** the **prob**lem? 何が問題なの?
problem solving 問題解決　No problem. いいですとも。　problematic 形 問題ある	

0734 **method**	名 Ⓒ 方法
メthゥd /méθəd/ ○○	I **have** my **own meth**od. 私には自分なりの方法があるの。
a teaching method 教授法　methodical 形 順序だった、系統だった　methodically 副 系統立てて	

0735 **double**	動 他 倍増させる
ダボウ /dʌ́bl/ ○○	We **dou**bled our **sales**. 我が社は売り上げを倍増させた。
形 二重の　on the double 大急ぎで　double-check 動 他 再確認する　triple 動 自 3倍になる	

0736 **tiny**	形 とても小さい
タィニ /táini/ ○○	Our **pup**py is **so t**iny! うちの子犬はすごく小さい!
t部分は帯気音。　〈反〉huge 巨大な　tininess 名 Ⓤ とても小さいこと	

0737 **former**	形 以前の
fオーァマ /fɔ́:rmər/ ○○	She is my **for**mer **boss**. 彼女は僕の以前の上司だよ。
the former 前者(⇔ the latter 後者)　in the former case 前者の場合には　formerly 副 以前は	

0738 **lawyer**	名 Ⓒ 弁護士
Lオィヤ /lɔ́iər/ ○○	We **hired** a **new law**yer. 私たちは新しい弁護士を雇いました。
弁護士を指す一般的な語。より硬くはattorney。　consult a lawyer 弁護士に相談する　law 名 Ⓒ Ⓤ 法律	

0739 **order**	名 Ⓒ 注文
オーァダ /ɔ́:rdər/ ○○	May I **take** your **or**der? ご注文をお聞きしてよろしいでしょうか。
命令　動 他 注文する、命令する　名 Ⓤ 秩序　law and order 法と秩序　orderly 形 整然とした	

0740 **spirit**	名 Ⓤ 精神
sピRィt /spírət/ ○○	**Have** a **pi**oneer **spir**it. 開拓者精神を持ちなさい。
〈源〉「息」　That's the spirit. その調子。(相手を励まして)　spiritual 形 精神の、霊的な	

0741 legal

形 合法的な

☐
☐ **L**イ**ー**ゴゥ
☐ /líːgl/ ○₀

I'm **sure this** is **le**gal.
これは間違いなく合法的です。

〈反〉illegal 非合法の　the legal profession 法曹界　legally 副 法律的に　law 名 C U 法律

0742 standard

名 C 基準

☐
☐ s**テア**ーンダd
☐ /stǽndərd/ ○₀

Is **this** up to **stan**dard?
これは基準を満たしている?

形 標準の　standardize 動 他 標準化する　standardization 名 U 標準化

0743 contact

動 他 連絡する

☐
☐ **カー**ンテァkt
☐ /káːntækt/ ○₀

I'll **con**tact you **lat**er.
後で連絡する。

音 tact部分の母音は「エァ」。　名 C U 連絡先、縁故、接触　in contact with ～ ～に接触して

0744 helpful

形 役に立つ

☐
☐ **ヘ**ォpfォゥ
☐ /hélpfl/ ○₀

This app is **so help**ful.
このアプリ、とても役に立つね。

I'm only trying to be helpful. 役に立とうとしているだけです。　helpless 形 無力な

0745 voucher

名 C 割引券

☐
☐ v**ア**ゥチャ
☐ /váutʃər/ ○₀

Can I **use this vouch**er?
この割引券は使えますか。

voucher には「保証人」「証拠書類」の意味もある。　vouch 動 自 保証する

0746 wallet

名 C 財布

☐
☐ **ワー**Lエt
☐ /wáːlət/ ○₀

I **had** my **wal**let **sto**len.
私は財布を盗まれたんです。

〈源〉「旅の食料などを入れる袋」　× I was stolen my wallet. ではない。

0747 business

名 U 事業

☐
☐ **ビ**zヌs
☐ /bíznəs/ ○₀

I **have** my **own busi**ness.
私は自分で事業をやっています。

音 si部分には母音がないのでbizness だと思って発音するのがよい。　business card（業務用）名刺

0748 action

名 U 行動

☐
☐ **エア**kシュンｘ
☐ /ǽkʃən/ ○₀

You should **take ac**tion.
君は行動を起こすべきだ。

in action 活動中で　out of action 故障・負傷して　act 動 自 行動する　actionable 形 実行可能な

0749 buddy
バディ
/bʌ́di/ 〇。
名 C 仲間

He is **such** a **good bud**dy.
彼はとてもいい仲間なんだ。

🔊 body とは音が違う。 a buddy movie 二人の友情の映画 buddy up with ~ ~と仲間になる

0750 quiet
kワイエt
/kwáɪət/ 〇。
形 静かな

You're **too qui**et today.
あなた、今日はやけに静かだね。

keep quiet 口をつぐむ quiet as a lamb [mouse] とても静かな quietly 副 静かに

0751 tablet
テア-bLエt
/tǽblət/ 〇。
名 C タブレット(端末)

I **wish** I **owned** a **tab**let.
タブレットを持っていたらいいのにな。

a tablet PC や a tablet computer とも言う。 〈源〉「table(テーブル)+et(小さい)」 名 C 錠剤

0752 willing
ウィLイン
/wílɪŋ/ 〇。
形 ～しても構わない

I'm **will**ing to **help** you.
あなたのお手伝いをしても構わないよ。

〈反〉reluctant いやいやながらの willingly 副 快く willingness 名 U 進んでする気持ち

0753 handle
ヘア-ンドゥ
/hǽndl/ 〇。
動 他 対処する

I **think** I can **han**dle it.
僕で対処することができると思うよ。

取り扱う Handle with care. 割れ物注意 handling fee 手数料

名 C 持ち手

My **bag han**dle **tore**!
鞄の持ち手が取れちゃった！

「ハンドル」は、車なら a steering wheel、自転車なら a handlebar。

0754 sausage
ソーセチ
/sɔ́ːsɪdʒ/ 〇。
名 U C ソーセージ

Can I **have more sau**sage?
もう少しソーセージをもらえる？

〈源〉「塩味(salt)の食べ物」 🔊 au部分は、「オー」と伸ばす音。 pork sausages ポークソーセージ

0755 missing
ミスィン
/mísɪŋ/ 〇。
形 行方不明の

I **found** the **miss**ing **pen**.
行方不明のペンを見つけた。

missing person 行方不明者 missing link 必要だが欠けている部分 go missing 行方不明になる

196

0756 favor

名 C U 親切な行為

fエィvァ
/féɪvər/ ○。

Would you **do** me a **fa**vor?
お願いがあるのですが（親切な行為をしてくださいますか）。

ひいき、支持　動 他 好む　show favor to ~ ~をえこひいきする　favorable 形 好ましい

0757 expert

名 C 専門家

エksプァ-t
/ékspə:rt/ ○。

He's an **ex**pert at **math**.
彼は数学の専門家だよ。

音 ex部分を「エキス」と言わないように。またアクセントはex部分。　expertise 名 U 専門知識／技術

0758 wedding

名 C 結婚式

ウエディン
/wédɪŋ/ ○。

Dad cried at my **wed**ding!
パパったら私の結婚式で泣いちゃったのよ！

go to a wedding 結婚式に出席する　wedding bells 結婚を予感させるもの　wed 動 他 結婚する

0759 tricky

形 難しい

tRイキ
/tríki/ ○。

This is a **tric**ky **puz**zle.
これは難しいパズルだ。

複雑でいろいろ微妙な問題があるので難しい、というニュアンス。　trick 名 C ごまかし

0760 mental

形 精神面の

メントゥ
/méntl/ ○。

Does he **need men**tal **help**?
彼には精神面での助けが必要でしょうか。

〈反〉physical 肉体の　mentally 副 心理的に(⇔ physically 肉体的に)

0761 stranger

名 C よそ者

stRエィンヂャ
/stréɪndʒər/ ○。

I'm a **stran**ger **here**, **too**.
私もこの辺りは初めてです（ここではよそ者だ）。

〈源〉「外国人」　Don't be a stranger. また来てね。　strange 形 奇妙な

0762 stylish

形 おしゃれ

sタイLイsh
/stáɪlɪʃ/ ○。

Your **shirt** is **so sty**lish!
あなたのシャツ、とってもおしゃれね！

style 名 U 気品、優雅さ　stylishly 副 おしゃれに　stylishness 名 U おしゃれさ

0763 greasy

形 脂っこい

gRイースィ
/grí:si/ ○。

I'm a**void**ing **grea**sy **food**.
私は脂っこい食べ物は避けています。

grease 名 U 機械油 動 他 機械油を塗る　like greased lightening 電光石火のごとく

第3章

0764 little

レイドゥ
/lítl/ ○○

副 少し

I stu**died French** a li**tt**le.
フランス語は少し勉強しました。

形 年下の　my little brother 私の（未成年の）弟

0765 jury

ヂュァRイ
/dʒúəri/ ○○

名 C 陪審員団

I had ju**ry du**ty yesterday.
私は昨日、陪審員としての務めがありました。

市民から選ばれた12人の陪審員（juror）が、guilty（有罪）か not guilty（無罪）の評決（verdict）を下す。

0766 meter

ミーダ
/míːtər/ ○○

名 C （パーキング）メーター

Did you **park** at the me**ter**?
メーターのところに停めた？

メートル　100-meter dash 100メートル走　metric **形** メートルの　the metric system メートル法

0767 fellow

fエレォゥ
/félou/ ○○

名 C やつ

Tim is **such** a **nice** fe**ll**ow.
ティムは本当にいいやつだ。

〈源〉「共同事業の出資者」　**形** 仲間の　fellow citizens 同胞　fellowship **名 C** 奨学金

0768 single

スィンゴゥ
/síŋgl/ ○○

形 独身の

Are you si**ng**le or **mar**ried?
君は独身、それとも既婚？

1人用の　single-minded **形** ひたむきな　single out （1つだけ）選り抜く

0769 session

セシュンぇ
/séʃən/ ○○

名 C 会合

How was the **first** ses**s**ion?
最初の会合はどうだった？

〈源〉「座っていること」　**名 C** 授業時間　a photo session 写真撮影の機会

0770 classic

kレエァ-スィk
/klǽsɪk/ ○○

形 古典の、クラシックの

He **owns** some clas**s**ic **cars**.
彼はクラシックカーを数台持っているんだ。

a classic example よくあるケース　classical **形** 古典的な　classical music クラシック音楽

0771 iron

アィアンぇ
/áɪərn/ ○○

動 他 アイロンをかける

I **need** to i**ron** **this shirt**.
このシャツは、アイロンをかける必要があるね。

音「アイロン」の発音は、幕末の読み誤りからという説がある。　**名 U** 鉄　a will of iron 鉄の意志

0772 money

名 U お金

マニ
/mʌ́ni/ ○○

I **have** no **mon**ey on me now.
今はお金の持ち合わせがないんだ。

〈源〉女神 Juno の別名 Moneta。(Juno を祭る神殿で貨幣が造幣された)　monetize 動 他 金銭を得る

0773 precious

形 大切な

pRエシュs
/préʃəs/ ○○

You are **so pre**cious to me!
君は僕にはとても大切な人なんだ！

名 U いとしい人(呼びかけに使う)　precious metal 貴金属　preciousness 名 U 貴重さ

0774 profile

名 C プロフィール

pRオウfアイオ
/próufaɪl/ ○○

The **link** is in my **pro**file.
そのリンクは私のプロフィールに張ってあります。

〈源〉イタリア語「輪郭を描く」　profiling 名 U プロファイリング　profiler 名 C プロファイラー

0775 union

名 C 労働組合

ユーニュンヌ
/júːnjən/ ○○

Are you **part** of the **un**ion?
あなたは労働組合の一員ですか。

〈源〉「1つ(uni)にすること」→「結合」　the Union Jack 英国国旗　the European Union 欧州連合

0776 access

動 他 アクセスする

エア-kセs
/ǽkses/ ○○

How can I **ac**cess the **file**?
どうすれば、そのファイルにアクセスすることができる？

名 U 交通の便、利用権、閲覧権　accessible 形 アクセス可能な　have access to ～ ～にアクセスできる

0777 matter

名 U C 問題

メア-ダ
/mǽtər/ ○○

What's the **mat**ter with you?
あなたどうしたの(何が問題なの)？

〈源〉「建材」　音 ma部分を「メァ」と発音しないとmutter(つぶやく)に聞こえる。

動 自 重要である

It **does**n't **mat**ter to **me**.
それは私にとって重要ではありません。

What does it matter? それがどうだって言うんだ(どうでもいいだろう)。

0778 transit

名 U 乗り継ぎ

tRエア-ンスィt
/trǽnsət/ ○○

He's in **trans**it right now.
彼は今、乗り継ぎをしているところです。

be lost in transit 輸送中に紛失する　public transit 公共輸送機関　transition 名 C U 移り変わり

第3章

0779 cancer	名 U C （病気の）がん
☐☐☐ ケア-ンサ /kǽnsər/ ○○	My **fa**ther **died** from **can**cer. 私の父は、がんで亡くなりました。
〈源〉「カニ」（がんの見た目から）　breast cancer 乳がん　lung cancer 肺がん	

0780 leader	名 C リーダー
☐☐☐ **L**イーダ /líːdər/ ○○	**Tom** is our **new team lead**er. トムが僕たちの新しいチームリーダーだ。
lead 動 自 他 導く　【活用】lead-led-led　leadership 名 U リーダーシップ	

0781 shopping	名 U 買い物
☐☐☐ シャ-ピン /ʃáːpɪŋ/ ○○	**Let's go shop**ping **downtown**. 中心街に買い物に行こうよ。
shop 名 C 店　動 他 買い物をする　shopper 名 C 買い物客	

0782 sample	動 他 試食する
☐☐☐ セア-ンポウ /sǽmpl/ ○○	I **sam**pled **all** of the **bread**! 私は、すべてのパンを試食したよ！
〈源〉example の語頭音が消えたもの。　名 C サンプル、標本　a random sample 無作為抽出標本	

0783 odor	名 C （悪い）におい
☐☐☐ オウダ /óudər/ ○○	**How** can I re**duce bod**y **o**dor? どうしたら体臭（身体の臭い）を減らせるかな？
音 「オウ」でなく「オー」と発音するとorder（注文）に聞こえてしまう。　odorless 形 無臭の	

0784 country	名 C U 国
☐☐☐ **カ**ンtR**イ** /kʌ́ntri/ ○○	**Which coun**try are you **from**? あなたは、どの国のご出身ですか。
the country で「田舎」の意味もある。　developed/developing countries 先進／発展途上国	

0785 promise	名 C U 約束
☐☐☐ p**R**アーミs /prɑ́ːməs/ ○○	He **broke** his **prom**ise a**gain**. 彼がまた約束を破ったよ。
動 自 他 約束する　promising 形 見込みのある　make a promise 約束する	

0786 coffee	名 U コーヒー
☐☐☐ コーfイー /kɔ́ːfi/ ○○	Would you **like** some **cof**fee? コーヒーはいかがですか。
〈源〉アラビア語「ワイン、飲み物」　コーヒーの「濃い」「薄い」は strong/weak。	

200

0787 social
形 社交的

ソウショウ
/sóuʃəl/ ○。

Our **son** is **not ver**y **so**cial.
うちの息子は、あまり社交的でないんです。

社会の　socially 副 社交上　socialize 動 自 人付き合いをする　socialism 名 U 社会主義

0788 actor
名 C 俳優

エアktゥァ
/ǽktər/ ○。

A **fa**mous **ac**tor **passed a**way.
ある有名な俳優が亡くなりました。

actress 名 C 女優　男女問わず actor を用いるのが望ましい。　acting 名 U 演技

0789 differ
動 自 異なる

ディfァ
/dífər/ ○。

My **two sons di**ffer **great**ly.
二人の息子は大きく異なります。

I beg to differ. ご意見には賛同いたしかねます。　difference 名 C 違い　differentiate 動 他 区別する

0790 active
形 活動的

エアkテイv
/ǽktɪv/ ○。

My **daugh**ter is **ver**y **ac**tive.
うちの娘はすごく活動的なんですよ。

active vocabulary 自分で使える語彙　actively 副 活動的に　activist 名 C 活動家

0791 caring
形 面倒見のよい

ケァRイン
/kéərɪŋ/ ○。

He is a **ver**y **car**ing **fa**ther.
彼はとても面倒見のよい父親です。

名 U 介護　care 動 他 面倒を見る　caring profession（看護職や介護職など）人の世話をする職業

0792 heavy
形 重い

ヘvイ
/hévi/ ○。

How heavy is **this suitcase**?
このスーツケースはどれくらい重いの？

heavy taxes 重税　heavy weight 大物　heavily 副 重く　heaviness 名 U 重いこと

0793 welcome
動 他 歓迎する

ウェオカm
/wélkəm/ ○。

Any id**e**as are **wel**comed **here**.
ここではどんなアイデアでも歓迎されます。

形 歓迎される　welcoming 形 温かく迎え入れるような

感 ようこそ

Welcome to my **house**.
ようこそ我が家へ。

〈源〉「うれしい（will）＋訪問客（comer）」　Welcome back! お帰り。

0794 ready
Rエイディ
/rédi/ ○○
形 準備ができて
Are you **ready** to **go camp**ing?
キャンプに行く準備ができている?
〈源〉「旅の準備ができた」 readily 副 すぐに、たやすく readiness 名 Ⓤ 準備が整っていること

0795 factor
fエアㄎタ
/fǽktər/ ○○
名 Ⓒ 要因
That's an im**por**tant **fac**tor.
それは重要な要因だね。
(因数分解の)因数、因子 a risk factor 危険因子 factorization 名 Ⓤ 因数分解

0796 pension
ペンシュン̃
/pénʃən/ ○○
名 Ⓒ 年金
Grandpa gets a **good pen**sion.
おじいさんは、かなりの額の年金をもらっているんだ。
〈源〉「(お金を量って)支払うこと」 ㊟ nsi部分には「チ」のような音が出る。 pensioner 名 Ⓒ 年金生活者

0797 filter
fイゥタ
/fíltər/ ○○
動 他 フィルターをかける
How do you **fil**ter **junk mail**?
どうやって迷惑メールをフィルターにかける?
filter out フィルターをかけてはじく 名 Ⓒ フィルター a filter bubble フィルターバブル

0798 minor
マイナ
/máɪnər/ ○○
形 ささいな
It was **just** a **mi**nor **prob**lem.
それはほんのささいな問題でしかなかった。
名 Ⓒ 未成年者 〈反〉major 主要な a minor offense 軽犯罪 minority 名 Ⓒ 少数派

0799 author
オーthア
/ɔ́:θər/ ○○
名 Ⓒ 作家
Who is your **fa**vorite **au**thor?
あなたのお気に入りの作家は誰ですか。
〈源〉「創始者」 動 他 執筆する author a book 本を著す coauthor 名 Ⓒ 共著者

0800 forward
fオー ̃d
/fɔ́:rwərd/ ○○
副 前方へ
Move forward but **be care**ful.
前に進んでください。でも気をつけて。
動 他 (手紙・メールを)転送する look forward to ～ing ～するのを楽しみにする 〈反〉backward 後方へ

0801 native
ネイディv
/néɪtɪv/ ○○
形 母国の
What's your **na**tive **lan**guage?
あなたの母語(母国の言語)は何ですか。
〈源〉「生まれながらの」 名 Ⓒ 土地の人 a native of ～ ～生まれの人 Native American アメリカ先住民

0802 bandage

☐☐☐
ベア-ンディチ
/bǽndɪdʒ/ ○○

名 C 絆創膏

Put a **band**age on **that wound**.
その傷に絆創膏を貼っておきなさい。

動 他 包帯を巻く　bandage up his sprained ankle くじいた足首に包帯を巻く

0803 witness

☐☐☐
ウィ (t)ネs
/wítnəs/ ○○

動 他 目撃する

Did you **wit**ness the **rob**bery?
あなたは、その強盗事件を目撃したのですか。

〈源〉「wit（知っている）+ness（こと）」　音 t は飲み込むように。　名 C 目撃者

0804 moment

☐☐☐
モゥメンt
/móumənt/ ○○

名 C 瞬間

It was an im**pres**sive **mo**ment.
それは印象的な瞬間だった。

at the moment 目下のところ　momentary 形 一瞬の　momentarily 副 瞬間的に、一時的に

0805 senior

☐☐☐
スィーニャ
/síːnjər/ ○○

形 高齢の

Be **nice** to a **sen**ior **cit**izen.
高齢の方には優しくしなさい。

名 C 年長者　〈反〉junior 年少の、下級の　(be) senior to ～より年上で　seniority 名 U 年功

0806 sandwich

☐☐☐
セア-ンヮウィチ
/sǽnwɪtʃ/ ○○

名 C サンドイッチ

I **made** a **sand**wich for **lunch**.
私はランチにサンドイッチを作りました。

〈源〉パンに肉をはさんで食べたといわれる英国のSandwich伯爵より。

0807 number

☐☐☐
ナンブァ
/nʌ́mbər/ ○○

名 C 番号

What's his **telephone num**ber?
彼の電話番号は何番？

名 C 曲目　an odd/even number 奇／偶数　numerical 形 数の　numerous 形 多数の

0808 private

☐☐☐
pRアィヴェt
/práɪvət/ ○○

形 引っ込み思案な

She's **such** a **pri**vate **per**son.
彼女はとても引っ込み思案な人なんだ。

個人的な　音 a は「エイ」ではない。　privacy 名 U プライバシー　privately 副 非公式で

0809 weakness

☐☐☐
ウィ-(k)ネs
/wíːknəs/ ○○

名 C 弱点

Food is my **ul**timate **weak**ness.
食べ物が私の究極の弱点だ（食べることが何より大好きです）。

〈反〉strength 強み、長所　strengths and weaknesses 長所と短所　weak 形 弱い

0810 server
スアーv ア
/sə́:rvər/ ○○

名 C 給仕係

I **work part time** as a **serv**er.
私は給仕係のバイトをしています。

(コンピューターの)サーバー　serve 動 自 他 料理を出す　service 名 U 業務、奉仕

0811 merger
ムアーヂャ
/mə́:rdʒər/ ○○

名 C （組織の）合併

It was **not** a **friend**ly **merg**er.
それは友好的合併ではなかったね。

M&A = merger and acquisition 吸収合併　merge 動 自 一つになる、合併する

0812 wonder
ワンダ
/wʌ́ndər/ ○○

名 U 不思議

No wonder your **boss** is **an**gry.
君の上司が怒るのも不思議はないね。

wonderful 形 すばらしい　wonderfully 副 すばらしく

動 他 自 疑問に思う

I **won**der **why** he was **ab**sent today.
なぜ今日彼が欠席したか疑問に思う。

〈源〉「奇跡」　I wonder. さあ、どうだか。

0813 partner
パー(t)ナ
/pá:rtnər/ ○○

名 C パートナー

Have you **met** her **part**ner **yet**?
もう彼女のパートナーに会った？

(会社の)共同経営者　音 t は飲み込むように発音する。　partnership 名 C U 協力

0814 local
Lオゥコゥ
/lóukl/ ○○

形 地元の

This is a **pop**ular **l**ocal **food**.
これは人気の地元料理です。

Local Area Network = LAN　locals 名 C 地元民【複】　locally 副 局地的に

0815 victim
vイkティm
/víktɪm/ ○○

名 C 犠牲者、被害者

Don't try to **play** the **vic**tim.
被害者のふりをするのはやめて。

〈源〉「いけにえの動物」　victimize 動 他 犠牲にする　victimless 形 被害者のいない

0816 measures
メジャーz
/méʒərz/ ○○

名 C【複】対策

We **need** to **take new meas**ures.
新たな対策を講じる必要があります。

音「ミージャー」ではない。　take measures 対策を打つ　drastic measures 思い切った対策

0817 diet
- ダイエt
- /dáɪət/ ○。

名 C U 食事

I **try** to **have** a **healthy** d**iet**.
私は健康的な食事を取るようにしています。

〈源〉「食習慣」　go on a diet ダイエットをする　dietary 形 食事上の　dietary habits 食習慣

0818 humor
- ヒューマ
- /hjúːmər/ ○。

名 U ユーモア

He has a **good sense** of **hu**mor.
彼はユーモアのセンスがいい。

humorous 形 ユーモアのある　humorously 副 ユーモアを持って　humorless 形 ユーモアのない

0819 fabric
- fエアbRイk
- /fǽbrɪk/ ○。

名 U 布地

This f**abric** is **very** d**eli**cate.
この布地はとても繊細です。

fabricate 動 他 でっち上げる　fabricate evidence 証拠を捏造する　fabrication 名 U 捏造

0820 pressure
- pRエシャ
- /préʃər/ ○。

名 U C プレッシャー

I don't **han**dle **pres**sure **well**.
私はプレッシャーにうまく対応できません。

圧力　pressure group 圧力団体　blood pressure 血圧　high/low pressure 高／低気圧

0821 stable
- sテイボウ
- /stéɪbl/ ○。

形 安定して

My **sal**ary is st**able**, **luck**ily.
幸いなことに、私の給料は安定しています。

stability 名 U 安定性　stably 副 安定的に　stabilize 動 U 安定させる　stabilization 名 U 安定化

0822 purpose
- ブァーパs
- /pə́ːrpəs/ ○。

名 C U 目的

What is your **pur**pose in **life**?
あなたの人生の目的って何ですか。

purposeful 形 目的のある　purposefully 副 目的を持って　purposeless 形 目的のない

0823 instant
- インstゥンt
- /ínstənt/ ○。

形 即席（インスタント）の

This i**nstant soup** is **not bad**.
この即席スープは悪くないわよ。

名 C 瞬間　in an instant たちまち　instance 名 C 例　for instance 例えば　instantly 副 たちまち

0824 limit
- Lイミt
- /límət/ ○。

動 他 制限する

My **mom lim**its my **phone us**age.
母は、私が電話を使うのを制限する。

名 C U 制限　limitation 名 C U 限界　limited 形 限られた　limited liability 有限責任

0825 careful

☐☐☐

ケァfオウ
/kéərfl/ ○○

形 気をつけて

I'm **care**ful about **what** I **eat**.
私は食べるものには気をつけています。

〈源〉「care（注意）ful（満ちた）」　carefully 副 注意深く　carefulness 名 U 注意深さ

0826 human

☐☐☐

ヒューマンォ
/hjú:mən/ ○○

名 C 人間

Humans are a**ma**zing **crea**tures.
人間は驚くべき生き物です。

形 人の　humanity/humankind 名 U 人類　humanitarian 形 人道上の

0827 stomach

☐☐☐

sタマk
/stʌ́mək/ ○○

名 C お腹

My **stom**ach is **get**ting **so fat**!
僕はお腹がずいぶん出てきたよ！

〈源〉「食道」　have a strong stomach 神経が図太い　stomachache 名 C U 腹痛

0828 data

☐☐☐

ディダ
/déɪtə/ ○○

名 U データ

I'm a**fraid** this **da**ta is **wrong**.
私は、このデータは間違っていると思います。

【単】datum　音「ダーラ」という発音もあり　database 名 C データベース

0829 upper

☐☐☐

アパ
/ʌ́pər/ ○○

形 上級の

He's in **up**per **man**agement now.
彼は今では上級幹部になっています。

〈反〉lower 下部の　the upper class 上流階級　the upper body 上半身

0830 option

☐☐☐

アーpシュンォ
/ɑ́:pʃən/ ○○

名 C U 選択肢

We had **no op**tions for des**sert**!
デザートに選択肢はなかったのよ！

〈源〉「opt（選ぶ）+ion（こと）」　opt 動 自 選ぶ　opt out 取りやめる　optional 形 選択制の

0831 noisy

☐☐☐

ノイズィ
/nɔ́ɪzi/ ○○

形 うるさい

Our **twins** are **al**ways **so nois**y.
うちの双子は、いつもとてもうるさいの。

noisy minority 声高な少数派　noise 名 C U 騒音　noisily 副 騒がしく

0832 cheerful

☐☐☐

チアfォウ
/tʃíərfl/ ○○

形 陽気な

I **like play**ing **cheer**ful **mu**sic.
僕は陽気な音楽をかけているのが好きなんだ。

cheerfully 副 楽しそうに　cheerfulness 名 U 陽気さ　cheer 動 他 元気づける　名 C 声援

0833 laundry
名 U 洗濯（物）
- **L オー**ンdRイ
- /lɔ́:ndri/ ○。

I **do** the **laun**dry **twice** a **week**.
僕は週に2回、洗濯をする。

🔊 「ラン..」ではないので注意。　do the laundry 洗濯する　laundromat 名 C コインランドリー

0834 tuna
名 U ツナ
- **トゥー**ナ
- /t(j)ú:nə/ ○。

I **don't fan**cy **tuna sand**wiches.
僕はツナサンドが好きじゃないんだ。

🔊 「チュー」と発音する人もいる。いずれにしても「ツ」ではないので注意。

0835 copy
名 C コピー
- **カ**-ピ
- /ká:pi/ ○。

Here's a **co**py of the **homework**.
これが宿題のコピーだよ。

同じ本の一冊のこともcopyと言う。　make a copy コピーする　copycat 形 模倣の

0836 travel
動 自 旅行する
- t**R エ**ア-vオウ
- /trǽvl/ ○。

I **trav**eled to **In**dia last year.
私は去年、インドに旅行した。

名 U 旅行　traveler 名 C 旅行者　Bad news travels fast. 悪いニュースはすぐ伝わる。

0837 protein
名 U C タンパク質
- p**R オ**ウティーンₓ
- /próuti:n/ ○。

This drink is **high** in **pro**tein.
この飲料はタンパク質が豊富です。

🔊 tein 部分は「テイン」とは違うので注意！　animal/plant proteins 動物性／植物性タンパク質

0838 common
形 ありふれた
- **カ**ームンₓ
- /ká:mən/ ○。

My **fam**ily **name** is **ver**y **com**mon.
私の苗字は、とてもありふれたものだ。

名 C 共有地　〈反〉uncommon まれな　commoner 名 C （貴族に対して）平民、庶民

0839 worthless
形 価値がない
- w**ウァー**thL エs
- /wə́:rθləs/ ○。

Actually, **nobo**dy is **worth**less.
実際のところ、価値のない人間なんていない。

worthlessness 名 U 無価値であること　worthwhile 形 時間・労力をかける価値のある

0840 nothing
代 何も〜ない
- **ナ**thインₓ
- /nʌ́θɪŋ/ ○。

I **bought noth**ing at the **store**.
その店では何も買わなかった。

〈源〉「no(ない)＋thing(もの)」　nothing but A ただのAに過ぎない　something 代 何か

第3章

207

0841 manners
メアーナz
/mǽnərz/ ○○
名 C U 礼儀作法

My **mom taught** me **good man**ners.
母が僕によい礼儀作法を教えてくれました。

この意味では常に manners と複数形で用いる。単数の manner は「やり方」。

0842 stupid
sテューピd
/stʲúːpəd/ ○○
形 愚か

I **don't** think he is **so stu**pid.
彼がそんなに愚かとは思いません。

〈源〉「ぼう然としている」 stupidly 副 愚かにも stupidity 名 C 愚行

0843 final
fアイノウ
/fáɪnl/ ○○
形 最後の

I'm **writ**ing the **final chap**ter.
私は、最後の章を書いているところです。

名 C 最終試験、決勝戦 finally 副 ついに finalist 名 C 決勝出場者 finalize 動 他 最終決定する

0844 version
vウアージュンぇ
/vɚːrʒən/ ○○
名 C ～版

I **just saw** the **di**gest **ver**sion.
僕はダイジェスト版しか見ていないんだ。

解釈、見解 🔊 sio部分は摩擦音で軽く発音する。 his version of events 出来事の彼側の解釈

0845 perfume
プァーfユーm
/pɚːrfjuːm/ ○○
名 U 香水

She's **wear**ing **too much per**fume.
彼女は香水をつけ過ぎだよ。

🔊 per部分は暗い音を出すこと。 動 他 香水をつける

0846 awful
オーfオウ
/ɔ́ːfl/ ○○
形 ひどい

I **had** an **aw**ful **sum**mer va**ca**tion.
ひどい夏休みだったよ。

〈源〉「awe(畏怖の念)+ful(満ちた)」 awesome は「とってもよい」の意味。

0847 massive
メアースィv
/mǽsɪv/ ○○
形 莫大な

The **play had** a **mas**sive **turnout**!
その劇は莫大な観客数を集めました。

massively 副 大量に massiveness 名 U 莫大であること mass 名 C かたまり

0848 volume
vアーLュm
/vάːljəm/ ○○
名 U C 音量

Could you **turn** the **vol**ume **down**?
音量を下げてくれる?

カタカナ語で「ボリューミー」と言うが、そういう英語はない。 U 体積 C 書籍

0849 selfish

□
□ **セ**ォfイsh
□ /sélfɪʃ/ ○○

形 身勝手な

I'm **so sor**ry for **be**ing **self**ish.
身勝手な振る舞いをして大変申し訳ありません。

〈反〉selfless 無私無欲の　selfie 名 C セルフィー（自撮り）　selfishly 副 身勝手に　selfishness 名 U 身勝手さ

0850 journey

□
□ **ヂュアー**ニ
□ /dʒə́ːrni/ ○○

名 C 旅行

Three months is a **long jour**ney.
3か月とは長期の旅行ですね。

〈源〉「1日(jour)の仕事」　Safe journey home! 気をつけてお帰りください！

0851 sweater

□
□ s**ウェ**ダ
□ /swétər/ ○○

名 C セーター

This sweater is **too big** for me.
このセーターは私には大き過ぎる。

〈源〉「汗をかかせるもの、汗をかく人」　もともとは、運動時に汗をかくために着た。

0852 nearly

□
□ **ニ**ァレイ
□ /níərli/ ○○

副 もう少しで

I **nearly hit** a **cat** on the **road**.
もう少しで道でネコをひくところだったよ。

音 Lをしっかり発音する。　not nearly 〜 決して〜ではない

0853 starving

□
□ s**ター** vィン
□ /stɑ́ːrvɪŋ/ ○○

形 死ぬほどお腹が空いている

Can we **or**der **now**? I'm **starv**ing.
注文していい？　死ぬほどお腹がすいているんだ。

starve 動 自 飢え死にする　starve for affection 愛情に飢える　starvation 名 U 飢餓・餓死

0854 notice

□
□ **ノ**ウディs
□ /nóutəs/ ○○

動 他 気づく

Did you **no**tice she **looked pale**?
彼女の顔色が悪かったのに気づいた？

名 U 通告　at short notice 急に　noticeable 形 それとわかる　noticeably 副 ひときわ

0855 title

□
□ **タ**イドゥ
□ /táɪtl/ ○○

名 C タイトル

What was the **ti**tle of the **book**?
その本のタイトルは何だったっけ？

肩書き、(Mr. や Dr. などの) 称号　entitle 動 他 資格を与える　entitlement 名 C U 資格、権利

0856 charming

□
□ **チャー**ミン
□ /tʃɑ́ːrmɪŋ/ ○○

形 魅力的な

My **aunt** is a **charm**ing **old la**dy.
私の叔母は、魅力的なおばあちゃまなの。

charm 名 C U お守り　動 他 魅了する　charmingly 副 すてきに、かわいらしく

第3章

0857 duty
名 C U 義務

デューディ
/d(j)úːti/ ○。

I **do** this be**cause** it's my **du**ty.
私がこれをするのは義務だからです。

(be) on duty 仕事中　out of duty 義理で　a sense of duty 義務感　duty-free 形 免税の

0858 unit
名 C 棟

ユーニt
/júːnɪt/ ○。

My **ba**by is in the **nurs**ery **u**nit.
私の赤ちゃんは新生児棟にいます。

単元、単位、集団、部隊、器具　the intensive care unit = ICU 集中治療室

0859 couple
名 C カップル

カポウ
/kʌ́pl/ ○。

Bill and **Meg** are a **good** **cou**ple.
ビルとメグは、お似合いのカップルだ。

動 他 結びつく　a couple of ～ 2、3の～　be coupled with ～ ～を伴う

0860 license
名 C 免許(証)

Lアイスンs
/láɪsns/ ○。

Do you **have** a **drive**r's **li**cense?
あなたは運転免許を持っていますか。

音 cen部分の母音は「エ」でなくあいまいに。　動 他 認可する

0861 luggage
名 U 荷物

Lアゲチ
/lʌ́gɪdʒ/ ○。

Can you **help** me with my **lug**gage?
私の荷物を運ぶのを手伝ってもらえる?

数えるときは two pieces of luggage などと言う。意味も使い方も baggage と同じ。

0862 ladder
名 C はしご

Lエァーダ
/lǽdər/ ○。

We **need** a **lad**der to re**pair this**.
これを修理するにはしごが必要です。

はしごの横木は rung。　the social ladder 社会の出世階段　the ladder of success 成功の階段

0863 justice
名 U 正義

ヂャstィs
/dʒʌ́stɪs/ ○。

She's been **fight**ing for **just**ice.
彼女は正義のために闘ってきました。

Justice has been done. 正義がなされた(天罰が下った)。　just 形 正義の

0864 gender
名 C U 性別

ヂェンダ
/dʒéndər/ ○。

We **wel**come **all ag**es and **gen**ders.
私どもは、あらゆる年齢、性別の方を歓迎しています。

生物学的な性を表す sex に対して、社会的・文化的な性のこと。　gender-neutral 形 性別のない

0865 fortune

フオーァチュン
/fɔ́ːrtʃən/ ○。

名 C U 財産

What if you in**her**ited a **for**tune?
もし莫大な財産を相続したならどうしますか。

C 運勢　fortune teller 占い師　fortune cooky おみくじクッキー　fortunate **形** 幸運な

0866 messy

メスィ
/mési/ ○。

形 乱雑な

My **hair** is **messy** in the **morn**ing.
僕の髪、朝はボサボサ（乱雑な状態）だ。

messily **副** 乱雑に　messiness **名** U 乱雑さ　mess **名** U 乱雑な状態　mess up しくじる

0867 profit

pRオーfィt
/prɑ́ːfət/ ○。

名 C U 利益

We **made** a **good prof**it this year.
我が社は今年、大きな利益を上げました。

動 自 利益を上げる　profitable **形** 有益な　NPO (= nonprofit organization) 非営利組織

0868 random

Rエァ-ンドゥm
/rǽndəm/ ○。

形 手当たりしだいの

There was a **ran**dom at**tack** a**gain**.
また無差別攻撃（手当りしだいの攻撃）がありました。

〈源〉「猛烈な速度で」→「デタラメに」　random guessing 当てずっぽう　randomly **副** 無作為に

0869 section

セkシュンょ
/sékʃən/ ○。

名 C 区画

Is there a **smok**ing **sec**tion **here**?
ここには喫煙コーナー（喫煙のための区画）がありますか。

sectional **形** 派閥の　sectionalism **名** 派閥主義　sect **名** C 教派、派閥、セクト

0870 bottom

バードm
/bɑ́ːtəm/ ○。

名 C 底

Clean the **bot**tom of the **bathtub**.
バスタブの底をきれいにしてね。

お尻　at the bottom of ～ ～の底で　from the bottom of one's heart 心の底から

0871 suffer

サfウァ
/sʌ́fər/ ○。

動 自 他 苦しむ

I **suf**fer from **con**stant **headaches**.
私は日常的な頭痛に苦しんでいる。

suffer a great loss 大損害を被る　sufferable **形** 耐えられる　suffering **名** C U 苦しみ

0872 program

pRオゥgRエァm
/próugræm/ ○。

名 C 番組

What's your **fa**vorite **TV pro**gram?
あなたの好きなテレビ番組は何？

〈源〉「pro（前もって）+gram（書くこと）」　**動** 他 プログラミングをする

0873 wealthy

形 裕福な

ウェオthイ
/wélθi/ ○○

He **has** a **lot** of **wealthy cli**ents.
彼は裕福な顧客を数多く持っているんだ。

extremely wealthy 極めて裕福な　the wealthy 富豪層（複数扱い）　wealth 名 U 富

0874 model

名 C 型

マードゥ
/má:dl/ ○○

Nice car! Is **that** the **new mod**el?
いい車だね！　新型かい？

〈源〉「小さな尺度（mode）」　🔊 del部分は「デル」とは大きく異なる音。

0875 mobile

形 移動可能な

モウボウ
/móubl/ ○○

My **un**cle **lives** in a **mo**bile **home**.
僕の叔父は移動可能な住宅（トレーラーハウス）に住んでいます。

〈反〉stationary すえつけの　mobile phone 携帯電話　automobile 名 C 自動車

0876 mention

動 他 口に出す

メンチュンヌ
/ménʃən/ ○○

"**Thank** you." "**Don't men**tion it."
「ありがとう」「どういたしまして（それは口に出さないで）」

🔊 nti部分は「チ」のような音になるのが正解。　not to mention ~ ~は言うまでもなく

0877 dairy

形 乳製品の

デアRイ
/déəri/ ○○

Where is the **dairy food sec**tion?
乳製品のコーナーはどこですか。

🔊「デイ」ではないので注意！　名 U 酪農業、乳製品　dairy farming 酪農業

0878 neither

副 ～も…ない

ニーth゛ア
/ní:ðər/ ○○

"**I don't like** it." "**Me, nei**ther."
「私はそれが好きじゃないわ」「私も好きではないです」

〈源〉「no（ない）+either（どちらも）」

形 どちらの～も…ない

Neither **dish looks** de**li**cious to me.
どちらの料理も私には美味しそうに見えない。

〈音〉nei部分を「ナイ」と発音する人もいる。

0879 clinic

名 C 医院

kLイニk
/klínɪk/ ○○

Which dental **clin**ic do you **go** to?
あなたは、どの歯科医院に通っているの？

mobile clinic 移動診療所　clinical 形 臨床の　clinical psychology 臨床心理学

0880 entry

名 C U 入り口

エ_ンtRイ
/éntri/ ○○

There **is**n't an **en**try over there.
あちらに入り口はありませんよ。

U 参加登録　entry visa 入国ビザ　entry-level 形 入門レベルの　enter 動 自 他 入る

0881 pretty

副 かなり

pRイ_{ディ}
/príti/ ○○

My **job** is **pret**ty **tough** this year.
今年は仕事がかなり大変だった。

形 可愛い　be sitting pretty よい状況にいる　pretty much ほとんど　pretty soon すぐに

0882 rescue

動 他 救助する

Rエ_sキュー
/réskju:/ ○○

I **res**cued a **drown**ing **pup**py today!
今日、溺れかけていた子犬を救助したよ！

名 U 救助　a rescue team 救助チーム　a rescue operation 救助活動

0883 novel

名 C 小説

ナー_vオウ
/ná:vl/ ○○

I **like read**ing his**tor**ical **nov**els.
私は歴史小説を読むのが好きです。

音 vel部分は「ヴェル」ではない。　novelist 名 C 小説家　novelize 動 他 小説化する

0884 border

名 C 国境

ボー_アダ
/bɔ́:rdər/ ○○

I don't **want** to **cross** the **bor**der.
僕は国境を越えたくない。

動 自 他 境界にある　A borders on B. A はほとんどB である。　borderless 形 境目のない

0885 person

名 C 人

プァー_{スンヌ}
/pə́:rsn/ ○○

My **hus**band is a **won**derful **per**son.
私の夫はすばらしい人です。

〈源〉「役者の仮面(persona)」　personal 形 個人の　personally 副 自分としては

0886 panties

名 C パンティ

ペァンティー_z
/pǽntiz/ ○○

Wow, **those** are some **cute pant**ies!
まあ、あれって可愛いパンティね！

pantyhose 名 C パンティストッキング【複数扱い】(× panty stockings ではない)

0887 useful

形 便利な

ユー_{sf}オウ
/jú:sfl/ ○○

This kitchen **tool** is **ver**y **use**ful.
この台所用具はとても便利ですよ。

〈反〉useless 役に立たない　usefulness 名 U 有用性　usefully 副 役立つように

第3章

0888 vacuum

ｖエアキューm
/vǽkju:m/ ○○

動 他 掃除機をかける

Could you **vac**uum the **liv**ing **room**?
リビングルームに掃除機をかけてくださる?

vacuum cleaner(真空掃除機→電気掃除機)を略して動詞にしたもの。

0889 current

クアーRウンt
/kə́:rənt/ ○○

形 現在の

I **don't know** his **cur**rent **ad**dress.
私は彼の現在の住所を知りません。

名 U 電流　current affairs 時事問題　a direct current = DC 直流　currently 副 目下のところ

0890 system

スィstゥm
/sístəm/ ○○

名 C システム

There **seems** to **be** a **sys**tem **er**ror.
システムエラーがあるようです。

音 sy部分は「シ」ではない。　systematic 形 系統的な　systematize 動 他 系統立てる

0891 trigger

tRイガ
/trígər/ ○○

動 他 引き起こす

My **hives** are **trig**gered by **stress**.
私のじんましんは、ストレスによって引き起こされるの。

名 C 引き金　What triggers your headaches? 何があなたの頭痛を引き起こしますか。

0892 member

メmブァ
/mémbər/ ○○

名 C メンバー

Are **you** a **new mem**ber of the **club**?
君ってクラブの新メンバー?

membership 名 C U メンバーシップ　a staff member 従業員、スタッフ

0893 mortgage

モーァゲチ
/mɔ́:rgɪdʒ/ ○○

名 C 住宅ローン

We **fin**ished the **mort**gage **pay**ments.
私たちは住宅ローンの支払いは終わりました。

〈源〉「mort(死んだ)+gage(抵当物)」　音 t は発音しない。

0894 crowded

kRアゥディd
/kráʊdɪd/ ○○

形 混んで

The **train** is **al**ways **ver**y **crowd**ed.
その電車はいつもすごく混んでいる。

crowd 名 C 群衆　crowd-funding 名 U クラウドファンディング

0895 constant

カーンstゥンt
/ká:nstənt/ ○○

形 絶え間なく続く

This **pro**duct **has con**stant **or**ders.
この製品にはひっきりなしに注文があります。

一定の　名 C 定数　at a constant temperature 一定の温度で　constantly 副 継続して

0896 pleasant

☐
☐ p**L エ** ズンt
☐ /plézñt/ ○○

形 感じのよい

My **boss** is **not** a **pleas**ant **per**son.
僕の上司は、感じのよい人間じゃないんだ。

音「プリー…」ではない。　〈反〉unpleasant 不快な　pleasantly **副** 楽しく

0897 lecture

☐
☐ **L エ** kチャ
☐ /léktʃər/ ○○

名 C 講義

I **went** to a **lec**ture on psy**chol**ogy.
私は心理学の講義に出ました。

動 自 他 講義する、説教する　Don't lecture me. 説教するな。　lecturer **名** C （大学の）講師

0898 modest

☐
☐ **マー**ドゥst
☐ /má:dəst/ ○○

形 謙虚な

Don't be **so mod**est about yourself.
そんなに謙遜しない（自分に関して謙虚でいない）でください。

そこそこの　a modest income そこそこの収入　modesty **名** U 謙虚なさま　modestly **副** 謙虚に

0899 feeling

☐
☐ **f イー L** イン
☐ /fí:lɪŋ/ ○○

名 C U 感情

I **hope** I **did**n't **hurt** her **feel**ings.
僕が彼女の感情を傷つけていなければいいんだけど。

音 feel の L ははっきり発音しないが feeling の L ははっきり発音する。

0900 passage

☐
☐ **ペア**セチ
☐ /pǽsɪdʒ/ ○○

名 C 通路

Let's use the un**der**ground **pas**sage.
地下通路を使いましょう。

C U 過ぎ去ること　C 一節　a passage from a Bible 聖書の一節

0901 vessel

☐
☐ **v エ** ソウ
☐ /vésl/ ○○

名 C 大型船

We're **board**ing the **ves**sel at **noon**.
私たちは正午に大型船に乗り込みます。

〈源〉「小さな器」　**音** sel 部分をはっきり「セル」と言わないように注意。

0902 urban

☐
☐ **ウァー**ブンぇ
☐ /ə́:rbən/ ○○

形 都市の

I pre**fer** to **live** in an **ur**ban **ar**ea.
私は都市部に住むほうがいいな。

〈反〉rural 田舎の　urbanize **動** 他 都会化する　urbanization **名** U 都会化

0903 trauma

☐
☐ t**R オー**マ
☐ /trɔ́:mə/ ○○

名 U トラウマ

My **fa**ther **had trau**ma from the **war**.
父はその戦争によるトラウマを抱えていました。

traumatic **副** トラウマの（PTSD の T は、traumatic）　traumatize **動** 他 心的外傷を与える

第3章

0904 venture

☐☐☐ vエンチャ
/véntʃər/ ◯○

名 C 新規事業

Let's go on **this ven**ture to**geth**er.
この新規事業を一緒に始めよう。

〈源〉adventure(冒険)のad が消えたもの。　動 他 思い切って～する

0905 index

☐☐☐ インデks
/índeks/ ◯○

名 C 索引

"**Where's** the in**d**ex?" "At the **end**!"
「索引はどこ?」「巻末だよ!」

指標、指数　the price index 物価指数　index finger 人差し指

0906 rapid

☐☐☐ Rエァピd
/rǽpɪd/ ◯○

形 速い

The **pa**tient **made** a **rap**id re**cov**ery.
患者は急速に回復した(速い回復をみせた)。

rapid eye movement = REM 急速眼球運動　rapidly 副 急速に　rapidity 名 U 迅速さ

0907 formal

☐☐☐ fオーァモウ
/fɔ́ːrml/ ◯○

形 フォーマルな

Should I **wear more for**mal **clothes**?
もっとフォーマルな服を着た方がいいかな。

〈反〉informal, casual　略式の、形式ばらない　formally 副 公式に　formality 名 C 形式的な手続き

0908 power

☐☐☐ パウワ
/páʊər/ ◯○

名 U C 電気

Why did the **pow**er go **out sud**denly?
どうして急に電気が止まったの?

U 力　power plant 発電所　power outage 停電　powerful 形 力強い

0909 pity

☐☐☐ ピディ
/píti/ ◯○

名 U C 同情

You **don't have** to **take pit**y on me.
私に同情をしてくれなくていいわ。

動 他 憐れむ　That's a pity. それは残念。　pitiful 形 哀れを誘う　pitifully 副 哀れにも

0910 status

☐☐☐ sテァーダs
/stǽtəs/ ◯○

名 C U 状況

Let me ex**plain** the **cur**rent **sta**tus.
現在の状況について説明させてください。

名 U 社会的地位　the status quo (ラテン語から) 現状　a status symbol 地位の象徴

0911 scissors

☐☐☐ スィズァーz
/sízərz/ ◯○

名 C 【複】ハサミ

I **of**ten **use scis**sors when **cook**ing.
私は料理をするときによくハサミを使います。

数えるときは a pair of scissors の a pair の部分を... pairs of と複数形にする。

0912 greeting

□
□ gRイーディン
□ /gríːtɪŋ/ ○。

名 C 挨拶（の言葉）

Give my **greet**ings to your **par**ents.
ご両親によろしくお伝え（挨拶を与えて）ください。

greet 動 他 あいさつする、出迎える、反応する　a greeting card グリーティングカード

0913 anxious

□
□ エアーンkシュs
□ /ǽŋkʃəs/ ○。

形 心配して

I'm **anx**ious about the **test results**.
テストの結果が心配だよ。

切望して　be anxious to ～　～したいと強く願っている　anxiety 名 U 不安

0914 structure

□
□ stRアkチャ
□ /strʌ́ktʃər/ ○。

名 C U 建造物

That structure seems **really strong**.
その建造物はとても頑丈そうですね。

動 他 構造化する　the social/economic structure 社会／経済構造　structural 形 構造上の

0915 surface

□
□ スアーfエs
□ /sə́ːrfəs/ ○。

名 C 表面

The **sur**face of the **ta**ble was **dirt**y.
テーブルの表面が汚かった。

〈源〉「sur（上に）+face（顔）」　動 自 浮上する、表面化する　scratch the surface 表面的に扱う

0916 courage

□
□ クアーRイチ
□ /kə́ːrɪdʒ/ ○。

名 U 勇気

The **su**per**he**ro **has** a **lot** of **cour**age.
そのスーパーヒーローはすごく勇気があるんだ。

音 〈音〉ge部分は「ジ」でなく「ヂ」。　courageous 形 勇ましい

0917 hopeful

□
□ ホウpfオウ
□ /hóupfl/ ○。

形 希望に満ちて

I'm **feel**ing **ver**y **hope**ful this year.
今年は、とても希望に満ちた気分がしています。

hopefully 副 願わくば　hopeless 形 望みのない　hopelessly 副 絶望的なほど

0918 vision

□
□ vイジュン
□ /víʒən/ ○。

名 U 視力

My **grandfa**ther has **lost** his **vi**sion.
祖父は視力を失ってしまいました。

未来像　have a clear vision of ～　～の明確なビジョンがある　visionary 名 C 先見の明のある人

0919 icon

□
□ アイカーン
□ /áɪkɑːn/ ○。

名 C 象徴

He be**came** a **big rock** 'n' **roll** icon.
彼はロックンロールの大いなる象徴になりました。

（コンピューターの）アイコン　click on the icon そのアイコンをクリックする　iconic 形 象徴的な

0920 absent

エア-bスンt
/ǽbsənt/ ○○

形 欠席して

I was **ab**sent from **school** yesterday.
僕は昨日、学校を欠席していた。

(be) absent from ～ ～を欠席する　absent-minded 形 ぼんやりした　absence 名 Ⓤ 欠席

0921 vendor

vエンダ
/véndər/ ○○

名 Ⓒ 売り子

There are **man**y **ven**dors at the **game**.
その試合には、多くの売り子がいる。

a street vendor 街頭の物売り　vend 動 他 販売する　a vending machine 自動販売機

0922 vary

vエアRイ
/véəri/ ○○

動 自 さまざまに異なる

Food prices **vary** from **shop** to **shop**.
食料品の値段は、お店によってさまざまに異なる。

various 形 さまざまな　variety 名 Ⓤ 多様性　variation 名 Ⓒ 違い、差異

0923 desert

デズァ-t
/dézərt/ ○○

名 Ⓒ Ⓤ 砂漠

It **rare**ly **rains** in the **des**ert here.
ここの砂漠ではめったに雨が降らない。

🔊 アクセントは第1音節。第2音節にアクセントを置くと「捨てる」という別の語。

0924 layer

Lエイヤ
/léiər/ ○○

名 Ⓒ 層

The **cake** is **lay**ered with **choc**olate.
そのケーキはチョコが層になっていました。

the ozone layer オゾン層　layered 形 重ねた　lay 動 他 置く、寝かせる

0925 treatment

tRイーtメンt
/trí:tmənt/ ○○

名 Ⓤ 治療

His **treat**ment will **last six months**.
彼の治療は6か月続くでしょう。

取り扱い　get preferential treatment 特別待遇を受ける　treat 動 他 治療する、扱う

0926 holder

ホウウダ
/hóuldər/ ○○

名 Ⓒ ホルダー

Please put this **back** in its **hold**er.
これをホルダーに戻してください。

保持者　🔊 o部分は二重母音　business card holder 名刺入れ　the record holder 記録保持者

0927 symptom

スイン(p)トゥm
/símptəm/ ○○

名 Ⓒ 症状

What symptoms are you ex**pe**riencing?
どのような症状がありますか。

〈源〉「一緒に(syn)＋落ちること」　flu-like symptoms インフルエンザのような症状

0928 nuclear

☐
☐ ニューkレイア
☐ /n(j)úːkliər/ ○○

形 核の

How many nuclear nations are there?
核の保有国はどれくらいありますか。

名詞は口語で nuke と略されることあり。　nucleus 名 C 核【複】nuclei

0929 stubborn

☐
☐ sタブンヌ
☐ /stʌ́bərn/ ○○

形 頑固な

Why are you such a stubborn person?
どうしてあなたはそんなに頑固な人なの？

stubborn as a mule 非常に頑固だ　stubbornly 副 頑固に　stubbornness 名 U 頑固さ

0930 boxers

☐
☐ バーkスァーz
☐ /bɑ́ːksərz/ ○○

名 C ボクサーショーツ

My father prefers briefs to boxers.
私の父はボクサーショーツよりブリーフが好きなんです。

ボクサーのパンツのような男性用下着のこと(= boxer shorts)。常に複数形。

0931 capture

☐
☐ ケアpチャ
☐ /kǽptʃər/ ○○

動 他 捕まえる

I captured a spider in the bedroom.
寝室でクモを捕まえたよ。

screen capture スクリーンキャプチャー　captive 形 捕らえられた　名 C 捕虜、人質

0932 issue

☐
☐ イシュー
☐ /íʃuː/ ○○

名 C 問題

The speech was about ethical issues.
その講演は、倫理上の問題に関してのものでした。

problem は否定的なニュアンスがあるので、issue を使うことが多い。

動 他 発行する

We will issue you your new ID card tomorrow.
明日あなたの新しい身分証明書を発行します。

名 C ～号　the latest issue 最新号　issue date 発行日

0933 neutral

☐
☐ ニューtrオウ
☐ /n(j)úːtrəl/ ○○

形 中立的

It's sometimes hard to stay neutral.
時には中立的でいるのが難しいこともある。

carbon-neutral 形 カーボンニュートラルな　neutrality 名 U 中立性　neutralize 動 他 中立化する

0934 reason

☐
☐ Rイーzンヌ
☐ /ríːzn/ ○○

名 C 理由

Tell me the reason why you did this.
なぜこんなことをしたのか理由を言いなさい。

It stands to reason that ... …は道理に合っている　動 自 他 推論する　reasoning 名 U 理由付け

第3章

0935 enter

エンタ
/éntər/ ○。

動 他 自 入力する

Enter your ID and the password here.
ここにあなたのIDとパスワードを入力してください。

the enter (key) エンターキー　entrance 名 C 入口　entry 名 U 加入、入場

0936 district

ディstRイkt
/dístrɪkt/ ○。

名 C 地区

That shopping district is beautiful.
そこのショッピング街（買い物地区）はすてきですよ。

〈源〉「引き離された」　rural district 田舎　financial district 金融街

0937 able

エィボウ
/éɪbl/ ○。

形 ～できる

I won't be able to attend the party.
私はそのパーティーには出席できない。

音 接尾辞 -able になると発音が「アボウ」になる。　able-bodied 形 五体満足の

0938 topic

タ-ピk
/tá:pɪk/ ○。

名 C テーマ

What's the topic of today's meeting?
今日の会議のテーマは何ですか。

the topic sentence 主題文　topical 形 話題の　topicality 名 U 話題性

0939 bundle

バンドゥ
/bʌ́ndl/ ○。

名 C 束

Put the bundle of magazines outside.
その雑誌の束、外に出しておいて。

バンドル（無料の付属ソフトウェア）　動 他 束にする、バンドル販売する　a bundle of ～ 多くの～

0940 genre

ジャーヌRア
/ʒá:nrə/ ○。

名 C ジャンル

What's your favorite genre of music?
あなたの好きな音楽のジャンルは何ですか。

音 フランス語なので ge 部分は英語では語頭に来ない摩擦音の「ジャ」。

0941 product

pRア-ダkt
/prá:dəkt/ ○。

名 C U 製品

How many makeup products do you own?
メーク用の製品いくつ持ってる?

product は工業製品。農産物は produce（第1音節にアクセント）。　production 名 C U 生産

0942 cupboard

カバd
/kʌ́bərd/ ○。

名 C 食器棚

Put the glasses in the cupboard now.
そのグラスを今、食器棚に入れて。

音 もとは「cup+board」だが、発音がかなり変化しているので注意。

0943 engine	名 C エンジン
□□□ エンヂンж /éndʒən/ ○₀	My **car seems** to **have** engine **trou**ble. 僕の車はエンジントラブルみたいだ。
〈源〉「才能」　engineer 名 C 技師　engineering 名 U 工学

0944 tutor	名 C 家庭教師
□□□ トゥーダ /t(j)úːtər/ ○₀	My **mom found** me a tutor for **Eng**lish. 母さんが私に英語の家庭教師を見つけてくれました。
動 他 個人指導する　be privately tutored 個人的に指導される　tutorial 形 個人指導の

0945 quarter	名 C 4分の1
□□□ kウォーダ /kwɔ́ːrtər/ ○₀	I'm **on**ly a quarter of the **way done**. 私はまだ、4分の1を終えただけです。
25セント硬貨、四半期、地区　a quarter after nine 9時15分過ぎ

0946 eager	形 是非〜したいと思う
□□□ イーガ /íːgər/ ○₀	I'm eager to ap**ply** for the po**si**tion. 私は、是非そのポストに応募したいと思う。
eager beaver 仕事の虫　eagerly 副 しきりに　eagerness 名 U 熱心さ

0947 decent	形 きちんとした
□□□ ディースンt /díːsnt/ ○₀	She is a decent **per**son to be a**round**. 彼女は付き合うにはちゃんとした人だ。
音 cent をはっきり「セント」と言わない。　decency 名 U 礼儀正しさ　indecent 形 猥褻な

0948 center	名 C 中心
□□□ セントゥ /séntər/ ○₀	You are **not** the center of the **world**. 君が世界の中心というわけじゃないんだよ。
音 t を落として発音する人も多い。　the center of attention 注目の的　central 形 中心の

0949 comment	名 C コメント
□□□ カーメンt /kɑ́ːment/ ○₀	Are there any **ques**tions or comments? 何か質問かコメントはありますか。
動 自 コメントする　commentator 名 C コメンテーター　commentary 名 C U 解説記事・論評

0950 oven	名 C オーブン
□□□ アvウンж /ʌ́vn/ ○₀	The **tur**key is in the oven right now. 七面鳥は今、オーブンの中だよ。
音 日本語の「オーブン」とはまったく違う発音。　a preheated oven あらかじめ熱したオーブン

第3章

221

0951 purchase

プァーチェs
/pə́ːrtʃəs/ ○○

名 C U 買ったもの

Do you **want** to **see** my **new pur**chases?
私が新しく買ったものを見たい?

〈源〉「懸命に追いかける」 動 他 購入する(大きなもの、高額なものに使う)

0952 income

インカm
/ínkʌm/ ○○

名 C U 収入

My **wife** has a **high**er **in**come than me.
妻の方が僕より収入が多いんだ。

〈源〉「in(中に)+come(入ってくるもの)」 なお、outcome は「成果、結果」の意味。 income tax 所得税

0953 motion

モウシュンヌ
/móuʃən/ ○○

動 自 他 (身振りで)合図する

He **mo**tioned for me to **shut** the **door**.
彼女はドアを閉めるように僕に身振りで合図した。

名 C U 動き motion sickness 乗り物酔い motionless 形 動かない

0954 prison

pRイズンヌ
/prízn/ ○○

名 U C 刑務所

He was **sent** to **pris**on for **five years**.
彼は5年間刑務所に送られた。

prisoner 名 C 囚人 POW (= prisoner of war) 捕虜 take no prisoners 容赦しない

0955 empty

エン(p)ティ
/émpti/ ○○

形 空の

Is there an **emp**ty **box** to **put** this **in**?
これを入れる空の箱があるかな?

動 他 空にする emptiness 名 U 空虚さ empty-headed 形 頭がからっぽの

0956 struggle

stRアゴウ
/strʌ́gl/ ○○

動 自 苦労する

Are you **strug**gling with **lift**ing **that**?
君は、それを持ち上げるのに苦労しているのかい?

苦労して進む 名 C 奮闘 a struggle for existence 生存競争 a power struggle 権力闘争

0957 jealous

ヂェLアs
/dʒéləs/ ○○

形 嫉妬して

You **bought** the **sneak**ers? I'm **jeal**ous.
そのスニーカーを買ったの? うらやましい(嫉妬している)!

〈源〉「熱意のある」 zealous と同語源。 jealousy 名 U 嫉妬 jealously 副 嫉妬深く

0958 crisis

kRアイスɪs
/kráɪsɪs/ ○○

名 C 危機

My **busi**ness is in a fi**nan**cial **cri**sis.
私の事業が財政危機に陥っているんです。

【複】crises(ses部分は、「スィーz」) crisis management 危機管理 in crisis 危機的状況に

222

0959 ancient

□□□
エインシュンt
/éɪnʃənt/ ○₀

形 古くさい

Everybody says my shoes look ancient.
みんな僕の靴が古くさいと言うんだ。

古代の　🔊 a部分は「ア」でなく「エイ」であることに注意。　ancient civilizations 古代文明

0960 fragile

□□□
fRエアヂョウ
/frǽdʒəl/ ○₀

形 壊れやすい

This glass is fragile, so be careful.
このグラスは壊れやすいから気をつけてね。

Fragile! (荷物の張り紙などで) 割れ物！　a fragile peace 不安定な平和　fragility 名 Ⓤ もろさ

0961 garbage

□□□
ガーベチ
/gáːrbɪdʒ/ ○₀

名 Ⓤ ゴミ

When is the next garbage pick-up day?
次のゴミ収集日はいつ？

take out the garbage ゴミ出しをする　Garbage in, garbage out. 元が悪いとよいものはできない。

0962 nervous

□□□
ヌアーvアs
/náːrvəs/ ○₀

形 緊張して

I felt a bit nervous before the game.
試合の前、私は少し緊張していた。

🔊 ner部分は暗い音を出すこと。　nerve 名 Ⓒ Ⓤ 神経　nervously 副 いらいらして

0963 hungry

□□□
ハンgRイ
/hʌ́ŋgri/ ○₀

形 空腹の

Mom, I'm hungry. What time is dinner?
ママ、お腹がすいた。晩ご飯は何時？

get hungry お腹がすく　go hungry 飢える　hungry for ～ ～を渇望して　hunger 名 Ⓤ 飢餓

0964 early

□□□
ウアーLイ
/áːrli/ ○₀

副 早く

Do you have to get up early tomorrow?
明日の朝、あなたは早く起きないといけないのですか。

形 早い　early hours 早朝　early riser 早起きの人　in one's early thirties 30代の初めに

0965 feature

□□□
fイーチャ
/fíːtʃər/ ○₀

名 Ⓒ 特徴

The car has a bunch of cool features.
その車には、いくつもすごい特徴があるんだ。

動 他 主役にする　🔊 featuring を誤って「フューチャリング」という人が多い。

0966 fancy

□□□
fエアーンスィ
/fǽnsi/ ○₀

動 他 自 想像する

I used to fancy myself as a princess!
昔、私は自分がお姫様なんだって想像していた。

〈源〉fantasy の短縮形。　形 高級な　a fancy French restaurant 高級フランス料理店

0967 husband

ハzブンd
/hʌ́zbənd/ ○○

名 C 夫

He will **make** a **nice hus**band for you.
彼はあなたのいい夫になるだろう。

〈源〉「一家(house)のあるじ」 one's ex-husband 〜の元夫 husband and wife 夫婦

0968 gorgeous

ゴーアヂャs
/gɔ́:rdʒəs/ ○○

形 豪華な

My **un**cle **lives** in a **go**rgeous **man**sion.
僕の叔父は豪華な邸宅に住んでいます。

(人について)とても容姿が良い 〈源〉「贅沢」(贅沢品を好んだギリシャの修辞家 Gorgias から)

0969 mayor

メイア
/méɪər/ ○○

名 C 市長

Our **may**or **wants** our **cit**y to go **green**.
市長は環境に優しい市にしたいと考えています。

〈源〉「より大きい」(major と同語源) the Mayor of London = the London Mayor ロンドン市長

0970 target

ターゲt
/tɑ́:rgət/ ○○

名 C 標的

Just **aim** at the **cen**ter of the **tar**get.
ただ標的の中心を狙ってごらん。

動 他 狙う target language 目標言語(学習対象の言語) target audience 狙いとする視聴者層

0971 region

Rイーヂュンₓ
/rí:dʒən/ ○○

名 C 地域

Which region is the **store locat**ed in?
その店はどの地域にあるのですか。

音 gi部分は「ジ」でなく「ヂ」。 regional **形** 地域の regional dialects 地域方言

0972 rumor

Rウーマ
/rú:mər/ ○○

名 C U うわさ

I **heard** a **bad ru**mor about my **com**pany.
うちの会社の悪いうわさを聞いた。

〈源〉「雑音」 rumor mill うわさ工場(うわさを広める人) Rumor has it that ... うわさでは…だ

0973 missile

ミソウ
/mísl/ ○○

名 C ミサイル

What if a **mis**sile was **head**ing for **us**?
もしミサイルが私たちに向けて飛んで来てたらどうする?

〈源〉「投げられるもの」 **音** sile部分は「サイル」ではない。 a ballistic missile 弾道ミサイル

0974 translate

tRエァーンsレエイt
/trǽnsleɪt/ ○○

動 他 翻訳する

Can you **trans**late **this** into **Japan**ese?
これを日本語に翻訳してもらえますか。

translation **名** C U 翻訳 a rough translation おおざっぱな訳 translator **名** C 翻訳家

0975 cycle

名 C 循環

- **サ**イコウ
- /sáɪkl/ ○。

I learned about the **wa**ter **cy**cle today.
今日、水の循環について学びました。

〈源〉「円」 動 他 自転車で行く　break the cycle of poverty 貧困の連鎖を断つ

0976 major

形 主要な

- **メ**イヂャ
- /méɪdʒər/ ○。

We **found** a **ma**jor **cause** of the **trou**ble.
我々はその問題の主要な原因を突き止めました。

〈反〉minor 些細な　形 専攻の　majority 名 C U 大多数　the silent majority 物言わぬ多数派

0977 battle

名 C 戦闘

- **ベァ**ドゥ
- /bǽtl/ ○。

Every **day feels** like a **bat**tle at **work**.
職場では、毎日が戦闘のように感じるよ。

動 自 他 闘う　battle cry 闘争のスローガン　battleship 名 C 戦艦　battlefield 名 C 戦場

0978 heater

名 C 暖房(器具)

- **ヒ**ーダ
- /hí:tər/ ○。

Can I **turn on** the **heat**er? I **feel cold**.
暖房をつけていい?　寒いよ。

a water heater 温水器、給湯器　heat 動 自 他 熱する　名 U 熱、香辛料の辛さ、(競技の)予選

0979 context

名 C 文脈

- **カ**ーンテkst
- /ká:ntekst/ ○。

Don't take **what** I **said** out of **con**text.
私の言ったことを文脈から切り取るなよ。

〈源〉「con(共に)+text(織ること)」　out of context 文脈から外れて　contextual 形 文脈の

0980 letter

名 C 手紙

- **L**エダ
- /létər/ ○。

Fewer **peo**ple **write let**ters these days.
最近では手紙を書く人が以前より減っています。

文字　a capital letter 大文字　to the letter 文字どおりに　letter grades (A, B, C…による評価)

0981 rating

名 C U 評価

- **R**エイディン
- /réɪtɪŋ/ ○。

Does the **res**taurant **have good rat**ings?
そのレストランは高い評価を受けている?

the cabinet's approval rating 内閣支持率　rate 動 他 評価する　rater 名 C 評価者、採点者

0982 settle

動 他 自 解決する

- **セ**ドゥ
- /sétl/ ○。

Can we **set**tle **this** right **here** and **now**?
この件、今ここで解決することができますか。

settle down 落ち着く　settlement 名 C U 決着・居留地　reach a settlement 合意に達する

第3章

0983 either
☐
☐ イーth゛ァ
☐ /íːðər/ ◯○
副 ～も…ない

"I **don't like** the id**e**a." "**I** don't like it, **ei**ther."
「そのアイディアは気に入らないな」「私も気に入らないです」

🔊 ei部分を「アイ」と発音する人もいる。　either A or B　A か B のいずれか

0984 schedule
☐
☐ sケヂューオ
☐ /skédʒuːl/ ◯○
名 C 予定

What's the **boss**'s **sched**ule like today?
今日の上司の予定はどんな感じ？

動 他 予定する　🔊 sche部分は「シェ」という発音もある。　on schedule 予定どおりに

0985 awkward
☐
☐ オーkワd
☐ /ɔ́ːkwərd/ ◯○
形 落ち着かない

I **feel awk**ward with**out** my **smartphone**.
私は、スマホがないと落ち着かないんです。

〈源〉「扱いにくい」　awkwardness 名 U 間の悪さ　awkwardly 副 不器用に

0986 pattern
☐
☐ ペアダン̠
☐ /pǽtərn/ ◯○
名 C 柄

That blanket has **such** an **ug**ly **pat**tern!
その毛布の柄はとても醜いね！

〈源〉「父(pater)のような手本とすべきもの」　patterned 形 柄のある　a patterned shirt 柄シャツ

0987 argue
☐
☐ アーギュー
☐ /áːrgjuː/ ◯○
動 自 口論する

It is **wise not** to **ar**gue with the **boss**.
上司とは口論しないのが賢明だ。

「怒気を含んで」というニュアンスあり。　Don't argue. つべこべ言うな。　argument 名 C U 議論

0988 traffic
☐
☐ tRエァfɪΚ
☐ /trǽfɪk/ ◯○
名 U 交通

The **traf**fic was **ter**rible this morning.
今朝は、渋滞してた（交通がひどかった）。

動 自 他 不正取引をする　traffic jam 交通渋滞　human trafficking 人身売買

0989 during
☐
☐ ドゥーRイン
☐ /dɔ́ːrɪŋ/ ◯○
前 ～の間

I was in my **hometown** during the **sum**mer.
私は夏の間、故郷に帰っていました。

〈源〉「dure(続く)+ing(こと)」　duration 名 U 持続期間

0990 flavor
☐
☐ fLエɪ ᵥァ
☐ /fléɪvər/ ◯○
名 U C 風味

This turkey is **rich** and **full** of **fla**vor.
この七面鳥は脂が乗って豊かな風味があるね。

flavor of the month（一時的に）人気のある人、物　a chocolate flavor チョコレート風味

0991 mansion

メア－ンシュンヌ
/mǽnʃən/ ○o

名 C 豪邸

He **lives** in a **man**sion like a **mov**ie **star**.
彼は映画スターみたいに豪邸に住んでるよ。

日本語の「マンション」は apartment house や condominium。

0992 blanket

bレエア－ンケt
/blǽŋkət/ ○o

名 C 毛布

Where is my **blan**ket? It's **cold** tonight.
僕の毛布はどこ？　今夜は寒いよ。

動 他 覆う　形 全面的な　be blanketed in snow 雪に覆われて　a blanket ban 全面禁止

0993 function

fアンkシュンヌ
/fʌ́ŋkʃən/ ○o

動 自 機能する

The **school al**so **func**tions as a **shel**ter.
学校は避難所としても機能します。

名 C 機能、関数　関数 y = f(x) の f はこれ。　functional 形 機能的な　functionally 副 機能的には

0994 nature

ネイチャ
/néɪtʃər/ ○o

名 U C 自然

This is a **good na**ture **pro**gram for **kids**.
これは、子どもに適した自然体験プログラムです。

〈源〉「natal（生まれる）+ure（こと）」　by nature 生まれつき　nature or nurture 氏か育ちか

0995 proper

pRアーパ
/prάːpər/ ○o

形 適切な

That's **not** the **prop**er **cloth**ing to **wear**.
それは適切な服装とは言えませんね。

proper for ～ ～に適切な　proper to ～ ～に固有の　a proper name 固有名詞　properly 副 適正に

0996 custom

カsトゥm
/kʌ́stəm/ ○o

名 C U 慣習

There are **in**teresting **cus**toms in Ja**pan**.
日本には興味深い慣習があります。

customs 名 C （複数形で）関税　customary 形 慣例の　a customary law 慣習法

0997 trial

tRアイオゥ
/tráɪəl/ ○o

名 C U 裁判

Everyone **has** the **right** to a **fair tri**al.
誰にでも公平な裁判を受ける権利がある。

試し　形 試験的な　be on trial 公判中で　trial and error 試行錯誤　a trial period お試し期間

0998 item

アイテm
/áɪtəm/ ○o

名 C 品物

That is the **cut**est **i**tem in the **cat**alog!
それがこのカタログで一番かわいい品物です。

恋人同士　They are an item. あの二人付き合っているよ。　itemize 動 他 項目別に分ける

第3章

227

0999 climate

名 C U 気候

kＬアーイメt
/kláɪmət/ ○○

This must be be**cause** of cli**mate** **change**.
これはきっと気候変動のせいだよ。

風潮、情勢　🔊 mate部分の音は「メイト」ではない。　the social climate 社会情勢

1000 papers

名 C 【複】書類

ペイパz
/péɪpərz/ ○○

I've been **go**ing through **papers** **all day**.
僕は一日中、書類をチェックしてたんだよ。

〈源〉古代エジプトのパピルス紙(papyrus)。　paperwork 名 U 書類作業、必要書類

1001 cancel

動 他 自 キャンセルする

ケアーンツォウ
/kænsl/ ○○

Sorry, but I **have** to can**cel** the **din**ner.
申し訳ないけれど、ディナーをキャンセルしないとならない。

🔊 cel部分をはっきり「セル」と言わないこと。　cancellation 名 C U キャンセル

1002 guilty

形 罪がある

ギオティ
/gílti/ ○○

I **feel** guil**ty** **tell**ing a **lie** about **that**.
それについて嘘をついたことを申し訳なく思い(有罪の気持ちを感じ)ます。

guilty party 加害者　plead not guilty 無罪を主張する　guilty of ～ ～の罪がある　guilt 名 U 罪

1003 almost

副 もう少しで

オーゥモゥst
/ɔ́:lmoust/ ○○

I al**most** **missed** the **train** this morning.
今朝は、もう少しで電車に乗り遅れるところだった。

🔊 L部分は「ル」でなく、ほとんど聞こえなくともよい。　almost always ほとんどいつでも

1004 granny

名 C おばあちゃん

gＲエアーニー
/grǽni/ ○○

I'll **go** to **meet** my gran**ny** this **weekend**.
この週末、おばあちゃんに会いに行くつもりです。

grandmother の略。呼びかけに使うこともでき、親しみを込めた言い方。

1005 biased

形 偏っている

バイアst
/báɪəst/ ○○

I'm a**fraid** your o**pin**ion is **ver**y bi**ased**.
あなたの意見はかなり偏っていると思いますけど。

bias 名 U 先入観　偏っている方向はagainst ～やtoward ～で表す。

1006 punish

動 他 罰する

パニsh
/pʌ́nɪʃ/ ○○

If we **don't** pun**ish** him, he **won't learn**.
彼を罰することをしなければ、彼は学習しません。

〈源〉「pain(罰)+ish(する)」　punishment 名 C U 罰　punishing 形 しんどい、つらい

1007 normal

☐
☐ ノーァモウ
☐ /nɔ́:rml/ ○。

形 普通の

The **sound** of the **en**gine was **not nor**mal.
エンジンの音は普通のものでなかった。

〈源〉「norm（物差し）+al（通りの）」　normally **副** 普通は　normalize **動** **他** 正常化する

1008 process

☐
☐ pRアーゼs
☐ /prá:ses/ ○。

名 **C** 過程

The **pro**cess is **sometimes more** im**por**tant.
時には過程の方が大切だよ。

「結果」は the result.　procession **名** **C** 進行、行列

動 **他** 処理する

Your **or**der has been **pro**cessed.
お客様のご注文は処理が完了し（処理され）ました。

processed food 加工食品　information processing 情報処理

1009 gentle

☐
☐ ヂェントゥ
☐ /dʒéntl/ ○。

形 優しい

Our **dog** is **too gen**tle to be a **guard dog.**
うちの家は番犬となるには性格が優し過ぎるんです。

a gentle breeze そよ風　gently **副** 優しく　gentleman **名** **C** 紳士　gentleman's agreement 紳士協定

1010 versus

☐
☐ vウァーサs
☐ /vá:rsəs/ ○。

前 〜対

The **game** is **my school ver**sus **his** school.
その試合は、僕の学校対彼の学校だ。

〈源〉ラテン語　略語は vs.　訴訟事件でも用いる。A versus B なら A が原告。

1011 market

☐
☐ マーヶt
☐ /má:rkət/ ○。

名 **C** 市場（いちば）

I **u**sually **buy food** at a **farm**ers' **mar**ket.
私は、食料品をいつも農家物直売所（農家の市場）で買う。

市場（しじょう）の意味もある。　market research 市場調査　market economy 市場経済

1012 distant

☐
☐ ディstゥンt
☐ /dístənt/ ○。

形 遠くの

I'd **like** to **trav**el to a **dis**tant **coun**try.
どこか遠くの国に旅行したいな。

ぼんやりして　distance **名** **C** **U** 距離　from a distance 遠くからは　long-distance **形** 長距離の

1013 rival

☐
☐ Rアィvォゥ
☐ /ráɪvl/ ○。

名 **C** ライバル

We're **play**ing a**gainst** our **ri**vals today.
今日はライバルと対戦するんだ。

形 競合する　a political rival 政敵　a rival company 競合会社　rivalry **名** **C** **U** 対抗意識・張りあい

1014 metal
メドゥ
/métl/ 〇o

名 C 金属

The **pric**es of **rare-earth met**als **tum**bled.
希土類金属の価格が暴落しました。

🔊 アメリカ式発音では medal と同音のことがある。　heavy metal ヘビメタ　metallic 形 金属的な

1015 balance
ベア-Lアンs
/bǽləns/ 〇o

動 他 自 釣り合いを取る

I'm **al**ways **try**ing to **bal**ance the **budg**et.
私はいつも収支の釣り合いを取るよう努力しています。

名 U 均衡　C 天秤　balanced 形 均衡の取れた　a balanced diet バランスのよい食事

1016 effort
エfウァt
/éfərt/ 〇o

名 U C 努力

I **made** a **lot** of **ef**fort to **pass** the ex**am**.
僕は試験に合格するため、すごく努力をしたんだ。

🔊 fort 部分は「フォート」ではない。　make an effort 努力する　effortlessly 副 やすやすと

1017 mission
ミションヌ
/míʃən/ 〇o

名 C 任務

My **new mis**sion is **A**sian **mar**ket **research**.
僕の新しい任務はアジア市場の調査です。

carry out ～'s mission 自分の使命を果たす　mission statement 理念宣言　missionary 名 C 宣教師

1018 naked
ネイキd
/néɪkɪd/ 〇o

形 裸の

I was **half na**ked when the **doorbell rang**.
ドアのベルが鳴ったとき、僕は半分裸の状態でした。

🔊 ked 部分の発音に注意。　the naked eye 肉眼　strip naked 裸になる　a naked bulb 裸電球

1019 safely
セイfLイ
/séɪfli/ 〇o

副 安全に

Look both ways to **safe**ly **cross** the **road**.
安全に道路を渡るために左右を見なさい。

I can safely say ... …と言って間違いない　safe 形 安全な　名 C 金庫　safety 名 U 安全

1020 labor
Lエィバ
/léɪbər/ 〇o

名 U 労働

Redoing the **gar**den **takes** a **lot** of **la**bor.
庭のやり直しは大仕事（多くの労働が必要）です。

C U 分娩　動 自 働く　child labor 児童労働　labor union 労働組合　laborious 形 手間のかかる

1021 master
メアースタ
/mǽstər/ 〇o

動 他 習得する

I **could**n't **mas**ter **any for**eign **lan**guages.
私はどの外国語も習得することができませんでした。

名 C 達人　master's (degree) 修士号　mastery 名 U 熟練　mastermind 動 他 背後で操る

1022 urgent

☐☐☐
ウァーヂュnt
/ə́:rdʒənt/ ○。

形 緊急の

Please ex**cuse** me. I **have** an **ur**gent **call**.
ちょっと失礼します。緊急の電話が入ったものですから。

urgently **副** 緊急に　be urgently needed 緊急に必要とされている　urgency **名** **C** 緊急の要件

1023 rarely

☐☐☐
Rエアレイ
/réərli/ ○。

副 めったに〜ない

He **rarely leaves** with**out say**ing **goodbye**.
彼が帰りの挨拶をせずに帰ることは、めったにないよ。

rarely, if ever まずめったに〜ない　rare **形** 稀な　on rare occasions まれに　rarity **名** **U** 希少さ

1024 happen

☐☐☐
ヘァ -プンヌ
/hǽpən/ ○。

動 **自** 起こる

What happened to you? You **look ter**rible!
あなたに何が起こったの？　ひどい顔色だよ。

It happens. よくあることですよ。　happen to 〜 偶然〜する　happening **名** **C** 出来事

1025 message

☐☐☐
メセチ
/mésɪdʒ/ ○。

名 **C** 伝言

You **got** a **mes**sage from Mr. (**Mis**ter) **Wong**.
ワンさんからの伝言が届いています。

音 語末のge部分は、ほとんど「チ」に近い「ヂ」で発音。　get the message 相手の意図を理解する

1026 global

☐☐☐
gLオウボウ
/glóubl/ ○。

形 地球(全体)の

Global **warm**ing has be**come** a **big prob**lem.
地球温暖化は深刻な問題になっています。

globe **名** **C** 地球　globally **副** 地球規模で　globalization **名** **U** グローバリゼーション

1027 practice

☐☐☐
pRエア -kティs
/prǽktɪs/ ○。

動 **他** **自** 練習する

I **prac**tice pi**ano** ev**ery day af**ter **school**.
私は毎日、放課後にピアノを練習する.

名 **C** 習慣・慣習　standard practice 標準的な習慣　the theory and practice of 〜 〜の理論と実践

1028 lesson

☐☐☐
Lエスンヌ
/lésn/ ○。

名 **C** レッスン

I **took** pi**ano les**sons when I was a **child**.
私、子どもの頃にピアノのレッスンを受けていたの。

教訓　learn a lesson 教訓を得る　Let this be a lesson to you. これを教訓にしたまえ。

1029 subject

☐☐☐
サbヂェkt
/sʌ́bdʒekt/ ○。

名 **C** 教科

What was your **fa**vorite **sub**ject in **school**?
学校であなたの好きな教科は何でしたか。

話題、被験者　**形** 影響を受ける　be subject to change 変更されることがある　subjective **形** 主観的な

1030 portion	名 C 部分
□ ポーァシュンぇ	A **por**tion of your **grade** is parti**ci**pation.
□ /pɔ́:rʃən/ ○。	あなた成績の一つの部分は（授業への）参加度です。

〈源〉「分け前」 名 C 一皿分の料理の量　a large portion of french fries たっぷりのフライドポテト

1031 risky	形 危険な
□ R**イ**sキ	I'm a**fraid that** de**ci**sion is **re**ally **risk**y.
□ /ríski/ ○。	その決定はとても危険なものだと思います。

risk 名 C U 危険　take a risk いちかばちかやってみる　put one's life at risk 命を危険にさらす

1032 silent	形 静かな
□ **サ**ィレゥンt	The **kids** are **si**lent and it's **scar**ing me.
□ /sáɪlənt/ ○。	子どもたちが静かで、ちょっと怖いな。

fall silent 静かになる　remain silent 無言のままでいる　silence 名 U 静寂　silently 副 静かに

1033 grateful	形 感謝して
□ g**R工イ** tfオゥ	I'm **so grate**ful that you de**cid**ed to **come**!
□ /gréɪtfl/ ○。	来ると決心してくれて、とても感謝しています！

gratefully 副 喜んで　gratefulness 名 U 感謝の気持ち　gratitude 名 U 感謝

1034 basic	形 基本的な
□ ベイスィk	I **al**ways **keep** basic **sta**ples in my **pan**try.
□ /béɪsɪk/ ○。	パントリー（食品庫）には、いつも基本的食品を置いています。

basic skills 基本技術　a basic course 初級コース　base 名 C 基底　basically 副 基本的に

1035 blossom	名 C U 花
□ b**L** ア-スm	I **love** the **sweet smell** of **lem**on **blos**soms.
□ /blɑ́:səm/ ○。	私、レモンの花の甘い香りが大好きなの。

主に木に咲く花を指す。　動 自 開花する　blossom into a romantic relationship 恋に発展する

1036 future	名 U 未来
□ f**ユ**ーチャ	We **might drive fly**ing **cars** in the **fu**ture.
□ /fjúːtʃər/ ○。	私たち、将来は空飛ぶ車を運転してるかもね。

in the future 将来　in the near/distant future 近い／遠い将来には　futuristic 形 未来的な

1037 wagon	名 C おもちゃの四輪車
□ w**工**ア-グンぇ	**Tom**my has been **drag**ging his **wag**on a**round**.
□ /wǽgən/ ○。	トミーはおもちゃの四輪車をあちこち引きずっている。

大型乗用車（= station wagon）　bandwagon 名 C パレードの楽隊車

1038 towel
名 C タオル

タ**ウ**オウ
/táuəl/ ○。

Hand me a **towel** so I can **dry off** my **bod**y.
僕が体を拭けるように、タオルを渡してください。

音 ow部分が「アウ」であることに注意。　a bath towel バスタオル　paper towel ペーパータオル

1039 burglar
名 C 強盗犯

ブ**ァー**gL ア
/bə́:rɡlər/ ○。

The po**lice** are **search**ing for the **bur**glar.
警察は強盗犯を探しているところだ。

a burglar alarm 盗難警報装置　burglary 名 C U 強盗　burglarize 動 他 押し入る

1040 female
形 女性の

f**イー**メイオ
/fíːmeɪl/ ○。

We **need** to at**tract more** female **cus**tomers.
我々は、もっと女性のお客を取り込む必要があります。

名 C 女性(⇔ male 男性(の))　female-to-male transition 女性から男性への移行

1041 sticky
形 べとべと

s**ティ**キ
/stíki/ ○。

The **ta**ble is **sticky**. **Let** me **wipe** it **down**.
テーブルがベトベトだよ。ちょっと拭かせて。

sticky note 付箋紙　sticky rice もち米　sticky tape 接着テープ　stick 動 自 他 くっつく、くっつける

1042 counsel
動 他 カウンセリングをする

カウンツォウ
/káunsl/ ○。

I've been **be**ing **coun**seled for my anx**i**ety.
私は自分の不安についてカウンセリングしてもらっています。

名 U (専門家の)助言　counselor 名 C カウンセラー　counseling 名 U カウンセリング

1043 moisture
名 U 湿気

モイsチャ
/mɔ́ɪstʃər/ ○。

Why is there **so much mois**ture in the **air**?
なぜ空気にこんなに湿気があるのかな。

absorb moisture 湿気を吸収する　moist 形 湿っている　moisturize 動 他 湿らせる

1044 drama
名 C U ドラマ

d**R** ア**ー**マ
/drɑ́ːmə/ ○。

I'm a **big fan** of the **ac**tor in **this dra**ma.
私はこのドラマに出ているその俳優の大ファンです。

dramatic 形 劇的な　a dramatic change/effect 劇的な変化／効果　dramatically 副 劇的に

1045 middle
名 真ん中

ミドゥ
/mídl/ ○。

I'm in the **mid**dle of a **meet**ing right now.
今は会議中(会議の最中)なんだ。

単数扱い。　in the middle of ～ ～の真ん中に　middle-aged 形 中年の　middle-class 形 中流の

1046 channel
チェア-ノゥ
/tʃǽnl/ ○○

名 C チャンネル

Don't change the **chan**nel. I'm **watch**ing it.
チャンネルは変えないで。僕が見てるんだから。

🔊 nel部分は「ネル」ではない 〈源〉「水路」 the English Channel イギリス海峡

1047 series
スィァRイーz
/síəriːz/ ○○

名 C シリーズ

Did you **watch** the **whole TV ser**ies al**read**y?
あなたはもう、そのテレビシリーズ全部見たの？

🔊「シ…」ではない。 a series of ~ 一連の~ a series of accidents 一連のアクシデント

1048 tension
テンシュンぇ
/ténʃən/ ○○

名 U C 緊張感

The **ten**sion at the **meet**ing was **unbear**able.
その会議での緊張感は堪えがたかったよ。

日本語の「テンション」(元気さ)の意味はない。 tense 形 緊張して固い tenseness 名 U 緊張

1049 level
Lエvォ
/lévl/ ○○

形 同じ高さの

He **knelt so** his **eyes** were **lev**el with **hers**.
彼は自分の目が彼女の目と同じ高さになるように、ひざまずいた。

level ground 平らな土地 level playing field 同じ土俵

名 C (能力などの)レベル

"**Hey**, **what lev**el are you on?" "**Six**."
「あなたは今、レベルいくつ？」「6です」

水準 動 他 平らにする 🔊 vel部分はベルとは聞こえない。

1050 waiter
ウェイダ
/wéɪtər/ ○○

名 C ウェイター

How much would you **like** to **tip** the **wait**er?
あのウェイターにチップをいくら払いたい？

wait on ~で「~に給仕する」→ wait する人 waitress 名 C ウェイトレス

1051 mixture
ミksチャ
/míkstʃər/ ○○

名 C 混合物

This is **just** a **mix**ture of **sug**ar and **wa**ter.
これは単に砂糖と水の混合物です。

「さまざまな資質を兼ねそなえた人」の意味あり。 mix 動 他 混ぜる

1052 thriller
thRイレア
/θrílər/ ○○

名 C スリラー

It was **not** an **ac**tion **mov**ie but a **thrill**er.
それはアクション映画でなくスリラーだったよ。

〈源〉「thrill(わくわくさせる)+er(もの)」 thrilling 形 スリル満点の a thrilling win スリルある勝利

1053 further

形 さらなる

f ウ ア ー th゛ア
/fə́ːrðər/ ○。

Visit our **website** for **fur**ther **in**for**ma**tion.
さらなる情報は、当方のウェブサイトをご覧ください。

far の比較級。　音 ur部分は暗い音が必須。　furthermore 副 その上さらに

1054 instinct

名 C U 本能

イnsティンkt
/ínstɪŋkt/ ○。

My **in**stincts were **tell**ing me to **walk** a**way**.
本能が私にその場を離れろと言っていた。

survival instinct 生存本能　instinctive 形 直感の　instinctively 副 本能的に

1055 cautious

形 慎重な

コ ー シュs
/kɔ́ːʃəs/ ○。

Be **cau**tious when you **drive** on the **highway**.
幹線道路を走るときは慎重にしてください。

cautionary 形 警告的な　a cautionary note 警告　cautiously 副 慎重に　caution 名 U 用心

1056 photo

名 C 写真

f オ ゥドゥ
/fóutou/ ○。

Don't look at that **pho**to. I **look ter**rible!
その写真を見ないで！　私の写りがひどいから。

photograph の略。　photographer 名 C 写真家　photographic 形 写真の　photogenic 形 写真向きの

1057 habit

名 C U 習慣

ヘ ア -ビt
/hǽbət/ ○。

I **make** it a **hab**it to **floss af**ter **brush**ing.
私は、歯磨きのあとでフロスをすることを習慣にしています。

have a habit of ～ing ～する習慣がある　habitual 形 習慣的な　habitually 副 習慣的に

1058 virus

名 C U ウィルス

v ア ィRアs
/váɪrəs/ ○。

The **vi**rus is **spread**ing **all** over the **world**.
そのウィルスは世界中に広まりつつあります。

a virus infection ウイルス感染　viral 形 ウイルス性の　go viral （ネット上に）またたく間に拡散する

1059 challenge

名 C 課題

チ エ ア -Lエンチ
/tʃǽlɪndʒ/ ○。

Our **chal**lenge is to **fi**na**lize** the **con**tract.
我々の課題はその契約をまとめることだ。

動 他 挑戦する　challenger 名 C 挑戦者　challenging 形 やりがいのある　challenged 形 障害のある

1060 steady

形 安定した

s**テ** ディ
/stédi/ ○。

Can your **new job give** you a **stead**y **in**come?
新しい仕事では安定した収入があるのか？

名 C ステディ（決まった恋人）　go steady 一人の相手と交際する　steadily 副 じっとして

第3章

1061 format

☐
☐ fオーₐメₐt
☐ /fɔ́:rmæt/ ○o

名 C 形式

Is my essay written in the correct format?
私のエッセイは正しい形式で書かれていますか。

音 ma部分は「メァ」と発音。 動 他 初期化する、フォーマットする

1062 careless

☐
☐ ケₐLェs
☐ /kéərləs/ ○o

形 不注意な

It was careless of me to leave the gas on.
ガスの火をつけっ放しにするなんて不注意だった。

a careless mistake ケアレスミス　carelessly 副 不注意にも　carelessness 名 U 不注意さ

1063 fiercely

☐
☐ fイₐsLイ
☐ /fíərsli/ ○o

副 猛烈に

The thunder is fiercely booming out there!
外では雷が猛烈に響き渡っています。

fiercely competitive 競争が激烈な　fierce 形 猛烈な　〈源〉「動物が野生の」　fierceness 名 U 獰猛さ

1064 discount

☐
☐ ディsカウント
☐ /dískaʊnt/ ○o

動 他 値引きする

I can discount it by 20% (twenty percent).
20%割引きすることができますよ。

〈源〉「dis(打ち消し)+count(数える)」　名 C 値引き　at a discount 格安の値段で

1065 credit

☐
☐ kRェディₜT
☐ /krédɪt/ ○o

名 U クレジット（掛け売り）

I'm thinking of buying a new car on credit.
僕はクレジットで新車を買おうと思っているんだ。

〈源〉「信用・信頼」　creditor 名 C 債権者(⇔ debtor 名 C 債務者)

名 C （授業の）単位

I need to take three more credits in math.
数学であと3単位とる必要がある。

(数の)「単位」はunit。　not have enough credits 単位が足らない

名 C 手がら

The credit should go to you.
それはあなたの手がらになるべきです。

the credits （テレビ／映画などの）出演者一覧

動 他 功績を認める

Edison is credited with many inventions.
エジソンは、数多くの発明品での功績を認められている。

credit A with B 「B(モノ)は、A(ひと)の手柄だとする」と覚えるとよい。

1066 detail
名 C 詳細
ディーテイオ
/díːteɪl/ ○○
I'll **let** you **know** about the **de**tails **lat**er.
その詳細については、後ほどお知らせします。

in detail 詳細に　down to the smallest detail 細部に至るまで完全に　detailed 形 詳しい

1067 bottle
名 C 瓶
バードゥ
/bάːtl/ ○○
Put this **plas**tic **bot**tle in the **recy**cle **bin**.
このプラスチックの瓶をリサイクル用のボックスに入れて。

〈源〉「小さなたる」　動 他 （瓶に）詰める　bottleneck 名 C 狭くなっているところ、障害

1068 image
名 C 画像
イミチ
/ímɪdʒ/ ○○
You can **see im**ages of the **skirt** on the **web**.
そのスカートの画像はウェブで見られるよ。

音 複数形の発音は、「イメチz」ではなく「イメジーz」という感じで。　image processing 画像処理

1069 package
名 C 箱
pエアケチ
/pǽkɪdʒ/ ○○
What is in **that pack**age on the **front porch**?
玄関先に置いてあるあの箱の中身は何？

法案などの「抱き合せのもの」の意味もある。　economic package 総合経済政策

1070 offer
動 他 自 提供する
オーfア
/ɔ́ːfər/ ○○
Our **shop off**ers **mem**bers a **spe**cial **dis**count.
私どもの店では会員様に特別割引をご提供いたします。

名 C 提案　on offer 提供中、申し込み受付中　offering 名 U （神への）お供え

1071 novice
形 初心者の
ナーvイs
/nάːvəs/ ○○
Even a **nov**ice **us**er like **me** can **use** it **well**.
私みたいな初心者でも、それはうまく使えるね。

音 o部分は二重母音でないので注意。　名 C 初心者　a complete novice at ～ ～のズブの素人

1072 public
形 公共の
パbLイk
/pʌ́blɪk/ ○○
There are **plen**ty of **pub**lic **facili**ties here.
ここは公共の施設が数多くあります。

名 U 公衆　public opinion 世論　publicity 名 U 広報・知られること　publish 動 他 出版する

1073 lover
名 C 愛好家
Lアvア
/lʌ́vər/ ○○
Every **lov**er of **art** should **vis**it the mu**se**um.
すべての美術愛好家がその博物館を訪れるべきだ。

an animal lover 動物愛護者　her ex-lover 彼女のもと愛人　young lovers 若い恋人たち

第3章

237

1074 likely

L**ア**ィkL**ィ**
/láɪkli/ ○○

形 (〜の) 可能性が高い

My **hus**band is **like**ly to for**get** my **birthday**.
夫は、私の誕生日を忘れる可能性が高い。

〈反〉unlikely ありそうもない　likely outcome ありそうな結果　likelihood **名** **U** 可能性、見込み

1075 patient

ペイシュンt
/péɪʃənt/ ○○

形 我慢強い

Dinner will be **read**y **soon**. **Just** be **pa**tient.
夕食はすぐだから。ちょっと我慢してて（我慢強くあれ）。

〈源〉「耐え苦しむこと」　patience **名** **C** 忍耐　patiently **副** 根気強く

名 **C** 患者

I was the **on**ly **pa**tient in the **hos**pital.
私はその病院で唯一の患者だった。

a terminally ill patient 末期患者　cancer patients がん患者

1076 extra

エkstR**ア**
/ékstrə/ ○○

形 追加の

You can **earn** an **ex**tra **twen**ty **cents** an **hour**!
1時間あたり20セント多く（追加の20セントが）稼げるよ！

音「エキストラ」に引っ張られて「エキ…」と発音しないこと。　extra-large **形** 特大の

1077 modern

マ**ー**ダンｘ
/máːdərn/ ○○

形 現代的な

My **grandmoth**er has **got** a **mod**ern **hair style**.
うちのおばあさんは現代的な髪型をしてるんだよ。

〈源〉「たった今」　modern art 現代美術　modernity **名** **U** 現代性　modernize **動** **他** 現代化する

1078 murder

ム**ア**ーダ
/máːrdər/ ○○

名 **C** 殺人

Did you **hear** about the **mur**der in **this cit**y?
この町で起きた殺人事件のことを聞いた？

動 **他** 殺害する　**音** mur部分は暗い音で。　「過失致死」はmanslaughter。　murderer **名** **C** 殺人犯

1079 wicked

ウィキd
/wíkɪd/ ○○

形 邪悪な

We **of**ten **see** a **wick**ed **witch** in **fair**y **tales**.
おとぎ話にはよく邪悪な魔女が登場する。

〈源〉「魔法使い（wizard）の」　wickedly **副** 意地悪く　wickedness **名** **U** 意地悪さ

1080 gossip

ガ**ー**スp
/gáːsəp/ ○○

動 **自** うわさする

Everybod**y start**ed **gos**siping about her **hair**.
彼女の髪について、みんながうわさをし始めたんです。

音 sip部分が「シップ」にならないように。　**名** **U** ゴシップ　a gossip column ゴシップ欄

238

1081 measure

☐
☐
☐
メジャ
/méʒər/ ○○

動 他 測る

Did you **meas**ure the **length** of the **cur**tains?
カーテンの長さを測った？

音 sure部分は「チャ」ではなく「ジャ」。　measurement 名 C U 計測　measurable 形 測定できる

1082 freezer

☐
☐
☐
fRイーザ
/fríːzər/ ○○

名 C 冷凍庫

Who ate the **ice cream** I **kept** in the **freez**er?
私が冷凍庫に入れておいたアイスクリームを誰が食べたの？

freeze 動 自 他 凍る　【活用】freeze-froze-frozen　freeze in terror 恐怖で動けなくなる

1083 passive

☐
☐
☐
ペアースィv
/pǽsɪv/ ○○

形 受動的

Since she's **pas**sive, she **does**n't **ar**gue **much**.
彼女は受動的だから、あまり主張はしない。

〈源〉「苦しみ（passion）に耐える」　passive smoking 受動喫煙　passive vocabulary 理解できる語彙

1084 brilliant

☐
☐
☐
bRイLャンt
/bríljənt/ ○○

形 すばらしい

They **had** a **bril**liant **ide**a for the pro**mo**tion.
彼らは宣伝について、非常にすばらしいアイデアを持っていた。

〈源〉「きらきら光っている」　a brilliant career 輝かしい経歴　brilliance 名 U すばらしさ、明るさ

1085 substance

☐
☐
☐
サbsトゥンス
/sʌ́bstəns/ ○○

名 C U 物質

This snack has a **lot** of **chem**ical **sub**stances.
このスナック、化学物質がいっぱいだ。

without substance 中身がない　substantial 形 実質的な、かなりの　substantially 副 相当に

1086 science

☐
☐
☐
サイエンs
/sáɪəns/ ○○

名 U 科学

My **daugh**ter is a **mem**ber of the **sci**ence **club**.
私の娘は科学クラブのメンバーなんです。

natural/social science 自然／社会科学　political science 政治学　scientific 形 科学的な

1087 infant

☐
☐
☐
インf ゥンt
/ínfənt/ ○○

名 C 幼児

That is the **bright**est **in**fant I've **ev**er **seen**!
あの子は私が出会った中で最も聡明な幼児だ。

十分歩いたり話したりできない2歳以下の子ども。　〈源〉「話すことができない」　infancy 名 U 幼児期

1088 greedy

☐
☐
☐
gRイーディ
/gríːdi/ ○○

形 欲張りの

Don't be so **greed**y. **Share** with your **broth**er.
そんなに欲張りはやめなさい。弟と分けなさい。

greedy for ～ ～を求める　greed 名 欲深さ（最初に greedy があり、そこから greed ができた）

1089 service
☐☐☐ スアーvィs
/sə́:rvəs/ ○o

名 U C サービス

The **food** was **OK** but the **ser**vice was **ter**rible.
食事はまあまあだったけど、サービスはひどかった。

「サービス」(無料のもの)の意味はない。 C U 公共事業、兵役、礼拝　serve 動 他 仕える

1090 window
☐☐☐ ウィンドウ
/wíndou/ ○o

名 C 窓

I **clean** the **win**dows when the **weath**er is **warm**.
気候が暖かいときには窓を掃除します。

window dressing ショーウィンドウの飾り付け、転じて「見せかけ」　a window on ～ ～を覗く窓

1091 concrete
☐☐☐ カーンkRイ−t
/ká:nkri:t/ ○o

形 具体的な

I **don't have** any **con**crete **ide**as about it **yet**.
それに関しては、まだ具体的な考えは持っていません。

〈反〉abstract 抽象的な　名 U コンクリート　concretely 副 具体的に　concreteness 名 U 具体性

1092 slender
☐☐☐ sLエンダ
/sléndər/ ○o

形 ほっそりしてる

My **sis**ter is **still slen**der **af**ter **hav**ing **kids**.
妹は子どもを生んだ後も、まだほっそりしてるわよ。

形 かすかな　a slender hope かすかな望み　a slender majority ぎりぎり過半数

1093 focus
☐☐☐ fオゥクs
/fóukəs/ ○o

動 自 他 集中する

I've been **fo**cused on **this pro**ject for **months**.
私はもう何か月もこのプロジェクトにかかりきりです(集中しています)。

名 C 焦点 【複】focuses, foci　in focus 焦点があって　out of focus ぼやけて

1094 council
☐☐☐ カウンツォウ
/káunsl/ ○o

名 C 議会

You'll **have** to **speak** to the **coun**cil a**bout** it.
それについて議会に話さなければいけないだろう。

音 cil部分の発音は「スィル」ではない。　the United Nations Security Council 国連安全保証理事会

1095 figure
☐☐☐ fイギャ
/fígjər/ ○o

名 C 人物

The **old poli**tician is a **con**tro**ver**sial **fig**ure.
その老政治家は物議を醸す人物だ。

数値、図表、人の姿、比喩　動 自 他 考える　figure out 分かる　figurative 形 比喩的な

1096 dentist
☐☐☐ デンティst
/déntəst/ ○o

名 C 歯医者

I **have** an ap**point**ment with the **den**tist today.
私、今日は歯医者の予約がある。

go to the dentist 歯医者に行く　dental 形 歯の　dentistry 名 U 歯科学

1097 tourist

トゥー Rィst
/túərɪst/ ○○

名 C 観光客

There are **more** and **more tour**ists in our **cit**y.
我が町では観光客がどんどん増えています。

tourist spot 観光スポット　tourism **名** U 観光産業　ecotourism **名** U エコツーリズム

1098 training

tRエィニン
/tréɪnɪŋ/ ○○

名 U 訓練

Have you **had** any **kind** of **job train**ing be**fore**?
今までに職業訓練を受けたことはありますか。

train **動** 他 訓練する　trainer **名** C トレーナー　trainee **名** C 訓練生

1099 ratio

Rエィショウ
/réɪʃou/ ○○

名 C 比率

There's a **two** to **one ra**tio of **girls** to **boys**.
女子と男子の比率は2対1です。

〈源〉「計算する」　the ratio of A to B　A の B に対する割合　ration **名** C （食料・物資の）配給量

1100 ugly

アgLィ
/ʌ́gli/ ○○

形 不格好な

Do you **re**ally **want** to **buy such** an **ug**ly **dress**?
あなたは本当に、そんなに不格好なドレスを買いたいの？

ugly duckling みにくいアヒルの子　an ugly rumor/sound いやな噂／音　ugliness **名** U 醜さ

1101 gallon

ゲアLゥンヌ
/gǽlən/ ○○

名 C ガロン（＝約3.8リットル）

My **son drinks** a **gal**lon of **milk** in **three days**!
私の息子は3日で1ガロンの牛乳を飲んじゃうのよ。

gallons of 〜 大量の〜　drink gallons of coffee コーヒーをたくさん飲む

1102 tunnel

タノゥ
/tʌ́nl/ ○○

名 C トンネル

We're **rid**ing **bikes** through the **tun**nel today.
今日、僕たちは自転車でそのトンネルを抜けていく。

🔊 発音は「トンネル」とはまったく違うので注意。　tunnel vision 視野狭窄

1103 nasty

ネア -sティ
/nǽsti/ ○○

形 意地悪な

Don't say such a **nas**ty **thing** to your **broth**er.
自分の弟にそんな意地悪なことを言っちゃだめよ。

〈源〉「不潔な（dirty）」　a nasty smell ひどいにおい　nastily **副** 意地悪く　nastiness **名** U 意地悪さ

1104 plenty

pLエンティ
/plénti/ ○○

名 十分なだけの量

You **had plen**ty of **time** to **fin**ish the **homework**.
宿題を終えるための十分な時間があったよね。

🔊 t が落ちて「プレニー」のようになることも多い。　There is plenty to do. やることはたくさんある。

1105 bastard
名 C やつ

ベア-stウァーd
/bǽstərd/ ○。

He got pro**mot**ed to **man**ager, the **luck**y **bas**tard.
マネージャーに昇格したなんて、運のいいやつだ。

失礼にも聞こえる単語なので、非母語話者としては使わないのが無難。

1106 fuel
名 U C 燃料

fユーォ
/fjúːəl/ ○。

We'll **stop** and **get** some **fuel** on the **way home**.
帰り道に立ち寄って燃料を手に入れよう。

動 他 （火に油を注いで事態を）悪化させる　fossil fuel (石油、石炭などの) 化石燃料

1107 comic
形 漫画の

カ-ミk
/kάːmɪk/ ○。

I have **more** than 200 (**two hund**red) **comic books**.
僕は200冊以上の漫画本を持ってるんだ。

喜劇の　名 C 漫画本　a comic actor 喜劇俳優　comical 形 滑稽な　comically 副 滑稽に

1108 open
形 開いて

オウプンx
/óupən/ ○。

We are **open** from 9 (**nine**) a.m. to 9 (**nine**) p.m.
当店は朝9時から夜9時まで営業して（開いて）います。

動 他 開ける　opening 名 C 働き口の空き　an open-and-shut case 明快ですぐ解決する事件

1109 storage
名 U 収納

sトーRイチ
/stɔ́ːrɪdʒ/ ○。

There is **very little storage space** in this **house**.
この家はほとんど収納スペースがない。

PC用語の「ストレージ」は日本式アクセント。　a storage capacity 記憶容量　store 名 C 店

1110 special
形 特別な

sペショウ
/spéʃəl/ ○。

This is a **special** pro**mo**tion for our **top cus**tomers.
これは当社の上位顧客向けの特別なプロモーションです。

specialist 名 C 専門家　specialize 動 自 専門に扱う　specially 副 特別に

1111 leisure
名 U 暇

Lイージャ
/líːʒər/ ○。

I **don't have** a **mo**ment's **lei**sure.
私には一瞬の暇もない。

日本語の娯楽を意味する「レジャー」とは意味が異なるので注意。　at leisure 暇で、いそがずに

1112 total
形 全体の

トウドウ
/tóutl/ ○。

Please calculate the **total cost**.
総費用（全体の費用）を計算してください。

名 C 合計　in total 合計で　totally 副 全体的に　totalitarianism 名 U 全体主義

すべてのRが重要ではなく、
すべてのLが重要でもない

　よく言われるように、LとRの区別はラ行音を1種類しか持たない日本語ネイティブが英語を学習するときにマスターすべき必須項目の1つです。

　しかし、文字で見えるすべてのR、すべてのLに対して身構える必要はありません。発音しなくてもよいRもあり、頑張って発音しなくてよいLもあるのです。それはどちらも「直後に母音が来ない場合」です。「直後に母音が来ない」Rとは以下のような語に現れるRです。

> star（Rの後には何もなく、当然母音もありません）
> start（Rの後には子音があり、母音はありません）

　このようなRは世界中で発音されるわけではなく、ざっくり言うとアメリカ英語ではたいてい発音され、イギリス英語とオーストラリア英語ではたいてい発音されません。したがって、世界標準としての「英語」として必須なものではないのです。Lに関してもやや似たことが言えます。Lesson 7の「ちょっと暗いL」で述べたとおり、「直後に母音が来ない場合」（bellやbeltなど）はそこまで「Lだ！舌先をしっかり歯茎につけよう！」と頑張らなくてよいのです（これはRと違って英語の地域差とは関係のない現象）。というよりも、頑張らないほうがよいのです。初心者が「舌を着けよう」と頑張ると、Lの後に母音が挿入されてしまうことが多いからです。

　ただしLで終わる動詞がing型になったり、後に母音で始まる語が続いたりする場合は、そのLは通常のL（舌先をしっかり歯茎に着けるL）になるので注意してください。

> They didn't tell me.（頑張らないL）/テオミー/
> They didn't tell_us.（頑張るL）/テレアs/

音節パターン❸ [。○型]

　Lesson 36 (➡ p.75) で学習した**音節パターン**の [。○型] の単語 220 語を取り上げました。間違えやすい単語の代表例として、shampoo (シャンプーする)、career (キャリア) などが挙げられます。

1113 **suppose**	動 他 自 思う
□ スポ**ゥ**z □ /səpóʊz/ 。○	I sup**pose** I **can**. 私はできると思います。

supposition 名 U 推測　supposed 形 仮定されている　supposedly 副 たぶん

1114 **unfair**	形 不公平な
□ アン**f**エア □ /ʌnféər/ 。○	**This** is **so** un**fair**! これってすごく不公平だよ!

unfair dismissal 不当解雇　unfairly 副 不公平に　unfairness 名 U 不公平さ、不当

1115 **upset**	形 動揺している
□ アp**セ**t □ /ʌpsét/ 。○	Are you up**set** now? あなた、動揺しているの?

動 他 動転させる　【活用】upset-upset-upset　an upset stomach 具合の悪い胃

1116 **perhaps**	副 おそらく
□ プァ**ヘア**-ps □ /pərhǽps/ 。○	Per**haps** I was **wrong**. おそらく僕が間違っていた。

〈源〉「per(…によって)+hap(s)〈偶然〉」　Perhaps not. たぶんないね。

1117 **result**	名 C 結果
□ R**イザ**ォt □ /rɪzʌ́lt/ 。○	**What** was the re**sult**? 結果はどうだった?

動 自 結果~となる　resultant/resulting 形 結果として生じる　as a result of ~ ~の結果として

1118 **avoid**	動 他 避ける
□ ア**v**オ-イd □ /əvɔ́ɪd/ 。○	I'm a**void**ing **al**cohol. 私はアルコール類を避けています。

目的語に不定詞は取らない。　× avoid to do → ○ avoid doing　avoidance 名 U 回避

1119 respect

□
□ Rイsペkt
□ /rɪspékt/ ₀○

動 他 尊敬する

I re**spect** my **grandpa**.
僕は祖父を尊敬しています。

名 U 敬意　respectful 形 敬意を表する　respectable 形 立派な　respectfully 副 敬意を表しつつ

1120 prefer

□
□ pRイf**ウァー**
□ /prɪfə́ːr/ ₀○

動 他 ～のほうが好きだ

I pre**fer** to be a**lone**.
私は、どちらかというと一人でいるほうが好きです。

preference 名 C U 好み　preferential 形 優先的な　preferential treatment えこひいき

1121 reverse

□
□ Rイ**v**ウァーs
□ /rɪvə́ːrs/ ₀○

形 反対の

See the re**verse side**.
裏面(反対の側)をご覧ください。

動 自 他 裏返す　名 C U 裏側　reverse discrimination 逆差別　reversible 形 リバーシブルの

1122 deny

□
□ ディ**ナ**-イ
□ /dɪnáɪ/ ₀○

動 他 拒否する

My re**quest** was de**nied**.
僕の要請は拒否された。

音 「デニー」ではない。　deny onselfe 自制する　denial 名 U 拒否

1123 arrest

□
□ ァ**Rエ**st
□ /ərést/ ₀○

動 他 逮捕する

The **thief** was ar**rest**ed.
あの泥棒は逮捕された。

名 U 逮捕　house arrest 自宅軟禁　You're under arrest. お前を逮捕する。

1124 refer

□
□ Rイ**f**ウァー
□ /rɪfə́ːr/ ₀○

動 他 自 差し向ける

She re**ferred** me to **you**.
彼女が私に君に会うように言った(彼女が私をあなたに差し向けた)。

自 言及する　reference 名 C U 参照、推薦状　reference books 参考図書(事典など)

1125 divide

□
□ ディ**v**ア-イd
□ /dɪváɪd/ ₀○

動 他 自 分割する

Let's di**vide** the **costs**.
費用は分割しよう。

名 C 分裂　digital divide デジタルデバイド(情報格差)　division 名 U 部、局　dividend 名 C 配当金

1126 involve

□
□ イン**v**ア-ゥ**v**
□ /ɪnvɑ́ːlv/ ₀○

動 他 巻き込む

I'm **not** in**volved** in it.
私はそれに関わって(巻き込まれて)おりません。

involvement 名 C U 関与　involved 形 かかわって　heavily involved どっぷりはまって

1127 intense
インテンs
/ɪnténs/ ○○
形 猛烈な

It **seems** an int**ense job**.
それは激務（猛烈な仕事）のようだね。

intensity 名 U 強さ　intensely 副 猛烈に　intensive 形 集中的な（⇔ extensive 広範な）

1128 insist
イン**スイ** st
/ɪnsíst/ ○○
動 自 強く主張する

This is on **me**. I in**sist**.
ここは私のおごりです。是非（強く主張します）。

persist は「固執して貫く」。　insistence 名 主張　insistent 形 しつこい　insistently 副 しつこく

1129 unlock
アン**レ ア**-k
/ʌnlάːk/ ○○
動 他 ロックを解除する

I **got** my **phone** un**locked**.
携帯をロック解除してもらった。

比喩的な意味でも用いる。例）unlock the secrets 秘密を解き明かす

1130 immune
イ**ミューン**ㇴ
/ɪmjúːn/ ○○
形 免疫がある

I'm im**mune** to the **cold**.
僕は寒さは平気だ（免疫がある）。

〈源〉「労役を免除されて」　immune system 免疫システム　immunity 名 U 免疫、免責

1131 promote
pRゥ**モ**ゥt
/prəmóut/ ○○
動 他 昇進させる

I was pro**mot**ed last week!
私は先週、昇進した（昇進させられた）！

〈反〉demote 降格させる　promotion 名 U 昇進（⇔ demotion 降格）

動 他 宣伝する

They are **tour**ing to pro**mote** their **new al**bum.
彼らは新しいアルバムを宣伝するためにツアーをしている。

promotion 名 U 宣伝活動　promotional 形 宣伝用の

1132 pretend
pR**イテン**d
/prɪténd/ ○○
動 自 ～ふりをする

Don't pretend to be **sick**.
気分が悪いふりをするのはやめなさい。

pretense 名 見せかけ、ふり　pretentious 形 見えを張った　pretended 形 見せかけの

1133 reject
R**イヂエ** kt
/rɪdʒékt/ ○○
動 他 断る

I re**ject**ed the **job of**fer.
私はその仕事のオファーを断りました。

〈源〉「re（元へ）ject（投げる）」　rejection 名 C U 拒否（⇔ acceptance 受諾）

1134 recruit
- Rイk**Rウー**t
- /rɪkrúːt/ ○○

名 C 新メンバー

He's the **new**est re**cruit**.
彼が一番最近入った新メンバーです。

〈源〉「(軍隊を)新人で補強する」 動 自 他 採用する　recruitment 名 U 人員募集

1135 decide
- ディ**サ**-ɪd
- /dɪsáɪd/ ○○

動 他 自 決心する

I de**cid**ed to **quit** my **job**.
仕事を辞める決心をしました。

decision 名 C 決心　make a decision 決心する　decisive 形 決定的な　decisively 副 断固として

1136 resist
- ɪ**ズ**ɪst
- /rɪzíst/ ○○

動 他 自 抵抗する

I **can't** re**sist choc**olate.
チョコレートには抵抗することができません。

resistance 名 C U 抵抗　resistant 形 抵抗力のある　water-resistant 形 生活防水の

1137 event
- ɪ**v**エ ンt
- /ɪvént/ ○○

名 C イベント

Who is **host**ing the e**vent**?
誰がこのイベントを主催していますか。

音 vent部分にアクセント。　eventful 形 出来事の多い　an eventful day いろいろあった日

1138 produce
- pRウ**デュー**s
- /prəd(j)úːs/ ○○

動 他 プロデュースする

Who is pro**duc**ing this **play**?
この劇は誰がプロデュースしているの?

producer 名 C プロデューサー　production 名 U 制作

動 他 製造する

Our **com**pany pro**duc**es **parts** for **smartphones**.
我が社はスマホの部品を製造しています。

名 U 農作物　productive 形 生産的な、多作な

1139 ideal
- アイ**ディー**ォ
- /aɪdíːəl/ ○○

形 理想的な

Here's the i**deal sit**uation.
これは理想的な状況だ。

ideally 副 理想的には　idealistic 形 理想主義的な　idealistically 副 理想主義的には

1140 proceed
- pRウ**スィー**d
- /prəsíːd/ ○○

動 自 前に進む

Let's pro**ceed** with **cau**tion.
注意して前に進みましょう。

〈源〉「pro(前に)+ceed(行く)」　procedure 名 C U 手順　procedural 形 手続き的な

第3章

247

1141 dislike
ディsLアィk
/dɪsláɪk/ 🔊

動 他 嫌っている

My **wife** dis**likes** my **hob**by.
妻は私の趣味を嫌っています。

hate ほどの強い意味はない。 名 C 嫌いなもの　likes and dislikes 好き嫌い

1142 control
クンtRオォゥ
/kəntróul/ 🔊

動 他 制御する

Our **dog** is **hard** to con**trol**.
うちの犬は言うことをきかせる（制御する）のが難しい。

名 C U 規制　in control 制御して　out of control 制御不能で　under control 制御されて

1143 invest
インvエst
/ɪnvést/ 🔊

動 自 他 投資する

I'd **like** to in**vest** in **gold**.
僕は金に投資したいと思います。

invest time and energy 時間と精力を注ぐ　investment 名 C U 投資　investor 名 C 出資者

1144 esteem
エsティーm
/ɪstíːm/ 🔊

動 他 評価する

We es**teem** your **work high**ly.
私たちはあなたの仕事を高く評価します。

名 U 敬意　self esteem 自尊心　hold ~ in high esteem ~を大いに尊敬する

1145 support
サポーァt
/səpɔ́ːrt/ 🔊

動 他 支持する

Can you sup**port** me in **this**?
この件で私を支持してもらえますか。

名 C U 支援　a support group 支援団体　supporter 名 C 支持者　supportive 形 協力的な

1146 restrict
RィstRイkt
/rɪstríkt/ 🔊

動 他 制限する

I **need** to re**strict** my **di**et.
私は食事を制限する必要があります。

restricted 形 限られた　restriction 名 U 制限　restrictive 形 制限するような

1147 retire
Rィタイア
/rɪtáɪər/ 🔊

動 自 他 引退する

My **fa**ther re**tired** last **year**.
私の父は昨年引退しました。

retirement 名 C U 引退　take early retirement 早期退職する　retiree 名 C 定年退職者

1148 repeat
Rィピーt
/rɪpíːt/ 🔊

動 他 繰り返す

Can you re**peat** the **ques**tion?
質問を繰り返してくれますか。

名 C 繰り返し　repetitive 形 繰り返しの　repeatedly 副 何度も　repetition 名 U 繰り返し

1149 exam

名 C 試験

イグ**ゼア**-m
/ɪgzǽm/ 。○

I have a **math** exam tomorrow.
明日は数学の試験があります。

examination の略。口語では exam の方が普通。 take and exam 試験を受ける

1150 reduce

動 他 自 減らす

Rイ**デュー**s
/rɪd(j)úːs/ 。○

How can we reduce our **waste**?
どうしたら、むだを減らすことができるかな。

〈源〉「re(元へ)+duce(導く)」 reduction 名 C U 減少・削減 arms reduction 軍備削減

1151 succeed

動 自 他 成功する

スk**スイー**d
/səksíːd/ 。○

What should I **do** to succeed?
成功するにはどうしたらいいんだろう?

動 他 後を継ぐ この意味から派生した名詞に succession(継承)と successor(後継者)がある。

1152 unclear

形 不明瞭な

アンk**L**イア
/ʌnklíər/ 。○

His **voice** was a **bit** unclear.
彼の声はちょっと不明瞭でした。

🔊 文脈によっては un 部分に第1アクセントが移る。 unclearly 副 不明瞭に unclearness 名 U 不明瞭さ

1153 prepare

動 自 準備をする

pRイ**p**エア
/prɪpéər/ 。○

Let's prepare for the **par**ty.
そのパーティーの準備をしよう。

〈源〉「pre(前もって)+pare(用意する)」 preparation 名 C U 準備 prearatory 形 準備的な

1154 detect

動 他 検知する

ディ**テ**kt
/dɪtékt/ 。○

Did you detect any **prob**lems?
何か問題を検知しましたか。

detection 名 U 検出 detector 名 C 検出器 a lie detector うそ発見器 detective 名 C 刑事

1155 secure

動 他 確保する

セ**キュ**ア
/sɪkjúər/ 。○

Can you secure the **sched**ule?
スケジュールを確保してくれる?

形 安全な(⇔ insecure 自信がない、不安定な) security 名 U 安全 securely 副 安全に

1156 arrange

動 他 自 手配する

ァR**エ**インチ
/əréɪndʒ/ 。○

I'll arrange a ho**tel** for you.
あなたのホテルはこちらで手配します。

arranged marriage 親の決める結婚 arrangement 名 C U 手配 make arrangements 手配する

1157 device
ディ**v ア**ィs
/dɪváɪs/ ⏸○

名 C 機器

Turn off all **dig**ital de**vic**es.
すべての電子機器の電源をお切りください。

devise 動 他 考え出す、考案する　devise a plan/method 計画／方法を考案する

1158 unite
ユ**ナ**ィt
/juː(ː)náɪt/ ⏸○

動 他 ひとつにまとめる

We are u**nit**ed in our be**lief**s.
信念に関して我々はまとまって(一つにまとめられて)います。

united 形 団結した　United Nations (= UN) 国際連合　unity 名 C U 単一性

1159 offense
ア**f エ**ンs
/əféns/ ⏸○

名 U C 感情を害すること

My **boss takes** off**ense eas**ily.
僕の上司はすぐ感情を害する。

No offense, but ... 気を悪くしないで欲しいけど、…　offend 動 自 他 気分を害させる

1160 describe
ディsk**R ア**ィb
/dɪskráɪb/ ⏸○

動 他 描写する

Can you des**crib**e the **prob**lem?
どういう問題か説明して(描写して)もらえますか。

〈源〉「de(下へ)+scribe(書く)」　description 名 C U 描写　indescribable 形 言葉にできない

1161 propose
p**R**ゥ**ポ**ゥz
/prəpóuz/ ⏸○

動 自 他 プロポーズする

He pro**posed** to me last night!
昨日の夜、彼が私にプロポーズしたの！

他 提案する　propose a toast to ～ ～に乾杯することを提案する　proposal 名 C U 提案・申し出

1162 reboot
Rィ**ブー**t
/rɪbúːt/ ⏸○

動 他 自 再起動する

The com**put**er re**boot**ed it**self**.
コンピューターが自然に再起動した。

〈源〉「re(再び)+boot(立ち上がる)」　boot 動 自 他 起動する、起動させる

1163 convince
カン**v イ**ンs
/kənvíns/ ⏸○

動 他 納得させる

I **man**aged to con**vince** my **boss**.
私は何とか上司を納得させた。

convincing 形 説得力のある　convinced 形 確信している　conviction 名 C U 確信

1164 instead
イン**s テ**d
/ɪnstéd/ ⏸○

副 代わりに

Can **you** do **this** in**stead** of **me**?
私の代わりに、これをやってくれる？

〈源〉「その場所(stead)で」　Can I have soup instead of salad? サラダの代わりにスープをもらえる？

1165 remind

動 他 思い出させる

☐
☐ Rイ**マ**インd
☐ /rɪmáɪnd/ ∘○

Remind me to **take** my **med**icine.
薬を飲むことを思い出させてね。

That reminds me, ... それで思い出したけど… 　reminder 名 C リマインダー（思い出させるもの）

1166 percent

名 C パーセント

☐
☐ プ**セン**t
☐ /pərsént/ ∘○

The **tax rose** by **three** per**cent**.
税金が3パーセント上がった。

〈源〉「per(…につき)+cent(100)」　percentage 名 C U 率　percentile 名 C 百分位数

1167 include

動 他 含んでいる

☐
☐ インk**Lウー**d
☐ /ɪnklúːd/ ∘○

Does **this price** in**clude tax**es?
この値段は税額を含んでいますか。

〈反〉exclude 除く　inclusive 形 すべて含んだ、包括的な　inclusion 名 U 含むこと

1168 career

名 C キャリア

☐
☐ カ**Rイ**ァ
☐ /kəríər/ ∘○

I'd **like** to im**prove** my ca**reer**.
私は、自分のキャリアに磨きをかけたいんです。

音 発音は Korea(韓国)とほぼ同じ。「キャリア」と言うとcarrier(運搬業者)と誤解される。

1169 ahead

副 先に

☐
☐ ァ**ヘ**d
☐ /əhéd/ ∘○

Go ahead. I'll **catch** up **lat**er.
先に行ってください。後で追いつきますから。

〈源〉「a(…の方向へ)+head(頭)」　ahead of time 定刻より早く(⇔ behind time 定刻より遅れて)

1170 possess

動 他 とりつく

☐
☐ パ**ゼ**s
☐ /pəzés/ ∘○

What pos**sessed** him to **do that**?
あんなことをするなんて彼どうしたんだろう(何が彼にとりついた)？

所有する　possession 名 C U 所有　possessive 形 所有欲の強い　the possessive 所有格

1171 afford

動 他 ～を買う余裕がある

☐
☐ ァ**f**オ**ー**ァd
☐ /əfɔ́ːrd/ ∘○

We **can't** af**ford** a **new car** now.
今、私たちには新しい車を買う余裕がない。

can afford ～ や can't afford ～ で覚えるとよい。　affordable 形 手に入る価格の

1172 become

動 自 ～になる

☐
☐ ビ**カ**m
☐ /bɪkʌ́m/ ∘○

His de**sire** was to be**come rich**.
彼の望みは金持ちになることだった。

【活用】become-became-become　他動詞で「～に似合う、ふさわしい」の意味もあり。

第3章

1173 belong

ビ**L**オーン
/bəlɔ́:ŋ/ ◌○

動 自 ～の所有物である

This car be**lo**ngs to my **fa**ther.
この車は父の所有物です。

〈源〉「適している、手元にある」　belong to ～ ～に所属する　a sense of belonging 帰属意識

1174 regard

Rイ**ガー**d
/rɪɡáːrd/ ◌○

動 他 みなす

We re**ga**rd her as the **best boss**.
僕たちは彼女のことを最高の上司とみなしている。

名 U 敬意・配慮　have no regard for ～ ～への配慮がない　regarding 前 ～に関して

1175 hotel

ホウ**テ**オ
/houtél/ ◌○

名 C ホテル

Which hotel are you **stay**ing in?
あなたは、どのホテルに滞在していますか。

〈源〉hostel と同様にフランス語。　a five-star hotel 五つ星ホテル　a luxury hotel 高級ホテル

1176 apart

ァ**パ**-t
/əpáːrt/ ◌○

副 離れた

My **cat tore** apart my **new couch**.
うちの猫が新しいソファをずたずたに（引き裂いて離れた状態に）した。

〈源〉「a(…へ)+part(一方の側)」　apart from ～ ～はさておき　apartheid 名 U アパルトヘイト

1177 behind

ビ**ハ**インd
/bɪháɪnd/ ◌○

前 ～の後ろに

The re**mo**te was be**hind** the **so**fa.
リモコンはソファの後ろにあったよ。

名 C お尻　副 残して　behind ～'s back ～の陰で　behind-the-scenes 形 舞台裏の、秘密の

1178 create

kR イ**エ**ィt
/kriéɪt/ ◌○

動 他 作る

I cre**at**ed a **new e-mail** ac**count**.
私は新しいメールアカウントを作りました。

creation 名 U 創造　creative 形 独創的な　creator 名 C クリエーター　the Creator 創造主

1179 undo

アン**ドゥー**
/ʌndúː/ ◌○

動 他 はずす

Mom, I **can't** un**do these but**tons!
ママ、このボタンをはずすことができないよ！

元どおりにする　What's done cannot be undone. やったことは元にはもどせない。[諺]

1180 ashamed

ァ**シェ**ィmd
/əʃéɪmd/ ◌○

形 恥じて

I was a**shamed** of my **rag**ged **coat**.
僕は、自分のよれよれのコートを恥じていた。

be ashamed of ～ ～を恥じる　shame 名 U 恥　Shame on you! 恥を知れ！

1181 exist

□
□ イグ**ズィ**st
□ /ɪgzíst/ ◦○

動 自 存在する

My **sis**ter be**lieves ghosts** ex**ist**.
妹は幽霊が存在するって信じてるんだ。

existence 名 C U 存在　existential 形 存在に関する　existing 形 現存の、現行の

1182 excess

□
□ エk**セ**s
□ /ɪksés/ ◦○

形 余分な

I **need** to **lose** my ex**cess weight**.
僕は余分な体重を落とす必要がある。

名 U 超過　excessive 形 過度の　excessively 副 過剰に　exceed 動 自 他 超える

1183 define

□
□ ディf**アイ**ン
□ /dɪfáɪn/ ◦○

動 他 定義する

Can you de**fine that word** for **me**?
その単語の意味を定義してくれる？

A is defined as B　A は B と定義される　definite 形 明確な　definition 名 C 定義

1184 commit

□
□ カ**ミ**t
□ /kəmít/ ◦○

動 他 (犯罪を)犯す

I've **nev**er com**mit**ted any **crimes**!
私は何の犯罪も犯したことはありません。

commit suicide 自殺する　commitment 名 C U 献身　be committed 専念している

1185 improve

□
□ イン p**Rウー** v
□ /ɪmprúːv/ ◦○

動 自 他 上達する

Your **Eng**lish has im**proved** a **lot**.
君は英語がとても上達しましたね。

an improved variety 改良品種　improvement 名 C U 進歩　room for improvement 改善の余地

1186 inside

□
□ イン**サ**ーイd
□ /ɪnsáɪd/ ◦○

前 ～の内側に

I **left** the **key** in**side** the **house**.
家の内側に鍵を置いてきてしまった。

副 内側に　inside out 裏表に　insider 名 C 内情に通じた人　insider trading インサイダー取引

1187 distract

□
□ ディstR**エア**kt
□ /dɪstrǽkt/ ◦○

動 他 気を散らせる

I **tend** to be dis**tract**ed at **work**.
僕は仕事中に気が散る(気を散らせられる)傾向がある。

〈源〉「dis(離れて)+tract(引く)」　distraction 名 C U 注意散漫　distractor 名 C 誤りの選択肢

1188 attempt

□
□ ァ**テ**ンpt
□ /ətémpt/ ◦○

動 他 試みる

I at**tempt**ed to **get** her at**ten**tion.
僕は、彼女の注意を引こうと試みた。

名 C 試み　in an attempt to ～ ～しようとして　attempted 形 未遂の　an attempted murder 殺人未遂

第3章

1189 afraid

☐☐ ァf**Rエ**ィd
/əfréɪd/ ⌒

形 恐れて

Don't be afraid of a **new cul**ture.
新しい文化を恐れていないでください。

I'm afraid so. 残念ながらそうです。　I'm afraid not. 残念ながら違います。

1190 complete

☐☐ カンp**Lイ**ーt
/kəmplíːt/ ⌒

動 他 完成させる

Com**plete** this **form** while **wait**ing.
待っている間に、この用紙の記入を完成させてください。

形 完全な　completely 副 完全に　completion 名 C U 完成　completeness 名 U 完全であること

1191 remain

☐☐ **Rウメイ**ンx
/rɪméɪn/ ⌒

動 自 ～のままである

He re**mained qui**et through it **all**.
彼はその間ずっと無言のままでした。

〈源〉「re(元に)+main(とどまる)」　remainder 名 残りの人・物・時間　remaining 形 残りの

1192 depart

☐☐ ディ**パ**-t
/dɪpáːrt/ ⌒

動 自 出発する

What time does your **plane** de**part**?
あなたの飛行機は何時に出発するのですか。

departure 名 C 出発　arrivals and departures 発着　departed 形 亡くなった

1193 elect

☐☐ ィ**Lエ**kt
/ɪlékt/ ⌒

動 他 選出する

Let's elect a **chairper**son, **first**.
まず議長を選出しましょう。

🔊 L をはっきり言わないと erect(勃起する)に聞こえる。　election 名 C U 選挙

1194 surround

☐☐ ス**Rアウ**ンd
/səráund/ ⌒

動 他 囲む

Our **house** is sur**round**ed by **trees**.
我が家は木々に囲まれています。

surrounding 形 周辺の　surroundings 名 C 環境、状況　familiar surroundings 慣れた環境

1195 indeed

☐☐ イン**dイー**d
/ɪndíːd/ ⌒

副 確かに

"You're **so fun**ny." "I **am** in**deed**!"
「君って、とてもおもしろいね」「確かにそうさ！」

I didn't mind at all. Indeed, I was pleased. 全然気にしなかった。むしろ嬉しかった。

1196 install

☐☐ イン**s**トーゥ
/ɪnstɔ́ːl/ ⌒

動 他 インストールする

You **need** to in**stall** this **software**.
君は、このソフトウェアをインストールする必要があるよ。

取り付ける　install security cameras 防犯カメラを設置する　installation 名 C U 導入

1197 suspect

□
□ スsペkt
□ /səspékt/ 。○

動 **他** 疑う

I sus**pect** she is **hid**ing **some**thing.
私は彼女が何かを隠しているのではないかと疑っている。

「そうではないかと思う」という意味の「疑う」。「そうとは思わない」の「疑う」は doubt 。

1198 maintain

□
□ メインテイン x
□ /meɪntéɪn/ 。○

動 **他** 保守整備する

Classic **cars** are **hard** to main**tain**.
クラッシックカーは保守整備するのが大変です。

「主張する」の意味もある。 maintenance **名** **U** メンテナンス maintenance fee 管理費

1199 reform

□
□ Rイフオーァm
□ /rɪfɔ́:rm/ 。○

動 **他** 改革する

We should re**form** the **le**gal **sys**tem.
法律制度を改革するべきです。

〈源〉「re(再び)+form(形成する)」 **名** **U** 改革 an educational reform 教育改革

1200 resolve

□
□ Rイザーォv
□ /rɪzá:lv/ 。○

動 **他** **自** 解決する

We re**solved** our **is**sues in **no time**.
私たちは、その問題をすぐに解決しました。

決心する、分解する resolution **名** **C** **U** 決議、解決、解像度 high-resolution **形** 高解像度の

1201 suspend

□
□ スsペンd
□ /səspénd/ 。○

動 **他** 停学にする

I **got** sus**pend**ed from **school** today.
今日僕は学校を停学になった (停学にさせられた)。

〈源〉「sus(下に)+pend(つるす)」 suspense **名** **U** 未決定状態、サスペンス suspended sentence 執行猶予

1202 replace

□
□ RイpLエイs
□ /rɪpléɪs/ 。○

動 **他** 取り換える

Did you re**place** the **fil**ter for me?
フィルターを取り換えてくれた?

〈源〉「re(元の場所に)+place(置く)」 replacement **名** **C** **U** 交換 his replacement 彼の後任

1203 assure

□
□ ァショア
□ /əʃúər/ 。○

動 **他** 保証する

I **can't** as**sure** you of our suc**cess**.
私たちの成功を保証することはできません。

〈源〉「確実に(sure)する」 self-assured **形** 自分に自信がある assurance **名** **C** **U** 請け合うこと

1204 react

□
□ Rイエアkt
□ /riǽkt/ 。○

動 **自** 反応する

He re**act**ed when I **called** his **name**.
私が彼の名前を呼ぶと、彼は反応しました。

〈源〉「re(再び)+act(行動する)」 reaction **名** **C** 反応 a chain reaction 連鎖反応

第3章

1205 respond

□□
Rイsパーンd
/rɪspá:nd/ ○○

動 自 反応する

I **asked why** but he **did**n't re**spond**.
彼に理由を尋ねたけれど、彼は反応しなかった。

response 名 C U 返事　respondent 名 C 回答者　responsive 形 すぐ反応する

1206 display

□□
ディspエィ
/dɪspléɪ/ ○○

動 他 飾る

I **want** the **bag** they dis**play** there.
あそこに飾ってあるバッグが欲しい。

名 C （パソコンなどの）ディスプレー　U 展示　a window display ショーウィンドウの飾りつけ

1207 advice

□□
ァdヴアィs
/ədváɪs/ ○○

名 U 忠告

Thanks for the **good** ad**vice** on that.
それについて貴重な忠告をありがとう。

give advice アドバイスをする　take advice アドバイスを聞く　※複数形にはしないので注意

1208 explain

□□
イkspエインヌ
/ɪkspléɪn/ ○○

動 他 自 説明する

Let me ex**plain** this **prob**lem to you.
この問題について、説明させてください。

〈源〉「ex（完全に）+plain（平らにする）」　explanation 名 C U 説明　explanatory 形 説明的な

1209 discuss

□□
ディs力s
/dɪskás/ ○○

動 他 議論する

We'll dis**cuss** a **dif**ferent **strat**egy.
別の戦略について議論しよう。

× discuss about とは言わない。　discussion 名 C U 議論　discussant 名 C 討論の登壇者

1210 provide

□□
pRゥヴアィd
/prəváɪd/ ○○

動 他 提供する

This car is pro**vid**ed by my **com**pany.
この車は会社から提供されています。

provide for ～ ～を養う　provider 名 C 供給者　provision 名 C U 供給・支給

1211 combine

□□
クンバインヌ
/kəmbáɪn/ ○○

動 他 自 組み合わせる

Com**bine red** and **green** to get **brown**.
赤と緑を混ぜて（組み合わせて）茶色にしてください。

〈源〉「com（一緒に）+bine（2つのもの）」　combination 名 C U 組み合わせ　combinatory 形 組み合わせた

1212 attract

□□
ァt Rエアkt
/ətrǽkt/ ○○

動 他 引きつける

That new **shop** at**tracts man**y **peo**ple.
あの新しいお店は多くの客を引きつけています。

attraction 名 C U 魅力　attractive 形 魅力的な　attractiveness 名 U 魅力的であること

1213 employ

動 他 雇っている

エンpL**オ**ィ
/ɪmplɔ́ɪ/ ○○

We em**ploy** 100 (**one hun**dred) **peo**ple.
我が社は100名の従業員を雇っています。

employee **名 C** 雇用者　employer **名 C** 雇用主　employment **名 U** 雇用

1214 conserve

動 他 節約する

クン**スアー**v
/kənsə́ːrv/ ○○

We **need** to **start** con**serv**ing **en**ergy.
私たちは、エネルギーを節約することを始める必要がある。

conservative **形 C** 保守的な　conservation **名 U** 保存　wildlife conservation 野生生物保護

1215 invite

動 他 招待する

イン**v**ア**ィ**t
/ɪnváɪt/ ○○

I in**vit**ed **five peo**ple to the **par**ty.
そのパーティーに5人を招待しました。

invitation **名 C U** 招待　Admittance by invitation only. 入場は招待者のみ。〔掲示〕

1216 mistake

名 C 失敗

ミs**テ**ィk
/məstéɪk/ ○○

Don't be a**fraid** of **mak**ing mis**takes**.
失敗をすることをを恐れるな。

動 他 誤解する　【活用】mistake-mistook-mistaken　mistake A for B　AのことをBと間違える

1217 aware

形 意識して

ァ**ウェ**ア
/əwéər/ ○○

I **was**n't a**ware** of the **run**ning **cost**.
僕は、維持費のことは意識していなかった。

be aware of ～ ～に気づく　awareness **名 U** 自覚していること　raise awareness 意識を高める

1218 divorce

動 自 他 離婚する

ディ**v**オ**ー**ァs
/dɪvɔ́ːrs/ ○○

My **par**ents di**vorced** when I was **six**.
両親は私が6歳のときに離婚した。

名 U 離婚　ask for a divorce 離婚を求める　the divorce rate 離婚率

1219 sustain

動 他 持続する

スs**テ**ィン̮
/səstéɪn/ ○○

I **can't** sus**tain this pace** for **long**.
このペースを長く持続することはできない。

音「tai」部分はもちろん「テイ」と発音する。　sustainable **形** 持続可能な　sustainability **名 U** 持続可能性

1220 surprise

動 他 驚かせる

スp**R**ア**ー**ィz
/sərpráɪz/ ○○

He was sur**prised** when I **called** him.
私が電話をしたら彼は驚いた（驚かされた）。

名 C U 驚き　a pleasant surprise 思いがけない嬉しいできごと　surprising **形** 驚くような

1221 brochure

bRオウ**シュ**ア
/brouʃúər/ ₒ◯

名 C パンフレット

The **infor**ma**tion** is in the bro**chure**.
その情報はパンフレットに載っています。

🔊 アクセントは後ろなので注意。　a holiday/travel brochure 休日／旅行のパンフレット

1222 review

R**イv****ユー**
/rɪvjúː/ ₒ◯

動 他 見直す

Re**view** your **notes** be**fore** the **test**.
テストの前にノートを見直しなさい。

慎重に調べる、吟味する　〈源〉「re(再び)+view(見る)」

名 C 論評

This is a re**li**able **res**taurant re**view site**.
これは信頼できる飲食店論評サイトです。

動 他 批評する　reviewer **名** C 審査員・評価者

1223 expire

エ**ks****パ**イア
/ɪkspáɪər/ ₒ◯

動 自 (有効)期限が切れる

Our **con**tract will ex**pire this month**.
私たちの契約は今月で期限が切れます。

expiry **形** 満了の　expiration **名** U 終結、満了　expiration date 有効期限

1224 dispute

ディ**s****ピュー**t
/dɪspjúːt/ ₒ◯

名 C U もめごと

There's a dis**pute** be**tween** them now.
彼らの間には今もめごとがある。

動 自 他 異議を唱える　beyond dispute 議論の余地なく　in dispute 係争中で

1225 unless

ァン**L****エ**s
/ənlés/ ₒ◯

接 ～でなければ

I **won't do** it un**less** you **want** me to.
あなたが私にそうしてほしいのでなければしないよ。

🔊 un部分にアクセントを置く誤りが多いので注意。　if ～ not の意味。

1226 receive

R**イ****スイー**v
/rɪsíːv/ ₒ◯

動 他 受け取る

I re**ceived** the **pack**age **this morn**ing.
私は今朝、その荷物を受け取りました。

receipt **名** C U レシート、受け取り　reception **名** C U 評判、受け付け、歓迎会

1227 extract

イkst**R****エ**ア kt
/ɪkstrækt/ ₒ◯

動 他 抽出する

This is **oil** extract**ed** from **co**co**nuts**.
これはココナッツから抽出された油です。

日本語の「エキス」は extract から。　**名** C U 抜粋　extracts from the diary 日記からの抜粋

1228 severe

セ**ヴィ**ア
/sɪvíər/ ○○

形 深刻な

I **have** seˈvere **pain** in my **low**er **back**.
腰にひどい痛み（深刻な痛み）があるんです。

🔊 se部分は「シ」ではない。　severely 副 激しく　severity 名 U 深刻であること

1229 transform

tRエァンsf**オー**ァm
/trænsfɔ́ːrm/ ○○

動 他 すっかり変える

She transˈformed herself with **makeup**.
彼女は化粧で姿をすっかり変えた。

〈源〉「trans（越えて）+form（形成する）」　transformation 名 U 変形　transformer 名 U 変圧器

1230 debate

ディ**ベィ**t
/dɪbéɪt/ ○○

動 自 他 ディベートをする

I'm deˈbating about **buy**ing **this car**.
この車を買うかどうか考えている（ディベートしている）ところだ。

自 議論する　名 C U 議論　be under debate 議論になって　debatable 形 議論の余地がある

1231 mature

マ**チュ**ァ
/mət(j)úər/ ○○

形 成熟した

He's **re**ally **grown** into a maˈture **man**.
彼は本当に成熟した男になったね。

動 自 熟する　emotionally mature 情緒面で成熟した　maturity 名 U 成熟　〈反〉immature 未熟な

1232 explore

ィksp**レ**ォーァ
/ɪksplɔ́ːr/ ○○

動 他 自 探検する

I exˈplored **all** of the Uniˈted **States**.
私はアメリカ全土を探検しました。

exploration 名 探検　exploratory 形 探索的な　an exploratory study 探索的研究

1233 approach

ァp**Rォ**ゥチ
/əpróʊtʃ/ ○○

動 他 自 近づく

The **grill** is **hot**. **Don't** apˈproach it.
焼き網がまだ熱い。近づかないで。

名 C 取り組み方　an alternative approach 別のやり方　approachable 形 話やすい、親しみやすい

1234 ignore

ィg**ノ**ーァ
/ɪgnɔ́ːr/ ○○

動 他 無視する

We **can't** igˈnore **cus**tomers' **feedback**.
顧客からの意見を無視することはできない。

〈源〉「知らない」　🔊 g部分は飲み込むように発音するとよい。　ignorance 名 U 無知、無学

1235 resume

R**ィズ**ユーm
/rɪz(j)úːm/ ○○

動 自 他 再開する

The **meet**ing will reˈsume **af**ter **lunch**.
会議は昼食後に再開します。

〈源〉「re（再び）+sume（取る）」　resume one's seats 席に戻る　resumption 名 C U 再開

1236 advanced

ァd**v エア**-ﾝst
/ədvǽnst/ ◌○

形 高等の

My **son takes** an ad**vanced math class**.
私の息子は、高等数学の授業を受けています。

advancement **名** **U** 進歩　〈反〉elementary 初歩的な　basic 基礎的な　introductory 入門的な

1237 attack

ァ**テア**k
/ətǽk/ ◌○

動 **他** **自** 攻撃する

Our **guard dog** at**tacked** the in**trud**er.
うちの番犬がその侵入者を攻撃したんです。

名 **C** **U** 攻撃　personal attack 個人攻撃　have a heart attack 心臓発作を起こす

1238 desire

ディ**ザ**ィァ
/dɪzáɪər/ ◌○

動 **他** （強く）望む

I'm de**sir**ing **all A's** this se**mes**ter.
僕は今学期、オールAを取ることを望んでいます。

名 **U** 願望　desirable **形** 望ましい　desirably **副** 願わくば　desirability **名** **U** 望ましさ

1239 affair

ァ**f エ**ァ
/əféər/ ◌○

名 **C** 出来事

That af**fair** is **none** of your **busi**ness.
その件（出来事）はあなたに関係ないでしょう。

事態·情勢　international affairs 国際情勢

名 **C** 用事

Mind your **own** af**fairs**.
余計なお世話です（自分の用事だけを気にかけろ）。

affairs はこの意味では business と入れ替え可能。　Mind your own business.

1240 success

スk**セ**-s
/səksés/ ◌○

名 **U** **C** 成功

I'm **not hav**ing **much** suc**cess** in **math**.
数学ではあまりうまくいって（大した成功を持って）ない。

successful **形** 成功を収めた　successfully **副** 首尾よく　succeed **動** **自** 成功する

1241 revise

R ｲ**v ア**-ｲz
/rɪváɪz/ ◌○

動 **他** **自** 修正する

I **had** to re**vise** my re**port man**y **times**.
僕は何度も報告書を修正しなくてはならなかった。

〈源〉「re（再び）+vise（見る）」　a revised edition 改訂版　revision **名** **C** 修正

1242 remote

R ｲ**モ**ｳt
/rɪmóut/ ◌○

形 離れた

I **live** in a re**mote part** of **this cit**y.
私はこの市の、中心から離れた地区に住んでいます。

名 **C** リモコン　remotely **副** かすかに、わずかでも　remotely similar かすかに似ている

1243 subscribe

スbskＲアーィb
/səbskráɪb/ 。○

動 自 会員登録する

I sub**scribe** to their **YouTube chan**nel.
僕は彼らのユーチューブのチャンネルに会員登録している。

〈源〉「sub（文書の下に）+scribe（名前を書く）」→「契約する」 subscription 名 C U サブスク

1244 contain

クンテインﾇ
/kəntéɪn/ 。○

動 他 含んでいる

Does **this food** con**tain** any **ad**ditives?
この食品は添加物を含んでいますか。

〈源〉「con（共に）+tain（保つ）」 音 con部分はあいまい母音を使う。 container 名 C 容器

1245 assume

ァスーm
/əs(j)úːm/ 。○

動 他 〜と推測する

I as**sume** the **flight** will be **can**celed.
その航空便はキャンセルされると推測します。

assumption 名 C U 仮定　a common/wrong assumption よくある／誤った想定

1246 extent

イksテンt
/ɪkstént/ 。○

名 U 程度

I a**gree** with you to a **cer**tain ex**tent**.
ある程度までは、あなたに同意します。

to the extent that 〜 〜という程度まで　To what extent ...? どの程度まで…?

1247 confirm

クンfウアーm
/kənfɚ́ːrm/ 。○

動 他 確認する

I'd **like** to con**firm** my **book**ing **sta**tus.
自分の予約状況を確認したいのですが。

〈源〉「con（完全に）+firm（しっかりした）」 confirmation 名 C U 確認　confirmatory 形 確認的

1248 exchange

イksチェインチ
/ɪkstʃéɪndʒ/ 。○

動 他 交換する

We ex**changed** our **num**bers **af**ter **school**.
僕たちは、放課後に電話番号を交換した。

〈源〉「ex（手離して）+change（交換する）」 名 C U 交換・両替　foreign exchange 外国為替取引

1249 apply

ァpＬアーィ
/əpláɪ/ 。○

動 自 応募する

I was **hap**py to ap**ply** for the po**si**tion.
私は、そのポストに応募することができてうれしかった。

他 応用する　application 名 C U 応募　an application form 応募用紙

1250 imply

インpＬアーィ
/ɪmpláɪ/ 。○

動 他 ほのめかす

He im**plied** that I'm **stu**pid! **How rude**!
あいつ俺が愚かだってほのめかした！　なんて失礼な！

implication 名 C U 含蓄、影響　economic implications 経済的影響

1251 engage
インゲイヂ
/ɪngéɪdʒ/ ₒ◯

動 自 従事する

I will **not** en**gage** in **those** acti**vi**ties.
私はその活動には従事しません。

他（関心を）引く　自婚約する　engagement 名 C U 婚約、従事　engaged 形 多忙で

1252 direct
ディRエkt
/dərékt/ ₒ◯

動 他 指揮を執る

I'm di**rect**ing a **big pro**ject right now.
私は現在、大きなプロジェクトの指揮を執っています。

〈源〉「まっすぐに導く」　director 名 C 監督

形 直行の

I'd **like** to **take** a di**rect flight**.
私は直行便に乗りたいんです。

副 まっすぐに　directly 副 直接に（⇔ indirectly 間接的に）

1253 repair
Rイペア
/rɪpéər/ ₒ◯

動 他 修理する

The **plumb**er re**paired** the **sink quick**ly.
その配管工は、すぐにシンクを修理してくれました。

名 C U 修理　repair relations with India インドとの関係を修復する　a repair shop 修理店

1254 approve
ァpRウーv
/əprúːv/ ₒ◯

動 他 自 承認する

Only the **boss** can ap**prove** my **spend**ing.
その上司だけが僕の出費を承認することができる。

approve of ～ ～を認める　approved 形 公認の　approval 名 U 認可

1255 garage
ガRアージュ
/gərάːʒ/ ₒ◯

名 C ガレージ

Dad is **fix**ing **some**thing in the ga**rage**.
父さんはガレージで何かを修理しています。

garage sale《主に米》ガレージセール（ガレージや家の前で不要品を売ること）

1256 supply
スpLアーィ
/səplάɪ/ ₒ◯

動 他 提供する

They're sup**ply**ing us with some **parts**.
そこが我が社にいくつかの部品を提供しています。

名 C U 供給　supply and demand 需要と供給　supplier 名 C 卸売業者

1257 assist
ァスイst
/əsíst/ ₒ◯

動 他 自 補助する

The **coach** needs **some**one to as**sist** him.
そのコーチには誰か補助してくれる人が必要です。

名 C 援助　assistance 名 U 補助　assistant 名 C アシスタント　assisted 形 補助された

262

1258 request

☐
☐ Rイkウエst
☐ /rɪkwést/ ○○

〈源〉「re(再び)+quest(求める)」 **動 他** 要求する　make a request 要請する

名 C U 要請

I **think** their re**quest** is **unrea**sonable.
彼らの要請は理不尽だと思います。

1259 suggest

☐
☐ ス**ヂエ**st
☐ /sədʒést/ ○○

suggestion 名 C U 提案　make/reject a suggestion 提案を行う／拒絶する

動 他 提案する

She sug**gest**ed a **new hair style** for me.
彼女は私に新しい髪型を提案した。

1260 below

☐
☐ ビ**Lオ**ゥ
☐ /bɪlóu/ ○○

〈反〉above ～の上に　**副** 下部に　See the table below. 下の表を参照してください。

前 ～の下に

My **pay raise** was be**low** my ex**pecta**tion.
私の昇給額は、期待したラインの下だった。

1261 whereas

☐
☐ ウェア**Rエア**-z
☐ /weəræz/ ○○

while と同じ意味で、やや硬いニュアンスの語。

接 その一方で

My **wife** is **outgo**ing, where**as** I am **shy**.
妻は社交的ですが、その一方で私は人見知りなんです。

1262 observe

☐
☐ ゥb**ズアー**v
☐ /əbzə́ːrv/ ○○

observation 名 C U 観察　observer 名 C オブザーバー　observatory 名 C 展望台

動 他 観察する

I ob**served** the **stars** with my **telescope**.
私は、自分の望遠鏡で星を観察しました。

1263 destroy

☐
☐ ディst**Rオ**-イ
☐ /dɪstrɔ́ɪ/ ○○

〈源〉「de(打ち消し)+stroy(積み上げる)」　destruction 名 U 破壊　destructive 形 破壊的な

動 他 破壊する

Our **fence** was de**stroyed** by the ty**phoon**.
台風でフェンスが壊された。

1264 regret

☐
☐ Rィg**Rエ**t
☐ /rɪgrét/ ○○

名 U 後悔　regrettable 形 残念な　regrettably 副 残念ながら　regretful 形 後悔して

動 他 後悔する

I re**gret** I **did**n't **sell** the **stocks then**.
僕はあの時、株を売らなかったことを後悔している。

1265 report

☐
☐ Rィ**ポー**ァt
☐ /rɪpɔ́ːrt/ ○○

音 アクセントは名詞も動詞も同じで後ろの音節。　**動 自** 通報する　reportedly 副 報道によれば

名 C 報告書

Can you **fin**ish the re**port** in **two hours**?
その報告書2時間で完成できる？

1266 appeal
ァピーォ
/əpíːl/ ○
動 自 興味を引く
Their **new product doesn**'t ap**peal** to me.
あの会社の新製品は僕の興味を引かないな。

懇願する、控訴する 名 U 魅力、控訴　make an appeal 控訴する　appealing 形 魅力的な

1267 effect
ィf エkt
/ɪfékt/ ○
名 C U 効果
Can you **see** the ef**fect** of **this** ma**chine**?
この機械の効果がわかりますか。

cause and effect 原因と結果　effective 形 効果的な　effectively 副 効果的に

1268 beside
ビ サ-ィd
/bɪsáɪd/ ○
前 ～のそばに
The **pretty girl** be**side** him is my **niece**.
彼のそばにいるかわいらしい女の子は私のめいです。

beside the point 的外れで　beside oneself 我を忘れて　right beside ～ ～のすぐ隣に

1269 perceive
プ スィ-v
/pərsíːv/ ○
動 他 気づく
Our **dog** per**ceived** the **tiny sound first**.
うちの犬がその小さな音に最初に気づいたんだ。

perception 名 U 知覚　perceptive 形 知覚の鋭い　perceptible 形 知覚できる

1270 agree
ァg R イー
/əgríː/ ○
動 自 他 同意する
I **totally** a**gree** with you on **that is**sue.
その件に関しては、あなたに完全に同意します。

一致する　〈反〉disagree 反対する、食い違う　agreement 名 C U 同意、合意　reach an agreement 合意に達する

1271 delete
ディ L イ-t
/dɪlíːt/ ○
動 他 自 削除する
I de**lete** a **lot** of **junk mails** ev**ery day**.
僕は毎日たくさんの迷惑メールを削除する。

音 L の音をはっきり発音すること。　the delete key 削除キー　deletion 名 U 削除

1272 precise
pR ィ サ ィs
/prɪsáɪs/ ○
形 正確な
That **meas**urement **is**n't pre**cise e**nough.
その計測は十分に正確ではない。

precisely 副 正確に　precision 名 U 精度　precision tools/instruments 精密機械

1273 postpone
ポウs(t) ポ ウンｘ
/poʊstpóʊn/ ○
動 他 延期する
He post**poned** the **par**ty **due** to the **rain**.
彼は雨のせいで、そのパーティーを延期しました。

〈源〉「post（後に）+pone（置く）」　句動詞 put off と同じ意味。　postponement 名 U 延期

264

1274 deserve

□
□ ディ**ズアー**v
□ /dɪzə́ːrv/ 。○

動 他 ～するに値する

My **son's team** deserved to **win** the **game**.
息子のチームは、その試合で勝つに値したよ。

(悪い意味で)～に値する　deserve to be punished 罰せられるに値する

1275 appoint

□
□ ァ**ポイン**t
□ /əpɔ́ɪnt/ 。○

動 他 指名する

Ap**point** your suc**ces**sor by **next weekend**.
来週末までに、あなたの後任を指名してください。

〈源〉「ap(…へ)+point(指さす)」　appointment 名 U 指名、面会の約束

1276 abroad

□
□ ァb**R オー**d
□ /əbrɔ́ːd/ 。○

副 海外に

I'm **plan**ning to **stud**y abroad **next year**.
私は来年、海外に留学する計画です。

〈源〉「a(…へ)+broad(広いところ)」　go/live abroad 海外に行く／住む(to は用いない)

1277 reply

□
□ R**イ**p**L アー**ィ
□ /rɪplάɪ/ 。○

動 自 応答する

She **u**sually re**plies quick**ly to my **texts**.
彼女はいつも私のメッセージにすぐに応答してくれます。

名 C 返事　reply to ～ ～に応答する　make no reply 返事をしない　in reply 返事で

1278 return

□
□ R**イ**t**ウアーン**ヌ
□ /rɪtə́ːrn/ 。○

動 自 他 戻る

What time did you re**turn home** yesterday?
昨日は何時に家に戻ったの？

名 C U 返礼　returns 名 C 収益　returnee 名 C 帰国子女、帰還兵　return address 返送先

1279 account

□
□ ァ**カ**ゥンt
□ /əkάʊnt/ 。○

動 自 計算に入れる

I **did**n't ac**count** for the **price in**crease.
私は値上げのことを計算に入れてなかった。

名 C アカウント　take ～ into account ～を考慮に入れる　accountant 名 C 会計士

1280 concern

□
□ クン**スアーン**ヌ
□ /kənsə́ːrn/ 。○

動 他 心配させる

I am con**cerned** about my **fa**ther's **health**.
私は父の健康を心配して（心配させられて）います。

名 C U 関心のあること　concerned 形 ～に関心がある　the people concerned 関係者

1281 preserve

□
□ p**R イ**p**Lズアー**v
□ /prɪzə́ːrv/ 。○

動 他 保存する

I pre**served** some **grape jel**ly in **this jar**.
この瓶にグレープゼリーを保存した。

〈源〉「pre(前もって)+serve(保つ)」　名 U ジャム(保存食)　preservable 形 保存できる

1282 compare

動 他 比較する

クンペア
/kəmpéər/ ○

People always compare me with my sister.
みんないつも私と姉を比較する。

comparison 名 C U 比較　comparable 形 匹敵する　comparative 形 比較の

1283 shampoo

動 他 シャンプーする

シェァンプー
/ʃæmpúː/ ○

Can you shampoo the dog and I'll rinse?
犬にシャンプーしてくれる？　私がすすぐから。

〈源〉ヒンディー語の「押す」。　名 C 洗髪　a shampoo and set 洗髪と整髪

1284 defeat

動 他 負かす

ディフィート
/dɪfíːt/ ○

After being defeated, I cried for hours.
負けた（負かされた）後、私は何時間も泣いた。

名 U 敗北　defeat the purpose 目的に合わない　suffer a defeat 敗北を喫する

1285 recall

動 他 思い出す

Rィコーゥ
/rɪkɔ́ːl/ ○

I can't recall what happened last night!
昨日の夜に何があったのか思い出せないんだ。

〈源〉「re(再び)+call(呼ぶ)」　名 C リコール　as I recall 私の記憶によれば

1286 among

前 ～の間で

ァマン
/əmʌ́ŋ/ ○

This game is popular among young people.
このゲームは若者の間で人気があります。

音 ng部分に「グ」の音はない。　among other things/places とりわけ

1287 consult

動 他 自 相談する

クンサォt
/kənsʌ́lt/ ○

We should consult our lawyer about that.
それに関しては私たちは弁護士に相談するべきと思います。

consultant 名 C コンサルタント　a management consultant 経営コンサルタント

1288 affect

動 他 影響する

ァfエkt
/əfékt/ ○

This medicine might affect your appetite.
この薬はあなたの食欲に影響する可能性があります。

どちらかというと、悪い意味で影響を及ぼすときに使う。　adversely affected 悪影響を受けた

1289 defend

動 他 守る

ディfエンd
/dɪfénd/ ○

He defended my honor against the bullies.
彼はいじめっ子から僕の名誉を守ってくれた。

defense 名 C U 防御　the Ministry of Defense 防衛省　defensive 形 防御的な

1290 correct

クR**エ**kt
/kərékt/ 。○

動 他 訂正する

I cor**rect**ed the **wrong da**ta in the re**port**.
その報告書の間違ったデータを訂正した。

🔊 co部分をはっきり「コ」と言わないこと。　correction 名 C U 訂正　corrective 形 矯正の

1291 ensure

イン**シュ**ア
/ɪnʃúər/ 。○

動 他 確実に～する

En**sure** you can **start** the **meet**ing on **time**.
確実に時間どおりに会議を始められるようしてください。

〈源〉「en(する)+sure(確かな)」　口語では make sure が普通。　ensure success 成功を保証する

1292 survive

スァ**v ア**ーイv
/sərváɪv/ 。○

動 自 生き延びる

How did you sur**vive** with**out smartphones**?
スマホなしで、どうやって生き延びることができたの?

survival 名 C U 生存　survivor 名 C 生存者　cancer survivor ガンを克服した人

1293 conclude

クンk**Lウー** d
/kənklú:d/ 。○

動 自 他 結論づける

To con**clude**, **this** can **boost** our **busi**ness.
結論づけると、これで売り上げを大幅に増やせます。

concluding remarks 結びのことば　conclusion 名 C 結論　conclusive 形 決定的な

1294 reward

Rイ**ウォー**ァd
/rɪwɔ́:rd/ 。○

名 C 褒美

What re**ward** are you **of**fering for the **dog**?
その犬には、どんなご褒美をあげているの?

動 他 褒美をあげる　rewarding 形 報われる　rewarding job やりがいのある仕事

1295 inspire

イン**s** パイア
/ɪnspáɪər/ 。○

動 他 インスパイアする

He in**spired** me with his u**nique paint**ings.
彼は私を独創的な絵でインスパイアした。

〈源〉「in(中に)spire(吹き込む)」　inspiration 名 C 思いつき　inspirational 形 鼓舞するような

1296 transfer

tRエァンsf**ウァー**
/trænsfə́:r/ 。○

動 他 送金する

He trans**ferred mon**ey to me **this af**ter**noon**.
今朝、彼が私に送金してくれました。

転勤させる　名 U 移動(アクセントは名前動後 ➡ Lesson 81)　be transferred to ~ ~に異動になる

1297 extend

イ ks**テン**d
/ɪksténd/ 。○

動 他 延ばす

She ex**tend**ed the **pa**per's **due date** for me.
彼女は、私のためにレポートの締め切りを延ばしてくれました。

extended family 拡大家族　extension 名 C U 延長、拡張子　extensive 形 広範囲の

1298 acquire

動 他 取得する

ァk**ワイ**ア
/əkwáɪər/ 🔊

Our **com**pany **wants** to ac**quire that com**pany.
うちの会社は、あの会社を買収し（取得し）たいと考えている。

acquisition 名 U 買収、獲得　SLA (= second language acquisition) 第2言語習得

1299 adjust

動 他 適応する

ァ**ヂァ**st
/ədʒʌst/ 🔊

It's **tough** to ad**just** to a **for**eign **cul**ture.
外国の文化に適応するのは大変ですね。

adjustment 名 U 調節　adjustable 形 調整可能な　maladjusted 形 不適応の

1300 express

動 他 表現する

イksp**Rエ**s
/ɪksprés/ 🔊

He is **not good** at ex**press**ing his **feel**ings.
彼は自分の気持ちを表現することが得意でない。

形 急行の　expression 名 C U 表現　self-expression 自己表現　expressive 形 表情豊かな

1301 protect

動 他 自 守る

p**R**ウ**テ**kt
/prətékt/ 🔊

Even **firewalls can't** protect our com**put**er.
ファイアーウォールでも、私たちのコンピューターを守ることはできない。

protection 名 U 保護　protective 形 保護的な　protectionism 名 U 保護貿易主義

1302 away

副 離れる方向に

ァ**ウエ**イ
/əwéɪ/ 🔊

The **shop stopped giv**ing a**way plas**tic **bags**.
あの店では無料レジ袋の配布（自分から離れる方向に与えること）をやめた。

give away で「無料で与える」と覚えるのがよい。　giveaway 名 C サービス品、(悪事の) 証拠

1303 prevent

動 他 防ぐ

p**R**イ**v エ**nt
/prɪvént/ 🔊

This type of ac**cident can**not be pre**vent**ed.
この手の事故は防ぐ（防がれる）ことができない。

prevention 名 U 予防　preventive 形 予防的な　preventive measures 予防策

1304 depressed

形 落ち込んで

ディp**Rエ**st
/dɪprést/ 🔊

I was de**pressed** to **know** I **was**n't pro**mot**ed.
自分が昇進しないとわかって、落ち込んでいた。

depressing 形 気の滅入るような　depression 名 U 不況、憂鬱　clinical depression 臨床的鬱

1305 attend

動 他 自 出席する

ァ**テ**ンd
/əténd/ 🔊

Sorry but I **can't** attend the **meet**ing today.
悪いけど、私は今日のミーティングに出席することができません。

他 随行する　attend to 〜 〜に注意を払う／〜を処理する／〜の面倒をみる　attendance 名 C 出席

1306 export

エ ks **ポー** ァt
/ɪkspɔ́ːrt/ ○○

動 他 自 輸出する

We ex**port** a **large num**ber of **goods** each **day**.
我が社は毎日、数多くの商品を輸出しています。

〈源〉「ex(外へ)+port(運ぶ)」　**音** アクセントは名詞が前、動詞が後ろ。　**名 C U** 輸出

1307 remove

R イ **ムー** v
/rɪmúːv/ ○○

動 他 取り除く

The **bar**rier is **heav**y, so I **can't** re**move** it.
その柵は重いので、取り除くことができないんだ。

〈源〉「re(再び)+move(動く)」　removal **名 U** 除去　removed **形** 離れて

1308 despite

ディ s **パイ** t
/dɪspáɪt/ ○○

前 ～にも関わらず

The **pro**duct **sold well** de**spite** our con**cerns**.
われわれの心配にも関わらず、その商品はよく売れました。

in spite of と同じ意味の、より硬い語。　despite everything なにはともあれ

1309 devote

ディ **v オ** ウt
/dɪvóʊt/ ○○

動 他 捧げる

I de**vote** this **song** to my **first love**, **Jen**ny.
この歌を初恋の相手、ジェニーに捧げます。

devotion **名 U** 献身　devoted **形** 献身的な　a devoted fan/teacher 熱心なファン／先生

1310 persuade

プァ s **ウエ** イd
/pərswéɪd/ ○○

動 他 説得する

I per**suad**ed **Dad** to **get** me a **new smartphone**.
新しいスマホを買ってくれるように父さんを説得した。

説得が成功したという意味。　persuasion **名 U** 説得　persuasive **形** 説得力のある

1311 submit

サ b **ミ** t
/səbmít/ ○○

動 他 提出する

I sub**mit**ted my **es**say today and I'm **ner**vous.
今日エッセイを提出したんだけど、心配だ。

音 b は飲み込むように発音する。　submission **名 C U** 提出、屈服　submissive **形** 服従的な

1312 machine

ム **シー** ン x
/məʃíːn/ ○○

名 C 機械

Be **care**ful with the ma**chine**. It's ex**pen**sive.
その機械の扱いは注意して。高価な物だから。

音 「ミシン」は sewing machine から。chi 部分を「スィ」と言わないこと。　machinery **名 U** 機械

1313 amount

ァ **マ** ウンt
/əmáʊnt/ ○○

名 C 量

The **course work took** a **large** amount of **time**.
その授業の課題には多くの時間(大量の時間)がかかりました。

a big amount of とは言わない。　**動 自** (数量などが)～に達する　amount to ～ ～に達する

1314 assess

ァ**セ**s
/əsés/ ○

動 他 査定する

We are **here** to as**sess** the **val**ue of your **car**.
私たちは、お客様のお車の価値を査定するために参りました。

assessment 名 C U 査定　a tax assessment 課税額の査定　assessor 名 C 査定人

1315 disturb

ディst**ウアー**b
/dɪstə́ːrb/ ○

動 他 邪魔をする

Don't dis**turb** me while I am **work**ing on this.
僕がこの作業をしている間、邪魔をするな。

🔊 turb 部分では暗い母音を使う。　disturbance 名 U 妨害　civil disturbance 市民の騒乱

1316 finance

fアイ**ネア**ンs
/faɪnǽns/ ○

動 他 ローンで買う

I fi**nanced** my **car** since it was **so** ex**pen**sive.
車が高額だから、ローンで買ったんだ。

名 U 融資　financial 形 金融の　a financial advisor 財務顧問　financially 副 金銭的に

1317 complain

カンp**L エ**インョ
/kəmpléɪn/ ○

動 自 文句を言う

You are **al**ways com**plain**ing about **ever**ything.
君は、いつも何にでも文句を言ってるよね。

complainer 名 C クレイマー　complaint 名 C U 不平　file a complaint 苦情を申し立てる

1318 across

ァk**R オー**s
/əkrɔ́ːs/ ○

前 ～の向こう側に

The **best lunch** in **town** is a**cross** the **street**.
通りの向こう側で、この町で一番のランチが食べられるよ。

across from ～ ～の向かい側に　cross 動 他 横切る　crossing 名 C 交差点

1319 attach

ァ**テ**アチ
/ətǽtʃ/ ○

動 他 接続する

You can at**tach** this **speak**er to the com**put**er.
このスピーカーはパソコンに接続することができる。

attached to ～ ～に付属している　attached file 添付ファイル　attachment 名 C 付属品

1320 appear

ァ**ピア**
/əpíər/ ○

動 自 現れる

A **squir**rel **sometimes** ap**pears** in my **backyard**.
ときどき裏庭に一匹のリスが現れるのよ。

〈反〉disappear 消える　appearance 名 C U 出現・外見　make an appearance 顔を出す

1321 invent

イン**v エ**ンt
/ɪnvént/ ○

動 他 発明する

They in**vented** a **new way** to pro**tect** the **da**ta.
彼らはデータを保護するための新しい方法を発明しました。

invention 名 C U 発明　inventor 名 C 発明家　inventive 形 発明の才がある

270

1322 declare

ディkＬエア
/dɪkléər/ ○○

動 他 宣言する

The **Pres**ident de**clared** a **state** of e**mer**gency.
大統領が非常事態を宣言しました。

(税関で)申告する　declaration 名 C U 宣言　declaration of war/peace 宣戦布告／平和宣言

1323 annoy

アノイ
/ənɔ́ɪ/ ○○

動 他 悩ます

The mos**qui**toes in the **gar**den **al**ways an**noy** me.
庭の蚊がいつも私を悩ませる。

annoying 形 迷惑な　annoyance 名 C U いらだち・迷惑なこと　in annoyance いらだって

1324 degree

ディgＲイー
/dɪgríː/ ○○

名 C 温度

To**day**'s **high** will be 36 (**thir**ty-**six**) de**grees**.
今日の最高気温は36度です。

度、学位　by degrees 少しずつ　to a degree ある程度まで　a master's degree 修士号

1325 compete

カンピーt
/kəmpíːt/ ○○

動 自 競争する

My **com**pany is com**pet**ing in the **glob**al **mar**ket.
我が社は世界的市場で競争しています。

competition 名 C U 競争　competitor 名 C 競争相手　competitive 形 競争の激しい

1326 reflect

Ｒ ɪfＬエkt
/rɪflékt/ ○○

動 他 自 反映する

My **views** were re**flect**ed in the **fi**nal **ver**sion.
最終版には私の意見が反映されていました。

〈源〉「re(後ろへ)+flect(曲げる)」　reflection 名 C U 反射、反省　reflective 形 思慮深い

1327 occur

ァクアー
/əkə́ːr/ ○○

動 自 起こる

The e**clipse** will oc**cur** at 4 (**four**) p.**m.** today.
日食は今日の午後4時に起こる。

🔊 最初の o にアクセントを置く間違いが多いので注意。　occurrence 名 C U 起こること、出来事

1328 naive

ナイイーv
/naɪíːv/ ○○

形 世間知らず

I was na**ive**, **so** I be**lieved ev**ery**thing** he **said**.
私は世間知らずだったので、彼が言ったことはすべて信じてしまった。

日本語の「ナイーブ(繊細な)」は、sensitive。　naively 副 無邪気にも　naiveté 名 U 純朴さ

1329 allow

ァＬアゥ
/əláʊ/ ○○

動 他 許す

I was al**lowed** to at**tend** the **over**seas **con**ference.
私はその海外での学会に参加するのを許された。

🔊 「アロウ」ではない。　allowance 名 C 手当、費用、こづかい　a travel allowance 通勤手当

第3章

1330 award	**名 C 賞**
ァ**ウォー**ァd /əwɔ́:rd/ ○○	I re**ceived** an a**ward** for **best En**glish pro**fi**ciency. 私は英語の最優秀技能の賞をもらいました。

🔊「アワード」は日本式の発音。　**動 他** 賞を与える　award-winning **形** 賞を取った

1331 delay	**動 他** 遅れさせる
ディ**L エ**ィ /dıléı/ ○○	The **bad weath**er de**layed** the de**par**ture of the **ship**. 悪天候のせいで出港が遅れた（悪天候が船の出発を遅れさせた）。

名 U 遅延　without delay 遅滞なく　long/slight delays 長時間の／多少の遅れ

1332 mislead	**動 他** 誤解させる
ﾐｓ**L イ**ーd /mìslí:d/ ○○	**This** is a de**lib**erate at**tempt** to mis**lead** the **pub**lic. これは国民を誤解させようとする意図的な試みだ。

misleading **形** 誤解を招くような　misleading information 誤解させる情報

Do you want to
speak Engrish?

　上のタイトルの Engrish のスペリングは誤植ではありません。もちろんこんな単語は辞書にはありません。しかし Wikipedia にはあります。以下、英語版の Wikipedia の "Engrish" の項の冒頭です。

> Engrish is a slang term for the misuse or corruption of
> the English language by native speakers of Japanese,
> Korean and other Asian languages. The term itself relates
> to Japanese speakers' tendency to inadvertently substitute
> the English phonemes "R" and "L" for one another,. . .

　要は、L/R の区別がもともと日本語にないために混同してしまうわれわれをバカにした用語です。世界には L/R 区別がない言語のほうが圧倒的に少なく、区別して当然である大多数の言語の話し手から「なんだこいつらは？」のような上から目線で見られてしまうことがあるのは残念な、しかし厳然たる、事実です。

　America を Amelica と言おうが、Hello を Herro と言おうが「誤解」されることはありません。rice を lice と言っても、crime を climb と言っても、crowd funding を cloud funding と言っても一瞬「？」と思われても文脈から推測されすぐに意図した意味は伝わることが多いでしょう。

　しかし「言おうとした」意味が伝わるからこそ、「実際に言っている」意味とのギャップが滑稽さを生みます。伝説のギタリスト Eric Clapton を、Eric Crapton と言ってしまい失敗した方に会いました。clap/crap、election/erection のように、L/R の混同はいわゆる下ネタ系の連想を生む場合もあります。Engrish などと言われないよう、L/R には我々日本語ネイティブはいつでもどこでも最大限の注意を払うべきでしょう。

　その願いを込めて本書でのカナ・英文字併用表記の発音表記のなかでは L と R だけは目立つように大文字を使用しています。

>> **Lesson 75**

音節パターン❹［。○。型］

Lesson 36（➡ p.75）で学習した**音節パターン**の［。○。型］の単語122語を取り上げました。間違えやすい単語の代表例として、banana（バナナ）やMcDonald's（マクドナルド）などが挙げられます。

1333 intention
- インテンシュン̇ヌ
- /ɪnténʃən/ 。○。

名 U C 意図

I **had no** intention.
私には何の意図もありませんでした。

intentional 形 意図的な　intentionally 副 意図的に　intend 動 他 意図する

1334 opinion
- アピニュンヌ
- /əpínjən/ 。○。

名 C U 意見

That's a **good** opinion.
それは良い意見だ。

opinion poll 世論調査　ask for a second opinion 他の医者の所見を求める

1335 profession
- pRゥフ**エ**シュンヌ
- /prəféʃən/ 。○。

名 C 職業

What's his profession?
彼の職業は何ですか。

専門職に用いる。一般的にはoccupation。　professional 形 プロの　professionally 副 専門的に

1336 religious
- Rイ**レイ**ヂュs
- /rɪlídʒəs/ 。○。

形 信心深い

I'm **not very** religious.
私は、あまり信心深くはないんです。

religious beliefs 宗教的信条　religion 名 C U 宗教

1337 genetic
- ヂュ**ネ**ディk
- /dʒənétɪk/ 。○。

形 遺伝的

Her disease is genetic.
彼女の病気は遺伝的です。

genetic engineering 遺伝子工学　gene 名 C 遺伝子　genetically 副 遺伝的に

1338 terrific
- テ**Rイ**fィk
- /tərífɪk/ 。○。

形 ものすごく良い

The **mov**ie was terrific!
この映画はものすごく良かった！

原義は「恐ろしい」だったのが、よい意味に使われるようになった。　terrified 形 おびえた

1339 continue
□□□ カンティニュー
/kəntínju:/ 。○。

動 他 自 続ける

Let me conti**nue** my **talk**.
話を続けさせてください。

continuous 形 連続して　continuously 副 ひっきりなしに　continuum 名 C 連続体

1340 allergic
□□□ ァL**ウァー**ヂk
/əlɔ́:rdʒɪk/ 。○。

形 アレルギーの（ある）

I'm al**ler**gic to **peanuts**.
私はピーナッツにアレルギーがあるんです。

音 gi部分は破擦音の「ヂ」であって摩擦音の「ジ」ではない。　allergy 名 U アレルギー

1341 internal
□□□ インt**ウァー**ノゥ
/ɪntɔ́:rnl/ 。○。

形 内部の

This is an in**ter**nal **mem**o.
これは内部のメモです。

〈反〉external 外の　internally 副 内部的に　internalize 動 他 内部に取り入れる

1342 admission
□□□ ァd**ミ**シュンぇ
/ədmíʃən/ 。○。

名 U C 入場

What's the ad**mis**sion **fee**?
入場料はいくらですか。

入学　the admissions office 入試事務局　admit 動 他 入場を許可する　音 d は飲み込むように。

1343 suspicious
□□□ スs**ピ**シュs
/səspíʃəs/ 。○。

形 疑わしい

That guy seems sus**pi**cious.
あの男は疑わしく見える。

suspicion 名 C U 疑い　suspect 動 自 疑う　名 C 容疑者　suspiciously 副 疑わしそうに

1344 exclusive
□□□ イkskL**ウー**スィv
/ɪksklú:sɪv/ 。○。

形 会員制の

That's an ex**clu**sive **club**.
あれは会員制のクラブです。

〈反〉inclusive 内包的な　exclusively 副 独占的に　exclude 動 他 排除する

1345 amazing
□□□ ァ**メ**イズィン
/əméɪzɪŋ/ 。○。

形 すばらしい

The **ocean view** was a**ma**zing.
そこからの海の眺めはすばらしいものでした。

amaze 動 他 驚かせる　It amazes me that ... …なのは驚きだ　amazingly 副 驚いたことに

1346 inquiry
□□□ インk**ワ**イアRイ
/ɪnkwáɪəri/ 。○。

名 C U 問い合わせ

Thank you for your in**quir**y.
お問い合わせをいただき、ありがとうございます。

inquire 動 他 尋ねる　inquire after ~ ~の近況について尋ねる　inquirer 名 C 調査員

第3章

1347 acquaintance
名 C 知り合い

ァkウェイントゥンs
/əkwéɪntəns/ ○○○

He is **just** an acquaintance.
彼はただの知り合いです。

acquaint 動 他 知り合いにさせる　be acquainted with 〜 〜と知り合いである

1348 consider
動 他 自 よく考える

クンスイダ
/kənsídər/ ○○○

OK, I'll consider it a**gain**.
わかりました。もう一度よく考えてみましょう。

🔊 con部分はあいまい母音を使う。　consideration 名 U 熟考　considerate 形 思いやりのある

1349 idea
名 C 考え

アイディーーア
/aɪdíːə/ ○○○

Do you **have** any **good** ideas?
あなたに何かいい考えがある?

🔊「アイ」を強く言う間違いが多い。　That's an idea! それはいいね。　have no idea 全くわからない

1350 emotion
名 U C 感情

イモウシュンヌ
/ɪmóʊʃən/ ○○○

She **never shows any** emotion.
彼女は決してどんな感情も見せない。

emotional 形 感情的な　emotionally 副 感情的に　emoticon 名 C 絵文字(emotion + iconから)

1351 direction
名 C 道順

ドゥRエkシュンヌ
/dərékʃən/ ○○○

Could you **give** me directions?
道順を教えていただけますか。

指示　direct 動 自 他 指示する、向ける、道を教える　director 名 C 監督、所長、責任者

1352 opponent
名 C 対戦相手

ゥポウヌンt
/əpóʊnənt/ ○○○

My opponent to**day** was **strong**.
僕の今日の対戦相手は強かったよ。

ライバル　〈源〉「op(…に対して)+pon(置く)+ent(こと)」　leading opponent 主たる敵対者

1353 prescription
名 C U 処方箋

pRイskRイpシュンヌ
/prɪskrípʃən/ ○○○

Is my prescription **ready yet**?
私の処方箋はもうできていますか。

〈源〉「pre(前もって)+scribe(書く)」　prescribe 動 他 処方する　prescription drug 処方薬

1354 familiar
形 馴染みがある

fウミLイャ
/fəmíljər/ ○○○

This music is familiar to me.
この音楽は馴染みがあるよ。

🔊 fa部分は弱くあいまいな母音で。「人 is familiar with 物」という形も可能。　familiarity 名 U 精通

1355 distribute

ディstRイビューt
/dɪstríbju:t/ 。○。

動 他 配布する

Let me dis**trib**ute the **handout.**
資料を配布させてください。

🔊 bute 部分を強く言うミスが多い。　distribution 名 C U 販売　distributor 名 C 販売業者

1356 example

イgゼアーンポウ
/ɪgzǽmpl/ 。○。

名 C 例

Can you **give** me some ex**am**ples?
いくつか例を挙げてくれる？

〈源〉「取り出されたもの」　for example たとえば　exemplify 動 他 例証する　sample 名 C 見本

1357 determine

ディトウアーミンヌ
/dɪtə́:rmən/ 。○。

動 他 特定する

Can you de**ter**mine **where** we **are**?
私たちが今、どこにいるか特定することができますか。

determination 名 U 決断　determined 形 決意の固い　determinedly 副 断固として

1358 announcement

ァナウンsムンt
/ənáunsmənt/ 。○。

名 C U （公式な）発表

This announce**ment** is im**por**tant.
この発表は重要です。

announce 動 他 告知する　to be announced 追って連絡する　announcer 名 C アナウンサー

1359 agenda

ァヂェンダ
/ədʒéndə/ 。○。

名 C 議案リスト

What's on the a**gen**da for to**day**?
今日の議案リストには何があがってますか。

hidden agenda 隠れた動機　political agenda 政治的課題　be high on the agenda 重要課題だ

1360 permission

プァミシュンヌ
/pərmíʃən/ 。○。

名 U 許可

Did you **ask mom** for per**mis**sion?
あなたは、お母さんに許可を求めた？

permit 動 自 他 許す　permissive 形 （過度に）寛容な　permissive parent 甘い親

1361 encourage

インクアーRイチ
/ɪnkə́:rɪdʒ/ 。○。

動 他 励ます

My **par**ents **al**ways en**cour**aged me.
両親はいつも私を励ましてくれた。

〈反〉discourage 落胆させる　encouragement 名 C U 激励　encouraging 形 元気の出る

1362 position

プズィシュンヌ
/pəzíʃən/ 。○。

名 C 地位

I **want** to **get** a **high**er po**si**tion.
もっと上の地位が欲しいんだ。

立場　in ～'s position ～の立場で　🔊 si 部分をヅィと言わない。スィの有声音のズィを発音する。

第3章

1363 department
ディパーtムンt
/dɪpáːrtmənt/ ○○○
名 C 部局

I'm in the pub**lic**ity de**part**ment.
僕は広報部(部局)に属しています。

〈源〉「depart(離れる)+ment(こと)」 名 C 学科　department store デパート

1364 enormous
イノーァムs
/ɪnɔ́ːrməs/ ○○○
形 巨大な

There's an e**nor**mous **dog** out**side**!
外に巨大な犬がいるよ！

an enormous amount 莫大な量　enormously 副 ものすごく　enormity 名 U 深刻さ、巨大さ

1365 determined
ディ**トゥ**アーミンd
/dɪtə́ːrmənd/ ○○○
形 決意が固い

You are a **ver**y de**ter**mined **per**son.
君はとても決意が固い人だね。

🔊 mine部分は、「マイン」ではない。　determination 名 U 決意　determinedly 副 断固として

1366 potential
プ**テン**ショゥ
/pəténʃəl/ ○○○
名 U 可能性

He is a **kid** with **great** poten**tial**.
彼は大きな可能性を秘めた子どもだよ。

形 可能性のある　potentially 副 もしかすると　potentially dangerous 危険性を秘めた

1367 exception
イk**セ**pシュン㇇
/ɪksépʃən/ ○○○
名 C U 例外

I will **make** an ex**cep**tion for you.
あなたのために例外を作ってあげましょう。

without exception 例外なく　exceptionally 副 例外的に　exceptionally gifted 並外れて才能がある

1368 domestic
ドゥ**メ**sティk
/dəméstɪk/ ○○○
形 国産の

I **try** to **buy** domes**tic** **veg**etables.
私は国産の野菜を買うように努めています。

家庭内の、国内の　domestic violence (= DV) 家庭内暴力　domesticated 動 他 家畜化する

1369 container
クン**テ**イナ
/kəntéɪnər/ ○○○
名 C 容器

Is **this** container micro**wave-safe**?
この容器は電子レンジに入れて安全ですか。

貨物を運ぶ「コンテナ」も同じ。　contain 動 他 中に含む　containment 名 C 封じ込め

1370 incentive
イン**セン**ティv
/ɪnséntɪv/ ○○○
名 C U インセンティブ

We **of**fer in**cen**tives to **hard work**.
頑張りに対してはインセンティブを用意しています。

〈源〉「火をつけるもの」　tax incentives 税制優遇措置　a powerful incentive 強力なインセンティブ

1371 transaction
tRエァンゼアkシュンヌ
/trænzǽkʃən/ ○○○
名 C U 取り引き
Did you comple**te** the transa**ct**ion?
取り引きは完了したのですか。
音 s を無音声で発音する人もいる。　transactional 形 取引の　transactional cost 取引費用

1372 extremely
イkstRイームLイ
/ɪkstríːmli/ ○○○
副 極端に
I'm extremely **scared** of **spi**ders.
私って極端にクモが怖いの。
extreme 形 極端な　extreme sports 極限スポーツ　extremity 名 C U 極端さ、先端

1373 accomplish
ァカーンpLイシュ
/əkάːmplɪʃ/ ○○○
動 他 達成する
I **want** to accom**pl**ish **ma**ny **things**.
いろいろなことを達成したいです。
accomplishment 名 U 成就　a sense of accomplishment 達成感　accomplished 形 達成した

1374 aggressive
ァgRエスィv
/əgrésɪv/ ○○○
形 攻撃的な
Small dogs tend to be agg**res**sive.
小型犬って、攻撃的な傾向がある。
passive agressive 受動攻撃的な　aggression 名 U 攻撃　aggressiveness 名 U 攻撃性

1375 recycle
Rイサイコウ
/rɪsáɪkl/ ○○○
動 他 リサイクルする
I recy**cle all** of my **wa**ter **bot**tles.
飲料水のボトルはみなリサイクルします。
〈源〉「re(再び)+cycle(円)」　recycler 名 C リサイクル業者　upcycle 動 他 アップサイクルする

1376 fantastic
fエァンテア-sティk
/fæntǽstɪk/ ○○○
形 すばらしい
Thank you for the fan**tas**tic **night**.
すばらしい夜をありがとう！
fantastically 副 とてつもなく　fantasy 名 C 空想的な状況　fantasize 動 自 空想する

1377 imagine
イメア-ヂンヌ
/ɪmǽdʒɪn/ ○○○
動 他 想像する
I **can't** imagine you **wear**ing a **suit**.
あなたのスーツ姿なんて想像することができないわ。
imagination 名 C U 想像　imaginary 形 想像上の　imaginative 形 想像力豊かな

1378 attendant
ァテンドゥンt
/əténdənt/ ○○○
形 付き添いの
My **fa**ther **hired** an atten**d**ant **nurse**.
私の父は付き添いの看護師を雇いました。
名 C 案内係　a flight attendant 客室乗務員　attend 動 自 他 世話をする、付き添う

第3章

279

1379 committee

☐☐☐ カミディ
/kəmíti/ ○○○

名 C 委員会

The com**mit**tee will **make** a de**ci**sion.
委員会が決定を下すだろう。

〈源〉「任される（commit）＋者（ee）」　on the committee 委員会のメンバーである

1380 efficient

☐☐☐ イ**フィ**シュンt
/ɪfíʃənt/ ○○○

形 手際がよい

My **new sec**re**tary** is **ver**y effi**ci**ent.
私の新しい秘書はとても手際がよいです。

efficiency 名 C 効率性　cost efficiency 対費用効率　efficiently 副 効率的な

1381 productive

☐☐☐ pR**ゥダ**kティv
/prədʌ́ktɪv/ ○○○

形 生産性が高い

I'm **not** pro**duc**tive in the **morn**ing.
僕は朝は生産性が高くないんだ。

〈反〉unproductive 非生産的な　productivity 名 U 生産性　productively 副 生産的に

1382 reception

☐☐☐ R**イセ**pシュン*ズ*
/rɪsépʃən/ ○○○

名 C 歓迎会

What time does the re**cep**tion **start**?
歓迎会は何時に始まるの？

receive 動 他 受けとる　receptionist 名 C 受付係り　receptive 形 受容的な

1383 attractive

☐☐☐ ァt**Rエ**ァkティv
/ətrǽktɪv/ ○○○

形 魅力的な

That blue dress is **ver**y at**trac**tive.
あの青いドレス、とても魅力的です。

人に使うと「恋愛対象として魅力がある」というニュアンス。　find ～ attractive ～を魅力的と思う

1384 romantic

☐☐☐ R**オウメァ**-ンティk
/roumǽntɪk/ ○○○

形 ロマンチックな

A **doz**en **ros**es? **What** a ro**man**tic **gift**!
1ダースのバラ？　なんてロマンチックなプレゼントだろう！

romance 名 C 恋愛　romantically 副 ロマンチックに　romantically involved 恋愛関係にあって

1385 belongings

☐☐☐ ビ**Lオ**ーンギンz
/bəlɔ́:ŋɪŋz/ ○○○

名 C 持ち物

Do **not leave an**y of your be**long**ings.
自分の持ち物を置き忘れないでください。

この意味では複数形にし、「帰属」の意味では単数形にする。　a sense of belonging 帰属感

1386 convention

☐☐☐ クン**Vエ**ンシュン*ズ*
/kənvénʃən/ ○○○

名 C 会議

Where is the **an**nual con**ven**tion **held**?
その毎年の会議はどこで開催されるのですか。

C U 慣習、しきたり　conventional 形 伝統的な　conventional wisdom 世間一般の通念

1387 recover

Rイ**カ**vァ
/rɪkʌ́vər/ ○○○

動 自 回復する

She re**co**vered **quick**ly **af**ter **sur**gery.
彼女は手術の後すぐに回復した。

〈源〉「re(再び)+cover(覆う)」　recovery 名 C U 回復　make a full recovery 完全に回復する

1388 instruction

インstR**ア**kシュンォ
/ɪnstrʌ́kʃən/ ○○○

名 C U 指示

The **teach**er **gave clear** in**struc**tions.
先生は明確な指示を与えました。

instruct 動 他 教える　instructor 名 C 指導者　instructional 形 説明・解説のための

1389 donation

ドゥ**ネイ**シュンォ
/dounéɪʃən/ ○○○

名 C U 寄付

I **try** to **make** a do**na**tion **ev**ery **year**.
私は毎年寄付をするよう努めています。

donate 動 自 他 寄付する　donor 名 C ドナー　blood/organ donation 献血／臓器提供

1390 whatever

ワ**デ**vァ
/wʌtévər/ ○○○

代 何でも

Order what**ev**er you **want**. It's on **me**.
何でも好きなものを注文して！　私のおごりだから！

返答としての Whatever. は「どうでもいいよ」という意味がある。　~ or whatever ~その他何でも

1391 professor

pRʊf**エ**サ
/prəfésər/ ○○○

名 C 教授

My **fa**ther is a pro**fes**sor of bi**ol**ogy.
うちの父は生物学の教授です。

associate professor 准教授　assistant professor 助教　professorship 名 C 教授職

1392 construction

クンstR**ア**kシュンォ
/kənstrʌ́kʃən/ ○○○

名 U C 工事

That road is **un**der con**struc**tion now.
あの道は今工事中だよ。

〈反〉destruction 名 U 破壊　construct 動 他 工事する　constructive 形 建設的な

1393 solution

スL**ウ**ーシュンォ
/səlúːʃən/ ○○○

名 C 解決策

I **know this** is **not** the **best** so**lu**tion.
これが最適な解決策ではないことは承知しています。

「~の解決策」は solution to ~ で、solution of ~ ではない。　solve 動 他 解決する

1394 abortion

ァ**ボー**ァシュンォ
/əbɔ́ːrʃən/ ○○○

名 C U (人工)妊娠中絶

Is it **le**gal to **have** an a**bor**tion **here**?
ここでは妊娠中絶をすることは合法ですか。

abort 動 他 (計画を)中止する　pregnancy 名 U 妊娠　miscarriage 名 C U 流産

1395 equipment

イク**ウイ**pムンt
/ɪkwípmənt/ ○○○

名 U 用品

Will you **grab** the **football** equipment?
そのフットボール用品を取ってくれる?

office equipment 事務用品　equip **動** 他 備え付ける　be equippd with ～ ～で装備している

1396 insurance

イン**シュ**アRウンs
/ɪnʃúərəns/ ○○○

名 U 保険

My **me**dical in**sur**ance **cov**ered the **fee**.
私の医療保険でその費用はカバーしました。

health insurance card 健康保険証　insure **動** 自 他 保険をかける　insured **形** 保険をかけた

1397 appointment

ァ**ポ**インtムンt
/əpɔ́ɪntmənt/ ○○○

名 C 予約

I **have** an ap**point**ment with a **den**tist.
歯医者の予約があるんです。

音 真ん中のtは飲み込むように発音する。　a appointment book 予定表、手帳

1398 attorney

ァt**ウァ**ーニ
/ətə́ːrni/ ○○○

名 C 弁護士

I'll **meet** my at**tor**ney about the **will**.
私は遺言のことで弁護士に会います。

〈源〉「任命された人」　主に〈米〉で使われる語。lawyer よりも硬い響きがある。

1399 discover

ディs**カ**vァ
/dɪskʌ́vər/ ○○○

動 他 発見する

I dis**cov**ered a **new love** for **swim**ming.
最近、水泳に対する新たな愛を発見した。

〈源〉「dis(打ち消し)+cover(覆う)」　discovery **名** C U 発見　uncover **動** 他 暴露する

1400 exciting

イク**サ**イディン
/ɪksáɪtɪŋ/ ○○○

形 興奮させるような

To**night's football game** was ex**cit**ing.
今夜のフットボールの試合は、興奮したね。

excite **動** 他 興奮させる　excitement **名** C U 興奮　excited **形** 興奮して

1401 entirely

イン**タ**イアレイ
/ɪntáɪərli/ ○○○

副 まったく

That's an en**tire**ly **dif**ferent **sub**ject.
それはまったく別の話題ですよ。

entire **形** 全体の　an entire day 丸一日　entirety **名** U 全体　in its entirety 全体として

1402 concerning

クン**ス**アーニン
/kənsə́ːrnɪŋ/ ○○○

前 ～に関して

Con**cern**ing the **pro**duct, it **sells well**.
その製品に関しては、よく売れています。

about よりも硬い語。　questions concerning the report 報告に関する疑問

1403 official

☐☐☐ アフィショウ
/əfíʃəl/ ○○○

形 公式な

He's the official spokesperson for us.
彼が我が社の公式な広報担当者です。

official line 表向きの説明　official duties 公務　officially 副 公式に　office 名 C U 職務

1404 contribute

☐☐☐ クントRイビュート
/kəntríbjuːt/ ○○○

動 自 他 貢献する

I'd like to thank all who contributed.
貢献してくださったすべての皆様に感謝いたします。

音 アクセントはtrib部分にある。　contribution 名 C U 貢献　contributor 名 C 寄稿者

1405 location

☐☐☐ Lオウケイシュンヌ
/loukéiʃən/ ○○○

名 C U 場所

Do you know the location of the hotel?
ホテルの場所はご存じですか。

on location（映画の）ロケで　the exact location 正確な位置　locate 動 自 他 位置する

1406 subscription

☐☐☐ スbskRイpシュンヌ
/səbskrípʃən/ ○○○

名 C U サブスク

I canceled my subscription to Netflix.
僕はネットフリックスのサブスクを解約したんだ。

有効期間内の使用権のこと。　subscribe 動 自 定期契約する　subscriber 名 C 定期契約者

1407 emission

☐☐☐ エミシュンヌ
/ɪmíʃən/ ○○○

名 C U 排出（量）

We need to reduce CO_2 (CO two) emissions.
二酸化炭素排出量を削減する必要がある。

排出量の意味では通例複数形。　emission trading 排出権取引　emit 動 他 排出する、放出する

1408 advantage

☐☐☐ アdVエアーンティチ
/ədvǽntɪdʒ/ ○○○

名 C U 有利な点

In basketball, height is an advantage.
バスケットボールでは、背の高さは有利な点ですね。

〈反〉disadvantage 欠点　advantageous 形 有利な　take advantage of ～ ～につけこむ

1409 interpret

☐☐☐ インtウアーpRイt
/ɪntə́ːrprət/ ○○○

動 他 自 解釈する

I interpreted his answer as a refusal.
私は彼の答えを拒絶だと解釈した。

音 アクセントはter部分。　interpreter 名 C 通訳者　interpretation 名 C U 解釈

1410 pollution

☐☐☐ プLウーシュンヌ
/pəlúːʃən/ ○○○

名 U 汚染

Water pollution is a big problem here.
ここでは水質汚染が深刻な問題なんです。

environmental pollution 環境汚染　pollute 動 他 汚染する　pollutant 名 C U 汚染物質

第3章

1411 disaster
名 C U 災害

ディ**ゼァ**-sタ
/dɪzǽstər/ ○○○

We are pre**pared** for a **nat**ural di**sas**ter.
私たちは自然災害への備えができています。

名 C 大失敗、失敗作　recipe for disaster 必ず失敗する条件　disastrous 形 大失敗の

1412 proposal
名 C 提案

pR**ウ**ポ**ウ**ゾ**ウ**
/prəpóuzl/ ○○○

They'll **send** us a pro**pos**al by to**mor**row.
先方は、明日までに提案を送って来る。

〈源〉「pro（前に）+pose（置く）」　marriage proposal プロポーズ　proposition 名 C 主張・提案

1413 attention
名 U 注意

ァ**テ**ンチュンﾇ
/əténʃən/ ○○○

Please pay atten**tion dur**ing the **les**son.
授業中は注意を払ってください。

音 n の後に tion が来ると「チュン」のようになる。　attentive 形 注意深い

1414 nutrition
名 U 栄養(学)

ニュー**t**R**イ**シュンﾇ
/n(j)u(:)tríʃən/ ○○○

I **took** a **class** on nu**tri**tion in **col**lege.
私は大学で栄養学の授業を取りました。

nutritious 形 栄養のある　nutritional 形 栄養上の　nutritionist 名 C 栄養士

1415 organic
形 有機栽培の

オー**ゲァ**-ニk
/ɔːrɡǽnɪk/ ○○○

The **shop sells** or**ga**nic **veg**etables **on**ly.
その店は有機栽培の野菜だけを売っているんだ。

音 アクセントは、「ゲァ」部分。オーを強く言わないように注意。　organism 名 C 有機体、微生物

1416 enable
動 他 可能にする

イ**ネ**ィボウ
/ɪnéɪbl/ ○○○

This card en**ables** you to **o**pen the **door**.
このカードはそのドアを開けることを可能にする。

〈源〉「en（する）able（可能に）」　〈反〉disable 無効にする　enablement 名 U 有効化

1417 appearance
名 C 外見

ァ**ピ**ァRウンs
/əpíərəns/ ○○○

Don't judge people by their ap**pear**ance.
人を外見で判断してはいけません。

〈反〉disappearance 消滅　by all appearances 見たところでは　動 自 appear 現れる、～に見える

1418 component
名 C 部品

カン**ポ**ウネﾝt
/kəmpóunənt/ ○○○

The **en**gine is a **key** com**po**nent of a **car**.
エンジンは車の鍵となる部品だ。

〈源〉「com（一緒に）+pon（置かれている）+ent（もの）」　「構成要素」という比喩的な意味でも使う。

1419 impressive

□
□ インpRエスィv
□ /ɪmprésɪv/ ○○○

形 印象的

The pro**mo**tion **vid**eo is **ver**y im**pres**sive.
この宣伝ビデオはとても印象的だね。

impress **動** **自** **他** 印象づける　impression **名** **C** 印象　impressed **形** 感動して

1420 accountant

□
□ ァ**カ**ゥントゥンt
□ /əkáuntnt/ ○○○

名 **C** 会計士

My ac**count**ant **called** me about my **tax**es.
僕の会計士が税金のことで電話してきた。

certified public accountant 公認会計士　account **動** **自** **他** 計算する　accounting **名** **U** 会計

1421 exactly

□
□ イg**ゼア**ktLイ
□ /ɪgzǽktli/ ○○○

副 そのとおり

"The **new boss** is a di**sas**ter!" "Ex**act**ly!"
「新しい上司はひどいね」「そのとおり！」

音 t は発音しないつもりでよいので L をはっきりと言う。　exact **形** ピッタリの

1422 embarrass

□
□ インベ**ア** -Rゥs
□ /ɪmbǽrəs/ ○○○

動 **他** 恥ずかしい思いをさせる

My **son** em**bar**rassed me at the **res**taurant!
息子はレストランで私に恥ずかしい思いをさせた！

embarrassed **形** 困惑して　embarrassing **形** きまりの悪い　embarrassment **名** **C** **U** 困惑

1423 disabled

□
□ ディ**セ**イボウd
□ /dɪséɪbld/ ○○○

形 障害のある

Many disabled **peo**ple **work** in my **com**pany.
多くの障がいのある方々がうちの会社で働いています。

handicapped は現在では失礼な語とされる。　disability **名** **C** **U** 障害

1424 impatient

□
□ インペ**イ**シュンt
□ /ɪmpéɪʃənt/ ○○○

形 せっかちな

My **broth**er is the **most** im**pa**tient **per**son!
僕の弟はすごくせっかちな人間なんだ。

〈反〉patient しんぼう強い　impatiently **副** いらいらして　impatience **名** **U** じれったさ

1425 essential

□
□ エ**セ**ンショウ
□ /ɪsénʃəl/ ○○○

形 必須の

What is es**sen**tial for a **good salesper**son?
よい営業担当者には何が必須だろうか。

essential services 公益事業（水道など）　essentially **副** 本来　essence **名** **U** 最も重要なところ

1426 encounter

□
□ エン**カ**ゥンタ
□ /ɪnkáuntər/ ○○○

動 **他** 偶然会う

I en**coun**tered my **old friend** at the **par**ty.
パーティーで昔の友達に偶然会いました。

名 **C** 出会い　a close encounter with ～ ～との接近遭遇　encounter opposition 反対に遭う

第3章

1427 infection
インf**エ**kシュンォ
/ɪnfékʃən/ ○○○
名 C U 感染

The in**fec**tion is going to **spread quick**ly.
感染は急速に広まるでしょう。

infect 動 他 感染させる　infectious 形 感染性の　infectious diseases 感染性疾患

1428 electric
イ**L エ**ktR**イ**k
/ɪléktrɪk/ ○○○
形 電気の

This elec**tric ket**tle **heats wa**ter **quick**ly.
この電気のポットは早くお湯をわかせるよ。

EV (= electric vehicle) 電気自動車　electrical 形 電気に関する　electricity 名 U 電気

1429 specific
s プ**スイ** fイk
/spəsífɪk/ ○○○
形 具体的な

Did you **have** a spe**cif**ic **ques**tion in **mind**?
何か具体的な質問が頭にあったのですか。

〈反〉general 一般的な　specify 動 他 細かく特定する　specifically 副 具体的に、特に

1430 foundation
fアウン**デイ**シュンォ
/faʊndéɪʃən/ ○○○
名 C U 基礎

Our **house**'s foun**da**tion is **fall**ing a**part**.
我が家の基礎の部分が壊れかけているんです。

化粧品の「ファンデーション」はこちら。　found 動 他 基礎を置く、設立する　founder 名 C 創立者

1431 develop
ディ**v エ**L ゥp
/dɪvéləp/ ○○○
動 他 自 開発する

The **teach**er has de**vel**oped my **son's tal**ent.
その先生が私の息子の才能を開発してくれた。

音 lop を強く言うミスが多い。　developing 形 発展しつつある　development 名 U 発展

1432 initial
イ**二**ショゥ
/ɪníʃəl/ ○○○
形 最初の

There is a **dis**count on your in**i**tial **or**der.
最初のご注文には割引がございます。

音 アクセントは2つめのiの部分。　名 C イニシャル　initially 副 当初は　initiate 動 他 始める

1433 according
ァ**コー**ァディン
/əkɔ́:rdɪŋ/ ○○○
前 ～によると

Ac**cord**ing to my **sis**ter, **this shop** is **good**.
僕の姉によると、このお店はよいそうだ。

accord 動 自 一致する　accordingly 副 それに従って適切に　accordance 名 C 一致

1434 commercial
カ**ム アー**ショゥ
/kəmə́:rʃəl/ ○○○
形 商業的な

The **land** is being **sold** for com**mer**cial **use**.
その土地は商業的な用途のために売りに出されています。

CM (= commercial message)　commerce 名 U 商業　commercially 副 商業的に

1435 apartment

ァパーtムンt
/əpáːrtmənt/ ○○○

名 C アパート

My **son lives** in a **small apart**ment **downtown**.
私の息子は中心街にある小さなアパートに住んでいます。

通例、一世帯が住む居住部分を指す。　日本語のマンションは apartment。

1436 authentic

オーthエンティk
/ɔːθéntɪk/ ○○○

形 本物の

That restaurant **serves** au**then**tic **soul food**.
あのレストランは本物のソウルフードを出してくれるよ。

authenticity 名 U 真正性、本物っぽさ　authenticate 動 他 本物だと証明する

1437 unable

アネイボゥ
/ʌnéɪbl/ ○○○

形 〜できない

My **fa**ther is un**a**ble to **move** his **right hand**.
父は右手を動かすことができません。

unable は一時的に不可能であること、incapable は能力・資質が欠けている、というニュアンスがある。

1438 performance

ップァfオーァムンs
/pərfɔ́ːrməns/ ○○○

名 C U 演奏

What did you **think** of my **first** per**for**mance?
僕の初めての演奏について君はどう思った？

「人目を引くための行為」の意味はない。　perform 動 自 他 行う　the performing arts 舞台芸術

1439 requirement

Rイkワイウメンt
/rɪkwáɪərmənt/ ○○○

名 C 必要要件

What are the re**quire**ments for the po**si**tion?
そのポストに応募するための必要要件は何ですか。

要件を「満たす」は meet, fulfill, satisfy などの動詞。　require 動 他 必要とする　required 形 必須の

1440 condition

カンデイシュンぇ
/kəndíʃən/ ○○○

名 C 状態

How can you **keep** it in **such** a **good** con**di**tion?
どうしたら、それをこんなによい状態に保てるのですか。

名 C 条件　conditional 形 条件付きの　unconditional 形 無条件の　conditioner 名 C 調節装置

1441 dependent

ディペンドゥンt
/dɪpéndənt/ ○○○

形 依存して

She **has** a **moth**er com**plete**ly de**pend**ent on her.
彼女には、完全に彼女に依存している母親がいる。

〈反〉independent 自立した　depend 動 自 依存する　dependence 名 U 依存

1442 inflation

インfLエイシュンぇ
/ɪnfléɪʃən/ ○○○

名 U インフレ

The **go**vernment's **try**ing to con**trol** in**fla**tion.
政府はインフレを抑制しようとしています。

〈源〉「ふくらむこと」　〈反〉deflation デフレ　inflate 動 他 ふくらませる　inflated 形 ふくらんだ

第3章

1443 regardless

□
□ Rイ**ガー**dLエs
/rɪɡɑ́:rdləs/ ₒOₒ

副 ～に関わらず

Everyone can ap**ply**, re**gard**less of **age** or **sex**.
年齢や性別に関わらず、誰でも応募できます。

〈源〉「regard（注意）+less（しない）」　regarding 前 ～に関しての　with regard to ～ ～に関しての

1444 examine

□
□ イg**ゼア**-ミンヌ
/ɪɡzǽmən/ ₒOₒ

動 他 診察する

The **vet** ex**am**ined our **dog** and **gave** him a **shot**.
獣医さんがうちの犬を診察して注射を打ってくれたよ。

examiner 名 C 試験官　examinee 名 C 受験者　examination 名 C U 試験

1445 consultant

□
□ クン**サ**オトゥンt
/kənsʌ́ltənt/ ₒOₒ

名 C コンサルタント

Can you re**com**mend a **good busi**ness con**sult**ant?
よい経営コンサルタントを推薦してもらえますか。

consultation 名 U 相談、協議　consultative 形 助言を提供するような　consulting 形 助言の

1446 relation

□
□ Rイ**L エ**イシュンヌ
/rɪléɪʃən/ ₒOₒ

名 U C 関係

There is **lit**tle re**la**tion between **those events**.
それらの出来事の間にはほとんど関係はありません。

relate 動 自 他 関連づける　related 形 関連した　relationship 名 C （親密な）関係

1447 discomfort

□
□ ディs**カン**fウァt
/dɪskʌ́mfərt/ ₒOₒ

名 U C 不快感

I **felt** a **bit** of dis**com**fort **af**ter the **op**eration.
私は、手術後に少し不快感がありました。

動 他 不快にする（⇔ comfort 安楽、快適（にする）、慰める）　comfortable 形 快適な

1448 consistent

□
□ カン**スイ** sトゥンt
/kənsístənt/ ₒOₒ

形 首尾一貫した

Her **ac**tions are **al**ways con**sis**tent with her **words**.
彼女の行動と言葉は一致して（首尾一貫して）いる。

音 con部分はあいまい母音を使う。　consistency 名 C U 一貫性　consistently 副 一貫して

1449 establish

□
□ イs**テア**-bLイsh
/ɪstǽblɪʃ/ ₒOₒ

動 他 設立する

The **com**pany was es**tab**lished in 2020 (**twen**ty **twen**ty).
その会社は2020年に設立された。

〈源〉「堅固な (stable) ものにする」　establishment 名 設立、組織　established 形 定評のある

1450 deliver

動 他 配達する

ディ**レイ**vア
/dɪlívər/ ○○○

They **al**ways de**liv**er the **piz**za in 20 (**twen**ty) **min**utes.
その店は、いつも20分以内にピザを配達してくれる。

delivery **名** **U** 配達、話し方　**C** お産　delivery charge 配達料　delivery room 分娩室

1451 illegal

形 違法な

イ**レ**イーゴゥ
/ɪlíːgl/ ○○○

Drinking **un**der the **age** of 20 (**twen**ty) is il**le**gal here.
20歳未満の飲酒はここでは違法です。

〈反〉legal　illegally **副** 違法に　illegality **名** **U** 違法性　illegal workers 不法労働者

1452 deposit

動 他 手付金として払う

ディ**パー**ズィt
/dɪpάːzət/ ○○○

I de**pos**ited $400 (**four hun**dred **dol**lars) for my **new car**.
新しい車のために400ドルを手付金として払った。

〈源〉「de（下に）posit（置く）」　**名** **C** 預金、前金　refundable deposit 返金される預け金

1453 consumer

名 **C** 消費者

カン**スー**マ
/kəns(j)úːmər/ ○○○

The **com**pany col**lects in**for**ma**tion about con**sum**er **trends**.
その会社は消費者動向についての情報を集めている。

consume **動 他** 消費する　consumption **名** **U** 消費　consumption tax 消費税

1454 allowance

名 **C** 小遣い

ァ**レ**アゥアンs
/əláʊəns/ ○○○

My **son's** al**low**ance is $100 (**one hun**dred **dol**lars) per **month**.
息子の小遣いは月100ドルです。

〈源〉「許容するもの」　make allowances for ～ ～を大目に見る　daily allowance 1日の許容摂取量

第3章

音節パターン❺［○○○型］

Lesson 36（→ p.75）で学習した**音節パターン**の［○○○型］の単語 143 語を取り上げました。（ただし、カジュアルな発話では、語中のあいまい母音が脱落して音節パターンが○○になることもあります。）

1455 lottery ｜ 名 C 宝くじ

☐☐☐ **L** アードゥRイ
/lάːtəri/ ○○○

I **won** the **lot**tery!
宝くじを当てたぞ！

抽選　buy a lottery ticket 宝くじを買う　by lottery 抽選で　lot 名 C 運、運命

1456 typical ｜ 形 典型的

☐☐☐ **テ**ィピコウ
/típɪkl/ ○○○

How typical of you!
なんてあなたらしい（あなたとして典型的）！

〈反〉atypical 型破りの　typically 副 典型的に（⇔ atypically 型にはまらず）　type 名 C 型

1457 terrible ｜ 形 ひどい

☐☐☐ **テ**Rウボウ
/térəbl/ ○○○

I **had** a **ter**rible **cold**.
ひどい風邪をひいていました。

terribly 副 ひどく　terror 名 U 恐怖　terrific 形 すばらしい

1458 awfully ｜ 副 すごく

☐☐☐ **オー**fウレイ
/ɔ́ːfəli/ ○○○

You look **aw**fully **hap**py.
君はすごくうれしそうだね。

音 ly 部分でL音をきちんと発音する。　I'm awfully sorry. 大変申し訳ありません。

1459 average ｜ 形 平均的な

☐☐☐ **エア**-vウRイチ
/ǽvərɪdʒ/ ○○○

My **car** is **av**erage **size**.
僕の車は平均的な大きさです。

動 他 平均する　名 C U 平均　on average 平均して　the national average 全国平均

1460 allergy ｜ 名 C アレルギー

☐☐☐ **エア**-Lアヂ
/ǽlərdʒi/ ○○○

I **have** a **pol**len **al**lergy.
僕は花粉アレルギーがあります。

音 アレルギーという発音はドイツ語起源。　a food allergy 食物アレルギー　allergic 形 アレルギーの

1461 logical
☐☐☐
Lアーヂコウ
/láːdʒɪkl/ ○◦◦

形 論理的

His **talk** is **ver**y **log**ical.
彼の話はとても論理的です。

〈反〉illogical 形 非論理的な　logical necessity 論理的必然性　logic 名 U 論理　logically 副 論理的に

1462 excellent
☐☐☐
エkスレウンt
/éksələnt/ ○◦◦

形 とても良い

That's an **ex**cellent i**de**a.
それは、とても良いアイデアですね。

Excellent! すばらしい!　excellence 名 U 優れていること　excel 動 自 他 優れている

1463 totally
☐☐☐
トウドゥレイ
/tóʊtəli/ ○◦◦

副 全面的に

I **to**tally a**gree** with you.
全面的にあなたに同感です。

音 最初のtは「帯気音」でhのような音を出す。a部分はシュワ(あいまい母音)。最後のll部分で確実にL音を。

1464 terminal
☐☐☐
tウァームノゥ
/táːrmənl/ ○◦◦

名 C ターミナル

Where's the **bus ter**minal?
バスターミナルはどこですか。

終点　形 末期的な　terminally 副 末期的に　terminally ill patients 末期症状の患者

1465 similar
☐☐☐
スィムLア
/símələr/ ○◦◦

形 似ている

Those two look **so sim**ilar.
その2つは、とてもよく似ているね。

(be) similar to ～ ～に似ている　similarity 名 C 共通点　similarly 副 同様に

1466 accurate
☐☐☐
エアキュRエt
/ǽkjərət/ ○◦◦

形 正確な

Your **da**ta is **not ac**curate.
君のデータは正確ではないよ。

〈反〉inaccurate 不正確な　accuracy 名 U 正確さ　accurately 副 きちんと

1467 ultimate
☐☐☐
アゥトゥメt
/ʌ́ltəmət/ ○◦◦

形 最終的な

What's your **ul**timate **goal**?
あなたの最終的な目標は何ですか。

ultimately 副 最終的に　ultimateness 名 U 究極　ultimatum 名 C 最後通牒

1468 medium
☐☐☐
ミーディアm
/míːdiəm/ ○◦◦

形 中くらいの

He's about **me**dium **height**.
彼はだいたい中くらいの背丈です。

〈源〉ラテン語「medius(中央の)」　medium-length hair 中くらいの長さの髪

1469 racism

□
□ **Rエ**イスィzm
/réɪsɪzm/ ○∞

名 U 人種差別

Racism is **still prev**alent.
人種差別は未だに広く見られます。

racist 名 C 人種差別主義者　racial discrimination 人種差別　sexism 名 U 性差別

1470 temperature

□
□ **テ**ンプァチャ
/témpərtʃər/ ○∞

名 C U 温度(気温)

What's the **tem**perature now?
今、気温は何度ですか。

〈源〉「temperate(適度に混ぜられた)+ure(状態)→温度」　take ～'s temperature ～の体温を測る

1471 energy

□
□ **エ**ヌァヂー
/énərdʒi/ ○∞

名 U エネルギー

My **son** has a **lot** of **en**ergy.
息子は元気一杯(多くのエネルギーを持っている)です。

🔊 「エネルギー」はドイツ語発音。　energy efficiency エネルギー効率　energetic 形 活動的な

1472 different

□
□ **ディ**fウRエンt
/dífərənt/ ○∞

形 異なった

I **have** a **dif**ferent **op**inion.
私は異なった意見を持っています。

difference 名 C U 違い　differentiate 動 他 区別する　differ 動 自 異なる

1473 favorite

□
□ **f エ**ィvウRエt
/féɪvərət/ ○∞

形 好きな

What's your **fa**vorite **sport**?
あなたの好きなスポーツは何ですか。

名 C お気に入り、(レースなどの)本命　favoritism 名 U えこひいき(対象はtoward ～で表す)

1474 opposite

□
□ **ア**ープズィt
/ɑ́:pəzɪt/ ○∞

形 正反対の

I **have** the **op**posite **op**inion.
私は正反対の意見を持っています。

前 ～の向い側に　the opposite 逆　oppose 動 他 反対する　opposition 名 C U 反対、野党

1475 president

□
□ p**Rエ**ズィデンt
/prézədənt/ ○∞

名 C 大統領

Who was the **ninth pres**ident?
9代目の大統領は誰だったっけ？

〈源〉「pre(前に)+side(座る)+ent(人)」　presidential 形 大統領選の　presidency 名 U 大統領職

1476 vitamin

□
□ **v ア**イドゥミンヌ
/váɪtəmɪn/ ○∞

名 C ビタミン

Take more vitamins **every day**.
毎日もっとビタミンをとってください。

〈源〉「vita(生命)＋amine(アミノ酸)」　昔はアミノ酸が含まれると誤解されていた。

1477 principle

pRインスィポウ
/prínsəpl/ ○○○

名 C U 主義

Stay true to your **prin**ciples!
自分の主義に忠実でありなさい。

🔊 principal と発音は同一。　in principle 原則として　moral principles 道徳的行動原理

1478 permanent

プァームヌンt
/pə́ːrmənənt/ ○○○

形 永久的な

Write your **per**manent **ad**dress.
定住所（永久的な住所）を書いてください。

🔊 per部分は暗い音を出すこと。　〈反〉temporary 一時的な　permanently 副 永久に

1479 multiple

マオトゥポウ
/mʌ́ltəpl/ ○○○

形 複数の

I have **mul**tiple **jobs** at **work**.
職場で私は複数の業務を持っている。

multiply 動 他 増やす、掛ける　multiplication 名 U 掛け算　multiple-choice 形 多肢選択式の

1480 innocence

イヌスンs
/ínəsəns/ ○○○

名 U 無実

Do **you** be**lieve** his **in**nocence?
あなたは彼の無実を信じる？

innocent 形 無実の　innocent civilians 罪のない民間人　innocently 副 無邪気に

1481 furniture

fウァーニチャ
/fə́ːrnɪtʃər/ ○○○

名 U 家具

Do **not jump** on the **fur**niture!
家具の上で飛び跳ねるな！

集合名詞なので数えるときはa piece of furniture などとする。　furnished 形 家具付きの

1482 industry

インドゥstRイ
/índəstri/ ○○○

名 U 産業

Our **cit**y **needs** more **in**dustry.
私たちの町にはもっと産業が必要です。

the music industry 音楽産業　industrial 形 産業の　industrious 形 勤勉な

1483 compliment

カーンpLウメンt
/kɑ́ːmpləmənt/ ○○○

名 C 褒め言葉

Thank you for your **com**pliment.
褒め言葉をありがとうございます。

動 他 褒める（動詞は ment を強く発音）　complimentary 形 無料で提供される、優待の

1484 surgery

スアーヂュRイ
/sə́ːrdʒəri/ ○○○

名 U 手術

When is your **moth**er's **sur**gery?
あなたのお母さまの手術はいつですか。

surgeon 名 C 外科医（内科医はphysician）　surgical 形 外科の　surgically 副 外科的に

第3章

1485 influence
動 他 影響を与える
インfLウウンs /ínfluəns/
My **father** in**fluenced** me a **lot**.
父が私に大きな影響を与えました。
名 U 影響（影響の対象は on ～で表す） under the influence 酔って influential 形 影響力のある

1486 generous
形 気前がいい
ヂェヌRⱱs /dʒénərəs/
Thank you. You are **so gen**erous.
ありがとう。あなたはとても気前がいいですね。
a generous amount 多めの量 generously 副 気前よく generosity 名 U 気前のよさ

1487 positive
形 前向きな
パーズィディv /pá:zətɪv/
How are you **al**ways **so pos**itive?
あなたは、どうしていつもそんなに前向きなの？
〈反〉negative 否定的な positively 副 肯定的に positivity 名 U 前向きであること

1488 probably
副 たぶん
pRアーブbLイ /prá:bəbli/
I'll **prob**ably be **home** by **sev**en.
私は、たぶん7時までには帰宅しています。
probable 形 起こりそうな improbable 形 起こりそうにない probability 名 見込み

1489 national
形 国全体の
ネア-シュノウ /nǽʃənl/
To**mor**row is a **na**tional **ho**liday.
明日は祝日（国全体の休日）だ。
nation 名 C 国 nationality 名 C U 国籍 nationalize 動 他 国営化する nationalism 名 U 国家主義

1490 recipe
名 C レシピ
Rエサピ /résəpi/
Gross! Did you **read** the **rec**ipe?
うえっ！ レシピは読んだのかい？
音 ci部分は「シ」ではない。 a recipe for disaster 災難のもと a recipe book レシピ本

1491 difficult
形 難しい
ディfイコウt /dífɪkəlt/
You **see**? It's **not** so **dif**ficult.
ほらね。そんなに難しくないでしょ。
a difficult child 扱いにくい子ども difficulty 名 C U 困難 without difficulty 苦もなく

1492 flexible
形 柔軟な
fLエkスボウ /fléksəbl/
I **want Dad** to be **more flex**ible.
パパにはもっと柔軟になって欲しい。
音 xi部分を「キシ」と言わないこと。 flexibly 副 柔軟に flexibility 名 U 柔軟性

1493 character
名 C U 性格

ケア-Rウkタ
/kǽrəktər/ ○○○

She **has** a **ver**y u**nique** cha**r**acter.
彼女はユニークな性格の持ち主です。

C 登場人物　the lead character 主役　characterize 動 他 特徴づける　characteristic 形 特徴的な

1494 salary
名 C U 給料

セア-LウRイ
/sǽləri/ ○○○

I **bet** his **sal**ary is **re**ally **high**.
彼の給料はとても高いに違いない。

〈源〉「塩（salt）を買うために支払われた銅貨」　会社員の固定給。　➡ 0287 wage、0473 pay

1495 customer
名 C 顧客

カsトゥマ
/kʌ́stəmər/ ○○○

We **have more** and **more cus**tomers!
我が社にはますます多くの顧客がついてきている！

「客」といっても、乗客はpassenger、弁護士などの顧客はclient、訪問客はvisitorと使い分ける。

1496 natural
形 自然な

ネア-チュRオウ
/nǽtʃərəl/ ○○○

Is **that** your **nat**ural **hair col**or?
それって、あなたの自然な髪色？

natural disasters 自然災害　naturally 副 自然に　naturalize 動 他 帰化させる

1497 violent
形 暴力的な

vアイウLエンt
/váɪələnt/ ○○○

This **film** has **no vi**olent **scenes**.
この映画には暴力的なシーンはないわ。

violence 名 U 暴力　physical violence 肉体的暴力　violently 副 乱暴に

1498 regular
形 規則的な

Rエギュレア
/régjələr/ ○○○

He's a **reg**ular **cus**tomer here.
彼はここの常連（規則的な顧客）だよ。

〈反〉irregular 不規則な　regularly 副 定期的に　regularity 名 U 規則性

1499 delicate
形 デリケートな

デLイケt
/délɪkət/ ○○○

That's a **ver**y **del**icate **ques**tion.
それは非常にデリケートな質問だな。

音 cate部分は「ケイト」ではない。　delicacy 名 C 珍味 U 微妙さ　a local delicacy 地元の名物

1500 scenery
名 U 景色

スィーヌRイ
/síːnəri/ ○○○

We en**joyed** the **beau**tiful **scen**ery.
私たちは、美しい景色を楽しみました。

音 「シー」ではない。　scenic 形 景色の　scenic beauty 景色のすばらしさ

第3章

1501 sympathy
☐☐☐ スィンパthイ /símpəθi/ ○○○
名 U 共感
I **have** a **lot** of **sym**pathy for him.
私は彼に共感するところが多いです。
〈源〉「syn(共に)+pathy(感情)」 sympathetic 形 思いやりのある sympathize 動 自 共感する

1502 talented
☐☐☐ テア-Lウンティd /tǽləntɪd/ ○○○
形 才能がある
You're **very tal**ented at **draw**ing.
あなたは絵を描く才能がありますね。
talent 名 U 才能(日本語の「テレビタレント」の意味はない) He is a great talent. 彼は逸材だ。

1503 visual
☐☐☐ vイジュウォウ /víʒuəl/ ○○○
形 視覚的
I have a **very good vis**ual **mem**ory.
私は視覚的記憶力がとてもいいのです。
音 su部分は摩擦音。ヂュでなくジュ。 vision 名 U 視覚 visually 副 視覚的に

1504 grocery
☐☐☐ gRオウスRイ /gróusəri/ ○○○
名 C 食料品
I'll go **gro**cery **shop**ping to**mor**row.
明日は食料品の買い出しに行くわ。
a grocery bag 買物袋 a grocery store 食料品店 grocer 名 C 食料雑貨店の主人

1505 manager
☐☐☐ メア-ネヂャ /mǽnɪdʒər/ ○○○
名 C 責任者
I'd **like** to **talk** with the **man**ager.
責任者の方とお話ししたいのですが。
音 ge部分は「ジ」でなく「ヂ」。 management 名 C U 経営・経営陣 managerial 形 経営の

1506 capable
☐☐☐ ケイプボウ /kéɪpəbl/ ○○○
形 有能な
His **new** as**sis**tant is **very cap**able.
彼の新しい助手は有能だよ。
〈反〉incapable 無能な be capable of ～ ～の(永続的な)能力がある capability 名 C U 能力

1507 negative
☐☐☐ ネグティv /négətɪv/ ○○○
形 否定的な
I **have** a **neg**ative o**pin**ion on **that**.
私は、それに対して否定的な意見を持っています。
〈反〉positive 肯定的な negatively 副 否定的に negativity 名 U 否定的であること

1508 theory
☐☐☐ thイー-ウRイ /θíːəri/ ○○○
名 C U 理論
Your **the**ory is **eas**y to **under**stand.
君の理論はわかりやすいよ。
theory and practice 理論と実践 theoretical 形 理論的な theoretically 副 理論的には

1509 practical

☐☐☐ pRエアkティコウ
/prǽktɪkl/ ○○○

形 現実的な

That idea isn't practical. Sorry.
その考えは現実的ではないですね。悪いけど。

practically **副** 実際に　practicality **名** U 実用性　practice **名** U 実践　in practice 実際には

1510 physical

☐☐☐ fイズィコウ
/fízɪkl/ ○○○

形 身体的な

I have some physical disabilities.
私は多少身体的な障がいがあります。

物理的な　physically **副** 肉体的に　physique **名** C U 体格　〈反〉psychological 精神的な

1511 digital

☐☐☐ ディヂトゥ
/dídʒətl/ ○○○

形 電子の

Do you like reading digital books?
あなたは電子書籍を読むのが好き？

音「デジタル」の「デ」はそれなりに原音に近い。　digit **名** C 数字　〈反〉analog アナログの

1512 victory

☐☐☐ vイkトゥRイ
/víktəri/ ○○○

名 C U 勝利

What a sweet victory for our team!
うちのチームにとって、なんて胸のすく勝利だ！

win a great victory 大勝利を収める　victorious **形** 勝利の　triumph **名** C 決定的大勝利

1513 relative

☐☐☐ RエLウティv
/rélətɪv/ ○○○

形 関係がある

How is that relative to the lesson?
それは授業とどういう関係があるのですか。

名 C 親戚　relative pronoun 関係代名詞　relatively **副** 比較的に　relativity **名** U 相対性

1514 politics

☐☐☐ ポーLウティks
/pá:lətɪks/ ○○○

名 U 政治

Please, let's not discuss politics.
政治を議論するのはやめておきましょう。

politician **名** C 政治家　political **形** 政治的な　political correctness 政治的正しさ

1515 general

☐☐☐ ヂエヌRオウ
/dʒénərəl/ ○○○

形 一般的な

This book shows just general ideas.
この本は一般的な考えを示しているだけだ。

一般の　〈反〉specific 特定の　in general 概して　generalization **名** U 一般化

1516 casual

☐☐☐ ケア-ジュオウ
/kǽʒuəl/ ○○○

形 カジュアルな

Do you like wearing casual clothes?
あなたはカジュアルな服を着るのが好き？

〈反〉formal フォーマルな　casually **副** 平気で　casualty **名** C 死傷者（casual と語源は一緒「偶然の」）

第3章

1517 liberal
形 リベラルな

レイブРオウ
/líbərəl/ ○○○

I have **more lib**eral **views** than **her**.
僕は彼女よりリベラルな意見を持ってる。

広く教養に関する　liberty 名 自由　liberally 副 自由に　〈反〉conservative 保守的な

1518 notable
形 注目に値する

ノウタボウ
/nóutəbl/ ○○○

Florida is **no**table for its **beach**es.
フロリダはビーチで注目に値します。

〈源〉「note（気づく）+able（できる）」　notably 副 特に　note 動 他 注意を払う

1519 separate
形 別々の

セプRエt
/sépərət/ ○○○

Can **you** put **these** in **sep**arate **bags**?
これらは別々の袋に入れてもらえますか。

音 動 と 形 で rate の発音が違う。　動 他 分ける　separately 副 別々に　separation 名 C U 別離

1520 cavity
名 C 虫歯

ケアーvィディ
/kǽvəti/ ○○○

I **have** a **cav**ity and it **hurts** a **lot**.
虫歯があって、すごく痛むんだ。

虫歯の「穴」のこと。　cave「洞穴」とも関係あり。　periodontal disease 歯周病

1521 interest
動 他 興味を持たせる

イントゥRウst
/íntərəst/ ○○○

Does the **sci**ence **fair in**terest you?
その科学博覧会は気になり（あなたに興味をもたせ）ますか。

名 C U 興味、利害、金利　a conflict of interest 利害の衝突　interested 形 興味を持っている

1522 champion
名 C チャンピオン

チェアンピウンォ
/tʃǽmpiən/ ○○○

My **daugh**ter be**came** a **math cham**pion.
娘が数学のチャンピオンになったんですよ。

動 他 ～のために闘う　championship 名 C 優勝　win/lose championship 選手権を獲得する／失う

1523 memory
名 C U 思い出

メムRイ
/méməri/ ○○○

They are **mem**ories of our **hon**ey**moon**.
それらは私たちの新婚旅行の思い出です。

memorize 動 他 記憶する　memorable 形 記憶に残る　memorial 名 C 記念行事

1524 policy
名 C 方針

ポーしウスィ
/pá:ləsi/ ○○○

Did you **read** the **can**cela**tion pol**icy?
キャンセルについての方針は読みましたか。

音 cy 部分を、「シー」と言わないこと。　名 C 保険証券　renew a policy 保険契約を更新する

1525 passenger

名 C 乗客

ペア-スンヂャ
/pǽsəndʒər/ ○○○

Luckily, **no pas**sengers were **in**jured.
幸いにも、けがをした乗客はいませんでした。

〈源〉「passage(通行する)+er(人)」　passenger seat 助手席　crew 名 C 常務員(集合的に)

1526 vertical

形 縦の

vウアーディコウ
/və́:rtɪkl/ ○○○

My **shirt** has **ver**tical **stripes** on it.
僕のシャツは縦の縞模様がある。

〈反〉horizontal 水平の　vertically 副 縦方向に　the horizontal/vertical axis 横／縦軸

1527 medical

形 医学の

メディコウ
/médɪkl/ ○○○

Medical sup**plies** are **grow**ing **scarce**.
医療品(医学の用品)が不足してきている。

the medical tourism 医療ツーリズム(治療のために海外旅行に行くこと)　medically 副 医学的に

1528 instrument

名 C 楽器

インstRウムンt
/ínstrəmənt/ ○○○

Can **you play** any **mu**sical **in**strument?
あなたは何か楽器はできる？

器具　a wind instrument 管楽器　scientific instruments 理科の器具　instrumental 形 楽器の

1529 emphasis

名 U C 強調

エンfウスィs
/émfəsɪs/ ○○○

He **al**ways **speaks** with **such em**phasis.
彼はいつもかなり強調をしてしゃべるんだ。

emphasize 動 他 強調する　emphasize the importance 重要性を強調する　emphatic 形 強調的な

1530 monitor

動 他 監視する

マーヌタ
/má:nətər/ ○○○

We **need** to **mon**itor the **A**sian **mar**ket.
我々は、アジア市場を監視するべきです。

名 C (パソコンなどの)モニター　a heart rate monitor 心拍数モニター

1531 jealousy

名 U C 嫉妬

ヂェLウスィ
/dʒéləsi/ ○○○

It **was**n't **eas**y to **hide** my **jeal**ousy!
私の嫉妬を隠すのは簡単じゃなかった！

jealous 形 嫉妬して　jealous of ~'s success ～の成功を妬んで　jealously 副 嫉妬深く

1532 luxury

形 豪華な

LアkシュRイ
/lʌ́kʃəri/ ○○○

We **stayed** in a **lux**ury ho**tel** in **Par**is.
私たちは、パリで豪華なホテルに泊まったんです。

名 C U ぜいたく品、豪華さ　live in luxury ぜいたくに暮らす　luxurious 形 豪華な

第3章

299

1533 currency

☐
☐
クアーRウンスィ
/kə́:rənsi/ ○∞

名 C U 通貨

America's currency is the US dollar.
アメリカの通貨は米ドルです。

〈源〉「流れること、走っていること」　foreign currencies 外貨　the local currency 現地通貨

1534 boundary

☐
☐
☐
バウンドゥRイ
/báundəri/ ○∞

名 C 境界線

Don't go past the safe zone boundary.
安全地帯の境界線を越えないようにしてください。

bounds 名 C 境界(内)　out of bounds 境目の外、ゴルフのOB

1535 fabulous

☐
☐
f**エア**-ビュLウs
/fǽbjələs/ ○∞

形 とてもすばらしい

"How was the trip?" "It was fabulous!"
「旅行どうだった?」「とてもすばらしかった!」

🔊 Lをしっかり発音する。　fabulously 副 途方もなく　fable 名 C U 寓話、作り話

1536 following

☐
☐
f**アー**Lオウィン
/fá:louiŋ/ ○∞

形 次の

There was a parade the following day.
その次の日にパレードがありました。

〈反〉preceding 前の　the following 次に述べる事柄　follow 動 自 他 後に続く

1537 powerful

☐
☐
☐
パウワフォウ
/páuərfl/ ○∞

形 影響力のある

She's one of the most powerful women.
彼女は最も影響力のある女性の1人だ。

〈反〉powerless 無力の　powerfully 副 力強く　empower 動 他 力を与える

1538 cereal

☐
☐
☐
スィRイオウ
/síəriəl/ ○∞

名 U C シリアル

My children eat cereal for breakfast.
うちの子たちは朝ご飯にシリアルを食べてる。

🔊 al部分をはっきり「アル」と言わないこと。　cereal bar シリアルバー

1539 sensible

☐
☐
☐
センサボウ
/sénsəbl/ ○∞

形 思慮深い

I like my boss. She is very sensible.
僕は上司を気に入っているよ。すごく思慮深いから。

〈源〉「知覚(sense)+できる(able)」　sensible advice 思慮深い助言　sensibly 副 分別を持って

1540 medicine

☐
☐
☐
メドゥsン∢
/médəsn/ ○∞

名 U C 薬

Have you taken any medicine recently?
最近、何か薬を飲みましたか。

U 医学　practice medicine 医者を開業している　medication 名 C U 薬、薬物治療　medical 形 医療の

1541 alternate

形 代替の

オーゥトゥネt
/ɔ́:ltərnət/ ○○○

We de**cid**ed to **use** the **al**ternate **plan**.
私どもは代替の案を使うことにしました。

音 al は「アル」ではないので注意。　alternative 名 C 代替品、選択肢

1542 feminine

形 女性的な

f**エ**ムニンɴ
/fémənɪn/ ○○○

I'm **not ver**y fem**inine**; I'm a **tomboy**.
私はあまり女性的じゃない。おてんばなの。

〈反〉masculine 男性的な　feminism 名 U フェミニズム　feminist 名 C フェミニスト

1543 evidence

名 U 証拠

エvァドゥンs
/évədəns/ ○○○

You **need more ev**idence in your re**port**.
君のレポートにはもう少し証拠が必要だね。

〈源〉「ex(外に〈はっきりと〉)+vid(見える)+ence(もの)」　evident 形 明白な

1544 serious

形 深刻な

スィRイゥs
/síəriəs/ ○○○

I'm **glad** it was **not** a **ser**ious **prob**lem.
それが深刻な問題ではなくてよかったです。

seriously 副 真面目に　seriousness 名 U 真面目さ　in all seriousness 真面目なところ

1545 idiot

名 C 馬鹿者

イディエt
/ídiət/ ○○○

"You're **such** an **id**iot." "**No**, I'm **not**!"
「お前はほんとに馬鹿者だ!」「そんなことはないよ!」

idiot box 〈俗〉テレビ　idiotic 形 バカな　idiot-proof 形 馬鹿でもわかる丁寧な

1546 video

動 他 動画に撮る

v**イ**ディオゥ
/vídiòu/ ○○○

Video **how** to **use** it and **send** it to me.
その使い方を動画に撮って送ってください。

名 C 動画　video on demand (VOD) ビデオオンデマンド

1547 usual

形 いつもの

ユージュオ
/jú:ʒuəl/ ○○○

Please put it **back** in the **u**sual **place**.
それは、いつもの場所に戻しておいて。

〈反〉unusual 普通でない　音 su 部分は「チュ」でなく「ジュ」。　usually 副 いつも

1548 comedy

名 C U 喜劇

カームディ
/ká:mədi/ ○○○

A **com**edy **writ**ten by **Shakespeare** is **on**.
今、シェークスピア作の喜劇が上演されているよ。

〈反〉tragedy 悲劇　a comedy writer/actor 喜劇作家／役者　comedian 名 C 漫才師

第3章

1549	**minimum**	形 最低限の
	ミヌマm /mínɪməm/ ○∞	I usually **add** a **min**imum a**mount** of **salt**. 私はたいてい最低限の量の塩を加えます。

〈反〉maximum 最大限の　minimize 動 他 最小限にする　minimal 形 最小限の　minimally 副 最小限に

1550	**radical**	形 急進的な
	Rエァ-ディコウ /rǽdɪkl/ ○∞	Your **thoughts** sound **too rad**ical for us. あなたの考えは私たちには、あまりに急進的に聞こえる。

〈反〉conservative 保守的な　radically 副 急進的に　radicalism 名 U 急進主義

1551	**previous**	形 前の
	pRイーvイアs /príːviəs/ ○∞	My **pre**vious ap**point**ment went **over**time. 前の約束が長引いてしまいました。

〈反〉following 後の　the previous day 前日　previously 副 前もって

1552	**government**	名 C 政府
	ガvゥンムンt /gʌ́vərnmənt/ ○∞	The **U.S. go**vernment **has three branch**es. 米国政府には3つの部門があります。

govern 動 他 統治する　governor 名 C 州知事(米)　governance 名 U 統治、運営

1553	**applicant**	名 C 応募者
	エァpLイクンt /ǽplɪkənt/ ○∞	**Ap**plicants are **told** to be **well-dressed**. 応募者はきちんとした服装で来るようにと言われています。

🔊 最初のaは「エァ」、2番目のaはシュワ(あいまい母音)。　apply 動 自 応募する

1554	**strategy**	名 C U 作戦
	stRエァトゥヂ- /strǽtədʒi/ ○∞	**What's** our **strat**egy for the **next game**? 次の試合の我々の作戦はどんなものですか。

marketing strategy マーケティング戦略　strategic 形 戦略的な　strategically 副 戦略的に

1555	**officer**	名 C 役人
	アーfウサ /áːfəsər/ ○∞	A po**lice of**ficer **help**ed me with my **car**. 警察官(警察役人)が車のことで手助けしてくれました。

警察官にはOfficerと呼びかける。　a customs officer 税関職員

1556	**sensitive**	形 敏感な
	センサティv /sénsətɪv/ ○∞	**Shh! Mom** is **sen**sitive about her **weight**! シーッ!　ママは自分の体重に敏感なんだから!

a sensitive issue デリケートな問題　sensitivity 名 U 感受性、敏感さ

1557 quantity

k**ワー**ントゥディ
/kwɑ́:ntəti/ ○○○

名 U C 量

We **have** a **qual**ity-**o**ver-**quan**tity **pol**icy.
我が社は量より質という方針を持っています。

quantitative 形 量的な　quantify 動 他 量で表す　quantifiable 形 数量化できる

1558 agency

エイヂュンスィ
/éɪdʒənsi/ ○○○

名 C 局

I'll **call** the **wel**fare **a**gency and **check**.
福祉局に電話して確認してみる。

音 cy 部分を「シー」と言わないように注意。　agent 名 C 代理人　a secret agent 秘密諜報員

1559 passionate

ペア-シュヌt
/pǽʃənət/ ○○○

形 情熱的な

She's **pas**sionate about the en**vi**ronment.
彼女は環境問題にとても情熱的です。

〈源〉「キリストの受難、苦しみ」　passion 名 C U 情熱　passionately 副 情熱的に

1560 capital

ケアプドゥ
/kǽpətl/ ○○○

名 C 資本

My **com**pany has **more** than e**nough cap**ital.
うちの会社は十分過ぎる資本があります。

形 資本の　capital gain 株式譲渡益　capitalism 名 U 資本主義

名 C 首都

Tokyo is the **cap**ital of Ja**pan**.
東京は日本の首都だ。

〈源〉「頭の」　the capital of the United States 米国の首都

形 大文字の

Start a **sen**tence with a **cap**ital **let**ter.
文頭は大文字（大文字の字）で書き始めること。

〈反〉lowercase　capitalize 動 他 大文字にする

1561 vacancy

v エイクンスィ
/véɪkənsi/ ○○○

名 C 空き

There's a **va**cancy for **nail** tech**ni**cians.
ネイリストの職に空きがあるわ。

job vacancies 仕事の欠員　vacant 形 空いている　a vacant look 感情のない表情

1562 balcony

ペア-オクニ
/bǽlkəni/ ○○○

名 C バルコニー

I'm **grow**ing some **flow**ers on the **bal**cony.
私、バルコニーでいくつか花を育てている。

〈源〉イタリア語のbalcone「（床まで達する窓）」

第3章

1563 property

pRアーァァディ
/prá:pərti/ ○○○

名 C U 不動産物件

Who bought the **prop**erty on **Fifth Street**?
5番街のあの不動産物件は誰が買ったの？

C 特性　U 財産　private property 私有財産　intellectual property 知的財産

1564 ignorance

イgヌRウンs
/ígnərəns/ ○○○

名 U 無知

Your **ig**norance is **caus**ing **many prob**lems.
君の無知が多くの問題を引き起こしているんだ。

ignorant **形** 無知の　ignore **動** **他** 無視する　completely ignore ～ ～を完全に無視する

1565 document

ダーキュマンt
/dá:kjəmənt/ ○○○

名 C 書類

Do you **have all** the **nec**es**sar**y **doc**uments?
すべての必要な書類は持っているの？

動 **他** 文書に記録する（動詞は ment 部分の発音をはっきり発音する）　documentary **形** 事実を記録した

1566 dominant

ダームナンt
/dá:mənənt/ ○○○

形 主要な

The e**lec**tion is the **dom**inant **news top**ic now.
選挙が目下の主要なニューストピックだ。

a dominant gene 優性遺伝子　dominate **動** **自** **他** 支配する　domination **名** U 支配

1567 charity

チェ-Rイディ
/tʃérəti/ ○○○

名 U C 慈善(事業)

When is the **char**ity e**vent** at **school**?
学校での慈善の催しはいつですか。

〈源〉「愛情」　show charity 思いやりを示す　a charity concert 慈善コンサート　charitable **形** 慈善の

1568 warranty

ウォーRウンティ
/wɔ́:rənti/ ○○○

名 C 保証書

Is the **war**ranty **still good** on **this i**tem?
保証書はこの商品にはまだ有効ですか。

音 ran 部分の a を明瞭に発音しないことが大切。　carry a one-year warranty 1年の保証付き

1569 theater

thイーァダ
/θí:ətər/ ○○○

名 C 劇場

Do you **want** to **go** to the **the**ater to**night**?
今夜、劇場に出かけましょうか。

an open-air theater 野外劇場　theatrical **形** 演劇の　a theatrical company 劇団

1570 enemy

エヌミ
/énəmi/ ○○○

名 C 敵

I'm on a **di**et and **choc**olate is the **en**emy!
私は今、ダイエット中なのでチョコは敵です！

〈源〉「en(でない)+emy(友達)」　political enemies 政敵　public enemy number one 世間の敵

1571 several

形 いくつかの（数名の）

セ∨ゥRオウ
/sévərəl/ ○○○

There are **sev**eral **peo**ple **wait**ing out**side**.
外で待っている数名の人がいます。

〈源〉「別々の」　Several men, several minds. 十人十色　several hundred 数百の

1572 beverage

名 C 飲み物

ベ∨ゥRイチ
/bévərɪdʒ/ ○○○

Try lemon**ade**. It's a re**fresh**ing **bev**erage.
レモネード飲んでみて。気分がすっきりする飲み物だから。

🔊 カタカナで表記するなら「ビバレッジ」より「ベブリッジ」が近い。　alcoholic beverages 酒類

1573 penalty

名 C 刑罰

ペノウティ
/pénəlti/ ○○○

We de**bat**ed on the **death pen**alty in **class**.
授業で死刑（死の刑罰）について議論しました。

🔊 pe部分にアクセントがある。　penalize 動 他 罰を与える　penal 形 刑の　penal code 刑法

1574 chemical

名 C 化学物質

ケミコウ
/kémɪkl/ ○○○

This juice doesn't con**tain** any **chem**icals.
このジュースは何の化学物質も含んでいません。

形 化学物質の　chemically 副 化学的に　chemistry 名 U 化学、人間同士の相性

1575 history

名 U C 歴史

ヒstゥRイ
/hístəri/ ○○○

I **learned** the **his**tory of this **cit**y to**day**.
今日、この町の歴史を学びました。

History repeats itself. 歴史は繰り返す。　historical 形 歴史上の　historian 名 C 歴史学者

1576 moderate

形 穏やかな

マードゥRエt
/mádərət/ ○○○

The **weath**er has been **mod**erate these days.
ここのところ天気が穏やかでした。

〈源〉「mode(尺度)+ate(適切化する)」　moderately 副 ほどほどに　moderation 名 U 適度

1577 nursery

名 C 保育園

ヌァースRイ
/nə́:rsəri/ ○○○

My **daugh**ter **goes** to a **nurs**ery on **weekdays**.
私の娘は平日は保育園に行っています。

nursery rhyme(伝承)童謡、ナースリーライム　nursery school teacher 保育士

1578 remedy

名 C 療法

Rエムディ
/rémədi/ ○○○

Grandma knows **good home rem**edies for **that**!
それには、おばあさんがよい民間療法を知っているよ！

〈源〉「re(再び)+medy(癒やす)」　remedial 形 改善のための、補習の　remedial class 補習クラス

第3章

1579 audience
☐☐☐
オーディエンs
/ɔ́:diəns/ ○○○

名 C 聴衆

I should **learn how** to at**tract** an **au**dience.
僕は聴衆の惹きつけ方を学ぶべきだ。

〈源〉「audi(聞く)+ence(こと)」　スポーツの観客はspectators。　a capacity audience 満員の聴衆

1580 possible
☐☐☐
パーサボウ
/pá:səbl/ ○○○

形 可能な

Would it be **pos**sible to get **fries** in**stead**?
代わりにフライドポテトをもらうことは可能ですか。

〈反〉impossible 不可能な　possibility 名 C U 可能性　possibly 副 多分

1581 relevant
☐☐☐
RエLウゥウンt
/réləvənt/ ○○○

形 関連がある

His **com**ment was **not rel**evant to the **top**ic.
彼のコメントは主題には関連があるものでなかった。

〈反〉irrelevant 無関係の　relevance 名 U 関連　have no relevance to ~ ～に関連がない

1582 robbery
☐☐☐
RアーブRイ
/rá:bəri/ ○○○

名 C U 強盗

There was a **rob**bery at the **bank** last night!
昨夜、その銀行に強盗が入ったんだ。

rob 動 他 強盗をはたらく　robber 名 C 強盗(人)(窃盗はtheft、泥棒はthief)

1583 confidence
☐☐☐
カーンfウドゥンs
/ká:nfədəns/ ○○○

名 U 自信

I **don't** have **con**fidence about the de**ci**sion.
その決定について僕は自信がないんだ。

名 C 秘密　confidential 形 マル秘の　confident 形 自信のある　confidently 副 自信を持って

1584 immigrant
☐☐☐
イムgRウンt
/ímigrənt/ ○○○

名 C 移民

We **hire man**y im**mi**grants as **reg**ular **work**ers.
我が社は多くの移民を正規労働者として雇っている。

immigration 名 U 移住　migrate 動 自 移動する、移住する　migratory 形 移動性の

1585 mutual
☐☐☐
ミューチュオウ
/mjú:tʃuəl/ ○○○

形 相互の

We **need** to **deep**en our **mu**tual **un**der**stand**ing.
私たちは相互の理解を深める必要があります。

mutual respect 相互の敬意　mutual fund 投資信託会社　mutually 副 お互いに

1586 article
☐☐☐
アーディコウ
/á:rtikl/ ○○○

名 C 記事

Did you **read** the **ar**ticle about the **ac**cident?
あの事故についての記事を読んだ？

論文、品物、条項、冠詞　〈源〉「個に区分された物」→「品物」　Article 9 第9条

1587 media

ミーディア
/míːdiə/ ○○○

名 C マスメディア

The **me**dia **shows on**ly the **bad side of things**.
マスメディアは物ごとの悪い面だけを見せている。

【単】medium　〈源〉「媒介者」　media coverage マスコミ報道　the local media 地元メディア

1588 virtual

v**ヴァー**チュオウ
/və́ːrtʃuəl/ ○○○

形 バーチャルな

This **site gives** you a **vir**tual **tour** of Ja**pan**.
このサイトでは、日本のバーチャルなツアーができるよ。

VR (= virtual reality) 仮想現実　virtually 副 バーチャルに、ほぼ　virtually every ほぼ全ての

1589 suitable

スードゥボウ
/súːtəbl/ ○○○

形 適している

This is **not** a **suit**able **TV show** for **child**ren.
これは子どもに適している番組ではない。

音 発音は「スイ…」ではない。　not suitable to drink 飲用に適さない　suitableness 名 U 適切さ

1590 principal

p**R イ**ンスィポウ
/prínsəpl/ ○○○

形 主な

This is the **prin**cipal **rea**son for our **fail**ure.
これが我が社の失敗の主な理由です。

名 C 校長　principally 副 主に　principal source of income 主な収入源

1591 elderly

エウドゥレイ
/éldərli/ ○○○

形 高齢の

My **moth**er **lives** in a **home** for **eld**erly **peo**ple.
私の母は高齢者(高齢の人々)のための施設で暮らしています。

old people は失礼になりうる。elderly people がやや丁寧。　the elderly 高齢者

1592 federal

f**エ**ドゥR オウ
/fédərəl/ ○○○

形 連邦の

The **fed**eral **go**vernment **fi**nally **took meas**ures.
連邦政府がとうとう対策を取った。

米国では国家機関などの名称にこの語を冠する。the FBI の F も Federal。　〈反〉State 州の

1593 annual

エ アニュオウ
/ǽnjuəl/ ○○○

形 年1回の

Are you **go**ing to the **an**nual **fam**ily **gath**ering?
あなたは、年1回の家族の集まりに行くつもりですか。

音 al部分をはっきり「アル」と言わないこと。　annual meeting 年次総会　annually 副 年に1回

1594 maximum

メ アkスィマm
/mǽksəməm/ ○○○

形 最大の

I **had** to **use** my **max**imum **strength** to **lift** this.
これを持ち上げるには自分の最大の力を使わねばならなかった。

〈反〉minimum 最低限の　maximize 動 他 最大化する　maximal 形 最大限の

1595 **period**	名 C 期間
□ □ □ ピRイアd /píəriəd/ ○∞	Your **tri**al **pe**riod will ex**pire** in 10 (**ten**) **days**. お客様のお試し期間はあと10日で切れます。

menstrual period（月経（期間））の意味で使うことあり。　periodical 名 C 定期刊行物

1596 **popular**	形 人気のある
□ □ □ パーピュレア /pá:pjələr/ ○∞	The **sing**er was **ver**y **pop**ular in the 80s (**eight**ies). その歌手は80年代にとても人気があった。

popularity 名 U 人気　pop) populism 名 U ポピュリズム、大衆迎合主義

1597 **company**	名 C 会社
□ □ □ カンプニ /kʌ́mpəni/ ○∞	I **start**ed **work**ing at **this com**pany in 2002 (**two thou**sand and **two**). 私は2002年にこの会社で働き始めました。

〈源〉「com（一緒に）+panion（パン）＝を食べる仲間」　U 一緒にいること　for company 付き合いで

複合語はとにかく最初を強く

boyfriend（ボーイフレンド）とか greenhouse（温室）などの語は複合語（compound）と呼ばれます。それぞれを構成する単語の意味の単純に足したならば、

boy（少年）＋ friend（友達）＝「少年である友達」

green（緑色の）＋ house（家）＝「緑色の家」

となりますが、それを超えたやや「特定の」意味を帯びさせたものです。すなわち boyfriend に関しては単なる友だちではなく恋愛関係 (a romantic relationship) にある男子のことですし、greenhouse は植物を育てるための特殊な設備です。

たった今例に出した2語はもともとの構成要素（boy, friend) の間にスペースをおきませんが、high school や the White House などはスペースをおきます。よってスペースの有無は当該語（句）が複合語であるか否かの決め手にはなりません。そもそも音声的にはスペリング上でスペースがあってもなくても時間的なポーズはまったく置かれません。ではどうやってそれが複合語なのか、そうでないのかを音声面で区別するかと言えば、**複合語は最初の要素の方を強く発音する**、ということです。

やっかいなことにカタカナ語で日本語的に発音すると後ろの要素のほうにアクセントがおかれます。ガールフレンド、ハイスクール、ニュースペーパー、ベースボール、グランドマザー、ホットドッグ等々。これらはすべて特殊な意味をもつ複合語ですので、後ろでなく前の要素にアクセントを置くことを徹底してください。

第3章

後ろに アクセントを置くと、 いまひとつ意味が 不明な表現に	girl FRIEND（女子の友人） bed ROOM（ベッドの部屋？） base BALL（塁のボール？） hot DOG（熱い犬？） baby SITter（赤ん坊の座り手？）	high SCHOOL（高い学校？） news PAper（ニュースの紙？） grand MOTHer（壮大な母？） blood PRESsure（血の圧力？）
最初に アクセントを置けば、 決まった意味の 正しい複合語に	GIRLfriend（恋人）　　　HIGH school（高校）　　　BEDroom（寝室） NEWSpaper（新聞）　　　BASEball（野球）　　　GRANDmother（祖母） HOT dog（ホットドッグ）　BLOOD pressure（血圧）　BAby sitter（ベビーシッター）		

≫ Lesson 77

音節パターン❻［○₀₀₀型］

Lesson 36（➡ p.75）で学習した**音節パターン**の［○₀₀₀型］の単語 14 語を取り上げました。（ただし、カジュアルな発話では、語中のあいまい母音が脱落して音節パターンが○₀₀型になることもあります。）

1598 fashionable　　**形** おしゃれな

fエア-シュナボウ
/fǽʃənəbl/ ○₀₀₀

His **wife** is **ver**y **fash**ionable.
彼の奥さんは、とてもおしゃれなんだ。

fashion **名 U** ファッション、様式　old-fashioned **形** 昔ながらの　fashionableness **名 U** おしゃれさ

1599 literally　　**副** 文字どおり

レイドゥRウレイ
/lítərəli/ ○₀₀₀

That's **li**terally **what** I **said**!
それが文字通り僕が言ったことです。

文字どおりでない事柄に使って強調することがある。　literal **形** 文字どおりの

1600 profitable　　**形** 利益を生む

pRアー fイタボウ
/prá:fətəbl/ ○₀₀₀

Is **that re**ally a **pro**fitable i**dea**?
それは本当に、利益を生むアイディアでしょうか。

役に立つ、ためになる　a profitable discussion 有益な議論　profit **名 U** 利益　non-profit **形** 非営利の

1601 actually　　**副** 実際には

エア kチュアレイ
/ǽktʃuəli/ ○₀₀₀

Actually, I **don't like ham**burgers.
実際には、私、ハンバーガーが好きじゃないんです。

actual **形** 実際の　actuality **名 U** 現実性　**C** 実情　in actuality 実際には

1602 literature　　**名 U** 文学

レイドゥRウチャ
/lítərətʃər/ ○₀₀₀

I **like read**ing **clas**sic **lit**erature.
僕は古典文学を読むのが好きなんです。

文献　English literature 英文学　in the literature 文献では　literary **形** 文学の

1603 literacy　　**名 U** リテラシー

レイドゥRウスィ
/lítərəsi/ ○₀₀₀

This **job** re**quires high IT lit**eracy.
この仕事は、高度なITリテラシーを必要とします。

〈源〉「読み書きの能力」　literacy rate 識字率　literate **形** 字が読める

1604 obviously

副 明らかに

□□□ **アー**bvイアsLイ
/ɑ́:bviəsli/ ○○○○

Obviously, we are **los**ing **cus**tomers.
明らかに、我々は顧客を失いつつある。

🔊 b は飲み込むように発音してよい。　obvious 形 明白な　obviousness 名 U 明白さ

1605 comfortable

形 快適

□□□ **カ**ンfアタボウ
/kʌ́mfətəbl/ ○○○○

My **so**fa is **old** but **ver**y **com**fortable.
うちのソファ、古いけれどとても快適なんだ。

🔊「缶・蓋・棒」に近い音！　comfort 動 他 慰める　名 U 快適さ　comfortably 副 心地よく

1606 reasonable

形 道理がわかる

□□□ **R イー**ズナボウ
/ríːzənəbl/ ○○○○

Let's ask my **mom**. She's **rea**sonable.
うちの母さんに頼もうよ。道理がわかるから。

中ぐらいの　beyond reasonable doubt 疑いなく　reasonably 副 そこそこ　reason 名 U 道理、理性

1607 generally

副 たいてい

□□□ **ヂ**ェヌR ウレイ
/dʒénərəli/ ○○○○

Generally, we **work** from **nine** to **five**.
たいてい私たちは9時5時で働きます。

generally speaking 一般的に（言うと）　general 形 一般的な　generalize 動 自 他 一般化する

1608 basically

副 基本的に

□□□ **ベ**イスィクレイ
/béɪsɪkəli/ ○○○○

Basically, my **hus**band **cooks ev**ery **day**.
基本的には、夫が毎日料理をするんです。

🔊 ly 部分で L 音をきちんと発音する。　basics 名 C 重要な見本　basic 形 基本的な

1609 miserable

形 みじめな

□□□ **ミ**ズR アボウ
/mízərəbl/ ○○○○

Nothing went **well** and I **felt mis**erable.
何もかもうまく行かなくて、みじめな気分だった。

misery 名 U 惨めさ　live in misery 惨めな生活をする　miserably 副 惨めに

1610 valuable

形 貴重な

□□□ v **エア-**Lュアボ
/vǽljuəbl/ ○○○○

Your **time** is **val**uable, so **stop wast**ing it.
時間は貴重なのだから、むだにするのはやめなさい。

C 貴重品　Leave your valuables in the safe. 貴重品は金庫に入れなさい。　value 名 C U 価値

1611 gradually

副 徐々に

□□□ g**R エア-**ヂュアレイ
/grǽdʒuəli/ ○○○○

I **grad**ually **gained mus**cle from **work**ing out.
私は、トレーニングして徐々に筋肉が付いてきました。

🔊 L の音を意識して出す。　grade 名 C 段階　gradual 形 徐々の　a gradual increase 漸増

第3章

》 Lesson 78

音節パターン❼［○○○○型］

　Lesson 36（➡ p.75）で学習した**音節パターン**の［○○○○型］の単語46語を取り上げました。間違えやすい単語の代表例として developer（宅地開発業者）、initiative（主導権）などが挙げられます。

1612 democracy

名 C 民主主義（国家）

ディ**マー**kRウスィ
/dɪmáːkrəsi/ ○○○○

Ja**pan** is a de**moc**racy.
日本は民主主義国家です。

〈源〉「demo（民衆による）+cracy（政治）」　democratic 形 民主主義の　Democrat 名 C 民主党員

1613 remarkable

形 すばらしい

Rイ**マー**カボウ
/rɪmáːrkəbl/ ○○○○

Your **es**say was re**mark**able!
あなたのエッセイは、すばらしかったです。

〈源〉「re（再び）+mark（注目する）+able（できる）」　remark 動 他 気づく

1614 original

形 元の

ア**Rイ**ヂノウ
/ərídʒənl/ ○○○○

Who was the o**rig**inal **own**er?
元の持ち主は誰ですか。

originally 副 元来は　origin 名 C U 源　originality 名 U 独創性

1615 ridiculous

形 ばかげた

Rイ**デイ**キュLウs
/rɪdíkjələs/ ○○○○

Your argument is ri**dic**ulous.
君の主張はばかげている。

ridicule 動 他 あざける　名 U あざけり　ridiculously 副 途方もなく

1616 considerate

形 思いやりがある

クン**スイ**ダRイt
/kənsídərət/ ○○○○

That's so con**sid**erate of you.
それはどうもご配慮ありがとう（思いやりがあることだ）。

音 rate部分は、「レイト」ではない。　consider 動 他 配慮する　considerately 副 思いやり深く

1617 economy

名 C 経済

イ**カー**ヌミ
/ɪkáːnəmi/ ○○○○

The e**con**omy is **not do**ing **well**.
経済がうまく回っていない。

economic 形 経済の　economical 形 経済的な、お得な　economics 名 U 経済学

1618 anonymous

形 匿名の

ァ**ナー**ナムs
/ənɑ́:nəməs/ ○○○○

I **got** a **weird**, anonymous **email**!
私は奇妙な匿名のメールを受け取った！

〈源〉「an (=without)+onym (=name)」　anonymously 副 匿名で　anonymity 名 C U 匿名性

1619 biology

名 U 生物学

バイ**アー**Lウヂ
/baɪɑ́:lədʒi/ ○○○○

Biology was my **favorite class**.
生物学は私の好きな教科でした。

〈源〉「bio(生物の)+logy(学問)」　biological 形 生物学的な　biologist 名 C 生物学者

1620 authority

名 U C 権威

ァ**th**オーRイディ
/əθɔ́:rəti/ ○○○○

Do **not** rebel **against** authority.
権威に逆らうんじゃないよ。

〈源〉「author(造り出す)+ity (こと)」　authoritarian 形 権威主義の　authorize 動 他 認可する

1621 security

名 U 安全

セ**キュ**Rイディ
/sɪkjúərəti/ ○○○○

My **house** has a security **system**.
我が家は防犯システム(安全システム)を備えています。

警備部門　security check (空港などでの)持ち物検査　national security 国家の安全　secure 形 安全な

1622 alternative

名 C 代案

オーゥt**ウアー**ヌディv
/ɔ:ltə́:rnətɪv/ ○○○○

I **can't find** a **good** alternative.
よい代案が見つからない。

形 代わりの　alternative medicine 代替医学　alternatively 副 その代わりに

1623 experience

名 U C 経験

イks**ピ**アRイゥんs
/ɪkspíəriəns/ ○○○○

Talk about your **work** experience.
あなたの職務経験について話してください。

動 他 経験する　experienced 形 経験のある、経験豊かな　an experienced teacher 熟練教師

1624 responsible

形 責任がある

Rイs**パー**んサボゥ
/rɪspɑ́:nsəbl/ ○○○○

I'm responsible for the **pro**ject.
私はその企画に責任がある。

〈源〉「答えることができる」　responsibility 名 C U 責任　responsibly 副 責任をもって

1625 celebrity

名 C 有名人

ス**レ**ブRイディ
/səlébrəti/ ○○○○

I **don't** dis**cuss** celebrity **gos**sip.
有名人のうわさ話なんて私はしない。

「金持ち」でなく「有名な人」という意味。「名声」の意味もある。

1626 apparently ァ**ペア**-Rウン(t)レイ /əpǽrəntli/ ○○○○	副 **一見したところ** Ap**par**ently, **this team** is **strong**er. 一見したところ、こちらのチームのほうが強いね。	

〈源〉「目の前に現れる(appear)」 apparent 形 明白な for no apparent reason 明白な理由もなく

1627 material ムティRイオウ /mətíəriəl/ ○○○○	名 C U **素材** **What's** the material of **this shirt**? このシャツの素材は何ですか。

形 素材の materialistic 形 物質主義的な materialism 名 U 物質主義

1628 initiative イニシュディv /ɪníʃətɪv/ ○○○○	名 U C **主導権** **Why** don't **you take** the initiative? 君が主導権を取れば?

C 新政策、新提案 a peace initiative 新和平構想 initiate 動 他 開始する

1629 irrelevant イRエLゥヴゥンt /ɪréləvənt/ ○○○○	形 **無関係な** **Don't write** irrelevant **top**ics here. ここには無関係な話題を書かないでください。

〈反〉relevant 関連のある an irrelevant question 関係ない質問 irrelevance 名 U 関係がないこと

1630 identical アイデンティコウ /aɪdéntɪkl/ ○○○○	形 **まったく同一の** My **sis**ter and **I** are identical **twins**. 姉と私は一卵性双生児(まったく同一の双子)です。

identical twins 一卵性双生児 identity 名 U 正体、自己同一性 identical to/with ~ ~と同一で

1631 unusual アヌ**ユー**ジュオ /ʌnjúːʒuəl/ ○○○○	形 **普通でない** It's unusual for me to **work** o**ver**time. 私が残業するのは普通でないことなんです。

音 nu 部分はかならず「ニュ」と言うこと。 unusually 副 異常に 〈反〉usual 普通の

1632 community クミューニディ /kəmjúːnəti/ ○○○○	名 C **自治体** My comm**u**nity **holds** a **big mu**sic e**vent**. 僕の住んでいる自治体が大きな音楽祭を主催します。

〈源〉「common(共通の)+ity(状態)」 the local community 地域住民 communal 形 共同の

1633 variety vァRアイエディ /vəráiəti/ ○○○○	名 C **さまざまな種類** Is there a **good** variety of **food there**? そこではかなりさまざまな種類の食品を売っていますか。

a variety [varieties] of ~ 色々な~ various 形 さまざまな vary 動 自 さまざまである

1634 executive

イg**ゼ**キュディv
/ɪgzékjətɪv/ o○oo

名 C U 執行役員

When does the ex**ec**utive **meet**ing **start**?
執行役員会議はいつ始まるんだい？

形 経営に関わる　CEO(= chief executive officer) 最高経営責任者　the executive board 重役会

1635 mechanical

メ**ケア**ーニコウ
/məkǽnɪkl/ o○oo

形 機械の

We ex**port** me**chan**ical **parts** for **ro**bots.
我が社はロボット用の機械部品を輸出しています。

mechanical pencil シャープペンシル　mechanism 名 C メカニズム　mechanically 副 機械的に

1636 developer

ディ**v工L**アパ
/dɪvéləpər/ o○oo

名 C 宅地開発業者

A de**vel**oper **wants** to ac**quire** our **land**.
ある宅地開発業者がうちの土地を手に入れたがっている。

音 lop を強く言うミスが多い。　develop 動 自 他 発達する／させる　development 名 C U 開発

1637 kilometer

キ**L才ー**ムダ
/kəlá:mətər/ o○oo

名 C キロメートル

Come **on**, it's **on**ly **one** ki**lom**eter a**way**!
おいおい、たった1キロメートル先なんだよ。

〈源〉「kilo(千)+meter(メートル)」　K と訳すことがある。　a 5K run = a 5-kilometer run

1638 experiment

イks**ベ**Rイメンt
/ɪkspérəmənt/ o○oo

名 C U 実験

My **sci**ence ex**per**iment **failed ter**ribly.
私の科学実験は手ひどく失敗した。

動 自 実験する　experimental 形 実験的な　experimental psychology 実験心理学

1639 minority

マイ**ノー**Rウディ
/maɪnɔ́:rəti/ o○oo

名 C 半数以下

A mi**nor**ity of **peo**ple **hate** the **new rule**.
人々の半数以下が新しい規則を嫌っている。

〈反〉majority 多数派　sexual minorities 性的少数派　the minority opinion 少数意見

1640 especially

イs**ペ**ショレイ
/ɪspéʃəli/ o○oo

副 特に

I **love ice cream**, es**pe**cially **choc**olate.
私、アイスクリームが大好き。特にチョコ味が。

音 cia部分の母音はあいまいに。ll部分で確実にL音を。　not especially あまり〜でない

1641 activity

エァk**テイ**vィディ
/æktívəti/ o○oo

名 C 活動

Econom**ic** ac**tiv**ity is re**cov**ering **rap**idly.
経済活動は急速に復活しつつある。

音 アクセントのあるti部分のiは明瞭に、アクセントのないvi部分のiはあいまいに。

1642 capacity
カ**ペア**-スディ
/kəpǽsəti/ ○○○
名 Ⓤ 最大収容能力
The **the**ater will be at ca**pac**ity by **nine**.
その劇場は9時までには満員(最大収容能力)になるだろう。
Ⓒ Ⓤ 能力、才能、立場　in a private capacity 個人の立場で　a capacity crowd 満員の観客

1643 certificate
ス-**ティ**fイケt
/sərtífɪkət/ ○○○
名 Ⓒ 修了証書
I **got** a cer**tif**icate in a **cook**ing **course**.
料理教室の修了証書をもらいました。
🔊 cate部分は「ケイト」ではない。　certify 動 他 認証する　certified 形 公認された

1644 additional
ア**ディ**シュノウ
/ədíʃənl/ ○○○
形 追加の
Please find my ad**di**tional re**quest** be**low**.
以下に記した追加のお願いを御覧ください。
additional information 付加的情報　additionally 副 さらに　addition 名 Ⓤ 追加　add 動 他 加える

1645 obesity
オウ**ビー**スィディ
/oubíːsəti/ ○○○
名 Ⓤ 肥満
Obesity is **one** of the **big**gest **prob**lems here.
肥満はこの国では最も大きな問題のひとつです。
obesity among children 子どもの肥満　obese 形 肥満の

1646 municipal
ミュ**ニ**スィポウ
/mju(:)nísəpl/ ○○○
形 市の
Are **you vot**ing in the mu**nic**ipal e**lec**tion?
市の選挙には投票する?
〈源〉「住民がローマ市民権を持つ都市の」　municipality 名 Ⓒ 自治体　municipalize 動 他 市営にする

1647 available
ア**V工**イLウボウ
/əvéɪləbl/ ○○○
形 手に入る
Fresh seafood is **not** avail**able** in my **town**.
私の町では新鮮な魚介類が手に入らないんです。
人を主語にすると「予定が合う」の意味になる。　availability 名 Ⓤ 手に入ること

1648 accountable
ア**カ**ウンタボウ
/əkáuntəbl/ ○○○
形 責任がある
Don't hold me ac**count**able for **this prob**lem.
私がこの問題に対して責任があるとしないでください。
be held accountable for ~ ～の責任を問われる　accountability 名 Ⓤ 説明責任

1649 priority
pR**ア**イ**オー**Rウディ
/praɪɔ́ːrəti/ ○○○
名 Ⓒ Ⓤ 優先事項
Informa**tion** pro**tec**tion is our **top** pri**or**ity.
情報保護は我々の第一の優先事項です。
〈源〉「prior(…より先で)+ity(あること)」　prioritize 動 他 優先順位をつける、優先する

1650 emergency
イム**アー**ヂュンスィ
/ɪmə́:rdʒənsi/ ○○○○

名 C U 緊急事態

This is an em**er**gency! E**va**cu**ate** the **build**ing!
これは緊急事態です。このビルから退去してください！

〈源〉「emerge(急に起こる)+ency(こと)」 in an emergency 緊急時には an emergency vehicle 緊急車両

1651 diversity
ディ**v ウァー**スィディ
/dəvə́:rsəti/ ○○○○

名 U 多様性

I at**tend**ed a **sem**inar about **gen**der di**ver**sity.
性の多様性に関するセミナーに出席しました。

diverse 形 多様な diversify 動 自 他 多様化する／させる diversification 名 U 多様化

1652 disposable
ディ s **ポ**ウザボウ
/dɪspóuzəbl/ ○○○○

形 使い捨ての

Let's not use dis**pos**able **plates** at the **par**ty.
そのパーティーでは使い捨てのお皿を使うのはやめましょう。

dispose 動 自 処分する、処理する dispose of ～ ～を処分する disposition 名 U 処分

1653 technology
テ k **ナー** L アヂ
/teknɑ́:lədʒi/ ○○○○

名 U C テクノロジー

I'm **not too in**to **state**-of-the-**art** tech**nol**ogy.
私は、最新テクノロジーにはあまり関心がないんです。

音 ch部分は飲み込むように発音するのがよい。 technological 形 科学技術の

1654 considering
クン**スイ**ダRイン
/kənsídərɪŋ/ ○○○○

前 ～を考慮すれば

Con**si**dering the **si**tu**a**tion, **we** should **stop** now.
状況を考慮すれば、もうやめたほうがいい。

consider 動 自 他 考える considerate 形 思いやりのある consideration 名 C U 考慮、思いやり

1655 intelligent
インテ L イヂュン t
/ɪntélɪdʒənt/ ○○○○

形 知的な

He is the **most** in**tel**ligent **stu**dent in my **class**.
彼はクラスで最も知的な学生です。

intelligence 名 C U 知性 artificial intelligence 人工知能(AI) intelligently 副 知性的に

1656 society
サ**サ**イアディ
/səsáɪəti/ ○○○○

名 U 社会

I think 5G (**five G**) will **have** a **big im**pact on so**ci**ety.
5Gは社会に大きい影響を与えると思うよ。

social 形 社会の socialize 動 自 他 社会化する、人と交わる socialism 名 U 社会主義

1657 environment
イン**v ア**イウンムン t
/ɪnváɪərnmənt/ ○○○○

名 C U 環境

What can we **do** to pro**tect** the en**vi**ronment?
環境を守るために何ができるだろう

environmental 形 環境の environmentally 副 環境的に environmentally friendly 環境に優しい

第3章

音節パターン❽［○○○○○型］

Lesson 36（➡ p.75）で学習した**音節パターン**の［○○○○○型］の単語6語を取り上げました。音節パターンは本書の8つ以外にもありますので、辞書の音節区切りやアクセントの記号を参考に調べてみてください。

1658 deliberately — 副 故意に

ディ**レイ**ブRウ(t)レイ
/dɪlíbərətli/ ○○○○○

I be**lieve** he de**lib**erately **misled** us.
彼は故意に我々をミスリードしたと思う。

deliberate 形 意図的な　動 自 他 熟慮する　音 形容詞と動詞でrate部分の発音が違う。

1659 occasionally — 副 たまに

ウ**ケ**イジュヌレイ
/əkéɪʒənəli/ ○○○○○

Oc**ca**sionally, we get **din**ner to**geth**er.
私たちは、たまに一緒に夕食を食べるんです。

occasion 名 C 行事　occasional 形 たまの　an occasional driver たまに運転する人

1660 considerable — 形 かなりの

クン**スイ**ダRウボウ
/kənsídərəbl/ ○○○○○

He **has** a con**sid**erable a**mount** of **mon**ey.
彼はかなりの額のお金を持っている。

〈源〉「consider(考える)+able(できる)」=「考える価値があるだけの」　considerably 副 相当に

1661 approximately — 副 おおよそ

ァp**R**ア**ー**kスメ(t)レイ
/əprɑ́:ksəmətli/ ○○○○○

He is ap**prox**imately 90 (**nine**ty) **pounds**.
彼の体重は、おおよそ90ポンドぐらいだ。

approximate 形 おおよその　動 他 おおよそ〜になる　approximation 名 U 概算

1662 unfortunately — 副 不運なことに

アン**f**オーチュネ(t)レイ
/ʌnfɔ́:rtʃənətli/ ○○○○○

Un**for**tunately, our **flight** was **can**celed.
不運なことに、私たちの便はキャンセルになりました。

音 te部分は飲み込むようにしてLをはっきり発音する。　unfortunate 形 不運な

1663 eventually — 副 結局

イv**エ**ンチュアレイ
/ɪvéntʃuəli/ ○○○○○

Eventually, **Bob backed down** and a**pol**ogized.
結局、ボブは引き下がって謝罪した。

音 「イーヴンチュアリ」ではない！　eventual 形 最終的な　the eventual winner 最終的な勝者

その他の重要ポイントで
マスターする英単語300

　これまで主要な子音と母音、音節パターンを軸に学習を進めてきました。本章では3つのポイントを軸に、英単語学習をさらに深めていきます。1つめのポイントは「第2アクセント」です。ともすれば見逃されがちな第2アクセントですが「影の第1アクセント」なのでしっかりと目立たせる必要があります。2つめは「同綴異語」です。発音だけが異なる場合とアクセントも発音も異なる場合があります。3つめは文字にあっても発音されない「黙字」です。黙字の存在は英語の歴史と深く関わっています。

第2アクセントを含む語

> アクセントとは

　一般に、「アクセントがある」「アクセントを置く」というような言い方を
します。一般にアクセントとは「強く発音すること」だと思われているよう
です。それは間違いではありませんが、より厳密に言うと「聞いたときに目
立つように発音すること」です。ではどういう手段によって目立つようにす
るかというと、**英語の音声には3つの要素があります。**それは、

高さ ＋ 長さ ＋ 明瞭さ

です。つまり、アクセントのある部分を周囲より「高く」そして「長く」かつ
「明瞭に」発音します。たとえばsuccessという語を辞書で引くと発音記号
が、/səksés/ のようになっています。é のように e の上にアクセント記号
が付いていますが、実際にはこの母音だけにアクセントがあるのではなく、
その母音を含む音節全体にアクセントがあります。すなわち suc-CESS の
CESS の部分全体を「高く」「長く」「明瞭な母音で」発音し、suc 部分は「低
く」「短く」「あいまいな母音で」発音します。

　次のイラストでは音節ごとの高さと長さの違いを、音符で表現しています。

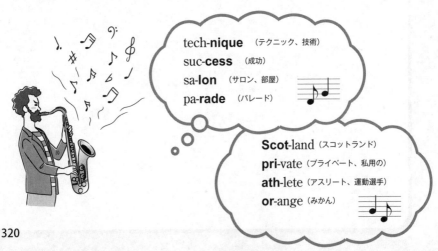

tech-**nique** （テクニック、技術）
suc-**cess** （成功）
sa-**lon** （サロン、部屋）
pa-**rade** （パレード）

Scot-land （スコットランド）
pri-vate （プライベート、私用の）
ath-lete （アスリート、運動選手）
or-ange （みかん）

　ただしアクセントのことを毎回「高く」「長く」「明瞭に」と言うのは大変なので、場合によっては単に「強く」と表現することにします。

＞第1アクセント

　今まで単に「アクセント」と言いましたが、実はそれは「第1アクセント」のことでした。第1アクセントはすべての単語にあります（ただし、その単語だけを取り出して発音した場合です。文の中で使われていると、冠詞や前置詞や代名詞などにアクセントが置かれない場合もありますが、今は単語だけを独立して発音する場合に限って話を進めます）。そして多くの単語は、第1アクセントのある音節と、アクセントのない音節だけからできています。advantage は、ad-**VAN**-tage なので、第1アクセントが **VAN** にあり、ad と tage にはアクセントがありません。辞書ではアクセント記号が1つだけある語ですね。こういう語はアクセント記号のある部分を思い切り「強く」発音すれば OK です。

＞第2アクセント

　ところがある程度長い（音節数が多い）単語や、もともと別のものだった2つの単語が合体してできた語などには、第1アクセントに加えて、**第2アクセント**も持つものがあります。たとえば、communication と、outcome の発音表記を辞書で見ると、/kəmjùːnɪkéɪʃ(ə)n/ と、/áutkʌ̀m/ となっています。(´) が第1アクセントで、(`) が第2アクセントを示します。第1アクセントを大文字の太字、第2アクセントを小文字の太字で表すならば、

com-mu-ni-CA-tion、OUT-come

となります。これは CA ほどではないにせよ、mu もかなり強く（＝高く、長く、明瞭に）発音する、OUT ほどでないにせよ、come もかなり強く発音する、ということを表しています。これが第2アクセントです。第2アクセントがある単語は背中にコブがふたつある「フタコブラクダ」のようなものですね。

▶第1アクセントだけがある
　ヒトコブラクダ型（例：Ja-**PAN**）

▶第1アクセントと第2アクセントがある
　フタコブラクダ型（例：Ja-pa-**NESE**）

❯第2アクセントは重要です！

　これまで第2アクセントの存在にあまり注意を払っていなかった人もいるでしょう。名前も「第2」なので「大して重要ではなく、第1アクセントさえ間違えなければいいのでは？」と思っていたかもしれません。

　しかしそれは大きな間違いで、第2アクセントの部分を強く発音することはとても重要です。なぜでしょうか。1つめの理由は、**第2アクセントの強さは第1アクセントとほとんど変わらないからです。**international の音節ごとの強さをイメージすると、AでなくBのようになります。

A. in-ter-**na**-tion-al	B. **in**-ter-**na**-tion-al

　第2アクセントのある in 部分の強さは、アクセントのない ter や tion-al 部分の強さより、第1アクセントのある na の強さにずっと近いのです。

　もう1つの理由は、**第2アクセントは「世が世なら」第1アクセントに昇格することも十分にある潜在的な第1アクセントだからです。**

❯第2アクセントは別品詞での第1アクセント

　ある語の第2アクセントのある音節は、多くの場合、その語が別の品詞であった時に第1アクセントがあった音節です。たとえば、次の動詞と名詞の

ペアをそれぞれ見比べてください。

動詞 com-**MU**-ni-**cate**　⇒　名詞 com-mu-ni-**CA**-tion
動詞 **OR**-gan-**nize**　⇒　名詞 or-gan-i-**ZA**-tion
動詞 i-**DEN**-ti-**fy**　⇒　名詞 i-**den**-ti-fi-**CA**-tion

　動詞では第1アクセントだった音節が、名詞では第2アクセントになっていることがわかりますね。逆に言えば、名詞での第2アクセントがある音節とは、動詞での第1アクセント音節の「名残」なのです。つまり第1と第2という順序づけは、ある意味では「仮の」ものであって、品詞が変わったために順序が逆転しただけです。ですから、第2アクセントのある音節をアクセントのない「その他大勢」の音節と同じように扱ってはならないのです。

❯強勢移動でトップに昇格！
　第2アクセントの重要性を示す、別の現象を紹介します。単語のアクセントパターンというのは完全に固定したものではなく、前後にある語との関係によって柔軟に変化します。その根底には**「強い音節と弱い音節が、可能な限り交互に現れるのを好む」**という英語の音節感覚というかリズム感覚があります。つまり［強弱強弱］（○。○。）は心地よい感じですが、［弱強強弱］（。○○。）は心地よくない（＝言いにくい）という感覚があるのです。「心地よくない」ときにどうするかというと、無理やり「心地よい」リズムを作り出すために、なんとアクセントの強弱を一時的に変えてしまう（！）ということをするのです。強勢の位置を移動するので、これは**強勢移動**（stress shift）と呼ばれます。

❯強勢移動の例：Japanese student
　たとえば、単語単体だと Japanese のアクセントパターンは **Ja**-pa-**NESE** です。この後に student（**STU**-dent）を続けたいとします。そのままのアクセントを保ったまま発音すると、**Ja**-pa-**NESE STU**-dent です。強音節の **NESE** の後にやはり強音節の **STU** が続いてしまい、「心地よくない＝言い

にくい」[強強] になってしまいます。

　そこで強強の続きを解消するために「NESE さんと、Ja さん。すみません今だけアクセントの位置を交代してくれませんか？」ということで、Japanese の第1アクセントの位置を Ja に移動し、nese は第2アクセントに降格してもらいます。これが強勢移動です。その結果はめでたく、**JA-pa-nese STU-dent** と、第1アクセントの位置が離れて心地よい、言いやすいリズムになります（ただし、もともと第1アクセントが後ろにある単語、たとえば、**en-gi-NEER** が Japanese の後ろに続くときは、このような強勢移動は起こりません）。

　このような強勢移動は、アクセントのリズムを優先するために、かなり頻繁に起こります。つまり、「強弱リズムを維持するために、単語の第1アクセントと第2アクセントの位置が逆転することがよくある」のです。

❯なので第2アクセントは大切に！

　第2アクセントは「世が世なら」第1アクセントになりうる「潜在的な第1アクセントである」という意味がおわかりいただけたでしょうか。ですから、第2アクセントのある音節は十分に、高く、長く、明瞭に発音してください。

1664 weekend
- ウィーケンd
- /wíːkènd/ ○○

名 C 週末

Have a **nice weekend**!
すてきな週末を！

「週末に」は、《米》on the weekend / on weekends 《英》at the weekend / at weekends

---

1665 bathroom
- ベァ-thRウーm
- /bǽθrùːm/ ○○

名 C トイレ

Can **I** **use** your **bathroom**?
トイレを借りてもいいですか。

「風呂場」との区別は文脈で。　bathroom break トイレ休憩　I have to go to the bathroom. ちょっとお手洗いに。

1666 deadline
- デdLアインヌ
- /dédlàɪn/ ○○

名 C 締め切り

Don't miss the **deadline**.
締め切りに遅れないで！

🔊 複合語なので第1アクセントは前。Lの前のdは飲み込むように発音。　meet the deadline 締め切りに間に合わせる

1667 somewhat
- サmワt
- /sʌ́mwʌ̀t/ ○○

副 ある程度

The **band** is **somewhat pop**ular.
そのバンドは、ある程度人気があるよ。

a little 以上 very 以下。　somewhat of ～ ちょっとした～　somewhat of a shock ちょっとしたショック

1668 wardrobe
- ウォーァ dRオゥb
- /wɔ́ːrdròub/ ○○

名 C 持っている服

Your **wardrobe** is **ver**y **styl**ish.
あなたの持っている服はとてもおしゃれね。

洋服だんす　🔊 カタカナのように「ワードローブ」ではないので注意。　one's summer wardrobe 夏物衣料

1669 landmark
- Lエァ-ンdマーk
- /lǽndmàːrk/ ○○

名 C ランドマーク

What's a **landmark** in your **cit**y?
君の街にあるランドマークは何？

〈源〉「land（土地）+mark（印）」　🔊 d部分は飲み込むようにして発音。　a landmark study 画期的な研究

1670 meanwhile
- ミーンヌワイォ
- /míːnwàɪl/ ○○

副 その間に

Meanwhile, **let's set** the **ta**ble.
その間に、テーブルをセットしよう。

その一方で（同時に起こった別々の事象を対比して述べるために使う）　for the meanwhile しばらくは

1671 research
- Rイ-スアーチ
- /ríːsə̀ːrtʃ/ ○○

名 U 調査

I've **done** some **research** on it.
私は、その件に関して少し調査を行った。

動 自 他 調べる　researcher 名 C 研究者　research and development 研究開発（R & D）

第4章

1672 output
名 U 生産量

アゥ(t)プt
/áutpùt/ ○○

Our **output** has **dou**bled. **Good job**!
我が社の生産量は2倍になった。よくやった！

音 out を強く発音する。out の t は飲み込むように発音する。 〈反〉input インプット

1673 retail
形 小売りの

Rイーティォ
/rí:teɪl/ ○○

What's the **retail price** for this?
これの小売価格はいくらですか。

名 C U 小売り、小売店 動 自 他 小売する retailer 名 C 小売業者 〈反〉wholesale 卸売の

1674 nowhere
副 どこにもない

ノゥウェア
/nóuwèər/ ○○

We have **nowhere** to **buy A**sian **food**.
アジアの食品を買えるところは、どこにもありません。

in the middle of nowhere へんぴな場所で nowhere to be seen どこにもいない somewhere どこかで

1675 landscape
名 C 景色

Lエァンdsケィp
/lǽndskèɪp/ ○○

This is **such** a **beau**tiful **landscape**!
これは本当に美しい景色だ！

〈源〉「land（土地）+scape（景色）」 the political/economic landscape 政治／経済状況

1676 outlet
名 C アウトレットショップ

アゥ(t)Lエt
/áutlèt/ ○○

We are **go**ing to the **outlets** to **shop**.
私たち、アウトレットショップに買い物に行くよ。

音 t は飲み込むように発音する。 名 C コンセント、はけ口、小売店 an outlet for anger 怒りのはけ口

1677 preview
名 C 試写会

pRイーvュー
/prí:vjù:/ ○○

I **went** to a **film preview last night**.
昨夜、映画の試写会に行きました。

〈源〉「pre（前もって）+view（見る）」 動 他 試写する a sneak preview of 〜 〜の先行披露会

1678 welfare
名 U 福祉

ウェゥfエァ
/wélfèər/ ○○

More and **more peo**ple are on **welfare**.
ますます多くの人が生活保護（福祉）に頼っている。

〈源〉「well（裕福に）+fare（行く）」 welfare state 社会保障制度、福祉国家

1679 backup
名 C U 予備

ベァカp
/bǽkʌp/ ○○

Don't break it. There are **no backups**.
それを壊さないで。予備がないから。

音 a 部分の「ア」と u 部分の「ア」は音が違う。 形 予備の a backup plan 代案

1680 outline

アゥ(t)Lアインぇ
/áutlàin/ ○○

名 C 概要

Give me your o**pin**ion on this **outline**.
この概要について、あなたの意見をください。

🔊 out を強く発音する。t は飲み込むように発音する。　a broad/rough/general outline 大まかな概要

1681 sweetheart

sウィーtハーt
/swíːthàːrt/ ○○

名 C 恋人

He was my **high school sweetheart**.
彼は、私の高校時代の恋人でした。

「あなた、君」という呼びかけにも使う。　🔊 sweet を強く。　sweetheart deal なれ合いの裏取り引き

1682 makeup

メイカp
/méikÀp/ ○○

名 U メーク

I am **not wear**ing any **makeup** today.
今日はまったくメイクしていません。

C U 構成、性質　🔊 複合語なので make を up よりも強く発音。　the makeup of the team チームの構成

1683 feedback

フイー(d)bエァk
/fíːdbæ̀k/ ○○

名 U 意見

I **need feedback** on my **pro**ject, **please**!
私のプロジェクトについての意見を聞かせてほしいです。

後に続く前置詞は on。　🔊 d 部分は、飲み込むように発音する。　negative feedback 否定的な声

1684 aircraft

エァkRエァft
/éərkræft/ ○○

名 C 航空機

This aircraft has **six emer**gency **ex**its.
この航空機には6か所の非常出口がございます。

airplane や helicopter などを含めた航空機の総称。　a military aircraft 軍用機　an aircraft carrier 航空母艦

1685 outlook

アゥ(t)Lウk
/áutlùk/ ○○

名 C 見解

That changed my **whole outlook** on **life**.
それが僕の人生に対する見方をすっかり変えたんです。

見通し　🔊 out を強く発音する。t は飲み込むように発音する。　the global economic outlook 世界経済の見通し

1686 forecast

フオーァケァst
/fɔ́ːrkæ̀st/ ○○

名 C 予報

What's the **weath**er **forecast** for today?
今日の天気予報はどう？

〈源〉「fore(前もって)+cast(投げる)」　動 他 予測する　forecast the future 未来を予測する

1687 outcome

アゥ(t)カm
/áutkÀm/ ○○

名 C 結果

Hey, **what** was the **outcome** of the **game**?
ねえ、試合の結果はどうだった？

〈源〉「out(外に)+come(出てくるもの)」　🔊 t は飲み込むように発音する。

1688 background
名 C 経歴

ベア(k)gRアウンd
/bǽkgràund/ ○○

We **want some**one with a **clean background**.
私たちはクリーンな経歴の持ち主が欲しいのだ。

背景 🔊 複合語なのでback の部分を強く。 background information 参考情報 in the background 裏で

1689 household
名 C 世帯

ハウsホウゥd
/háushòuld/ ○○

They have **ten peo**ple in their **household**.
彼らの世帯は10人家族なんです。

形 家庭の the head of the household 世帯主 household chores 家事 household name 誰でも知っている名前

1690 workshop
名 C ワークショップ

wウアーkシャp
/wə́ːrkʃàːp/ ○○

I at**tend**ed a **stress man**agement **workshop**.
私はストレス管理ワークショップに参加しました。

〈源〉「作業場」 a workshop on ~ ~についてのワークショップ give a workshop ワークショプを開く

1691 drugstore
名 C 薬局

dRアgsトア
/drʌ́gstɔ̀ːr/ ○○

There's **some**thing I **need** at the **drugstore**.
薬局で手に入れなければならないものがあるんだ。

🔊 カタカナの「ドラッグストア」と逆で、drug のほうを強く言う。 《英》では chemist's。

1692 platform
名 C プラットフォーム

pLエアtfオーァm
/plǽtfɔ̀ːrm/ ○○

His **train** will ar**rive** at **platform** 2 (**two**).
彼の電車は2番線(第2プラットフォーム)に到着予定だ。

〈源〉「plat(平らな)+form(形)」 名 C 舞台、公約 a platform of low taxation 減税の公約

1693 breakdown
名 C 故障

bRエイ(k)ダウン
/bréıkdàun/ ○○

The **breakdown caused** us to **miss** the **flight**.
故障のせいでフライトに乗りそこなったんだ。

🔊 break+down の複合名詞なので、BREAKdown と前を強く。 the breakdown of negotiations 交渉の決裂

1694 resource
名 C U 資源

Rイーソーァs
/ríːsɔ̀ːrs/ ○○

We **have** to u**tilize all** a**vail**able **resourc**es.
我々は全ての利用可能な資源を活用せねばなりません。

資料、資産、資質 resourceful 形 機転の効く resourcefully 副 機転を利かせて

1695 restaurant
名 C レストラン

RエstRアーンt
/réstrɑ̀ːnt/ ○○

Can you re**com**mend a **nice I**tal**ian re**staurant?
いい感じのイタリアンレストラン紹介してもらえますか。

〈源〉「restore(体力を回復させる)+ant(所)」 a three-star restaurant 3つ星レストラン

1696 wheelchair

ウィーゥチェァ
/wíːltʃèər/ ○○

名 C 車椅子

I **had** to use a **wheelchair af**ter the **ac**cident.
私はその事故の後、車椅子を使わなければなりませんでした。

wheelchair-friendly 車椅子で利用しやすい　wheelchair basketball 車椅子バスケットボール

1697 broadcast

bRオー(d)ケァst
/brɔ́ːdkæst/ ○○

動 他 自 放送する

The **football game** will be **broadcast** to**night**.
そのフットボールの試合は、今晩放送されるよ。

〈源〉「broad(広く)+cast(投げられた)」　名 U 放送　broadcaster 名 C アナウンサー

1698 intake

インテイk
/íntèɪk/ ○○

名 U C 摂取

You should re**duce** your **cal**orie **intake**.
君はカロリー摂取を減らすべきだ。

〈源〉「take in(取り入れる)するもの」　food intake 食物摂取　a high/low intake of ～ ～の高／低摂取量

1699 downstairs

ダウンsテァーz
/dàunstéərz/ ○○

副 下の階に

Is **Mom downstairs**?
ママは下の階にいるの?

形 階下の　go downstairs 階下へ降りる　a downstairs bathroom 階下のバスルーム　〈反〉upstairs 階上に

1700 upstairs

アpsテァーz
/ʌ̀pstéərz/ ○○

副 上の階に

My **room** is **upstairs**.
私の部屋は上の階にある。

〈源〉「up(上へ)+stairs(階段)」　〈反〉downstairs 階下に　go upstairs 階上に上がる　the man upstairs 神

1701 online

アーンLアインヌ
/à:nláɪn/ ○○

副 オンラインで

I **bought** this **online**.
これはオンラインで買ったんだ。

形 ウェブ上の　online banking ネットバンキング　〈反〉offline オフラインで、オフラインの

1702 worldwide

wウァーゥ(d)ワイd
/wə̀:rldwáɪd/ ○○

形 (規模が)世界的な

We are a **worldwide com**pany.
我が社は世界的な企業です。

副 世界中で　a worldwide economic crisis 世界的な経済危機　can be used worldwide 世界中で使える

1703 update

ア(p)デイt
/ʌpdéɪt/ ○○

動 他 更新する

When did you **update** your **OS**?
OSはいつ更新しましたか。

名 C 更新　🔊 p部分は飲み込むように。　update A on B A に B の最新情報を伝える

1704 outside
アゥtサィd
/àʊtsáɪd/ ○○

前 ~の外で

Dad smokes outside the house.
父さんは家の外でたばこを吸います。

副 外に 名 U 外側 〈反〉inside ~の中で、中に outsider 名 C 部外者(⇔ insider 内部の者)

1705 nearby
ニァバーィ
/nìərbáɪ/ ○○

形 近くの

I got this at a nearby supermarket.
これは近所のスーパーで買ったよ。

副 近くに a nearby convenience store 近くのコンビニエンスストア live nearby 近くに住む

1706 unlike
アンLアィk
/ʌnláɪk/ ○○

前 ~らしくない

That's unlike him to act like that.
あんな振る舞いをするなんて彼らしくない。

「彼らしい」は like him。 unlikely 形 ありそうにない unlikelihood 名 U 可能性が低いこと

1707 downtown
ダゥンタゥンヌ
/dàʊntáʊn/ ○○

副 中心街に

I went downtown to do some shopping.
買い物をしに中心街に行ったんだ。

形 中心街の in downtown Chicago シカゴ中心部に 〈反〉uptown 中心街から離れた住宅地区に

1708 upgrade
ア(p)gRエィd
/ʌpgréɪd/ ○○

動 他 アップグレードする

They upgraded me to a business class seat!
ビジネスクラス席にアップグレードしてくれた!

音 p部分は飲み込むように発音する。 名 C ランクを上げること 〈反〉downgrade グレードを下げる

1709 farewell
fエァウェォ
/fèərwél/ ○○

感 さようなら

Farewell, my friend! I'll see you sometime!
友よ、さようなら! またいつか会おう!

〈源〉「fare(旅をしろ)+well(うまく)」 名 C 別れ a farewell party お別れ会

1710 complex
カンpLエks
/kàːmpléks/ ○○

形 複雑な

This problem is more complex than we thought.
この問題は私たちが思っていたより複雑です。

日本語の「コンプレックス(劣等感)」は、inferiority complex。 complexity 名 U 複雑さ

1711 occupy
アーキュパーィ
/áːkjəpàɪ/ ○○○

動 他 専有する

That room is occupied.
その部屋は入居者がいます(専有されている)。

occupant 名 C 居住者 occupation 名 C U 占領、職業 be occupied with ~ ~で頭が一杯で

1712 recognize

□□□ Rエク(g)ナイz
/rékəgnàɪz/ ○ₒ○

動 他 識別する

I didn't reco**g**nize her!
私、彼女だとわからなかった（識別しなかった）。

〈源〉「re(再び)+cognize(知る)」 recognition **名 U** 聞き覚え recognized **形** 公認の

1713 vaccinate

□□□ vエアkスィネイt
/vǽksənèɪt/ ○ₒ○

動 他 予防接種する

Did you **get** vac**c**inated?
君は予防接種した（予防接種された）かい？

vaccine **名 C** ワクチン COVID-19 vaccines コロナワクチン vaccination **名 U** 予防接種

1714 scholarship

□□□ sカーLゥシp
/skɑ́:lərʃɪp/ ○ₒ○

名 C 奨学金

I re**c**eive a scholarship.
私は奨学金を受給した。

on a scholarship 奨学金で scholar **名 C** 学者 scholarly **形** 学術的な scholastic **形** 学業の

1715 universe

□□□ ユーニvウァーs
/júːnəvə̀:rs/ ○ₒ○

名 U 宇宙

The uni**v**erse is gi**gan**tic.
宇宙はとてつもなく広い。

森羅万象、全人類 〈源〉「1つ(uni)にされたもの」 the whole universe 全世界 a metaverse メタバース

1716 anywhere

□□□ エニウェア
/éniwèər/ ○ₒ○

副 どこでも

You can **buy** this anywhere.
これはどこでも買えるよ。

not get anywhere どうにもならない anywhere between A and B A からB までの範囲で somewhere **副** どこかで

1717 underwear

□□□ アンドゥウエア
/ʌ́ndərwèər/ ○ₒ○

名 U 下着

I **can't find** my underwear!
下着が見つからない！

音 der部分の母音をあいまいに。 undershorts **名 C** 男性用パンツ underclothes **名 C** 下着

1718 anyway

□□□ エニウェィ
/éniwèɪ/ ○ₒ○

副 いずれにせよ

I'll **meet** you there anyway.
いずれにしても、そこで会うことになります。

会話の流れを中断するのに用いられることがある。 Anyway, how about getting some lunch? ところでお昼どう？

1719 honeymoon

□□□ ハニムーンォ
/hʌ́nimùːn/ ○ₒ○

名 C U 新婚旅行

They are on their honeymoon.
彼らは今、新婚旅行中だよ。

音 複合語なのでhoney をmoon よりも強く発音する。 honeymooner **名 C** 新婚旅行者

1720 overtime
副 時間外に
オウ ゥ ウ タ イ m
/óuvərtàɪm/ 〇o〇
I **worked** overtime last week.
私は先週、時間外に労働をしました。
形 時間外の　名 U 時間外労働、超過勤務手当　be working overtime 活発に活動している

1721 studio
名 C (芸術家の) 仕事場
s トゥー ディ オ ウ
/st(j)ú:diòu/ 〇o〇
I **use** this **room** as a studio.
僕は、この部屋を仕事場として使っているんだ。
〈源〉イタリア語「努力する場所」　名 C ワンルームマンション、スタジオ、撮影所

1722 cigarette
名 C たばこ
ス ィグ R エ t
/sígərèt/ 〇o〇
I **stopped smok**ing cigarettes.
たばこを吸うのはやめた。
〈源〉「cigar(葉巻)+ette(小さなもの)」　cigarette butt たばこの吸い殻

1723 enterprise
名 C 企業
エントゥp R アー ィz
/éntərpràɪz/ 〇o〇
My **uncle owns** that enterprise.
私の叔父が、その企業を経営しています。
〈源〉「enter(手の間に)+prise(取る)」　a multinational enterprise 多国籍企業

1724 microwave
動 他 電子レンジで加熱する
マ ィ kR オ ウ ウ エ ィ v
/máɪkrouwèɪv/ 〇o〇
Microwave **this** for **one min**ute.
これを1分間、電子レンジで加熱してください。
電磁波の一種のマイクロ波を使うことから。　名 C 電子レンジ　microwavable 形 電子レンジ調理が可能な

1725 nominate
動 他 ノミネートする
ナ ー ム ネ ィt
/ná:mənèɪt/ 〇o〇
I **nominat**ed you for the **prize**.
その賞に君をノミネートした。
〈源〉「nomin(名前)+ate(をつける)」　nomination 名 C U 指名　nominee 名 C 指名された人

1726 stimulate
動 他 刺激する
s ティ ミュ L エ ィt
/stímjəlèɪt/ 〇o〇
I was **stimulat**ed by this **book**.
私はこの本に刺激されました。
stimulation 名 U 刺激(すること)　stimulus 名 C 刺激(になるもの)　stimulant 名 C 興奮剤

1727 modify
動 他 改造する
マ ー ドゥ f ア ー ィ
/má:dəfàɪ/ 〇o〇
He's **modifi**ed that **car** so **much**.
彼はその車を大幅に改造した。
〈源〉「mode(尺度)+ify(合わせる)」　modification 名 C U 修正、変更　modifier 名 C 修飾語句

1728 activate

動 他 作動させる

☐☐☐ **エ**ァ(k)ティv**エイ**t
/ǽktəvèit/ ○○○

This **code activates** the **pro**gram.
このコードがプログラムを作動させます。

active 形 活動的な　activation 名 U 有効化　activation key アクティベーションキー

1729 interview

名 C 面接

☐☐☐ **イ**ントゥv**ユー**
/íntərvjùː/ ○○○

I have a **job inter**view tomorrow.
明日、就職の面接があります。

動 他 インタビューする　interviewer 名 C インタビューする人　interviewee 名 C 面接を受ける人

1730 consequence

名 C 結果

☐☐☐ **カー**ンスk**w**エンs
/kάːnsəkwèns/ ○○○

It was a **conse**quence of my **lie**.
それは私のうそが招いた結果だった。

主に悪い結果に用いる。　as a consequence of 〜 〜の結果として　consequently 副 その結果として

1731 furthermore

副 その上

☐☐☐ f**ウァー**thゥ**モ**ァ
/fɚ́ːrðərmɔ̀ːr/ ○○○

Furthermore, the e**vent** is **free**!
その上、そのイベントは無料だ!

〈源〉「further(さらに)+more(もっと)」　in addition, besides などと交換可能。

1732 satisfy

動 他 満足させる

☐☐☐ **セ**ァ**ディ**sf**アー**ィ
/sǽtəsfài/ ○○○

I'm **satis**fied with your **an**swer.
あなたの返事には満足して(満足させられて)います。

satisfaction 名 C U 満足　satisfactory 形 満足すべき水準の　satisfied 形 満足した

1733 alcohol

名 U アルコール

☐☐☐ **エ**ァ-ゥコ**ホー**ゥ
/ǽlkəhɔ̀ːl/ ○○○

The **on**ly **alcohol** I **drink** is **beer**.
僕が飲む唯一のアルコールはビールだけです。

〈源〉「アイシャドー用の粉」　alcoholic 形 アルコールの　alcoholism 名 U アルコール中毒

1734 analyze

動 他 分析する

☐☐☐ **エ**ァ-ヌ**レ**ァ-ィz
/ǽnəlàiz/ ○○○

You should **analyze** your mis**takes**.
君は自分の失敗を分析するべきだね。

analysis 名 C U 分析【複】analyses　analyst 名 C アナリスト　analytical 形 分析的な

1735 illustrate

動 他 挿絵を描く

☐☐☐ **イ**Lゥst**R**エイt
/íləstrèit/ ○○○

He **illustrat**ed this **pop**ular **book**.
彼はこの人気の本の挿絵を描いたのです。

例を出して説明する　illustration 名 C U イラスト　illustrated 形 イラストの入った

1736 criticize

□
□ kRイディサーイz
/krítəsàız/ ○o○

動 他 自 批判する

Many people criticize the new law.
多くの人がその新しい法律のことを批判している。

critical 形 批判的な　critically 副 非常に　criticism 名 C U 批評　critic 名 C 批評家

1737 résumé

□
□ Rエズメイ
/rézəmèı/ ○o○

名 C 履歴書

I submitted my résumé yesterday.
私は昨日履歴書を提出しました。

〈源〉フランス語。　CV(= curriculum vitae)とも言う。　会議で配る資料「レジュメ」はhandout.

1738 countryside

□
□ カンtRイサーイd
/kʌ́ntrisàıd/ ○o○

名 U 田舎

I prefer living in the countryside.
僕は田舎で暮らすほうが好きだな。

🔊 tr部分ではtとrを「すりつぶす」イメージで。　the English countryside イングランドの田園地帯

1739 exercise

□
□ エkスァサーイz
/éksərsàız/ ○o○

動 自 運動する

How often do you exercise in a week?
あなたは週に何回ぐらい運動しますか。

名 C 運動、行使　the exercise of power 権力の行使　exercise caution 用心する

1740 notify

□
□ ノウドゥfアーイ
/nóʊtəfàı/ ○o○

動 他 伝える

Notify all the staff of the new rule.
スタッフ全員に新しい規則について伝えてください。

「notify 人 of ~」の形で使う。　notification 名 C U 通知、告知

1741 violate

□
□ vアィアLエィt
/váıəlèıt/ ○o○

動 他 違反する

I'm afraid you are violating the law.
残念ながら君は法律に違反している。

violation 名 U 違反　violation of human rights 人権侵害　violence 名 U 暴力

1742 nowadays

□
□ ナゥアデーィz
/náʊədèız/ ○o○

副 今日では

Nowadays, fewer people fax documents.
今日では、書類をファックスする人は以前より少ない。

通例現在形の動詞とともに用いる。　Nowadays, many people ... 今日では多くの人が…　〈反〉formerly 以前は

1743 supplement

□
□ サpLイメンt
/sʌ́pləmènt/ ○o○

動 他 補う

Supplement your diet with vegetables.
食事を野菜で補いなさい。

名 C サプリ　supplementary 形 補助の　supplementary information 補足的情報

1744 calculate

ケアォキュ**L工**ィt
/kǽlkjəlèɪt/ ○○○

動 他 計算する

The **bill** was **high**er than I **cal**culated.
その料金は、僕が計算したよりも高かった。

calculation 名 C U 計算　calculator 名 C 計算機　calculated 形 綿密に計算された

1745 qualified

k**ワー**Lゥ**f**ア-ɪd
/kwάːləfàɪd/ ○○○

形 資格がある

He's a **more** than **qual**ified **ap**plicant!
彼は資格がある応募者以上だ(= そのレベルを超えている)。

qualify 動 他 資格を与える(⇔ disqualify 動 他 資格を剥奪する)　qualification 名 C U 資格

1746 circumstance

スアークms**テア**ーンs
/sə́ːrkəmstæns/ ○○○

名 C 状況

I'm **in** a **dif**ficult **cir**cumstance now.
僕は今、ちょっと難しい状況なんだ。

〈源〉「circum(周りに)+stance(立つ)」　circumstantial 形 状況的　circumstantial evidence 状況証拠

1747 realize

Rィァ**Lア**-ɪz
/ríːəlàɪz/ ○○○

動 他 自 わかる

I **real**ized that I **should**'ve **bought** it.
それを買うべきだったってわかったよ。

〈源〉「real(実現)+ize(させる)」　realization 名 U 気づき、実現　realizable 形 実現可能な

1748 barbecue

バー**ベ**キュー
/bάːrbɪkjùː/ ○○○

動 他 バーベキューで焼く

I **u**sually **bar**becue **chick**en and **steak**.
僕はふつうバーベキューで焼くのは鶏肉とかステーキだ。

〈源〉スペイン語。　名 C バーベキュー(= BBQ)　have a BBQ バーベキューをする

1749 estimate

工sティ**メ**ɪt
/éstəmèɪt/ ○○○

動 他 見積もる

I **es**timate it'll be about **three weeks**.
それには約3週間かかると見積もります。

🔊 動詞と名詞でmate部分の発音が違う。　名 C 見積　estimation 名 U 評価

1750 generate

ヂェヌ**R工**ɪt
/dʒénərèɪt/ ○○○

動 他 作り出す

The **AC** is **gen**erating a **lot** of **cold air**.
そのエアコンは、大量の冷気を作り出している。

〈源〉「genus(同じ種族)+ate(生み出す)」　generation 名 C U 生成、世代

1751 hesitate

ヘズィ**テ**ɪt
/hézətèɪt/ ○○○

動 自 ためらう

Tell me **what** you **think**. **Don't** hesitate.
君の考えを教えてください。ためらわないで。

🔊 si部分を「ジ」と言わないこと。　hesitation 名 C U 躊躇　hesitant 形 ためらった

1752 dialogue

ダィァ**L**オーg
/dáɪələ̀:g/ ○○○

名 C U 会話

This drama **has** a **lot** of **fun**ny **dialogues**.
このドラマには、多くのおもしろい会話が出てきます。

〈源〉「dia(2人の)間の+logue(話)」 一人で話すのは、monologue。 a dialogue box ダイアローグボックス

1753 justify

ヂャstゥf**アー**ィ
/dʒʌ́stəfàɪ/ ○○○

動 他 正当化する

You are **just try**ing to **just**ify yourself.
君はただ自分を正当化しようとしているだけだ。

justified 形 もっともな justification 名 C U 正当化 just 形 正当な

1754 organize

オーァグナ-ィz
/ɔ́:rgənàɪz/ ○○○

動 他 組織する

She **organized** this e**vent all** by her**self**!
彼女はこのイベントを1人で企画した（組織した）！

organizer 名 C 立案者(飲み会の「幹事」なども含む) organization 名 C U 組織

1755 attitude

エァディテュー d
/ǽtət(j)ùːd/ ○○○

名 C U 態度

Your attitude toward your **sis**ter was **bad**.
お前の妹に対する態度はひどかったぞ。

U 横柄な態度 a friendly attitude きさくな態度 have attitude 態度が大きい attitudinal 形 態度の

1756 celebrate

セLゥb**R**エ́ィt
/séləbrèɪt/ ○○○

動 他 自 祝う

We'll celebrate our **son's first birthday**.
息子の1歳の誕生日を祝います。

音 L と R をしっかり区別して発音する。 celebration 名 C お祝い celebratory 形 お祝いの

1757 atmosphere

エァ(t) マsf**イ**ァ
/ǽtməsfìər/ ○○○

名 C 雰囲気

I **don't like** the at**mos**phere in **this place**.
ここの雰囲気は好きじゃないな。

大気 音 t は飲み込むように発音するとよい。 a thin atmosphere 希薄な大気 atmospheric 形 大気の

1758 otherwise

アthˇ**ア**ワ́ーィz
/ʌ́ðərwàɪz/ ○○○

副 さもないと

Come! **Otherwise**, **you'll** be **all alone** here.
来なさい！ さもないと、ここで全く1人になるよ。

〈源〉「other(異なる)+wise(方法で)」 副 違ったふうに unless otherwise noted 違うと書いてない限り

1759 candidate

ケ**ア**ーンディデ́ィt
/kǽndədèɪt/ ○○○

名 C 候補者

Is there a **good candidate** for the po**si**tion?
そのポストにぴったりの候補者はいますか。

〈源〉「白い服を着た人」(ローマ時代に公職候補者が白い衣をまとったことから)

1760 concentrate

動 **自** **他** 集中する

カーンスントエイt
/ká:nsəntrèɪt/ ◯◦◦

Could you **turn off** the **TV**? I **can't con**cen**trate**.
テレビを消してもらえますか。集中することができないので。

音 アクセントはcon部分にある。　concentration **名** **U** 集中　concentrated **形** 濃縮された

1761 operate

動 **自** **他** 手術する

アーブエイt
/á:pərèɪt/ ◯◦◦

The **doc**tor **oper**ated **all day**, so he's **tired**.
その医者は一日中手術していたので疲れています。

音 pe部分は「ペ」でなく「プ」で。　**他** 作動する　operation **名** **C** **U** 操作、手術、作戦

1762 demonstrate

動 **他** 実演する

デムンstエイt
/démənstrèɪt/ ◯◦◦

Can you **demon**strate **how** to **use this** ma**chine**?
この機械の使い方を実演してくれる?

demonstration **名** **C** **U** 実演、デモ　an anti-government demonstration 反政府デモ

1763 substitute

名 **C** 代用となるもの

サbstゥテューt
/sʌ́bstət(j)ùːt/ ◯◦◦

Vitamins are **no sub**stitute for a **health**y **di**et.
ビタミン剤は健康な食事の代用となるものでは全然ありません。

動 **他** 代用する　**形** 代用の　a substitute teacher 代用教員　substitution **名** 交代、代用品

1764 graduate

動 **自** 卒業する

gエア-チュエイt
/grǽdʒuèɪt/ ◯◦◦

I **grad**uated from **col**lege in 2000 (**two thou**sand).
私は2000年に大学を卒業しました。

名 **C** 卒業生　graduate school 大学院　graduation **名** **U** 卒業　undergraduate **名** **C** 学部生

1765 indicate

動 **他** 示す

インディケイt
/índəkèɪt/ ◯◦◦

The **sales drop in**dicates that there's a **prob**lem.
売上低下は何らかの問題があることを示している。

indication **名** **C** **U** 兆候、気配　indicative **形** 示して　be indicative of ～ ～を示唆して

1766 amateur

名 **C** アマチュア

エア-マチュア
/ǽmətʃùər/ ◯◦◦

It is **eas**y to **tell** an **am**ateur from a pro**fes**sional.
プロとアマチュアを見分けるのは簡単だよ。

〈源〉フランス語「愛好者」　**形** アマチュアの　〈反〉professional プロ(の)

1767 compensate

動 **他** 埋め合わせる

カーンプンセイt
/ká:mpənsèɪt/ ◯◦◦

Nothing can **com**pen**sate** for the **loss** of one's **health**.
健康の喪失を埋め合わせられるものは何もない。

make up と意味は同じだが、より硬い語。　compensation **名** **U** 償い　compensatory **形** 補償の

1768 overall

☐
☐ オウvゥ**R**オーゥ
☐ /óuvərɔːl/ ○○○

形 全体的な

What is your **overall** im**press**ion of the **cit**y?
この街の全体的な印象はどうですか？

副 全部で　increase by 20% overall 全体では20%増加する　overalls 名 C つなぎの服

1769 recommend

☐
☐ **R**エクメンd
☐ /rèkəménd/ ○○●

動 他 推薦する

What do you re**com**mend?
何がお勧めです（推薦します）か。

〈源〉「re（再び）+commend（勧める）」　recommendation 名 C 推薦状　commendable 形 称賛に値する

1770 introduce

☐
☐ **イ**ンtRゥ**デュー**s
☐ /ìntrəd(j)úːs/ ○○●

動 他 紹介する

Let me in**tro**duce myself.
自己紹介させて（紹介するのを許して）ください。

introduce A to B　A を B に導入（紹介）する　introduction 名 C U 紹介　introductory 形 入門的な

1771 overweight

☐
☐ オウvゥ**ウエイ**t
☐ /òuvərwéɪt/ ○○●

形 太り過ぎの

He's a **lit**tle over**weight**.
彼はちょっと太り過ぎです。

過度に積みすぎる、重量超過の　5 kilograms overweight 5キロオーバー　〈反〉underweight 重量不足の

1772 guarantee

☐
☐ **ゲ**Rアン**ティー**
☐ /gèrəntíː/ ○○●

動 他 保証する

I can **guar**antee your suc**cess**.
私はあなたの成功を保証することができます。

日本語の「ギャラ」はこの語から。　名 C U 保証　a money-back guarantee policy 返金保証制度

1773 overcome

☐
☐ オウvゥ**カ**m
☐ /òuvərkʌ́m/ ○○●

動 他 自 克服する

She over**came all** her **prob**lems.
彼女は自分のすべての困難を克服しました。

〈源〉「over（上に）+come（来る）」　be overcome with grief 悲しみに打ちのめされる

1774 diagnose

☐
☐ **ダ**イアg**ノ**ゥs
☐ /dàɪəgnóus/ ○○●

動 他 診断を下す

I was **dia**gnosed with **influ**en**za**.
私はインフルエンザだと診断されました。

diagnosis 名 C U 診断　an exact diagnosis 正確な診断　diagnostic 形 診断的な

1775 unemployed

☐
☐ **ア**ネンp**L**オイd
☐ /ʌ̀nɪmplɔ́id/ ○○●

形 雇われていない

I've **been** un**em**ployed for a **year**.
私は1年間職がありません（雇われていない）。

unemployment 名 U 失業、失業率　high unemployment 高い失業率　employ 動 他 雇う

1776 magazine

☐
☐
メァ-グズィーン x
/mǽgəzíːn/ ○o○

名 C 雑誌

I **like read**ing **fash**ion **maga**zines.
私はファッション雑誌を読むのが好きなんです。

〈源〉「(情報の) 倉庫」　名 C 弾倉、火薬庫　a magazine article 雑誌の記事

1777 disappoint

☐
☐
ディサポイン t
/dìsəpɔ́int/ ○o○

動 他 自 落胆させる

I **was dis**ap**point**ed to **hear** the **news**.
そのニュースを聞いてがっかりしました (落胆させられた)。

disappointment 名 C U 失望　disappointing 形 期待外れの　disappointingly 副 がっかりさせるほど

1778 interfere

☐
☐
インタ fイア
/ìntərfíər/ ○o○

動 自 干渉する

My **boss hates** to be **inter**fered with.
僕の上司は干渉されるのが嫌いなんだ。

interfere in the internal affairs 内政に干渉する　interference 名 U 妨害

1779 disagree

☐
☐
ディサ gRイー
/dìsəgríː/ ○o○

動 自 意見が異なる

At **first**, we **dis**agreed on **ev**ery**thing**.
当初は我々はあらゆることに関して意見が異なった。

agree to disagree 意見が違うということで一致する　disagreement 名 C U 不一致

1780 volunteer

☐
☐
v アー Lウンティア
/vàːləntíər/ ○o○

動 自 他 ボランティアをする

My **moth**er **volun**teers at the **hos**pital.
母は病院でボランティアをしています。

名 C 志願者　voluntary 形 自由意志による　voluntarism 名 U ボランティア活動

1781 comprehend

☐
☐
カーン pRイ ヘン d
/kàːmprɪhénd/ ○o○

動 他 自 理解する

I **can't compre**hend **what** you're **say**ing.
あなたの言っていることは理解することができません。

他 内包する　comprehension 名 C U 理解　comprehensive 形 包括的な　comprehensible 形 理解可能な

1782 engineer

☐
☐
エンヂュニア
/èndʒəníər/ ○o○

名 C 技術者

The **engi**neer **fixed** the **bro**ken ma**chine**.
その技術者が壊れた機械を修理してくれたよ。

engineering 名 U 工学　the Faculty of Engineering 工学部　genetic engineering 遺伝子工学

1783 disappear

☐
☐
ディサピア
/dìsəpíər/ ○o○

動 自 消える

The **pro**duct **dis**ap**peared** from the **mar**ket.
その製品は市場から消えました。

〈反〉appear 現れる　disappearance 名 C U 失踪　the girl's disappearance 少女の失踪

1784 personnel

プァースネォ
/pə̀ːrsənél/ ○○◯

名 U 職員

There's **not enough per**son**nel** to **cov**er the **ER!**
救急救命室を担当する職員が足りません。

〈源〉フランス語。 音 nel部分にアクセントあるので注意！ 名 U 人事部（集合）

1785 ordinary

オーァ(d)ネRイ
/ɔ́ːrdnèri/ ○○o

形 普通の

My **fam**ily is **ver**y **ordi**nary.
うちの家族はごくごく普通です。

〈源〉「order（順番）+ary（になった）」 ordinarily 副 普通は、普通に ordinariness 名 U 普通さ

1786 chairperson

チェアプァースンヌ
/tʃéərpə̀ːrsn/ ○○o

名 C 議長

Who is the **chairper**son of to**day**'s **meet**ing?
今日のミーティングの議長は誰ですか。

以前は chairman と言っていたが chairperson になり、現在は the chair が好まれる。 chair 動 議長を務める

1787 primary

pRアイメRイ
/práimèri/ ○○o

形 第一の

Their **primary goal** is to **end world hun**ger.
彼らの第一の目標は、世界の飢餓を撲滅することです。

〈源〉「prime（最初）+ary（の）」 名 C 予備選挙 primarily 副 主に

1788 beforehand

ビフォーァヘアンd
/bɪfɔ́ːrhæ̀nd/ o○○

副 事前に

Let's make a **plan** be**forehand**.
事前に計画を立てましょう。

〈源〉「before+hand」 must be booked beforehand 前もって予約されねばならない in advance と同じ

1789 carbohydrate

カーボウハイdRエイt
/kɑ̀ːrbouháidreit/ ○○○o

名 C 炭水化物

I'm **lim**iting my **carbo**hydrates these days.
最近、炭水化物を制限しています。

〈源〉「carbo（炭）+hydrate（水）」 略語はcarb。 carbo loading 激しい運動に備えて炭水化物を摂ること

1790 diabetes

ダィアビーディーz
/dàiəbíːtiːz/ ○○○o

名 C 糖尿病

My **fa**ther has **diabe**tes.
父は糖尿病なんです。

音 be部分は「ベ」でなく「ビー」。 diabetic 形 糖尿病の 名 C 糖尿病患者

1791 reservation

Rエズァvエイシュンヌ
/rèzərvéiʃən/ ○○○o

名 C U 予約

Did you **make** re**serv**ations?
予約しましたか。

疑い、保留 with some reservations 条件付きで reserve 動 他 予約する reserved 形 予約済みの

340

1792 unexpected

☐☐☐

アニ ks ペ k ティ d
/ʌnɪkspéktɪd/ ○o○o

形 予期しない

That was **quite unexpec**ted!
それは、まったく予想しないことでした！

totally unexpected 全く思いもよらない　the unexpected 予期しない事態　unexpectedly 副 予期せずに

1793 occupation

☐☐☐

アーキュペイシュン ъ
/ɑ̀:kjəpéɪʃən/ ○o○o

名 C 職業

Her **occu**pa**tion** is a **law**yer.
彼女の職業は弁護士です。

占領　under occupation 占領下の　occupational 形 職業上の　occupational disease 職業病

1794 evolution

☐☐☐

エv ァ Lウーシュンъ
/èvəlú:ʃən/ ○o○o

名 U 進化

Do **you** be**lieve** in e**volu**tion?
あなたは進化を信じますか。

the theory of evolution 進化論　evolve 動 自 他 進化させる　evolutionary 形 進化の

1795 population

☐☐☐

パーピュ Lエ イシュンъ
/pɑ̀:pjəléɪʃən/ ○o○o

名 C 人口

China **has** a **huge popu**la**tion**.
中国は莫大な人口を持っている。

population explosion 人口爆発　populous 形 人口の多い　densely populated 人口密度が多い

1796 situation

☐☐☐

スイチュエ イシュンъ
/sìtʃuéɪʃən/ ○o○o

名 C 状況

I'm **in** a **dif**ficult si**tua**tion.
私は難しい状況にいるんです。

〈源〉「situate(ある場所に置く)+ion(こと)」　sitcom (= situation comedy) 連続ホームコメディ

1797 transportation

☐☐☐

tRエ ァンsパテ イシュンъ
/trænspərtéɪʃən/ ○o○o

名 U 交通手段

What transpor**ta**tion do you **use**?
どんな交通手段を使っていますか。

〈源〉「trans(向こうへ)+port(運ぶ)」　transport 動 他 移動する　public transportation 公共交通機関

1798 unfamiliar

☐☐☐

アン fウ ミ Lイャ
/ʌnfəmíljər/ ○o○o

形 馴染みがない

Asian **food** is un**fami**liar to me.
アジアの食べ物は馴染みがないんです。

I am unfamiliar with ～ 私は～に馴染みがない　unfamiliarity 名 U 馴染みの薄さ

1799 controversial

☐☐☐

カー ンtル vアーショウ
/kɑ̀:ntrəvə́:rʃəl/ ○o○o

形 議論を呼ぶ

His **tweet** was **ver**y con**trover**sial.
彼のツイートは議論を呼ぶものだった。

controversy 名 C U 論争　cause controversy 議論を起こす　controversialist 名 C 論争家

1800 **motivation**

名 U C やる気

モウドゥ**v**エイシュンォ
/mòutəvéiʃən/ ○○○○

The **staff** seem to **lack mo**tiva**ti**on.
スタッフは、やる気を欠いているようだ。

motivate 動 他 やる気にさせる　motivated 形 やる気のある　motivational 形 やる気を起こさせるような

1801 **altogether**

副 全体で合計して

オーゥトゥ**ゲア**th゛ア
/ɔ̀:ltəgéðər/ ○○○○

Altogether, we **raised** e**nough mon**ey.
全体で合計して、必要なだけの資金を集められたよ。

〈源〉「al(まったく)+together(一緒に)」　not altogether 完全に~というわけではなく

1802 **comprehensive**

形 広範囲の

カーンpRイ**ヘン**スィv
/kà:mprihénsɪv/ ○○○○

That was **such** a **com**pre**hen**sive ex**am**!
とても内容が広範囲なテストだったね！

comprehensive exams 総合試験　a comprehensive guide to ~ ~の 完全案内　comprehensively 副 包括的に

1803 **innovation**

名 C U 改革

イナ**v**エイシュンォ
/ìnəvéiʃən/ ○○○○

Our **com**pany has **made** an **in**nova**ti**on.
我が社は改革を行いました。

innovate 動 自 革新する　innovative 形 革新的な　an innovative approach 革新的アプローチ

1804 **advertisement**

名 C 広告

エア-(d)v ァ**タイ**zムンt
/ædvərtáizmənt/ ○○○○

I was of**fend**ed by the **ad**ver**tise**ment.
私はあの広告で気分を害した。

ad と略す。　advertise 動 自 他 宣伝する　advertising 形 広告の　advertising agency 広告代理店

1805 **navigation**

名 U ナビゲーション

ネア v ァ**ゲイ**シュンォ
/næ̀vəgéiʃən/ ○○○○

This GPS navi**ga**tion **app** is **ter**rible!
このGPSナビゲーションアプリは最低！

〈源〉「navi(船)+gate(を進める)」　navigate 動 他 操縦する　navigational 形 航海の

1806 **registration**

名 U C 登録

R**エ**ヂst**R**エイシュンォ
/rèdʒəstréiʃən/ ○○○○

When is the **reg**istra**ti**on **deadline**?
登録締め切りはいつですか。

音 gi部分は「ジ」でなく「ヂ」。　register 動 自 他 登録する　registered trademark 登録商標

1807 **manufacture**

動 他 製造する

メア-ニュf**エア**kチャ
/mænjəfæktʃər/ ○○○○

Our **com**pany manu**fac**tures **mil**lions of **cars**.
我が社は何百万台もの車を製造しています。

〈源〉「manu(手で)+facture(作ること)」　manufacturer 名 C 製造業者

342

1808 presentation

□□□ pRエズンテイシュンヌ
/prèzntéɪʃən/ ○○○○

名 C プレゼン

I **gave** a **pres**entation in the **meet**ing.
私は、その会議でプレゼンをしました。

give [make] a presentation プレゼンをする　present 動 他 提示する、発表する　presentational 形 発表の

1809 application

□□□ エァpLイケイシュンヌ
/æplɪkéɪʃən/ ○○○○

名 C U 申し込み(書)

You **need** to com**plete** this **app**lication.
こちらの申し込み書に記入してください。

応用　U 申請　C アプリ(=app)　apply 動 自 他 申し込む、あてはめる

1810 correspondence

□□□ コーRゥsポーンドゥンs
/kɔ̀:rəspá:ndəns/ ○○○○

名 U 通信

Check the corre**spond**ence be**tween** them.
彼らの間のやり取り(通信)をチェックしなさい。

correspond 動 自 文通する、一致する　correspond to ~ ~と対応する　correspondent 名 C 特派員

1811 entertainment

□□□ エントゥテインメンt
/èntərtéɪnmənt/ ○○○○

名 C U 娯楽

Musicals are my **fa**vorite enter**tain**ment.
ミュージカルは私のお気に入りの娯楽です。

entertain 動 自 他 楽しませる　entertainer 名 C エンターテイナー、芸能人

1812 resolution

□□□ RエズLウーシュンヌ
/rèzəlú:ʃən/ ○○○○

名 C U 決心

I **made** a **reso**lution to give **up smok**ing.
私はタバコをやめる決心をしました。

解決策　New Year resolution 新年の抱負　resolve 動 他 決心する　resolute 形 意志の固い

1813 destination

□□□ デsティネイシュンヌ
/dèstənéɪʃən/ ○○○○

名 C 目的地

I **need** this **app** to **reach** the **desti**nation.
目的地に到着するのに、このアプリが必要です。

〈源〉「行くように運命づけられた場所」→「目的地」　destine 動 他 運命づける

1814 corporation

□□□ コーァプRエイシュンヌ
/kɔ̀:rpəréɪʃən/ ○○○○

名 C 企業

To**yo**ta is **one** of the **big**gest **cor**porations.
トヨタは最大の企業の1つです。

〈源〉「一体にすること」　corporate 形 企業の　corporate culture 企業風土　incorporated 形 法人組織の

1815 immigration

□□□ イ ₘ gRエイシュンヌ
/ìmɪgréɪʃən/ ○○○○

名 U 入国審査

How can I a**void long lines** at **imm**igration?
どうしたら入国審査で長い列を避けられるかな?

immigration officer 入国管理官　immigrant 名 C 移民　migrate 動 自 移住する、移動する

第4章

1816 education

☐
☐ エヂュ**ケ**イシュンヌ
☐ /èdʒəkéɪʃən/ ○○○○

名 U 教育

My **par**ents **want** me to **get** a **good** edu**ca**tion.
両親は私によい教育を受けて欲しいと思っています。

educate 動 他 教育する　educational 形 教育的な　educationally 副 教育的に

1817 underlying

☐
☐ ア**ン**ドゥ**L**ア**イ**イン
☐ /ʌ̀ndərláɪɪŋ/ ○○○○

形 根底にある

We **have** to **fig**ure **out** the un**der**ly**ing is**sue.
根底にある問題を見つけ出さねばなりません。

underlie 動 他 底に潜む　the mechanism underlying cancer 癌の発生メカニズム

1818 academic

☐
☐ エ**ア**ク**デ**ミk
☐ /ækədémɪk/ ○○○○

形 学業面の

My aca**dem**ic **goal** is to **get** a **col**lege de**gree**.
私の学業面の目標は大卒の資格を取ることです。

academic freedom 学問研究の自由　academically 副 学術的に　Academy 名 C 学士院、アカデミー

1819 operation

☐
☐ ア**ー**プ**R**エ**イ**シュンヌ
☐ /à:pəréɪʃən/ ○○○○

名 C U 作戦（運営）

This is going to be a **huge res**cue o**pe**ration.
これは大規模な救出作戦になるだろう。

🔊 pe 部分は「ペ」でなく「プ」で。　operational 形 操作上の　operator 名 C オペレーター

1820 radiation

☐
☐ **R**エ**イ**ディ**エ**イシュンヌ
☐ /rèɪdiéɪʃən/ ○○○○

名 U 放射線

People **might** have been ex**posed** to ra**di**ation.
人々が放射線にさらされたかもしれない。

radiate 動 自 他 放出、放射する　radioactive 形 放射線を放つ　radioactivity 名 U 放射能

1821 information

☐
☐ **イ**ンフウ**メ**イシュンヌ
☐ /ɪ̀nfərméɪʃən/ ○○○○

名 U 情報

Handle **pri**vate in**for**ma**tion care**fully, please.
個人情報は気をつけて取り扱ってください。

information technology 情報技術(IT)　inform 動 他 知らせる　informative 形 情報に富んだ

1822 obligation

☐
☐ ア**ー**bL**イ**ゲイシュンヌ
☐ /à:blɪɡéɪʃən/ ○○○○

名 C U 義務

I **would**n't **do this** if it **was**n't an ob**li**gation.
義務でなかったら、こんなことしません。

under an obligation to ~ ~する義務を負って　obligate 動 他 義務を負わせる　obligatory 形 義務的な

1823 universal

☐
☐ **ユ**ーニv**ウァ**ーソウ
☐ /jùːnəvə́:rsl/ ○○○○

形 世界共通の

Food is a **sub**ject of **al**most uni**ver**sal **in**terest.
食べ物はほぼ世界共通の興味の対象だ。

万人の　universal design ユニバーサルデザイン　universal suffrage 普通選挙権　universally 副 例外なく

1824 generation

名 C U 世代

ヂェヌR エイシュンぇ
/dʒènəréɪʃən/ ○o○o

Who inv**ent**ed the 5th (**fifth**) **gen**er**a**tion com**put**er?
誰が第5世代コンピューターを発明したのですか。

「一世代」とは子どもが親と入れ替わる平均期間で、約30年。　from generation to generation 世代から世代へ

1825 independent

形 独立した

インディペンデンt
/ìndɪpéndənt/ ○o○o

This book is **suit**able for inde**pend**ent **stud**y.
この本は自習（独立した勉強）に適している。

〈反〉dependent 依存した　an independent variable 独立変数　independence 名 U 自立

1826 isolated

形 人里離れている

アィサL エィデ́d
/áɪsəlèɪtɪd/ ○o○o

The **farm** is **i**sol**at**ed.
その農場は人里離れている。

isolate 動 他 隔絶させる　isolation 名 U 孤立、分断　in isolation 孤立して

1827 lavatory

名 C トイレ

Lエア-vァトーRィ
/lǽvətɔ̀:ri/ ○o○o

Where is the **lav**at**o**ry?
トイレはどこですか。

〈源〉「lave（手を洗う）+ory（所）」　toilet より硬い正式の単語。　特に飛行機のトイレ。

1828 fascinating

形 すごく魅力的な

fエア-スィ ネ イディン
/fǽsənèɪtɪŋ/ ○o○o

That's a **fas**cin**at**ing i**de**a.
それすごく魅力的な考えです。

fascinate 動 他 魅惑する　fascination 名 U 魅惑　fascinatingly 副 すばらしく

1829 secretary

名 C 秘書

セkRウテRィ
/sékrətèri/ ○o○o

What did his **sec**re**ta**ry **say**?
彼の秘書は何と言ったのですか。

〈源〉「secret（秘密を）+ary（扱う人）」　secretarial 形 書記官の　Secretary General 書記長

1830 elevator

名 C エレベーター

エLゥvエイダ
/éləvèɪtər/ ○o○o

My a**part**ment has **no** ele**va**tors.
僕のアパートにはエレベーターがないんだ。

イギリス英語では lift。　elevate 動 他 上昇させる　elevation 名 U 上昇、海抜、登用、昇進

1831 journalism

名 U ジャーナリズム

ヂュアーナL イzm
/dʒə́:rnəlìzm/ ○o○o

I'm **ma**joring in **jour**nal**is**m at **col**lege.
私は大学でジャーナリズムを専攻しています。

〈源〉「日々（jour）出版されるもの」　journalist 名 C ジャーナリスト

第4章

345

1832 laboratory
名 C 実験室

エァ-bRウト-Rイ
/lǽbrətɔ̀:ri/ ○₀○o

The **doc**tor **works** in**side** a **lab**ora**to**ry.
その博士は実験室の中で仕事をします。

〈源〉「labor（労働する）+ory（場所）」　a research laboratory 研究所　laboratory animals 実験用動物

1833 necessary
形 必要な

ネセセ-Rイ
/nésəsèri/ ○₀○o

Food and **wa**ter are **nec**es**sar**y to **live**.
食べ物と水が生きていくには必要だ。

necessity 名 U 必要性　necessarily 副 必ず　necessitate 動 他 必要とする

1834 complicated
形 込み入った

カーンpLウケイディd
/ká:mpləkèɪtɪd/ ○₀○o

We are **in** a **ver**y **com**plica**ted** si**tua**tion.
私たちは、とても込み入った状況に陥っている。

complicate 動 他 複雑にする　complication 名 C U 複雑化、やっかいな問題　complications 合併症

1835 military
形 軍事的な

ミLウテ-Rイ
/mílətèri/ ○₀○o

There's been **mil**itary ac**tiv**ity recently.
最近、軍事的な動きがありますね。

〈源〉「militia（兵士）+ary（の）」　名 U 軍隊　militant 形 好戦的な　military forces 軍隊

1836 terrorism
名 U テロ

テRウRイzm
/térərìzm/ ○₀○o

Did you **hear** about the **ter**ror**is**m at**tack**?
そのテロ攻撃のこと聞いた？

terror 名 U 恐怖、テロ　terrorist 名 C テロリスト　terrorize 動 他 恐怖を与える

1837 advertising
名 U 広告

エァ-dvァター-イズィン
/ǽdvərtàɪzɪŋ/ ○₀○o

This TV channel has **too much ad**verti**s**ing.
このテレビ局は広告が多過ぎる。

🔊 d では舌先を離さず直接 v に移る感じで、d はほぼ聞こえないくらいがよい。　tobacco advertising タバコ広告

1838 temporary
形 一時的な

テンポRエ-Rイ
/témpərèri/ ○₀○o

I **know this** is **just** a **tem**porary so**lu**tion.
これが単に一時的な解決法だってことはわかってます。

〈反〉permanent 恒久的な　on a temporary basis 一時的に　temporarily 副 一時的に

1839 voluntary
形 ボランティアの

vオー Lアンテ-Rイ
/vá:ləntèri/ ○₀○o

I **do vol**untary **work** at an **an**imal **shel**ter.
僕は動物保護施設でボランティアの仕事をしてるんだ。

自由意志による　work on a voluntary basis ボランティアとして働く　voluntarily 副 自分の意志で

1840 supervisor
名 C 指導教員

スーパァv ア-イザ
/súːpərvàɪzər/ ○○○○

My **super**vi**sor** is **re**ally **pos**itive and **nice**.
僕の指導教員は本当に前向きでいい人だ。

監督者　〈源〉「super(上から)+visor(見る人)」　supervise 動 自 他 監督する

1841 agriculture
名 U 農業

エア-gRイカオチャ
/ǽgrɪkʌ̀ltʃər/ ○○○○

There's a **lot** of **agri**cul**ture** where I **live**.
僕の住んでいるところでは農業が多く行われている。

〈源〉「agri(畑)+culture(耕すこと)」　agricultural 形 農業の　agricultural land 農地

1842 absolutely
副 絶対に

エア-bスL ウー tL イ
/ǽbsəlùːtli/ ○○○○

"Do you **want** to **go** to a **mov**ie?" "**Abs**olutely."
「映画見に行きたい?」「行く行く!(絶対に!)」

音 te部分でtを発音しようとせず、次のLをしっかり言う。　absolute 形 絶対の　absolute value 絶対値

1843 appreciate
動 他 感謝する

ァpRイー シエ イt
/əpríːʃièɪt/ ○○○○

I ap**pre**ci**ate** your **ser**vice.
ご尽力に感謝いたします。

正しく理解する　〈源〉「ap(…に)+preciate(値段をつける)」　appreciation 名 U 感謝、鑑賞(力)

1844 manipulate
動 他 操作する

マニピュL エ イt
/mənípjəlèɪt/ ○○○○

This ma**chine** is **eas**y to ma**nip**ulate.
この機械は操作するのが簡単です。

〈源〉「mani(手を)+pulate(満たす)」　manipulation 名 C U 操作

1845 anticipate
動 他 予期する

エァンティサペイt
/æntísəpèɪt/ ○○○○

I **did**n't an**tic**ipate **see**ing you here.
ここであなたに会うとは予期していませんでした。

anticipation 名 U 予想、期待　in anticipation of ~ ~を予期して　anticipative 形 予期した

1846 apologize
動 自 謝罪する

ァパー L ゥ ヂャ-イz
/əpɑ́ːlədʒàɪz/ ○○○○

I a**pol**ogize for **hurt**ing your **feel**ings.
君の気持ちを傷つけたことを謝罪します。

apology 名 C U 謝罪　apologetic 形 申し訳なく思う　apologetically 副 申し訳なさそうに

1847 negotiate
動 自 他 交渉する

ニゴ ウシエ イt
/nəɡóuʃièɪt/ ○○○○

We **hope** we can ne**got**iate on the **price**.
価格について交渉できることを願います。

音 go部分にアクセントがあるので注意。　negotiation 名 C U 交渉

第4章

1848 communicate

カミューーニケイt
/kəmjúːnəkèɪt/ ○○○

動 自 他 やり取りする

He com**mu**ni**ca**tes with **peo**ple via **e-mail**.
彼はメールで人とやり取りするんだ。

communication 名 C U やり取り　communicative 形 コミュニカティブな

1849 identify

アイデンティfアーイ
/aɪdéntəfàɪ/ ○○○

動 他 正体がわかる

I iden**ti**fied the **man al**most **right a**way.
私はほとんど瞬時にその男が誰かわかった（正体がわかった）。

同一視する　identification 名 C 身分証明書（ID）　identity 名 C U 正体　identical 形 同一の

1850 eliminate

イ**レ**イミ**ネ**イt
/ɪlímənèɪt/ ○○○

動 他 取り除く

How can I eli**mi**nate the **weeds** in my **gar**den?
どうしたら庭の雑草を取り除くことができるのだろうか。

（競技などで）敗退させる　elimination 名 U 除去、脱落　by a process of elimination 消去法で

1851 evaluate

イ**V**エア-Lュ**エ**イt
/ɪvǽljuèɪt/ ○○○

動 他 評価する

This mag**a**zine evaluated 10 (**ten**) smartphones.
この雑誌は10種類のスマホを評価しました。

evaluation 名 C U 評価　a class evaluation questionnaire 授業評価アンケート　value 名 U 価値

1852 entrepreneur

アーンtRゥpRゥ**ヌァー**
/ɑ̀ːntrəprəná:r/ ○○○○

名 C 起業家

He is a **tal**ented entrepre**neur**.
彼は才能のある起業家です。

〈源〉フランス語の entreprendre「（引き受ける）」　entrepreneurship 名 起業家活動

1853 nevertheless

ネv**ウ**th゛ゥ**レ**エs
/nèvərðəlés/ ○○○○

副 それでも

Neverthe**less**, I **still love** him.
それでも、私は彼を愛しています。

🔊 less が強いので注意　〈源〉「never the less ＝ それだけ少ないということはまったくなく」

1854 stereotype

s**テ**イRイオ**タ**イp
/stériətàɪp/ ○○○○

名 C 固定観念

This is **one com**mon stereotype.
これは、1つのよくある固定観念だね。

〈源〉「印刷のステロ版」→「画一的な概念」　stereotypical 形 典型的な

1855 electronic

イ**レ**エktR**アー**ニk
/ɪlèktrá:nɪk/ ○○○○

形 電子の

Should I **bring** an electronic **dic**tio**na**ry?
電子辞書を持って行ったほうがいいだろうか。

EC (= electronic commerce) 電子商取引　electronically 副 電子的に　electronics 名 U 電子工学

1856 extraordinary
形 非凡な

エkstRゥオーァ(d)ネRイ
/èkstrəɔ́ːrdneri/ ○○○○

Robbie is an **ex**traor**di**nary **child**.
ロビーは非凡な子どもです。

〈反〉ordinary 通常の　extraordinarily 副 並外れて　extraordinariness 名 U 尋常でないこと

1857 liability
名 U 法的責任

LアィアビLイディ
/làɪəbíləti/ ○○○○○

We de**ny** lia**bil**ity for the **dam**age.
我々はその損害に対する法的責任を否定します。

PL (= product liability) 製造物責任　liable 形 法律上責任がある　be liable for ~ ~に対して義務がある

1858 personality
名 C U 性格

プァースネアァ-Lイディ
/pə̀ːrsənǽləti/ ○○○○○

Amy has **such** a **vi**brant **per**son**al**ity.
エイミーはとても活発な性格だ。

C 有名人　a TV personality テレビタレント（×talent ではない）　personality test 性格テスト

1859 opportunity
名 C U 機会

アーパテュ-ニディ
/àːpərt(j)úːnəti/ ○○○○○

I **hap**pened to **have** this **op**por**tu**nity.
私は、たまたまこの機会を得たのです。

〈源〉「opportune（風が港の方へ吹く）+ity（こと）」　opportunistic 形 日和見的な

1860 individual
名 C 個人

インディvイヂュオウ
/ìndəvídʒuəl/ ○○○○○

He's the **kind**est indi**vid**ual I've **ev**er **met**.
彼は今まで出会った中で最も親切な人（個人）だ。

〈源〉「divide（分ける）ことができない」　形 個人の　individually 副 個人で

1861 international
形 国際的な

インタネアァ-シュノウ
/ìntərnǽʃnl/ ○○○○○

Our **bus**iness is **more** and **more** inter**na**tional.
私たちの事業はますます国際的になっています。

〈源〉「inter（間）+national（国家の）」　internationally 副 国際的に

1862 intellectual
形 知的な

イントゥLエkチュオ
/ìntəléktʃuəl/ ○○○○○

Who owns the intel**lec**tual **prop**erty **rights**?
誰がその知的財産権を所有しているのですか？

音 tual部分のua はあいまいな母音で。　an intellectual giant 知の巨人　intellect 名 U 知性

1863 enthusiastic
形 熱意のある

エンthュ-ズィエアァ-sティk
/ɪnθ(j)ùːziǽstɪk/ ○○○○○

He's an en**thu**si**as**tic **per**son.
彼は熱意のある人です。

enthusiastically 副 熱心に　enthusiasm 名 U 熱意　enthusiast 名 U 夢中になっている人

1864 administration
名 U 運営

アdミニstRエイシュン㇇
/ədmìnəstréɪʃən/ ○○○○

You are **good** at adminis**tra**tion.
あなたは運営が上手ですね。

音 d は飲み込むように発音する。　administrate 動 他 管理する　administrator 名 C 管理者

1865 accommodation
名 U 宿泊施設

ァカーマデイシュン㇇
/əkɑ̀:mədéɪʃən/ ○○○○

My **com**pany **paid** for my ac**com**mo**da**tion.
会社が僕の宿泊費を (宿泊施設の費用を) 払ってくれたよ。

arrange hotel accommodations ホテルの宿泊を手配する　accommodate 動 他 収容する、適応させる

1866 pronunciation
名 U 発音

プナンツィエイシュン㇇
/prənʌnsiéɪʃən/ ○○○○

What is the pro**nun**ciation of **this word**?
この単語の発音はどういうもの?

音 nci部分は「ツィ」のように発音。　pronounce 動 他 発音する　pronounced 形 はっきりした

1867 investigation
名 C U 調査

インVエsティゲイシュン㇇
/ɪnvèstəɡéɪʃən/ ○○○○

The po**lice launched** an in**ves**tiga**tion** today.
警察は今日捜査(調査)を開始した。

investigate 動 他 調査する　investigator 名 C 審査官　a private investigator 私立探偵

1868 organization
名 C U 組織

オーガナイゼイシュン㇇
/ɔ̀:rɡənaɪzéɪʃən/ ○○○○

They're the **big**gest **char**itable or**gani**za**tion**.
彼らは最大の慈善団体(組織)です。

U 構成　organize 動 他 組織する、段取りをつける　organizer 名 C 主催者

1869 characteristic
名 C 特性

ケアRゥ(k)トゥRイsティk
/kèrəktərístɪk/ ○○○○

Kindness is **one** of her **great** cha**racter**istics.
優しさはすばらしい特性の1つだよ。

形 特徴的な　a defining characteristic of ~ ~をよく表す特徴　characteristically 副 特徴的に

1870 metabolism
名 C 代謝

ムテア-ブレイzm
/mətǽbəlìzm/ ○○○○

I **used** to be **thin due** to my **high** metabolism.
僕は以前は高い代謝のせいで痩せていたんだ。

metabolic 形 代謝の　metabolic rate 代謝率　metabolic syndrome メタボリックシンドローム

1871 electricity
名 U 電気

イLエktRイスディ
/ɪlèktrísəti/ ○○○○

This fan **does**n't **use much** electricity.
この扇風機はあまり電気を使わない。

音 ty部分のtはdに似た「たたき音」になることが多い。　electrical 形 電気の　electrical appliances 電気器具

tの発音には5種類ある!

綴り字のtに対応する発音にはいろいろあると気づいていましたか?

(1) 普通のt (unaspirated t)

まずは普通のtです。steam、stop、stickなど、sの後に来るtは、みなさんがtで連想する通りの音として発音されます。

(2) 帯気音のt (aspirated t)

team, top, tickなど、sが前になく、かつtで始まる音節にアクセントがある場合は、帯気音のtで発音されます。帯気というのはtで舌先が歯茎から離れた瞬間、無声のhのような音が勢いよく吹き出す現象を言います (→ Lesson 69)。

(3) 非開放のt (unreleased t)

非開放とは、tのために歯茎に接触した舌先が歯茎から離れない、という意味です。例えばatmosphereではtのために舌先が歯茎に接触したら舌先はそのまま止まり、その状態のまま今度はmのために上唇と下唇が接触します。このためt自体の音はほぼ「聞こえない」感じです。

(4) 声帯を締めるt (glottal stop)

非開放のtでは、舌先は歯茎に接触しますが、舌先が歯茎に触れることさえなく、かわりに声帯(声門とも言います)をキュッと一瞬閉じることで作るtの発音があります(声門閉鎖音と呼びます)。tの後に、rとかwが来ると現れることが多いです。at random / that wasなど。

(5) たたき音のt (flapped t)

最後がアメリカ人がbutter, better, pretty, partyなどで使うtです。dのようにも、日本語のラ行音のようにも聞こえます。舌先と歯茎の接触時間が普通のtに比べるととても短く、舌先で歯茎をパシッと「ビンタする」ような音なのでたたき音と呼ばれます。

次は『アナと雪の女王』の主題歌Let It Goの歌詞ですが、下線部のtはどの発音だかわかりますか?(正解はp.356)

Let it go. / Turn away and slam the door. / Let the storm rage on.
  (a)(b)   (c)   (d)   (e)

Lesson 81

つづりは同じでも複数の発音やアクセントがある語

　このレッスンでは、つづりは同じでも発音やアクセントが違う語をまとめて学習します。ただ「発音やアクセント」と言っても、「発音だけ」変わる場合と「発音とアクセントの両方が」変わる場合に分けられます。

▶発音だけ変わる語・パターン1 ［単語番号 1872 – 1873 ］

　発音だけ変わる場合の1つめのグループは use に関係する語です。use には、動詞の意味「使う」と、名詞の意味「使用」がありますが、**品詞によってまず語尾の se 部分の発音が次のように変わります。**

> **・動詞の use の語尾は無声音 /s/**
> **・名詞の use の語尾は有声音 /z/**

　つまり動詞なら「ユーz」、名詞なら「ユーs」です。どちらも「ユーズ」だと間違えて覚えている人が結構いるので気をつけましょう！
　次に、実は語尾の音以外にも微妙な違いがあります。一般的に無声音の前では有声音の前よりも、母音が短くなるという現象（硬音前短縮と呼びます）があります。「ユー」部分の長さは、

> **ユーz ＞ ユ-s**
> **「使う」　　「使用」**

なのです。つまり「動詞は長めに、名詞は短めに発音する」と覚えましょう。動詞グループの use（使う）、abuse（乱用する・虐待する）、misuse（誤用する）、reuse（再利用する）、overuse（使い過ぎる）と名詞グループの use（使用）、abuse（乱用・虐待）、misuse（誤用）、reuse（再利用）、overuse（使い過ぎ）は、それぞれ同じ関係にあります。
　また、use とは関係ありませんが、動詞の excuse（許す、大目に見る）

と、名詞の excuse（弁解、言い訳）の発音の間にも同じ関係があります。

❯発音だけ変わる語・パターン２［単語番号 1874 – 1875 ］

　発音だけ変わる語のパターンその２は、語尾が -ate である appropriate、associate、advocate、alternate、approximate などの語です。これらはいずれも動詞の場合には -ate に第２アクセントをおいて、比較的はっきりと［エイt］と発音し、動詞以外（名詞や形容詞）の場合には、アクセントを置かずに軽く［エt］のように発音します（発音だけ変わる、とは言っても、第２アクセントの有無は変わります。第１アクセントの位置は変わりませんが）。

単語	動詞としての意味	別の品詞での意味
appropriate	私物化する	形容詞：適切な
associate	付き合う	名詞：同僚
advocate	提唱する	名詞：提唱者
alternate	交互に現れる	形容詞：交互の
approximate	おおよそ～になる	形容詞：おおよその
certificate	証明書を与える	名詞：証明書
coordinate	まとめる	形容詞：同等の
elaborate	詳述する	形容詞：綿密な
estimate	見積もる	名詞：見積もり
graduate	卒業する	名詞：卒業生

　動詞の場合には、ate 部分にある程度のアクセント（第２アクセント）を置くので、その影響で自動的に a 部分が［エイ］という本来の音になり、動詞以外の場合には ate 部分にはまったくアクセントがないので、a 部分を音色があいまいでいい加減な音「シュワ(ə)」に格下げになる、と理解してください。
　以下の単語（すべて動詞です）の-ate には第２アクセントを置いて、［エイt］と発音してください。

第４章

＜はっきり [エイt] と発音する ate を含む語＞

abbreviate（略す）	accelerate（加速させる）	accommodate（収容する）
activate（活性化する）	alleviate（軽減する）	anticipate（予期する）
appreciate（鑑賞する）	cooperate（協力する）	celebrate（祝う）
calculate（計算する）	circulate（循環させる）	commemorate（記念する）
complicate（複雑化する）	congratulate（祝う）	collaborate（協同する）
communicate（伝える）	concentrate（集中する）	contemplate（熟考する）
cultivate（耕す）	generate（生み出す）	demonstrate（証明する）
dominate（支配する）	educate（教育する）	eliminate（消し去る）
evacuate（避難する）	exaggerate（強調する）	fabricate（でっち上げる）

　一方、「同じつづりでも品詞が変われば」という本レッスンの趣旨からは離れますが、アクセントがないはずの -ate を「エイt」と発音する人が多いので、ここで確認しておきます。以下の単語は動詞ではなく、-ate 部分はいずれもアクセントがありません。したがって「エイt」ではなく、シュワ、つまり格下げした [ɪt] で発音します。

＜シュワで発音する ateを含む語＞

private（私的な）	climate（気候）	chocolate（チョコレート）
adequate（適切な）	passionate（情熱的な）	literate（読み書きができる）
corporate（企業の）	accurate（正確な）	delicate（繊細な）
fortunate（幸運な）	considerate（思いやりのある）	desperate（必死の）

❯発音だけ変わる語・パターン３ ［単語番号 1876 – 1877 ］

　最後のグループは、つづりは同じであっても、そもそも別々の語だと考えたほうがよいものです。動詞・名詞の close「閉じる・終末」の se 部分は有声の /z/ です。これに対して形容詞・副詞の close（近い・近くに）の se 部分は無声の /s/ です。だから close-up の発音として「クローズアップ」は誤りで、「クロウsアッp」です。なお se 部分が無声だと有声の場合より、直前の母音 ［オウ］が短めになる傾向はこの場合にも当てはまります。

❯ 発音もアクセントも変わる語・パターン１ ［単語番号 1878 – 1893 ］

　より一般的な音声変化が起こるのは、こちらのグループの単語です。「発音もアクセントも変わる」とは、「アクセントの位置が変わるので、それに従って発音も変わる」と理解してください。まずアクセントの位置に関しては次の法則がよく知られています。

名詞は前が強く、動詞は後が強い「名前動後（めいぜんどうご）」

　同じつづりで名詞と動詞の意味を持つ２音節語があったときには、名詞は前の第１音節にアクセントが置かれ、動詞は後ろの第２音節にアクセントが置かれる、ということです。たとえば progress という語には名詞の意味「進歩」と動詞の意味「進歩する」がありますが、アクセントの位置は「名前動後」なので、

名詞　PROGress　⇒　動詞　proGRESS

となります。

> 注：ただしこれはあくまで「名詞と動詞でアクセント位置が変わる場合には名前動後である」ということであって、一般論として英語の名詞のアクセントは前で動詞のアクセントが後ろだ、ということではないことに注意してください。英語全体では名詞も動詞もアクセントが前にあるペア、つまり「名前動前」が７割以上と圧倒的に多く（例：access）、次に多いのは名詞も動詞もアクセントが後ろにある「名後動後」（例：report）です。なお、「名後動前」というペアは存在が確認されていません。

　アクセントの位置が変わるならば、それに応じた音を出すだけです。つまり**アクセントのある音節の母音は、その母音字 a、e、i、o、u が本来持っている音価（音の音色）で発音し、アクセントのない音節の母音は、もとの母音字 a、e、i、o、u の音価を多少は残しつつも、基本的には音色があいまいな母音（シュワ）、もしくはそれに近い音で発音する**、ということです。progress の例で言うならば、次の赤字の母音字は「はっきりとした音」で、下線部の母音字は「曖昧な音」で発音します。

第4章

名詞 PROGress ⇒ 動詞 proGRESS

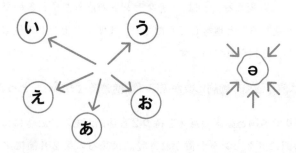

▶ アクセントがあれば、はっきりとした母音。アクセントがなければあいまいな母音。

❯発音もアクセントも変わる語・パターン２ ［単語番号 1894 – 1899 ］

なお、content、minute、present には、それぞれ、

名詞	**CONtent**（中身）	形容詞	**conTENT**（満足して）
名詞	**MINute**（分）	形容詞	**miNUTE**（細かい）
名詞	**PRESent**（現在）	動詞	**preSENT**（贈る）

のようなアクセント（および発音）が異なる同つづりのペアがありますが、
これらはそれぞれ別の語だと考えましょう。

「t の発音には５種類ある！」（p.351）− クイズの正解

Let it go. / Turn away and slam the door. / Let the storm rage on.
  (a)(b)   (c)   (d)   (e)

(a) たたき音の t
(b) 非開放の t（声帯を締める t の場合もある）
(c) 帯気音の t
(d) 非開放の t（声帯を締める t の場合もある）
(e) 普通の t

1872 use

ユ-s
/júːs/ ○

名 U C **用途**

Let's put this **mon**ey to **good use.**
このお金は、有効な用途のために貯めておこう。

make the best use of ~ ~を最大限に活用する　of no use 役に立たない

ユーz
/júːz/ ○

動 他 **使う**

My **grandpa uses** a **smartphone.**
おじいさんはスマホを使っています。

🔊 動詞のほうが名詞よりもu部分を長く発音する。　use-by date 賞味期限

1873 abuse

アビュー-s
/əbjúːs/ ○○

名 U C **虐待**

Child abuse is a **ma**jor **prob**lem in **man**y **coun**tries.
児童虐待は多くの国で大きな問題となっている。

🔊 use, excuse, abuse が名詞のとき、語末は無声音。

アビューz
/əbjúːz/ ○○

動 他 **乱用する**

You **should**n't **abuse** your po**si**tion.
自分の立場を乱用するべきではない。

🔊 use, excuse, abuse が動詞のとき、語末は有声音。

1874 appropriate

アpRオウプRイエt
/əpróupriət/ ○○○○

形 適切な

Have ap**pro**priate at**tire** for the e**vent.**
そのイベントに適切な服装をしてください。

🔊 アクセントはpro部分。　appropriately **副** 適切に

アpRオウプRイエイt
/əpróuprièit/ ○○○○

動 他 **充当する**

We will ap**pro**pri**ate more** for **edu**ca**tion.**
我々は教育により多くの予算を充当します。

🔊 形容詞とは違って、ate部分を長めに二重母音で発音するのに注意

1875 associate

アソウシエt
/əsóuʃiət/ ○○○○

名 C **共同経営者**

Our **new** as**so**ciate is a **law**yer.
うちの新しい共同経営者は弁護士です。

仲間　**形** 准~　business associates 同僚　associate professor 准教授

アソウシエイt
/əsóuʃièit/ ○○○○

動 自 他 **付き合う**

I **don't like** the **peo**ple you as**so**ciate with.
僕は君が付き合う連中は好きじゃない。

〈源〉「人と人を結びつける」　association **名** C U 連想

第4章

1876 close

□
□ kＬオ゙s
□ /klóus/ ○

形 近い

My **sis**ter and **I** are **ver**y **close**.

姉と私はとても仲がいい（近い）。

🔊 o部分は短めに。 副 近くに　close call 危機一髪　closely 副 きっちり

1877 close

□
□ kＬオ-゙z
□ /klóuz/ ○

動 他 自 閉める

Close the **win**dow. It is **cold**.

窓を閉めて。寒いよ。

🔊 o部分は長めに。　店などの「閉店」という掲示は close でなく、closed。

1878 refund

□
□ Ｒイーfア゙ンd
□ /rí:fʌnd/ ○○

名 C 払い戻し

Can I **have** a **refund**?

払い戻しをしてもらえますか。

〈源〉「re(元へ)+fund(資産)」　a full refund 全額返金

Ｒイfア゙ンd
/rɪfʌ́nd/ ○○

動 他 返金する

Can you re**fund** this with**out** a re**ceipt**?

これレシートなしでも返金することできますか。

🔊 名詞のアクセントは前、動詞は後。　refundable 形 返金可能な

1879 insult

□
□ イ゙ンゾウt
□ /ínsʌlt/ ○○

名 U 侮辱

I would **just** ig**nore** his **in**sult.

私なら彼の侮辱は単に無視するだろうね。

take ～ as an insult ～を侮辱と受け取る　add insult to injury さらに傷つける

イ゙ンサオt
/ɪnsʌ́lt/ ○○

動 他 侮辱する

My **broth**er in**sult**ed me.

兄は僕を侮辱した。

〈源〉「飛びかかる」　insulting 形 侮辱的な　insultingly 副 侮辱的にも

1880 contract

□
□ コーンtＲエ゙ァkt
□ /ká:ntrækt/ ○○

名 C 契約(書)

Please sign the **con**tract.

この契約書に署名をお願いします。

動 自 他 契約する　🔊 アクセントは名詞が前、動詞が後ろ。

クン゙tＲエ゙ァ-kt
/kəntrǽkt/ ○○

動 自 他 縮小する

Company **rev**e**nue** con**tract**ed last year.

会社の収益は昨年縮小した。

contraction 名 C U 収縮、短縮形

1881 convert

コーンvウァ-t
/ká:nvə:rt/ ◯。

名 C 転向者

I am a **con**vert to **yo**ga—I **do** it **every**day!
私はヨガ信者になった（ヨガへの転向者だ）一毎日やってるよ！

動 自 改宗する、転向する

クンv**ウ**アーt
/kənvə́:rt/ 。◯

動 自 他 形が変わる

My **so**fa con**verts** to a **bed**.
僕のソファはベッドに形が変わる。

conversion **名** C U 変換　convertible **名** C オープンカー

1882 address

エア-dRエIs
/ǽdres/ ◯。

名 C 住所

Do you **know** his **new** ad**dress**?
彼の新しい住所を知っている?

one's home address 自宅住所

ァ d**R**エI-s
/ədrés/ 。◯

動 他 呼びかける

You must ad**dress** him as "Mr." (**Mis**ter) or "**Sir**."
彼のことは Mr. か Sir. を付けて呼びかけねばならない。

(問題に)取り組む　**名** C 演説　an opening address 開会の辞

1883 project

p**R**ア-ヂェkt
/prá:dʒekt/ ◯。

名 C プロジェクト

This pro**ject** **looks** suc**cess**ful.
このプロジェクトは成功しそうだ。

work on a new project 新しいプロジェクトに取り組む

pRウ**ヂェ**-kt
/prədʒékt/ 。◯

動 他 投影する

I'm **sor**ry I pro**ject**ed my **feel**ings onto you.
ごめん、自分の感情を君に投影していたんだ。

projection **名** U 投影　projector **名** C プロジェクター

1884 progress

p**R**ア-gRエIs
/prá:gres/ ◯。

名 U 進歩

You're **mak**ing **great** prog**ress** **so far**!
あなたはこれまで、すごい進歩をしていますよ！

〈源〉「pro(前へ)+gress(進む)」　progress report 中間報告

pRウg**R**エ-s
/prəgrés/ 。◯

動 自 進む

As **time** prog**ressed**, **Dad** got **bet**ter.
時間が経つ(進む)につれて、父は病状が改善した。

progressive **形** 進歩的な (⇔ conservative 保守的な)

第4章

1885 protest

pRオウテst
/próutest/ ○○

名 U C 抗議

The **pro**test is ex**pand**ing **day** by **day**.
抗議は日に日に広がっている。

音 名詞のアクセントは前、動詞は後。　without protest おとなしく

pRウテ-st
/prətést/ ○○

動 自 他 抗議する

I pro**test** when**e**ver my **mom grounds** me.
母さんが私を外出禁止にするたびに私は抗議する。

protest against/about/at ~ ～に対して抗議する　protester **名** C 抗議者

1886 record

Rエクァd
/rékərd/ ○○

名 C レコード

I **own more** than **three hun**dred **re**cords.
僕は300枚以上のレコードを所有している。

記録　off the record オフレコで　for the record 公式に、記録のために

Rイコーァd
/rɪkɔ́:rd/ ○○

動 他 録画する

My **mom** re**cord**ed the **football game** for me.
母さんが僕のためにフットボールの試合を録画してくれた。

音 アクセントは名詞が前、動詞が後。　recorded **形** 記録された

1887 conduct

カーンダkt
/ká:ndʌkt/ ○○

名 U 行動

In **school**, we **fol**low a **code** of **con**duct.
学校では、私たちは行動の決まりに従っています。

音 動詞と名詞ではアクセント位置が異なるので注意。

カンダ-kt
/kəndʌ́kt/ ○○

動 他 指揮する

He is the **one** con**duct**ing this **op**era.
彼がこのオペラを指揮している人だよ。

〈源〉「con(共に)+duct(導く)」　conductor **名** C 指揮者、ガイド

1888 conflict

カーンfLイkt
/ká:nflɪkt/ ○○

名 C U 矛盾

There is a **big con**flict in your o**pin**ion.
君の意見には大きな矛盾があります。

衝突、葛藤、紛争　armed conflict 武力衝突　conflict of interests 利害の衝突

カンfレイ-kt
/kənflíkt/ ○○

動 自 対立する

My **dreams** con**flict**ed with re**al**ity.
私の夢は現実と相容れなかった（対立した）。

音 con部分はあいまい母音。　**名** C U 対立

1889 increase

□□□ **イン**kRイ-s
/ínkriːs/ ○o

名 C U 増加

This price increase will **not** be **pop**ular.
この値上げ(価格の増加)は評判悪いでしょうね。

🔊 se部分を/z/と間違えて覚える人が多い。 a significant increase 著しい増加

インkRイーs
/ɪnkríːs/ o○

動 自 他 増加する

The sales of this product have in**creased**.
この製品の売り上げは増加した。

🔊 increase も decrease も se部分は無声音。 increasingly 副 どんどん

1890 object

□□□ **アー**bヂェkt
/áːbdʒɪkt/ ○o

名 C 物体

Look, there's a **strange ob**ject over there!
見て、あそこに奇妙な物体がある!

objectify 動 他 (人間を)物扱いする　objectification 名 U 物扱い

アbヂェ-kt
/əbdʒékt/ o○

動 自 反対する

Does **anyone ob**ject to **this**?
誰かこれに反対する?

objection 名 C 反対　objectionable 形 不快な　objector 名 C 反対者

1891 contrast

□□□ **コーン**tRエァst
/káːntræst/ ○o

名 C U 相違が際立つ存在

You are **such** a **con**trast to your **broth**er!
君はお兄さんとは対照的(相違が際立つ存在)だね。

対比、対照　in contrast 一方で

クンtRエァ-st
/kəntrǽst/ o○

動 自 他 相違が際立つ

His hair contrasts with the **tone** of his **skin**.
彼の髪の色は皮膚の色と相違が際立つ。

contrastive, contrasting 形 対照的な、違いの際立つ

1892 survey

□□□ **スアー**vエイ
/sə́ːrveɪ/ ○o

名 C アンケート調査

Take a **sur**vey to **find out** what **cus**tomers **think**.
お客様がどう思うかアンケート(質問調査)を取ろう。

🔊 アクセントは名前動後。 The survey showed ～ 調査で～が判明した

スァvエ-イ
/sərvéɪ/ o○

動 他 アンケート調査する

We sur**veyed ten thou**sand **cus**tomers.
私達は1万人の顧客をアンケート調査した。

眺める、測量する　🔊 sur部分はあいまいな母音。 surveying 名 U 測量

第4章

1893 decrease

ディーkRイ-s
/díːkriːs/ ○o

名 C 減少

There **was** a **marked de**crease in the **num**ber.
その数には顕著な減少が見られた。

🔊 名詞のアクセントは最初にある。 〈反〉increase 増加

ディ-kRイーs
/dìːkríːs/ o○

動 自 他 減少する

Our **sales** de**creased** 30% (**thir**ty per**cent**).
我が社の売り上げは30%減少しました。

🔊 動詞のアクセントは crease にある。 〈反〉increase 増加する

1894 content

コーンテンt
/kάːntent/ ○o

名 C コンテンツ

This website has a **lot** of **good con**tent.
このサイトにはたくさんの良いコンテンツがある。

〈源〉contain と同語源。 a table of contents 目次 content word 内容語(名詞、動詞、形容詞など)

1895 content

クンテンt
/kəntént/ o○

形 満足して

We are con**tent** with our **mar**ried **life**.
私たちは結婚生活に満足しています。

〈源〉contain と同語源で「保たれた → 満足した」 contentment 名 U 満足感 contentedly 副 満足そうに

1896 present

pRエzンt
/préznt/ ○o

形 現在の

The **pres**ent **si**tu**a**tion is **un**ac**cept**able.
現在の状況は受け入れがたい。

〈源〉「目の前に (pre) + ある・いる」 形 存在して、出席して the present 現在

1897 present

pRイゼンt
/prizént/ o○

動 他 贈呈する

She was pre**sent**ed with a **gold med**al.
彼女は金メダルを贈呈された。

名 C 贈り物 presentation 名 C U 贈呈、発表、提出 presenter 名 C 贈呈者、プレゼンター

1898 minute

メネt
/mínət/ ○o

名 C (時間の) 分

It **takes** me just 15 (**fif**teen) **min**utes to com**mute**.
私が通勤するのには15分しかかからない。

メモ at the last minute どたん場で Wait a minute. ちょっと待って。 take the minutes 議事録を取る

1899 minute

マイニュート
/maɪn(j)úːt/ o○

形 ごく小さな

Nobody **cares** about **such** mi**nute dif**ferences.
そんなごく小さな違いは誰も気にしないよ。

🔊 発音に注意！ in minute detail きわめて詳細に minutely 副 わずかに

アメリカ発音とイギリス発音

　アメリカ英語の発音は大きくは中西部型、南部型、東部型に分けられますが、中西部から西部にかけての発音を一般アメリカ英語（General American: GA）と呼び、「アメリカ英語」の代表的な発音とします。一方イギリス英語のほうでは、イングランド南東部とくにロンドンを中心とする法廷や国営放送局 BBC や有名私立のパブリックスクールなどで用いられた発音をイギリス容認発音（Received Pronunciation: RP）と呼び「イギリス英語」の代表的な発音とするのが一般的です。

　GA はどちらかと言えば地域による発音変種（＝方言）なので地域方言（regional dialect）、一方 RP のほうは地域でなく話し手が属する社会階層による社会階層方言（class dialect）だと言われることもあります。

　以下、GA と RP の代表的な違いです。「発音する」は「発音する人が多いがそうでない場合もある」の略記だと思ってください。

GA	RP
綴り字にあるすべての r いつでも発音する	子音の前と語尾の r は発音しない 例：park, star, lark, fork
class, ask, after, last などの a を /æ/（エァ）で発音する。	class, ask, after, last などの a を /ɑː/（アー）で発音する。
hot, coffee, body, office などの o を /ɑː/（アー）と発音。	hot, coffee, body, office などの o を /ɔː/（オー）と発音。
new, few, student の下線部を /uː/（ウー）と発音。	new, few, student の下線部を /juː/（ユー）と発音。
either, neither の ei を /iː/（イー）と発音。	either, neither の ei を /aɪ/（アイ）と発音。
secretary, dictionary, dormitory などの下線部に第2アクセントを置き、「テァRイ」「ネァRイ」「トーRイ」などと発音する。	secretary, dictionary, dormitory などの下線部に第2アクセントを置かず、「tRイ」「ₐRイ」「tRイ」などと発音する。
water, better, beautiful などの t をラ行音のような d のような「たたき音」で発音する。	water, better, beautiful などの t を「普通の t」または「帯気音の t」で発音する。

　特に最初の、RP では母音の後や語尾の r は発音しないという点に注意してください。「r を発音するのが英語らしさの源だ」というのは誤解であり、GA のみの特徴です。なおオーストラリア英語でも母音の後や語尾の r は発音されません。

黙字を含む語

このレッスンでは、つづりに「黙字」すなわち書いてあっても発音されない文字を含む語をまとめて学習します。英語には基本語の中にも、night の gh、climb の b、listen の t、autumn の n など、黙字を含む語が数多くあります。これが英語のスペリングを難しくしていますが、そもそもなぜ書いてあるのに発音しない、発音しないのに書いてあるのでしょうか。これには英語の歴史が関係しています。

❯ 英語の歴史

英語は言語的には**インドヨーロッパ語族のゲルマン語派**に属します。5世紀頃ゲルマン民族大移動の中でヨーロッパ大陸からブリテン島に持ち込まれて以来、古英語（紀元 499 ～ 1100 年頃）→中英語（1100 ～ 1500 年頃）→近代英語（1500 ～ 1900 年頃）→現代英語（1900 年～現在）と変化してきました。最初は、単語のほとんどが**アングロサクソン系**のものでしたが、6世紀後半のキリスト教化で**ラテン語**の単語が入り、8世紀のバイキング侵攻によって**古北欧語**の単語が入り、1066 年には**フランス語**を母語とするノルマン人に征服されたため中英語期には大量のフランス語単語が英語に入り込みました。近代英語の時代には、古典を重視するルネサンスの影響で**ラテン語やギリシャ語**起源の語彙が増大しました。このような激動の歴史の結果、本来のアングロサクソン系の単語は、今や英語語彙全体の3分の1程度に過ぎないと言われています。

以上の歴史を背景として、代表的な黙字の由来を見てみましょう。

❯ gh は昔は発音していた

high、eight、light、right、night、fight、bright など gh を黙字に含む語は数多くありますが、そのほとんどはゲルマン語系の単語です。古英語の

時代には gh の部分は h で書かれ、おおよそ「ヒ」のように発音されていました。たとえば night は niht とつづられて「ニヒト」のように発音されていました。その後、h が gh に変わりましたが、音声のほうは徐々に弱くなり、最終的には無音化しました。

❯ k・l・w も昔は発音していた

　語頭の kn- で k が黙字である語には、knife、knit、know、knowledge などがあります。これらの語の k 音は 16 世紀頃までは発音されていました。たとえば knife の音はおおよそ「クニーフェ」のようでした。

　talk、walk、chalk（チョーク）、half、calm などでは l が黙字です。これらの l はどうやら中英語時代までは発音されていました。should の l も中英語時代までは発音されていたのです（could は違います）。

　wrong、wrist（手首）、wrinkle（しわ）などの w も 16 世紀あたりまでは発音されており、wrong は、おおよそ「ウローング」のような音を持っていました。

❯ マジック e

　なお、あまりにも多いので特に「黙字」と意識されないかもしれませんが、いわゆる「マジック e」つまり以下のような語の語尾の e も黙字です。

fate　bite　cute　Pete　note

　読まれないけれども、この e はある重要な働きをしています。上の語から末尾の e を削除した次の語を見てください。

fat　bit　cut　pet　not

　末尾に e がある場合とない場合で、先行する母音字 a、i、u、e、o がどう読まれているか再確認してみましょう。e がある場合は、それぞれの母音字の発音は

エイ（fate）、**アイ**（bite）、**ユー**（cute）、**イー**（Pete）、**オウ**（note）

で、eがない場合はそれぞれ、

エァ（fat）、イ（bit）、ア（cut）、エ（pet）、オ（not）

ですね。つまり末尾にeがある場合はその前の母音を長い音で、eがない場合はその前の母音を短い音で読む、というルールになっていることがわかります。

❯前にある母音を長い音にする

なお「長い音」の場合、読み方はすべて各文字の「名前」と同じになっていることも意識しておきましょう。

a（エイ）i（アイ）u（ユー）e（イー）o（オウ）

すなわち「マジックe」とは、「それ自体は読まれないが、そこにあることによって、その前にある母音の発音を長い音にする」魔法のようなe、ということで、そのように呼ばれるのです（このルールに合わない単語もあります。念のため）。

❯昔はeを読んでいた

なんだか回りくどいシステムですね。しかしもともと「マジックe」はマジックでも何でもなく、普通に母音として読まれていました。name は古英語で nama とつづって「ナマ」のような発音でした。それが長い時の流れの中で語尾の母音が弱まり、最終的には消えてしまいました。つまり「マジックe」はかつては発音されていた語尾の音の名残だったのです。

❯発音が変わるほどにはつづりは変わらない

以上は、発音は変わったけれども、その変化につづりがついていかなかったという例です。歴史の中では、目に見えない音声のほうが基本的に変化しやすく、目に見える文字（つづり）のほうは文字に同期して変化するとは限らなかったため、という理解でよいと思います（特に15世紀に発明された活版印刷技術が、つづり字の固定化に一役買いました）。

ただし、すべての黙字がそのパターンだったわけではありません。

> **昔も読まれていなかった黙字もある**

　昔も今も発音されないのにスペリングにだけ存在する文字もあります。その多くは外来語（特にフランス語起源の語）に見られます。hour、honest、honor、heir などはフランス語から借り入れられた語で、h が黙字です。フランス語では語頭の h はまったく発音されないので、英語に入ってきてからも発音されたことはありません。

　sign、design、campaign などもフランス語起源ですが g が黙字です。フランス語では gn は「ニュ」のような音を表しますが、英語は語末に「ニュ」という発音はありませんでした。そこで gn の部分を英語にもある n の音「ンヌ」で代替したので、結果的に g を読まないのと同じことになりました。

　autumn、column（コラム）の n も黙字です。やはりフランス語起源で、英語で発音されたことはありません。

　debt（債務）はラテン語起源の語です。この b も英語の歴史では一度も発音されたことはありません。中英語時代は dette とつづり、発音も「デット」とそのままでした。それが debt になったのはルネサンス期の学者が「語源であるラテン語にならって b があるべきだ」と考えて、いわば勝手につづりを変更したからです。receipt の p、salmon の l、subtle の b、foreign の g なども、もともと発音していなかった文字を後から学者がラテン語をまねして付け加えた例です。

> **習ったら慣れろ**

　というわけで、英語の黙字は「昔は読んでいたけれど読まれなくなったもの」と「昔も今も読まれたことがないもの」に大別されます。最初に挙げた night の h、climb の b、listen の t は前者のタイプで、autumn の n は後者のタイプです。それぞれの黙字がどちらのタイプなのか追及するのは興味深いものです。ただ、その語源的な知識があっても、現代のつづりと現代の発音を結びつける努力が不要になるわけではありません。歴史を知った後でも、やはり、何度も見慣れ、また発音し慣れることで「この単語は（今は）こう発音するのだ」と覚える努力がどうしても必要です。黙字に関しては「習うより慣れろ」というより「**習った上で慣れろ**」という**態度**がよいと思います。

第
4
章

1900 light

□
□ **L ア**ィt
□ /láɪt/ ○

形 軽い

This **coat** is **very light**.
このコートすごく軽い。

〈反〉heavy 重い　lightness 名 U 軽さ　light-footed 形 足取りの軽い

名 U 明かり

Turn on the **light**.
明かりをつけて。

動 自 他 火をつける　enlighten 動 他 啓蒙する、説明する

1901 weight

□
□ **ウエ**ィt
□ /wéɪt/ ○

名 U C 体重

I **need** to **lose** some **weight**.
僕は少し体重を減らさないと。

動 他 重み付けする　gain weight 体重が増える　weighted 形 偏っている　weigh 動 自 重さがある

1902 bright

□
□ b**R ア**ィt
□ /bráɪt/ ○

形 聡明な

His **son** is in**cred**ibly **bright**.
彼の息子は、驚くほど聡明なんだ。

〈源〉「光って輝いている」　brightness 名 U 明るさ　brightly 副 明るく

1903 throughout

□
□ thR**ウー ア**ゥt
□ /θruáut/ ○○

前 ～の間中ずっと

I was **bus**y through**out** the **day**.
私は1日中ずっと忙しかった。

〈源〉「through(通して)+out(完全に)」　throughout the region その地域中に

1904 straight

□
□ st**R エ**ィt
□ /stréɪt/ ○

形 まっすぐな

Your **straight hair** looks **nice**!
君のまっすぐな髪、すてきだね。

(人が)異性愛の　副 まっすぐに　straighten 動 自 他 まっすぐにする

1905 tight

□
□ **タ**ィt
□ /táɪt/ ○

形 きつい

Mom, **these shoes** are **too tight**!
ママ、この靴、きつ過ぎるよ！

Sleep tight. ぐっすりお休み。　tighten 動 自 他 締める　tightly 副 きつく

1906 fight

□
□ f**ア**ィt
□ /fáɪt/ ○

動 他 けんかをする

Why did you **fight** your **broth**er?
なぜ、お兄さんとけんかをしたんだい？

【活用】fight-fought-fought　名 C けんか　fight or flight 戦うか逃げるか(動物の本能的行動)

1907 right

R**ア**ｲt
/ráɪt/ ○

形 右の

Hold this in your **right hand**.
右の手でこれを握ってください。

名 U 右　副 右に　on your right 右側に

形 正しい

It's the **right thing** to **do**.
それがやるべき正しいことです。

副 正しく　all right 大丈夫、いいですよ　right-minded 形 心の正しい

名 C U 権利

This is a **work**ers' **right**!
これは労働者の権利だ！

human rights 人権　animal rights 動物の権利　legal rights 法的権利

副 まさに

The **shop** is **right** in **front** of the **sta**tion.
その店は駅の真正面（まさに正面）にあるよ。

right now 目下のところ　right here/there まさにここで／そこで

1908 through

th**R ウー**
/θrùː/ ○

前 ～を通り抜けて

We **drove** through a **long tun**nel.
私たちは車で長いトンネルを通り抜けていきました。

音 きちんとTHを発音すること。　learn through experience 経験を通して学ぶ

1909 thoroughly

th**ウァ**Rオウレイ
/θáːrouli/ ○∞

副 徹底的に

I **thor**oughly en**joyed** the **mov**ie!
その映画、心の底から（徹底的に）楽しめました。

thorough 形 徹底的な　「サラブレッド」はもともとthorough（完全な）bred（養育された）の意味。

1910 frighten

f**R ア**ｲ(t)ﾝﾇ
/fráɪtn/ ○。

動 他 怖がらせる

Your **dog fright**ens our **child**ren.
お宅の犬がうちの子どもたちを怖がらせています。

fright 名 U 恐怖　frightened 形 怖がって　frightening 形 恐ろしい

1911 insight

インサｲt
/ínsàɪt/ ○○

名 C U 洞察

His **speech** was **full** of **insights**.
彼のスピーチは洞察にあふれたものだった。

insight into ～ ～に対する洞察　a man of great insight 洞察力の高い人　insightful 形 洞察に富んだ

第4章

1912 neighbor

名 C 近所の人

ネイブァ
/néɪbər/ ○○

One of our **neigh**bors is **Mex**ican.
ご近所さんの1人はメキシコ出身の方です。

〈源〉「nigh（近くの）+boor（農民）」　neighborhood 名 C 近所　neighboring 形 近所の、隣接した

1913 slightly

副 少しだけ

sL**ア**イ(t)レイ
/sláɪtli/ ○○

My **right foot** is **slight**ly **big**ger.
私は、右足のほうが少しだけ大きいんです。

音 L をはっきり言う。　slight 形 わずかな　動 他 軽んずる　slightingly 副 軽んじて

1914 highlight

動 他 マーカーで色をつける

ハイL**ア**イt
/háɪlàɪt/ ○○

I **highlight**ed the im**por**tant **parts**.
重要な箇所にマーカーで色を付けました。

音 複合語なので high を強く。　名 C ハイライト　highlighter 名 C 蛍光ペン

1915 naughty

形 いたずら好き

ノーディ
/nɔ́:ti/ ○○

I was **ver**y **naugh**ty when I was a **kid**.
子どもの頃は私はとてもいたずら好きだったんです。

〈源〉「naught（無）+y（の）」→「貧しい」→「わんぱくな」　naughtiness 名 U わんぱくであること

1916 highly

副 かなり

ハイレイ
/háɪli/ ○○

I **high**ly **doubt** he **knows** a ce**leb**rity.
彼が有名人を知っているなんて、私はかなり疑ってるよ。

「高く」の意味もある。　highly developed technology 高度に発達した技術　be highly valued 高く評価されている

1917 though

接 ～けれど

th゛**オ**ゥ
/ðou/ ○

I **passed** the **class**, though I **got** a **C**.
あの授業は合格しました。C評価だったけれど。

even though ～ たとえ～であっても　as though ～ まるで～のように

副 でも

"**Want** some **tea**?" "**Not now. Thank** you, **though.**"
「紅茶飲む？」「今はいいです。でも、ありがとう」

前に言ったことが暗示する内容の一部を否定して前言を弱める表現。

1918 sight

名 U 視力

サイt
/sáɪt/ ○

Grandpa has **no sight** in his **left eye**.
おじいちゃんは左目にはまったく視力がないの。

C 景色　short-sighted 形 近視眼的な　sights 名 C 名所　sightseeing 名 U 観光

1919 might

☐
☐ マイt
☐ /maɪt/ ○

助 かもしれない

She **might** not be **home**. It **seems empt**y.
彼女は留守かもしれない。誰もいないみたいだ。

may の過去形。　may よりも確信度が低い時に使う。　might-have-been 名 C 叶わなかった夢、過ぎたこと

1920 thought

☐
☐ thオーt
☐ /θɔ́ːt/ ○

名 C U 考え

The **thought** has **never crossed** my **mind**.
その考えは全然思い浮かばなかった。

thoughtful 形 思いやりのある　thoughtless 形 配慮に欠ける　thought-provoking 形 考えさせられる

1921 delight

☐
☐ ディLアイt
☐ /dɪláɪt/ ○○

動 他 歓喜させる

We are de**light**ed to **have** you here today.
今日来ていただけて本当に嬉しい(歓喜させられている)です。

名 C U 喜び　delightful 形 とても楽しい　delightfully 副 愉快に　delighted 形 大変うれしい

1922 although

☐
☐ オーウth゛オウ
☐ /ɔːlðóu/ ○○

接 ～けれど

I **had** to **go** and **work** although I was **sick**.
病気だったけれど、仕事に行かなくちゃならなかった。

音 al部分にアクセントを置く誤りが多い。　多くの場合、though と交換可能である。

1923 breakthrough

☐
☐ bRエイ(k)thRウー
☐ /bréɪkθrùː/ ○○

名 C 壁を突破するような大発見

The **breakthrough** was **due** to our **hard work**.
壁を突破できたような大発見は、僕たちの努力の賜物だ。

音 「break+through」の複合名詞なのでBREAKthrough と前を強く。　break through ～ ～を突破する

1924 sign

☐
☐ サーインヌ
☐ /sáɪn/ ○

名 C 看板

What does **that sign say**?
あの看板にはなんて書いてあるの?

有名人の「サイン」は autograph。　名 C 兆候　動 自 他 署名する　signature 名 C U 署名

1925 design

☐
☐ ディザーインヌ
☐ /dɪzáɪn/ ○○

名 C デザイン

I **like** the de**sign** of this **sweat**er.
このセーターのデザイン好きだわ。

動 他 デザインする　〈源〉「下に(de)印をつける(sign)」→「下地を描く」

1926 resign

☐
☐ Rイザーインヌ
☐ /rɪzáɪn/ ○○

動 自 他 辞任する

Our **pres**ident will re**sign next month**.
うちの社長は来月に辞任することになっている。

〈源〉「re(…に反して)+sign(署名する)」　resignation 名 C U 辞職　resigned 形 あきらめた

1927 assign

動 他 課す

ァ**サ**-インヌ
/əsáɪn/ ₒ◯

My **teach**er as**signed** a **lot** of **homework**.
僕の先生がたくさん宿題を出した（課した）んだ。

be assigned to work in ～ ～での勤務を命じられる　assignment 名 C 課題、任務　on assignment 任務で

1928 foreign

形 外国の

f**オー**Rインヌ
/fɑ́:rən/ ◯ₒ

I've **nev**er been to **an**y **for**eign **coun**tries.
私は今まで外国（外国の国）に行ったことはありません。

foreign affairs 外交　foreign exchange 外国為替　foreigner 名 C 外国人

1929 campaign

名 C （選挙）運動

ケァンペインヌ
/kæmpéɪn/ ₒ◯

I **think** his el**ec**tion cam**paign** is **well run**.
彼の選挙運動はうまくなされていると思う。

動 自 運動する　campaign promise 選挙公約　campaign agaist ～ ～反対の運動をする

1930 hour

名 C 時間

アゥア
/áʊər/ ◯

I'll be **home** in an **hour**.
あと1時間したら帰ります。

by the hour 一時間いくらで　hour hand（時計の）短針　hourglass 名 C 砂時計

1931 ghost

名 C 幽霊

ゴゥst
/góʊst/ ◯

It **must** have been a **ghost**!
それは幽霊だったに違いない！

亡霊　the ghost of militarism 軍国主義の亡霊　ghostwriter 名 C ゴーストライター

1932 exhaust

動 他 疲れ果てさせる

エg**ゾー**st
/ɪgzɔ́:st/ ₒ◯

Running **so much** ex**haust**ed me!
あんなに走って疲れ果てた（走りが私を疲れ果てさせた）。

名 U 排気ガス　exhaustion 名 U 完全な消耗　exhausted 形 疲れ果てた　totally exhausted くたくた

1933 honor

動 他 敬意を表す

アーナ
/á:nər/ ◯ₒ

We **hon**ored him with a **stat**ue.
私たちは銅像を建てて彼に敬意を表した。

名 C U 栄誉　It is a great honor to ～. ～して光栄です。　honorable 形 名誉ある

1934 vehicle

名 C 乗り物

v**イ**ーエコゥ
/ví:əkl/ ◯ₒₒ

I **crashed** my **ve**hicle the other day.
先日、車（乗り物）をぶつけちゃいました。

名 C 手段　SUV（= sport-utility vehicle）スポーツ用多目的車

1935 honest	形 正直な
アーネst /ɑ́:nəst/ ○o	**Be hon**est. I **won't** get **an**gry with you. 正直に言って。怒ったりしないから。

〈反〉dishonest 不正直な　honestly 副 正直に　honesty 名 U 正直

1936 walk	動 自 歩く
ウォ -k /wɔ́:k/ ○	I **walked** to **school**. 学校には歩いて通っていたよ。

他 歩かせる　名 C 散歩　walk the dog 犬を散歩させる　take a walk 散歩をする

1937 palm	名 C 手のひら
パー m /pɑ́:m/ ○	My **palms** are **sweat**ing. 手のひらが汗をかいている。

手の甲はthe back(of the hand)。　palm reading 手相占い　palm tree ヤシの木(外観が手のひらに似ている)

1938 calm	動 他 落ち着く
カー m /kɑ́:m/ ○	**Calm down. Don't shout**. 落ち着きなさい。大声を出さないで。

形 冷静な　remain/keep calm 冷静さを保つ　calmly 副 落ち着いて　calmness 名 U 平静さ

1939 folk	名 C 人
fオウk /fóuk/ ○	We **have**n't **met man**y **folks** from there. そこの出身の人にはあまり会ったことがありません。

音 母音は「オウ」で、「オー」と言うとfork(フォーク)に聞こえる。　folk dance 民族舞踏

1940 half	名 C 半分
ヘア -f /hǽf/ ○	I **ate** just **half** of the **sand**wich for **lunch**. お昼には、サンドイッチを半分食べただけなんだ。

【複】halves　形 半分の　by half 半分に　one and a half hours 1時間半　half-baked 形 中途半端な

1941 talk	名 U うわさ
ト-k /tɔ́:k/ ○	There was **talk** ev**erywhere**, but I ig**nored** it. あちこちでうわさになっていたけど、私は無視しました。

C 講演　動 自 話す　Now you're talking. そうこなくちゃ。　talkative 形 おしゃべりな

1942 wrap	動 他 包む
Rエア p /rǽp/ ○	Can you **wrap** this **meat** in **foil**? このお肉、アルミホイルで包んでくれる?

wrapping paper 包装紙　plastic wrap (食品を包む)ラップ　wrap up 終える、まとめる

1943 wrinkle

Rインコウ
/ríŋkl/ ◯。

名 C しわ

My **skirt** has a **lot** of **wrin**kles.
スカートが、しわだらけになっちゃった。

動 他 しわを寄せる　wrinkled 形 しわの寄った　a wrinkled T-shirt しわの寄ったTシャツ

1944 wholesale

ホウウセイォ
/hóulsèɪl/ ◯◯

形 卸売の

That store sells **wholesale i**tems.
あの店は業務用製品(卸売の製品)を売っています。

〈源〉「whole(全体を)+sale(売る)」　動 他 卸売りする　〈反〉retail 小売りの

1945 wrong

Rオーン
/rɔ́:ŋ/ ◯

形 間違った

Sorry, I'm **late**. I **went** the **wrong way**.
遅れてごめんよ。間違った道に進んじゃって。

the wrong number 間違い電話　wrongly 副 誤って　wrongful 形 不当な

1946 whole

ホウウ
/hóul/ ◯

形 丸ごとの

How can you **eat** the **whole cake that fast**?
どうやったらそんなに早く丸ごとのケーキを食べられるの?

名 C U 全体　wholly 副 全面的に　whole-wheat 形 全粒粉の　wholesale 形 卸売の

1947 vague

vエイg
/véɪg/ ◯

形 あいまいな

Your answer was **too vague**.
君の答えは、あいまい過ぎたよ。

a vague impression あいまいな印象　vaguely 副 あいまいに　vagueness 名 U あいまいさ

1948 technique

テkニーk
/tekní:k/ ◌◯

名 C U テクニック

The gui**tar**ist's tech**nique** is **flaw**less.
あのギタリストのテクニックは完璧だよね。

音 ch部分は飲み込むように発音するのがよい。　technical 形 技術の、専門的な

1949 unique

ユ-ニーk
/ju(:)ní:k/ ◌◯

形 ユニークな

Wow! You **have** a **ver**y u**nique hairstyle**!
わあ、君はユニークな髪型をしているね!

〈源〉「uni(1つ)+que(の)」　uniquely 副 独自に　uniqueness 名 U 独自さ

1950 colleague

カーLイ-g
/kɑ́:li:g/ ◯。

名 C 同僚

One of my col**leagues** will **quit** next month.
僕の同僚の一人が来月、退職するんだ。

〈源〉「col(共に)+league(選ばれた者)」　音 「カリギュー」は間違い。　特に専門的な職業の人に使う。

1951 thumb
名 C 親指

thアm
/θám/ ○

I **hurt** my **thumb** at **work** today.
今日仕事で親指を傷めてしまいました。

have a green thumb 草花を育てるのが上手である　thumbs-up 名 U 承認、オーケー

1952 doubt
動 他 疑問に思う

ダゥt
/dáut/ ○

I **doubt** you can **fin**ish in **time**.
あなたが時間内に終えられるか疑問に思う。

名 C U 疑い　doubtful 形 疑わしい　doubtfully 副 疑いながら　doubtless 形 間違いない

1953 debt
名 U C 借金

デt
/dét/ ○

I'm **al**most **ten thou**sand **dol**lars in **debt**!
僕には、1万ドルぐらいの借金があるんだ！

音 b は発音しない。　〈反〉credit 預金残高　debt relief 債務免除　indebted 形 負債がある

1954 knit
動 他 自 編む

ニt
/nít/ ○

My **grandma knit**ted you a **scarf**.
おばあちゃんが、あなたにマフラーを編んでくれたわ。

名 C U ニット地　音 古い英語では語頭の k を発音していた。　close-knit community 緊密な共同体

1955 knowledge
名 U 知識

ナーｌエチ
/ná:lɪdʒ/ ○○

Greg has a **lot** of **know**ledge about it.
グレッグはそのことについての知識が豊富です。

without my knowledge 私の知らないうちに　knowledgeable 形 知識のある　knowledge-based 形 知識ベースの

1956 listen
動 自 聞く

レイｓンｘ
/lísn/ ○○

I **should** have **lis**tened to **Mom**.
ママの言うことを聞いておけばよかった。

hear と違い、「耳を傾ける」こと。　Listen up! よく聞いて！　listen to reason 理性に従う

1957 buffet
名 C ビュッフェ

バfエィ
/bəféɪ/ ○○

I **tend** to **eat too much** at a buf**fet**.
ビュッフェだと、いつも食べ過ぎてしまうの。

食堂車、簡易食堂　〈源〉フランス語「背もたれのない椅子」　a cold buffet lunch 冷たいビュッフェ式の昼食

1958 muscle
名 C 筋肉

マｓゥ
/másl/ ○○

I **hurt** my **leg mus**cles while **jog**ging.
ジョギング中に足の筋肉を傷めてしまったんです。

〈源〉「小さなネズミ（筋肉の形・動きがネズミに似ているので）」　muscular 形 筋肉質の

1959 **damn**	形 **クソ**
☐ **デア**-m	**Turn** the **damn TV off now**!
☐ /dǽm/ ○	そのクソテレビ、今すぐ消して！

罵りの表現なので、自分では用いないのが無難。　代わりにdarnと言うことあり。　Damn it! クソ！

1960 **psychology**	名 Ⅱ **心理学**
☐ **サイカー**∟アヂ	I'm **stud**ying psy**chol**ogy in **school**.
☐ /saɪkáːlədʒi/ ○○○○	私は学校で心理学を学んでいます。

〈源〉「psycho（心理）+logy（学問）」　psychological 形 心理的な　psychologist 名 Ⓒ 心理学者

1961 **aisle**	名 Ⓒ **通路**
☐ **ア**イオ	I pre**fer aisle seats** to **win**dow **seats**.
☐ /áɪl/ ○	私は窓側席より通路席がいいです。

🔊 s は発音しない。　go down the aisle 結婚する　lead ~ up the aisle ~と結婚する

必修句動詞170

　本章では厳選した170の句動詞を学習します。句動詞は比較的基本的な動詞と前置詞あるいは副詞で成り立っているフレーズですので、口語表現としては非常に頻繁に使用され、コミュニケーションにはとても重要であり役にも立ちます。句動詞の学習にあたっては、機械的に丸暗記するのではなく、構成要素である動詞と前置詞あるいは副詞の基本的な意味・イメージの「足し算」として考えてみると、ある程度納得ができることも多いはずです。「習うより慣れろ」でなく「納得して慣れろ」です。

>> Lesson 83

必修句動詞170

> **句動詞（phrasal verb）とは**

　句動詞（phrasal verb）とは、「動詞＋前置詞」または「動詞＋副詞」で、ひとかたまりの動詞のように扱えるもののことです。look for ～（～を探す）とか give up（あきらめる）などの表現はすでに馴染み深いと思いますが、これらはそれぞれ「動詞＋前置詞」、「動詞＋副詞」の句動詞です。また look forward to ～（～を楽しみにする）のように、「動詞＋副詞＋前置詞」の3語からなる句動詞もあります。

> **句動詞の意味の透明性の3段階**

　句動詞には、

(1) 意味がその構成要素である動詞と前置詞または副詞それぞれの意味の和だとして理解できる「透明度の高いもの」

(2) 比喩的に解釈すれば納得できるもの

(3) 構成要素の単なる和としてはなかなか納得しがたい「透明度の低いもの」

の3つのタイプがあります。

　look for は、look（視線を向ける）＋ for（～を対象として）＝「～を対象として視線を向ける」ことから「探す」の意味を持つことは比較的理解しやすいでしょう。

　次に look forward to は、look（視線を向ける）＋ forward（前方に）＋ to（～を到達点として）＝「～を到達点として前方に視線を向ける」→「これから来るであろう～を見る」→「～を楽しみにする」ということなので、比喩的に解釈すれば理解できます。

　しかし、give（与える）＋ up（上方に）に関しては、give の持つ「ゆずる」

と up の持つ「降参して両手を挙げている」というイメージを組み合わせて理解できないことはありませんが、そこから「あきらめる」の意味を導くのはなかなか難しいかと思います。

したがって、意味の透明性に関しては次のようになるでしょう

look for ～	レベル3（透明度・高） ☆☆☆	ほぼ文字どおりに理解できる
look forward to ～	レベル2（透明度・中） ☆☆★	比喩的に考えれば理解できる
give up	レベル1（透明度・低） ☆★★	理解できないことはないが、なかなか難しい

このようなレベル分けには分類する人間の主観も入るので、一概には言えませんが、英語の句動詞全体ではレベル3、2、1の数がおおよそ4：4：2くらいかと思われます。言い換えれば、句動詞の80%ほどは、構成要素の動詞、前置詞あるいは副詞の意味を組み合わせて考えれば、かなりの程度、その意味が納得できます。

❯句動詞のタイプ

本書では掲載している句動詞を以下の4つのタイプに分類しています。

●タイプ1：「動詞＋副詞」の自動詞型

目的語を取らず、基本的にこのままの形で使うものです。2語で1つの自動詞になったようなものなので、このタイプが一番シンプルです。

　　例：get away（逃げる）、turn around（振り向く）、work out（運動する）

●タイプ2：「動詞＋副詞」の他動詞型

目的語を取り、目的語を副詞の後に置く使い方と、動詞と副詞の間にはさむ使い方があるものです。make up であれば、make up a story（話をでっ

ち上げる）とも、make a story up とも言えます。hand in であれば、hand in the report（レポートを提出する）とも、hand the report in とも言えます。ただし、目的語を代名詞（it など）にするときは必ず動詞と副詞の間にはさんで make it up、hand it in などとします。×make up it や×hand in it とするのは誤りです。言ってみれば**分離可能な句動詞**で、使い方に少し注意が必要です。

　　例：make up（でっちあげる）、hand in（提出する）、put off（延期する）

●**タイプ3**：「動詞＋前置詞」の他動詞型
「動詞＋前置詞」の後に目的語として名詞（句）が来るものです。このタイプは透明性が比較的高く、動詞と前置詞の意味からそのまま理解できるものがほとんどです。

　　例：get to ～（到着する）、run into ～（偶然に出会う）、ask for ～（要求する）

●**タイプ4**：「動詞＋副詞＋前置詞」の他動詞型
　come up with ～（～を思いつく）、get out of ～（～から出る）、hold on to ～（～につかまる）などです。前置詞までまとめて覚えてしまったほうがよいですが、中には最後の前置詞なしで、自動詞型としての使い方ができるものもあります。たとえば get out（外に出る）、hold on（電話を切らずに待つ）などです。

❯**前置詞のイメージ**
　タイプ3とタイプ4は前置詞を含みます。それぞれの前置詞のコアイメージが頭に入っていると、句動詞の理解と記憶に役立ちます。本書に収録した句動詞に用いられる前置詞のコアイメージを以下に示します。

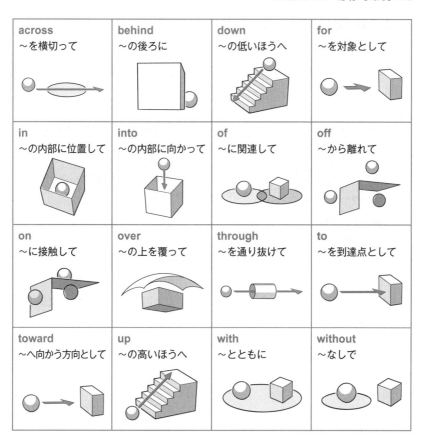

across 〜を横切って	behind 〜の後ろに	down 〜の低いほうへ	for 〜を対象として
in 〜の内部に位置して	into 〜の内部に向かって	of 〜に関連して	off 〜から離れて
on 〜に接触して	over 〜の上を覆って	through 〜を通り抜けて	to 〜を到達点として
toward 〜へ向かう方向として	up 〜の高いほうへ	with 〜とともに	without 〜なしで

〉句動詞の発音上のリズム

句動詞は2語ないし3語のカタマリなので、どこかにアクセントを置かねばなりません。その時の原則は以下のとおりです。

(1) 副詞は動詞よりも強く発音する

タイプ1、タイプ2，タイプ4は副詞を含みますが、これらの場合は動詞より（または前置詞より）副詞に最も強いアクセントを置きます。

●タイプ1	get aWAY	turn aROUND	work OUT
●タイプ2	make UP	hand IN	put OFF
●タイプ4	come UP with 〜	get OUT of 〜	hold ON to 〜

第5章

(2) 前置詞は動詞より強い場合と弱い場合がある

　タイプ3（動詞＋前置詞）はやや複雑で、ひとつひとつ慣れて覚えるしか
ないという面もあります。強いて挙げてみるならば、以下の傾向がありま
す。

●2音節の前置詞には 　アクセントを置く	run INto、come aCROSS、get beHIND go Over、do withOUT
●1音節でも off、through、 　up、down などには 　アクセントを置く	get OFF 〜、break THROUGH 〜 go UP 〜、fall DOWN 〜
●1音節の for、of、 　to、with などには 　アクセントを置かない	look for 〜、hear of 〜、get to 〜 live with 〜

　これらは絶対的なルールではなく、あくまで原則または傾向で、文脈で変
わることもありますが、参考までに頭に入れておいてください。

タイプ1
「動詞＋副詞」の自動詞型

1962 go ahead
☐
☐
☐

いいですよ（返事）	☆☆★
"I **have** a **ques**tion." "**Go ahead**."	
「質問があります」「どうぞ」	
go（進む）+ahead（前方に）→ 希望通り行動する	

さあどうぞ	☆☆★
Go ahead and **try** the **cook**ies.	
どうぞ、そのクッキーを食べてみて。	
go（進む）+ahead（前方に）→ 希望通り行動する	

1963 get along
☐
☐
☐

うまく付き合う	☆☆★
We **don't al**ways **get along**.	
僕たちは、いつもうまくいってるというわけでもないんだ。	

get（得る）+along（並んでいる状態）→ うまく付き合う

1964 come apart
☐
☐
☐

ばらばらになる	☆☆★
My **cook**ie **came apart**!	
僕のクッキーはばらばらになった。	

come（やって来る）+apart（離れた状態に）→ ばらばらになる

1965 turn around
☐
☐
☐

身体の向きを変える	☆☆☆
Turn around and **look** at **me**.	
身体をこっちに向けて私を見て。	
turn（転じる）+around（ぐるりと）→ ぐるりと向きを変える	

好転する	☆☆★
I **hope** the **situ**ation will **turn around soon**.	
状況がすぐに好転することを祈ります。	
turn（転じる）+around（ぐるりと）→ ぐるりと向きを変える → 良い方向に向く	

1966 go away
☐
☐
☐

留守にする	☆☆☆
Don't go away for **too long**.	
あまり長く留守にしないでね。	

go（行く）+away（離れた方に）→ いなくなる

第5章

1967 get away	逃げる	☆☆☆
☐☐☐	I **tried** to **catch** my **dog**, but he **got away**! 犬をつかまえようとしたけど、逃げちゃった。	

get(得る)+away(離れた状態) → 逃げる

1968 fight back	反撃する	☆☆☆
☐☐☐	He **won't fight back**, so **you'll win**. 彼は反撃しないだろうから、君が勝つだろうね。	

fight(戦う)+back(戻る方向に) → 反撃する

1969 get behind	遅れる	☆☆☆
☐☐☐	He **nev**er **got behind** on the **rent**. 彼は家賃の支払いで遅れたことはない。	

get(得る)+behind(後に) → 予定より遅れた状態を得る → 遅れる

1970 go by	過ぎ去る	☆☆★
☐☐☐	This **year went by** so **quick**ly. 今年は過ぎるのが早かったね。	

go(行く)+by(横を) → 横を通っていく →(時が)過ぎる

1971 break down	故障する	☆☆★
☐☐☐	My **car broke down** yesterday. 昨日、僕の車が故障してしまったんだ。	

break(壊れる)+down(下方に) → 故障して動かなくなる

1972 calm down	落ち着く	☆☆☆
☐☐☐	**Let's talk af**ter you **calm down**. 君が落ち着いてから話をしよう。	

calm(落ち着く)+down(下方に)→ 興奮状態が収まる

1973 back down	引き下がる	☆☆★
☐☐☐	I **did**n't **want** to **ar**gue so I **backed down**. 僕は言い争いをしたくなかったから引き下がったよ。	

back(戻る)+down(離れた方向に) → 引き下がる

1974 go in	中に入る	☆☆☆
☐☐☐	**Go in** and **have** a **seat**. 中に入ってお座りください。	

go(行く) + in(中に) → 中に入る

1975 drop in	立ち寄る	☆★★
□ □ □	**Drop in** and **visit anytime**.	
	いつでも立ち寄ってくださいね。	

drop(通り道からちょっと降りる)+in(中に) → 立ち寄る

1976 move in	引っ越してくる	☆☆☆
□ □	Do you **want** to **move in** with **me**?	
	私のところに引っ越して来たい?	

move(移動する)+in(中に) → こちらに引っ越してくる

1977 sign in	サインインする	☆☆★
□ □ □	Can you **sign in** and **check** your **mes**sages?	
	サインインして自分のメッセージをチェックしてくれる?	

sign(署名する)+in(中に) → ログインする

	記名する	☆☆★
	Did you **sign in** at the **en**trance?	
	あなたは入り口で名前を記入しましたか。	

sign(署名する)+in(中に) → 署名して入る

1978 show off	ひけらかす	☆★★
□ □ □	**Stop** showing **off**.	
	ひけらかすのはやめなさい。	

show(見せる)+off(自分から離れた方向に) → 周囲にひけらかす

1979 cool off	冷静になる	☆☆★
□ □ □	I'll **give** you **time** to **cool off**.	
	あなたに冷静になる時間をあげましょう。	

cool(冷える)+off(興奮から離れた状態) → 興奮状態から離れて冷静になる

1980 dry off	水気を拭く	☆☆★
□ □ □	I **had** to **dry off** be**fore go**ing in**side**.	
	中に入る前に、私は身体の水気を拭かなければならなかった。	

dry(乾かす)+off(水気から離れた状態) → 水気を拭き取る

1981 fall off	(数値が) 落ちる	☆☆★
□ □ □	Our **sales** have fallen **off** since **A**pril.	
	4月以降、売り上げが落ちました。	

fall(落ちる)+off(今までの所から離れる) →(数値が) 落ちる

第5章

1982 **back off** ☐☐☐	後ろに下がる	☆☆★
	The **firefight**ers **backed off** from the **burn**ing **house**.	
	消防士たちは燃え盛る家から離れて後方に下がった。	

back(戻る)+off(離れた方向に)→ 後に下がる

1983 **come on** ☐☐☐	さあさあ	☆★★
	Come on, just **do** it.	
	さあさあ、とにかくやりなさい。	

come(来る)+on(続けて)→ 止まらず／ためらわず来る → <行動を促す表現>

1984 **catch on** ☐☐☐	理解する	☆★★
	It **took** me a **while** to **catch on**.	
	理解するまでに、しばらく時間がかかった。	

catch (捕まえる)+on (トピックに接触した状態)→ 理解する

1985 **hang on** ☐☐☐	(電話を切らずに) 待つ	☆★★
	Hang on while I **check** if he's **here**.	
	彼の所在を確認する間、(電話を切らずに)そのままお待ちください。	

hang(電話線にぶら下がる)+on(接触した状態)→ 電話を切らずに待つ

	しっかりつかまる	☆☆☆
	Hang on! I'll speed **up**.	
	しっかりつかまって！　スピード上げるよ。	

hang(持ち手などにぶらさがる)+on(接触した状態)→ しっかりつかまる

1986 **hold on** ☐☐☐	(電話を切らずに) 待つ	☆★★
	Just **hold on** while I **check** for you.	
	お調べする間、(電話を切らずに)そのままお待ちください。	

hold(状態を保つ)+on(続けて／接触した状態)→ 待つ

1987 **carry on** ☐☐☐	そのまま続ける	☆★★
	I **can't** **carry on** as if **noth**ing has **hap**pened.	
	何も起こらなかったような顔でこのまま続けることはできません。	

carry(運ぶ)+on(続けて)→ やめずに続ける

1988 **watch out** ☐☐☐	気をつける	☆☆★
	Watch out for **cars**.	
	車に気をつけて。	

watch(見張る)+out(外の方向に)→ 気をつける

1989 hang out	ぶらつく	☆★★

Let's hang out sometime!
そのうち一緒に遊び（ぶらつき）ましょう。

hang（ぶら下がる）+out（外で）→ 外でぶらぶらする

1990 break out	脱出する	☆★★

Did the prisoners **break out**?
囚人たちが脱獄したって？

break（壊す）+out（外に）→ 壊して外に出る

勃発する	☆☆★

A **new type** of **flu** has **bro**ken **out**.
新種のインフルエンザが発生しました。

break（何もない状態を壊す）+out（外に）→ 突然始まって広まる

1991 move out	家を出る	☆☆☆

I **want** to **move out** on my **own**.
僕は家を出て独り立ちしたいんだ。

move（移動する）+out（外に）→ 出てゆく

1992 work out	トレーニングをする	☆★★

I **work out three times** a **week**.
私、週3でトレーニングしています。

work（作業する）+out（最後まですっかり）→ トレーニングで身体を鍛える

1993 help out	手助けする	☆☆☆

Let's help out in the **kitch**en.
一緒に台所を手伝いましょう。

help（助ける）+out（困難な状況から外に）→ 助け出す

1994 burn out	疲れ果てる	☆☆★

If you **try** too **hard**, you might **burn out**.
あまり根を詰めると、あなたは疲れ果ててしまうかも。

burn（燃える）+out（最後まですっかり）→ 燃え尽きる

1995 dry out	乾ききる	☆☆☆

Let's eat the **bread** be**fore** it **dries out**.
パサパサになる（乾ききる）前に、このパン食べましょう。

dry（乾く）+out（最後まですっかり）→ 乾ききる

1996 sign out

サインアウトする	☆☆★

You should **sign out** for se**cu**rity **rea**sons.
セキュリティ上の理由で、あなたはサインアウトするべきです。

sign（署名する）＋out（外へ）→ ログアウトする

1997 give out

機能しなくなる	☆★★

Let's stop running. My **legs** are **giv**ing **out**.
走るのやめよう。脚がもうだめだ（機能しなくなりつつある）。

give（譲る）＋out（最後まですっかり）→ 降参してダメになる

1998 come over

やって来る	☆☆★

Can you **come over** to**mor**row **night**?
明日の晩、こっちに来てもらうことはできる？

come（来る）＋over（途中にあるものを乗り越えて）→ やって来る

1999 fall over

つまずいて転ぶ	☆☆☆

Grab the **rail** be**fore** you **fall over**!
つまずいて転ぶ前に手すりにつかまって！

fall（倒れる）＋over（何かの上で）→ つまずいて転ぶ

2000 pull over

（路肩に）車を停める	☆★★

Let's pull over here and **take** a **pic**ture.
ここに車を停めて写真を撮りましょう。

pull（引く）が使われているのは、馬を止める時、手綱を引いたから。

2001 get together

集まる	☆☆☆

When do you **want** to **get together**?
あなたは、いつ集まるのがいい？

get（得る）＋together（一緒の状態）→ 一緒になる、集まる

2002 hang up

電話を切る	☆★★

Don't hang up yet.
まだ電話を切らないでください。

hang（引っ掛ける）＋up（上に）※初期の電話は受話器を上に引っ掛けて切ったから

2003 hold up

持ちこたえる	☆★★

How are you **hold**ing **up**?
お変わりないです（どのように持ちこたえています）か。

hold（状態を保つ）＋up（上方に）→ 落ちずに持ちこたえる

2004 heat up | ヒートアップする | ☆☆★

Our dis**cus**sion **heat**ed **up**.
我々の議論は白熱し（ヒートアップし）ました。

heat（熱を発する）+up（上方に）→ 熱が上昇する → 白熱する

2005 come up | こっちに来る | ☆☆☆

Please come up and **help** me.
こっちに来て手伝ってください。

come（来る）+up（こちらの方角に）→ こっちに来る

2006 blow up | 怒りを爆発させる | ☆☆★

Are you going to **blow up** at **me**?
あなたは私に当たる（怒りを爆発させる）つもりなの？

blow（吹く）+up（ばらばらに）→ 怒気を四方八方に吹く → 怒る

| 爆発する | ☆☆☆

The **bomb blew up** and de**stroyed** the **build**ing.
その爆弾が爆発してそのビルを破壊しました。

blow（吹く）+up（ばらばらに）→ 爆風を四方八方に吹く → 爆発する

2007 stay up | 夜更かしする | ☆☆★

Don't stay up too **late** tonight.
今夜は、あまり夜更かししないように。

stay（とどまる）+up（起きている状態）→ ずっと起きている

2008 stand up | 立ち上がる | ☆☆☆

Stand up so I can **see you bet**ter.
あなたがよく見えるように、立ち上がってください。

stand（立つ）+up（上方に）→ 立ち上がる

2009 sign up | 申し込む | ☆☆★

Did you **sign up** for the **free tour**?
あなたは無料ツアーに申し込みましたか。

sign（署名する）+up（上方に）→ 署名して申し込む

2010 throw up | 吐く | ☆★★

I **felt** like **throw**ing **up** on the **boat**.
船の上で吐きそうな気分だった。

throw（急に動かす）+up（上方に）→ 食べたものを食道の上方に動かす → 吐く

第5章

2011 shut up	黙る	☆☆★
☐☐☐	I **wish that** an**noy**ing **guy** would **shut up**. あのうっとうしいやつ、黙るといいんだけど。	

shut（口を閉じる）+up（すっかり）→ 黙る

2012 line up	列を作る	☆☆☆
☐☐☐	**Man**y **peo**ple **lined up** to **buy** the **new phone**. 新しい携帯電話を買おうと多くの人が列を作った。	

line（列になる）+up（すっかり）→ 列を作る

2013 screw up	しくじる	☆★★
☐☐☐	**Don't screw up** like you **did** the **last time**. 前回みたいに、またしくじらないでよ！	

screw（ねじる）+up（すっかり）→ へまをする、しくじる

タイプ2
「動詞＋副詞」の他動詞型

2014 take apart ～ ☐ ☐ take ～ apart ☐	～を分解する	☆☆☆
	I **like** tak**ing** a**part** e**lectro**nics. 僕は、電子機器を分解するのが好きなんだ。	

take(取る／掴む)+apart(離れた状態に) → ばらばらに分解する

2015 put away ～ ☐ ☐ put ～ away ☐	～を片づける	☆☆☆
	Put your **shoes** a**way**. 自分の靴を片づけなさい。	

put(置く)+away(向こうに) → 向こうに片付ける

	～を蓄える	☆☆★
	My **par**ents **put** a **lot** of **mon**ey a**way** for me. 両親が、私のために大金を蓄えておいてくれました。	

put(置く)+away(向こうに) → 脇に置く → とっておく → 蓄える

2016 give away ～ ☐ ☐ give ～ away ☐	～を手放す	☆☆☆
	I **gave** a**way** my **ex**tra **tools**. 余っていた道具は手放した。	

give(与える)+away(向こうに) → 手放す

	～(秘密)を漏らす	☆☆★
	Don't give a**way** the sur**prise**. サプライズ(パーティー)のことを漏らしちゃいけないよ！	

give(与える)+away(向こうに) → 漏らす

2017 blow away ～ ☐ ☐ blow ～ away ☐	～を吹き飛ばす	☆☆☆
	The **wind blew all** of the **dust** a**way**. 風がほこりをすっかり吹き飛ばした。	

blow(吹く)+away(向こうに) → 吹き飛ばす

	～を感動させる	☆☆★
	I was **blown** a**way** by **that** per**for**mance. あの演奏にはとても感動させられました。	

blow(吹く)+away(向こうに) → 吹き飛ばす → 感動させる

第5章

2018	throw away 〜 throw 〜 away	〜を捨てる	☆☆☆
		Let's throw away these old reports. この古い報告書は捨てることにしましょう。	

throw(投げる)+away(向こうに) → 向こうに投げる → 捨てる

2019	call back 〜 call 〜 back	〜に電話をかけ直す	☆☆☆
		I'll call her back tomorrow. 明日、彼女に電話をかけ直します。	

call(電話する)+back(返答として再度) → 電話し直す

2020	pay back 〜 pay 〜 back	〜を返済する	☆☆☆
		I can pay back the money soon. そのお金はすぐに返済することができます。	

pay(支払う)+back(戻す) → 返済する

2021	take back 〜 take 〜 back	〜を返す	☆☆☆
		Let's take this back and get a refund. これは店に返品して返金してもらいましょう。	

take(持っていく)+back(戻す) → 元のところに持っていって返す

2022	leave behind 〜 leave 〜 behind	〜を置き去りにする	☆☆☆
		We can't leave her behind. 私たちは、彼女を置き去りにすることはできません。	

leave(立ち去る)+behind(後に) → 〜を後にして立ち去る

2023	close down 〜 close 〜 down	〜を閉鎖する	☆☆★
		The building is closed down. その建物は閉鎖されています。	

close(閉じる)+down(下方に) ※活動中はup だったが停止してdown になったイメージ

2024	put down 〜 put 〜 down	〜を置く	☆☆☆
		Put down the phone so we can talk. 話ができるように電話は置いてください。	
		put(置く)+down(下方に) → 下に置く	
		〜を記録する	☆☆★
		Let me put it down in writing. それを文書にさせて（文字にして記録するのを許して）ください。	

put(置く)+down(下方に) → 下に置く → 書きつける

2025 lay down ～ □ lay ～ down □	～を敷く	☆☆☆
	Let's lay the **rug down o**ver **there.** あそこにじゅうたんを敷きましょう。	

lay（寝かせる）+down（下方に）→ 敷く

2026 break down ～ □ break ～ down □	～を壊す	☆☆☆
	Break down the **door so** we can get **in.** 中に入れるようにドアを壊しなさい。	

break（壊す）+down（下方に）※ up だった物が地面に倒れてdown になるイメージ

2027 narrow down ～ □ narrow ～ down □	～を絞り込む	☆☆★
	It's **hard** to **nar**row **down** the **an**swer. 正解を絞り込むのは難しい。	

narrow（狭める）+down（下方に）※選択肢の数が大が小に下がる（down）イメージ。

2028 plug in ～ □ plug ～ in □	～をコンセントにつなぐ	☆☆☆
	Can you **plug** this **in**? これ、コンセントにつないでくれる？	

plug（プラグを差す）+in（中に）→ 差し込む

2029 let in ～ □ let ～ in □	～を（建物／部屋に）入れる	☆☆☆
	Did you **let in** that **stran**ger? あの見ず知らずの人間を中に入れたの？	

let（許す）+in（中に）→ 中に入ることを許す

2030 trade in ～ □ trade ～ in □	～を下取りに出す	☆☆★
	Did you **trade in** your **cell phone**? あなたは携帯電話を下取りに出しましたか。	

trade（取引する）+in（中に）→ 取引して品物を相手の会社に入れる → 下取りに出す

2031 fill in ～ □ fill ～ in □	～に詳細を教える	☆☆★
	I'll **fill** you **in** on the **de**tails **lat**er. 後で詳しいことを伝えることにします。	

fill（埋める）+in（中を）→ 頭の中を情報で埋める → 詳細を教える

	～に記入する	☆☆☆
	Fill in this **ques**tion**naire.** この質問表に記入してください。	

fill（埋める）+in（中を）→ 空欄を必要事項で埋める → 記入する

2032 hand in 〜 ☐ hand 〜 in ☐ ☐	〜を提出する	☆☆★
	Please hand **in** your **es**say by **Fri**day. 小論文は金曜までに提出してください。	
hand(手渡す)＋in(中に向かって) → 提出する		

2033 switch off 〜 ☐ switch 〜 off ☐ ☐	〜のスイッチを切る	☆☆☆
	Switch off the **light**. 電灯のスイッチを切って。	
switch(スイッチを操作する)＋off(離れる方向に) → スイッチで電流から離す		

2034 cross off 〜 ☐ cross 〜 off ☐ ☐	〜を削除する	☆☆☆
	I'll **cross** his **name off**. 彼の名前を削除することにします。	
cross(横線を引く)＋off(離れて) → 横線を引いて消す		

2035 wipe off 〜 ☐ wipe 〜 off ☐ ☐	〜を拭き取る	☆☆☆
	I **wiped off all** the **dust**. ほこりはすべて私が拭き取っておきました。	
wipe(拭く)＋off(離れる方向に) → 拭いて〜を離す → 拭き取る		

2036 bite off 〜 ☐ bite 〜 off ☐ ☐	〜を食いちぎる	☆☆☆
	Just **bite off** a **small piece**. ちょっと一口かじるだけにして。	
bite(噛む)＋off(離れた方向に) → 噛んで離す → 食いちぎる		

2037 drop off 〜 ☐ drop 〜 off ☐ ☐	〜を(車で送っていって)降ろす	☆☆★
	I **dropped** the **kids off** at **daycare**. 子どもたちを託児所に送り届けた(車で送って降ろした)。	
drop(落とす)＋off(離れる方向に) → 車から落として離す → 降ろす		

2038 let off 〜 ☐ let 〜 off ☐ ☐	〜を放免する	☆★★
	He was **let off** with **no pun**ishment. 彼は処罰なしで放免されました。	
let(許す)＋off(離れる方向に) → 離れることを許す → 放免する		

2039 shut off 〜 ☐ shut 〜 off ☐ ☐	〜のスイッチを切る	☆☆★
	Shut off your com**pu**ter and **go** to **bed**. もうパソコンのスイッチを切って寝なさい。	
shut(閉じる)＋off(離れる方向に) → 閉じて電流から離す → スイッチを切る		

2040 cut off ～
cut ～ off

| ～を切り離す | ☆☆★ |

You **must** be **cut off** from **vid**eo **games**.
あなたはビデオゲームと縁を切らねば（切り離されていなくては）ならない。

cut(切る)+off(離れる方向に) → 切って離す

| ～の進行方向を邪魔する | ☆★★ |

That car just **cut** me **off**.
あの車がいきなり割り込んできた（私の進行を邪魔した）んだ。

cut(切る)+off(離れる方向に) → 元の進路から切り離す → 進路を邪魔する

2041 turn off ～
turn ～ off

| ～の電源を切る | ☆☆★ |

Turn off the **tele**vi**si**on **so** I can **sleep**.
僕が眠れるように、テレビの電源を切ってくれないか。

turn(回す)+off(離れる方向に) ※左右にひねるスイッチだった頃の名残りの表現

2042 put off ～
put ～ off

| ～を延期する | ☆★★ |

You've **put** the **meet**ing **off** for **too long**.
あなたは会議をあまりに長期間延期した。

put(置く)+off(離れる方向に) → 現時点から離す → 延期する

| ～のやる気を削ぐ | ☆★★ |

Mom's always **neg**ative and **that puts** me **off**.
ママはいつも否定的でやる気がなくなる（それが私のやる気を削ぐ）。

put(置く)+off(離れる方向に) → 気分の良い状態から離す → やる気を削ぐ

2043 call off ～
call ～ off

| ～を中止する | ☆★★ |

This plan isn't **work**ing **so let's call** it **off**.
この計画はうまく行ってないから、中止することにしましょう。

call(呼ぶ)+off(離れる方向に) → 離れると宣言する → 取りやめる

2044 close off ～
close ～ off

| ～を閉鎖する | ☆☆★ |

Close off this **sec**tion **so** that **no** one gets **in**.
誰も立ち入らないように、この区域を閉鎖してください。

close(閉じる)+off(離れる方向に) → 閉鎖して外部から離す → 閉鎖する

2045 break off ～
break ～ off

| ～を打ち切る | ☆☆★ |

We **had** to **break off** our va**ca**tion and **head home**.
休暇を打ち切って、家に向かわざるを得なかった。

break(壊す)+off(離れる方向に) → 当初の事柄から離れる方向に壊す

2046	try on ～ try ～ on	～を試着する	☆☆☆
		Can I **try** this **on**? これは試着することができますか。	
	try(試す)+on(身体の上で) → 試しに着る		

2047	switch on ～ switch ～ on	～の電源スイッチを入れる	☆☆☆
		Switch on the com**pu**ter. コンピューターの電源スイッチを入れてください。	
	switch(スイッチを操作する)+on(接触) → スイッチで電流が流れるようにする		

2048	turn on ～ turn ～ on	～のスイッチを入れる	☆☆★
		Did you **turn** the **ov**en **on**? オーブンのスイッチを入れた?	
	turn(回す)+on(接触) → 回して電流を流す ※ひねるスイッチだった名残りの表現		

2049	cut out ～ cut ～ out	～をやめる	☆★★
		Cut it **out**! もうやめろ!	
	cut(流れを断ち切る)+out(外に) → 行為を中断して、この世から無くす → やめる		

2050	let out ～ let ～ out	～を(自由にして)外に出す	☆☆☆
		Who let the **dog out**? 誰が犬を外に出した?	
	let(許す)+out(外に) → 外に出ることを許す		

2051	take out ～ take ～ out	～を外に出す	☆☆☆
		Take out the **gar**bage. ごみを外に出しておいてね。	
	take(持っていく)+out(外に) → 外に出す		

2052	wear out ～ wear ～ out	～を使い古す	☆☆★
		These **shoes** are **worn out**. この靴は履き古されています。	
	wear(着用してすり減らす)+out(最後まですっかり) → 着古す、履き古す		

2053	check out ～ check ～ out	～に注目してチェックする	☆☆★
		Check out this **new** de**sign**. この新しいデザインはチェックしてね。	
	check(確認する)+out(外に出ている状態) → チェックして調べる		

2054 fill out ～ □ fill ～ out	～に記入する	☆☆★
	Did you **fill out** the **form**? あなたはその用紙に記入した？	

fill(埋める)+out(最後まですっかり) → 空欄を埋める → 記入する

2055 leave out ～ □ leave ～ out	～を抜かしておく	☆☆★
	Let's just **leave** her **out**. 彼女はちょっと入れないでおこう(抜かしておこう)。	

leave(立ち去る)+out(外に) → ～を外して立ち去る → 抜かしておく

2056 pick out ～ □ pick ～ out	～を選ぶ	☆☆★
	Pick out the **per**fect **ring**. ぴったりの指輪を選んでください。	

pick(摘み取る)+out(外に) → 複数のものの中から摘み取って外に出す → 選ぶ

2057 clear out ～ □ clear ～ out	～を掃除する	☆☆★
	Clear out the **room**, please. 部屋を掃除していただけますか。	

clear(片付ける)+out(最後まですっかり) → 掃除する

2058 hand out ～ □ hand ～ out	～を配る	☆☆★
	Hand out the **fly**ers for me. 私の代わりにそのチラシを配ってください。	

hand(手渡す)+out(外に向かう方向に) → 配る

2059 point out ～ □ point ～ out	～を指摘する	☆☆☆
	I **point**ed **out** the **key prob**lem. 私は重要な課題を指摘しました。	

point(指で指す)+out(外に) → 多くの物の中から選んで指差して外に出す

2060 sort out ～ □ sort ～ out	～を整理する	☆★★
	We **have** to **sort out** our **is**sues. 私たちが抱えている問題を整理しなければなりません。	

sort(分類する)+out(最後まですっかり) → 整理する

2061 straighten out ～ □ straighten ～ out	～を解決する	☆☆★
	Let's straighten **ev**ery**thing out**. すべてきちんと解決しよう。	

straighten(真っ直ぐにする)+out(最後まですっかり) → 曲がったものを伸ばす

第5章

397

2062 blow out ～ blow ～ out	～を吹き消す	☆☆☆
	Blow out the **can**dles on the **cake**! ケーキの上のろうそくを吹き消して！	

blow（吹く）+out（外に）→ 息を吹いて炎をこの世の外に出す → 吹き消す

2063 give out ～ give ～ out	～を配る	☆☆☆
	They were **giv**ing **out** free **tick**ets. 無料のチケットを配っていたよ。	

give（与える）+out（外に）→ 配る

	～を漏らす	☆☆★
	Don't give **out** **an**y infor**ma**tion. 情報は何も漏らさないでください。	

give（与える）+out（外に）→ 外に漏らす

2064 figure out ～ figure ～ out	～を考え出す	☆★★
	We'll **fig**ure **out** **what** to **do** lat**er**. どうするかは後で考えよう（考え出すことにする）。	

figure（考える）+out（外に）→ 考えて答えを出す

2065 ask out ～ ask ～ out	～をデートに誘う	☆☆★
	Did you **ask** that **girl out** on a **date**? 君は、あの娘をデートに誘ったのかい？	

ask（頼む）+out（外に）→ 一緒に外に行ってくれと頼む → デートに誘う

2066 carry out ～ carry ～ out	～を実行する	☆★★
	Please **car**ry **out** these in**struc**tions. これらの指示を実行してください。	

carry（運ぶ）+out（最後まですっかり）→ 実行する

2067 find out ～ find ～ out	～を発見する	☆☆★
	Did you **find out what** the **prob**lem **was**? 何が問題なのかわかっ（発見し）た？	

find（発見する）+out（外に）→ 見つけて外に出す → 発見する

2068 clean out ～ clean ～ out	～をきれいに掃除する	☆★★
	Clean out your **clos**et to**day**! It **stinks**! 今日こそ、クロゼットをきれいに掃除しなさい！ 臭うよ！	

clean（清潔にする）+out（最後まですっかり）→ 徹底的に掃除する

2069 throw out ～ 　 throw ～ out	～を捨てる	☆☆☆
	I'm going to **throw** this **bro**ken **toy out**. この壊れた玩具は捨てるつもりです。	
throw(投げる)+out(外に) → 外に投げる → 捨てる	

2070 look over ～ 　 look ～ over	～にざっと目を通す	☆☆★
	I just **looked** over your re**port**. 君の報告書にはざっと目を通しました。	
look(視線を向ける)+over(覆うように上から) → ざっと目を通す	

2071 hand over ～ 　 hand ～ over	～を渡す	☆☆★
	Can you **hand** over the **keys** to the **car**? その車のキーを渡してもらえる?	
hand(手渡す)+over(A地点からB地点へ) → 渡す	

2072 do over ～ 　 do ～ over	～をやり直す	☆★★
	I **don't like** your re**port**. **Please do** it over. あなたの報告書には不満です。やり直してください。	
do(する)+over(初めから終わりまで) → やり直す	
	～を改装する	☆★★
	We can **do** over the **house** if you'd **like**. もし君が希望するなら、家を改装してもいいよ。	
do(する)+over(初めから終わりまで) → 内装をやり直す → 改装する	

2073 put together ～ 　 put ～ together	～を組み立てる	☆☆☆
	I **put** this **mod**el **car** toge**th**er by my**self**. 僕が一人でこの車のプラモデルを組み立てたんだよ。	
put(置く)+together(一緒に) → 組み立てる	
	～をまとめる	☆☆★
	Let's put toge**th**er a **pres**enta**ti**on on **this top**ic. この件でのプレゼンをまとめましょう。	
put(置く)+together(一緒に) → まとめる	

2074 keep up ～ 　 keep ～ up	～をその高いレベルで維持する	☆★★
	Keep up the **good work**. これからもいい仕事を頑張って(その高いレベルで維持して)ください。	
keep(維持する)+up(上方に) → その高いレベルを維持する	

2075	catch up ～ catch ～ up	～に追いつく	☆☆★
		I'll **catch** you **up** **lat**er. 僕は後で君に追いつくよ。	
	catch(捕まえる)+up(達して) → 追いつく		

2076	cut up ～ cut ～ up	～を小さく切る	☆☆☆
		Can you **cut up** the **meat**? その肉を小さく切ってくれる?	
	cut(切る)+up (徹底的に) → 小さく／薄く切る		

2077	back up ～ back ～ up	～のバックアップを取る	☆★★
		Did you **back up** the **files**? それらのファイルのバックアップを取りましたか。	
	back(背中を押して支える)+up [強意] → 応援する → バックアップをとる		
		～を応援する	☆☆★
		Can you **please back** me **up**? よろしければ僕を応援していただけますか。	
	back(背中を押して支える)+up [強意] → 応援する		

2078	heat up ～ heat ～ up	～を温める	☆☆☆
		Should I **heat up** the **bread**? パンは温めるべきですか。	
	heat(熱する)+up(完全に、すっかり) → 温める		

2079	mix up ～ mix ～ up	～を混同する	☆☆☆
		Sorry, I **mixed up** the **names**. すみません、名前を混同してしまいました。	
	mix(混ぜる)+up(完全に、すっかり) → 混同する		

2080	fill up ～ fill ～ up	～をいっぱいにする	☆☆☆
		Fill up the **wa**ter **jug** for me. 水差しをいっぱいにしてもらえる?	
	fill(埋める)+up(完全に、すっかり) → いっぱいにする		

2081	break up ～ break ～ up	～を解散させる	☆☆★
		The po**lice broke up** the **fight**. 警察がそのけんかをやめさせた(解散させた)。	
	break(壊す)+up(ばらばらの状態に) → 解散させる		

2082 light up ～
light ～ up
~を明るく照らす　☆☆☆
The **moon lit up** the **night sky**.
月が夜空を明るく照らしていた。

light(光を当てる)+up（上方に）→ 光で明るくする

2083 set up ～
set ～ up
~を組み立てる　☆☆☆
Make sure to **set up** your **booth**.
忘れずにブースを組み立ててください。

set(置く)+up(立った状態に)→ 組み立てる

2084 pick up ～
pick ～ up
~を車で迎えに行く　☆☆★
I'll **pick** you **up** at 6 (**six**) p.m.
君を6時に車で迎えに行きます。

pick(摘み取る)+up(上に)→ 車で迎えに行って乗せる

~を自然に覚える　☆☆★
It's **hard** to **pick up words** in a **new lan**guage.
新しい言語の単語を自然に覚えるのは難しい。

pick(摘み取る)+up(上に)→ 摘み取るように覚える

2085 make up ～
make ～ up
~をでっちあげる　☆☆★
I **can't** make **up** a lie like **that**.
僕は、そんなふうにうそをでっち上げることはできません。

make(作る)+up(上方に)→ 作り上げる → でっち上げる

2086 hang up ～
hang ～ up
~を掛ける　☆☆☆
Make sure you **hang up** your **tow**el.
忘れずに自分のタオルは掛けておいて。

hang(掛ける)+up(上方に)→ 上の方に掛ける

2087 start up ～
start ～ up
~を立ち上げる　☆☆★
Why don't you **start up** a **busi**ness?
あなたは会社を立ち上げたらどうですか。

start(始める)+up(立った状態に)→ 始めて立った状態にする → 立ち上げる

2088 clear up ～
clear ～ up
~を解決する　☆☆★
I **man**aged to **clear up** the con**fu**sion.
私は何とか混乱状態を解決しました。

clear(片付ける)+up(完全も)→ 解決する

2089	brush up 〜 brush 〜 up	〜に磨きをかける	☆☆★
		You **need** to **brush up** your **math skills**. 君はもっと数学の能力に磨きをかける必要があります。	

brush（ブラシをかける）+up（上方に）→ さらに向上させる

2090	cover up 〜 cover 〜 up	〜を隠蔽する	☆☆★
		He **cove**red **up** the **scan**dal for his **son**. 彼は息子のためにそのスキャンダルを隠蔽した。	

cover（覆う）+up（完全に、すっかり）→ 覆い隠す → 隠蔽する

2091	eat up 〜 eat 〜 up	〜を全部食べる	☆☆★
		Eat up your **din**ner be**fore** it gets **cold**. 冷めてしまう前に夕飯を全部食べてしまってね。	

eat（食べる）+up（完全に、すっかり）→ 全部食べる

		〜を悩ます	☆★★
		I've been **eat**en **up** with **emo**tions recently. 最近、いろいろな感情に悩まされているんだ。	

eat（食べる）+up（完全に、すっかり）→ 食べきる → 悩ます

2092	beat up 〜 beat 〜 up	〜をたたきのめす	☆☆★
		The **box**er was **beat**en **up** by his op**po**nent. そのボクサーは相手に叩きのめされた。	

beat（叩く）+up（徹底的に）→ 叩きのめす

		〜を責める	☆★★
		Don't beat yourself **up** over **that** mis**take**. そのミスのことで自分を責めないでください。	

beat（叩く）+up（徹底的に）→ 責める

2093	chop up 〜 chop 〜 up	〜を切り刻む	☆☆☆
		Chop up the **on**ions while **I** mix the **gra**vy. 私がグレイビーソースを混ぜている間に、タマネギを刻んでね。	

chop（叩き切る）+up（徹底的に）→ 細かくなるまで切り刻む

2094	turn up 〜 turn 〜 up	〜の音量を上げる	☆☆★
		Don't turn up the **mu**sic. It's **loud e**nough. 音楽の音量を上げないで。もう十分うるさいわ。	

turn（回す）+up（上に）→ ボタンで音量を上げる ※ひねって回すスイッチの名残り

タイプ3
「動詞＋前置詞」の他動詞型

2095 come across ～	～を偶然見つける	☆☆★
	I **came** a**cross** this **rec**ipe on the **website**. このレシピはそのウェブサイトで偶然見つけた。	

come(来る)+across(交差して) → 偶然、進路が交差する → 偶然見つける

2096 get behind ～	～を支持する	☆☆★
	That is a **cause** I can **get** be**hind**. それは私が支持することができる主義主張です。	

get(得る)+behind(後に) → その後に行って後押しする → 支持する

2097 fall down ～	～を転げ落ちる	☆☆☆
	Don't fall down the **hill**! 丘から転げ落ちないようにね！	

fall(転ぶ)+down(下って) → 転げ落ちる

2098 go down ～	～を降りる	☆☆☆
	Be careful when you **go down** the **lad**der. はしごを降りるときは気をつけてね。	

go(行く)+down(下方に) → 降りる

2099 pay for ～	～の代金を払う	☆☆☆
	I'll pay for **din**ner. 夕食代は私が持ちます（夕食の代金を払う）。	

pay(支払う)+for(～に対して) → ～の支払いをする

2100 ask for ～	～を要求する	☆☆☆
	I'm going to **ask** for a **raise**. 私は昇給を要求するつもりなんです。	

ask(頼む)+for(求めて) → ～を求めて頼む → 要求する

2101 care for ～	～の面倒を見る	☆☆★
	It's **your job** to **care** for her. 彼女の面倒を見るのは、あなたの仕事ですよ。	

care(気にかける)+for(～のために) → ～のために気にかける → ～の面倒を見る

第5章

2102 get in ～

☐☐☐

| ～(乗り物)に乗り込む | ☆☆☆ |

Let's get in the car.
その車に乗り込みましょう。

get(得る)+in(中に) → 中に入る → 乗り込む

2103 bump into ～

☐☐

| ～にぶつかる | ☆☆☆ |

Sorry, I didn't mean to bump into you.
すみません、あなたにぶつかるつもりはなかったんです。

bump(ぶつかる)+into(～の中に) → めり込むようにぶつかる

| ～にばったり会う | ☆☆★ |

I bumped into an old friend yesterday.
昨日、昔の友達にばったり会ったの。

bump(ぶつかる)+into(～の中に) → めり込むようにぶつかる → ばったり会う

2104 turn into ～

☐☐☐

| ～になる | ☆☆☆ |

You've turned into a really nice person.
あなたは、とても感じの良い人になったのね。

turn(転じる)+into(～の中に) → 変わって～になる

2105 look into ～

☐☐☐

| ～を調べる | ☆☆★ |

It's interesting. You should look into it.
それはおもしろいね。調べてみるといいよ。

look(視線を向ける)+into(～の中に) → ～の中に視線を向ける → 調べる

2106 run into ～

☐☐☐

| ～に偶然会う | ☆☆★ |

I ran into one of my old friends at the bar.
そのバーで昔の友達に偶然会ったのよ。

run(走る)+into(～の中に) → 走ってめり込む → ばったり会う

| ～に衝突する | ☆☆★ |

I nearly ran into a truck that cut into my lane.
レーンに割り込んできたトラックに危うくぶつかるところだった(ほとんど衝突した)。

run(走る)+into(～の中に) → 走ってめり込む

2107 hear of ～

☐☐☐

| ～について聞く | ☆☆☆ |

I haven't heard of it before.
私は、以前にそれについて聞いたことがありません。

hear(聞く)+of(～のことを) → ～のことを聞く

2108 get off ～

☐
☐
☐

～(乗り物)から降りる　☆☆☆

You should **get off** the **bus** at the **next stop**.
あなたは次のバス停で降りる必要があります。

get(得る)+off(離れた状態) → 乗り物から離れた状態を得る → 降りる

2109 count on ～

☐
☐
☐

～を頼りにする　☆★★

I can **count** on you, **right**?
あなたは頼りにできるんですね?

count(数える)+on(～を頼って) → 信頼して人数に入れる → 頼りにする

2110 get on ～

☐
☐
☐

～(乗り物)に乗る　☆☆☆

We should **get on** the **next train**.
私たちは次の列車に乗る必要があります。

get(得る)+on(上に) → 上にいる状態を得る → 乗り込む

2111 keep on ～

☐
☐
☐

～を続ける　☆☆★

Keep on going. You're **al**most **there**.
前に進み続けなさい。ゴールまであと少しです。

keep(維持する)+on(続けて) → 続ける

2112 go over ～

☐
☐
☐

～を見直す　☆☆★

Go over your **homework**.
宿題を見直しなさい。

go(行く)+over(～の上方を覆うように) → 上から見る → 見直す

2113 break through ～

☐
☐
☐

～を打ち破る　☆☆☆

We **had** to **break through** the **door**.
私たちはドアを打ち破らないといけませんでした。

break(壊す)+through(～を通って) → 打ち破る

2114 point to ～

☐
☐
☐

～を指で指す　☆☆☆

Can **you point** to the **per**son?
その人を指で指してもらえますか。

point(指で差す)+to(～に向けて) → ～を指差す

2115 get to ～

☐
☐
☐

～に到着する　☆☆☆

It will **take** a **while** to **get** to my **des**tination.
私が目的地に到着するまでしばらく時間がかかるでしょう。

get(得る)+to(～へ) → ～に到着する

第5章

2116 head toward 〜	〜のほうに向かう	☆☆☆
☐ ☐ ☐	**Let's head** toward her **house**. 彼女の家のほうに向かいましょう。	
head（向かう）+toward（〜の方向に）→ 〜のほうに向かう		

2117 go up 〜	〜を上る	☆☆☆
☐ ☐ ☐	Do you **want** to **go up** the **stairs**? その階段を上りたい？	
go（行く）+up（上方に）→ 上る		

2118 live with 〜	〜を受け入れる	☆☆★
☐ ☐ ☐	You **can't change** it, **so** just **live** with it. あなたはそれを変えられないのだから、ただ受け入れなさい。	
live（生きる）+with（〜とともに）→ 〜と共に生きる → 受け入れて生きる		

2119 do without 〜	〜なしでやっていく	☆☆★
☐ ☐ ☐	In our **work** we can**not do** with**out** the **In**ternet. 我々の仕事はネットなしでやっていくことはできません。	
do（行う）+without（〜なしで）→ 〜なしで済ます		

タイプ4
「動詞＋副詞＋前置詞」の他動詞型

2120 keep away from ～ | ～から離れている | ☆☆☆

Make sure to **keep away** from **that house.**
心してあの家には近づかない（家から離れている）ように。

keep（維持する）+away from（～から離れて）→ ～から離れた状態でいる → 近づかない

2121 get away from ～ | ～から離れる | ☆☆☆

She was **ea**ger to **get away** from **city life.**
彼女は都会暮らしから離れたがって（離れるのを熱望して）いました。

get（得る）+away from（～から離れて）→ ～から離れた状態を得る → 離れる

2122 cut back on ～ | ～を減らす | ☆☆★

You **need** to **cut back** on **sweets.**
あなたは甘いものを減らす必要がある。

cut（切る）+back（戻す）+on（～を）→ ～の摂取量を減らして元に戻す → 減らす

2123 get back to ～ | ～に戻る | ☆☆☆

You should **get back** to **work** on the **pro**ject.
君はそのプロジェクトの仕事に戻るべきです。

get（得る）+back to（～に戻って）→ ～に戻る

| ～に折り返し連絡する | ☆☆★ |

I'll **get back** to you **lat**er.
君には折り返し連絡します。

get（得る）+back（返す）+to（～に）→ ～に返す → こちらから連絡し直す

2124 get down to ～ | ～に取りかかる | ☆☆★

Let's get down to **busi**ness.
さあ、仕事に取りかかるとしよう（本題に入ろう）。

get（得る）+down（下方に）+to（～に）→ ～に取りかかる

2125 cut down on ～ | ～の摂取量を減らす | ☆☆★

I'll **cut down** on **alcohol** this **month.**
今月僕はお酒をすこし控える（アルコールの摂取量を減らす）よ。

cut（切る）+down（下方に）+on（～を）→ ～の摂取量を下方に切る → 摂取量を減らす

2126 look forward to ～	～を楽しみにする	☆☆★
☐☐☐	I'm looking forward to seeing my cousin. 私は、いとこに会うのを楽しみにしている。	

look(視線を向ける)+forward(前方に)+to(に向けて) → ～に向けて前方を見る

2127 check in on ～	～の様子を確認する	☆☆★
☐☐☐	Just make sure to check in on her constantly. 絶えず彼女の様子を確認することを忘れないでね。	

check(確認する)+in(中に)+on(～を) → ～の様子を確認する

2128 come off as ～	～という印象を与える	☆★★
☐☐☐	I didn't mean to come off as rude. 僕は、失礼な奴だという印象を与えるつもりはなかった。	

come(来る)+off(離れた方向に)+as(～として) → ～として印象を与える

2129 stop off at ～	～に立ち寄る	☆☆★
☐☐☐	I'm going to stop off at the bakery. パン屋さんに立ち寄るつもりです。	

stop(止まる)+off(離れた方向に)+at(～に) → 進路から離れて～に止まる

2130 hold on to ～	～につかまる	☆☆☆
☐☐☐	Hold on to the rail. 手すりにつかまって。	

hold(つかむ)+on(継続して)+to(～に) → ～につかまり続ける

2131 hang on to ～	～を手放さない	☆☆★
☐☐☐	Hang on to it; you may need it. それは手放さないで。必要になるかもだから。	

hang(ぶらさがる)+on(継続して)+to(～に) → ～にぶら下がり続ける

2132 run out of ～	～を使い果たす	☆★★
☐☐☐	We just ran out of milk. ちょうど牛乳が切れた(を使い果たした)。	

run(走る)+out(外に)+of(～から) → ～から外に走り出る → ～を使い果たす

2133 sell out of ～	～を売り切る	☆☆☆
☐☐☐	Did the store sell out of bananas? その店はバナナが売り切れになった(バナナを売り切った)の?	

sell(売る)+out(外に)+of(～から) → ～から外にまで売る → ～を売り切る

2134 get out of ～
☐
☐
☐

～から降りる	☆☆☆

Let's get out of the **tax**i at the **next cor**ner.
次の曲がり角でタクシーから降りよう。

get（得る）+out（外に）+of（～から）→ ～から外に出る → ～から降りる

～から出る	☆☆☆

I **had** to **get out** of **there fast**.
私は、急いでそこから出て行く必要があった。

get（得る）+out（外に）+of（～から）→ ～から外に出る

2135 catch up with ～
☐
☐
☐

～と近況報告しあう	☆★★

It was **nice catch**ing **up** with you.
久しぶりに会って近況報告しあえてよかったわ。

catch（捕らえる）+up（達して）+with（～と）→ ～に追いつく → ～の近況を知る

2136 come up with ～
☐
☐
☐

～を思いつく	☆★★

Have you **come up** with a **good ide**a?
あなたは、いいアイデアを思いついた？

think of ～ と同じ意味。「（金銭を）都合つけて用意する」の意味もある。

2137 stand up for ～
☐
☐
☐

～のために立ち上がる	☆☆★

We should **stand up** for our **friends**.
我々は友人のために立ち上がるべきだ。

stand（立つ）+up（上に）+for（～のため）→ ～のために立ち上がる

英語は
ストレスリズム言語である

　世界の言語はリズムの観点から大きく２つのグループの分けられると言われます。ひとつが音節リズムの（syllable-timed）言語、もうひとつがストレス・リズムの（stress-timed）言語です。

　日本語、フランス、スペイン語などが入る音節リズム言語では、すべての音節をだいたい同じような強さと長さで発音します。一方、英語、ドイツ語などが属するストレスリズム言語では、文のなかでストレス（＝アクセント）のある音節が強く長く発音され、ストレスのない音節は短く発音されます。

　その結果、ストレスのある音節から次のストレスのある音節までが大体等間隔に発音される傾向があります。たとえば

　　My **back** is **stiff** from **sleep**ing **wrong**.
　　（変な姿勢で寝たせいか、背中がこわばっている）

では、back、stiff、sleep、wrong にストレスが置かれて長めに、かつおおよそ等間隔で発音されます。この４語にあわせて手拍子をとってみておよそ等間隔で言えているか確かめてみてください。もうひとつ大切なことはストレスのある音節はややピッチを高くするということです。

　　　　　back　　**stiff**　　　**sleep**　**wrong**
　　My　　　is　　from　　　ing　　　.　↘

　ストレスからストレスが等間隔であること（＝等時性）はあくまで傾向に過ぎませんが、そういう「傾向」があることは間違いありません。本書の例文は文ストレスのある音節を大きく、太字にしています。その表記を見ながら音声を聞く時、そして発音する時にはこのストレス・リズムを意識してみてください。

語句さくいん

単語

A

☐ appropriate	1874	☐ awful	0846	☐ blame	0569
☐ approve	1254	☐ awfully	1458	☐ blanket	0992
☐ approximately	1661	☐ awkward	0985	☐ bleed	0593
☐ argue	0987			☐ blind	0171
☐ arrange	1156	**B**		☐ blood	0170
☐ arrest	1123	☐ background	1688	☐ bloom	0176
☐ arrive	0048	☐ backup	1679	☐ blossom	1035
☐ article	1586	☐ badly	0419	☐ blow	0254
☐ ashamed	1180	☐ baggage	0289	☐ blush	0603
☐ assess	1314	☐ balance	1015	☐ board	0684
☐ asset	0731	☐ balcony	1562	☐ boil	0088
☐ assign	1927	☐ ban	0209	☐ bone	0165
☐ assist	1257	☐ bandage	0802	☐ book	0355
☐ associate	1875	☐ barbecue	1748	☐ boost	0367, 0460
☐ assume	1245	☐ basic	1034	☐ border	0884
☐ assure	1203	☐ basically	1608	☐ bored	0596
☐ athlete	0108	☐ bastard	1105	☐ boring	0054
☐ atmosphere	1757	☐ bath	0105	☐ borrow	0043
☐ attach	1319	☐ bathroom	1665	☐ boss	0634
☐ attack	1237	☐ battle	0977	☐ both	0616
☐ attempt	1188	☐ beat	0387	☐ bother	0123
☐ attend	1305	☐ become	1172	☐ bottle	1067
☐ attendant	1378	☐ beforehand	1788	☐ bottom	0870
☐ attention	1413	☐ beg	0372	☐ boundary	1534
☐ attitude	1755	☐ behind	1177	☐ bowl	0265
☐ attorney	1398	☐ belong	1173	☐ box	0576
☐ attract	1212	☐ belongings	1385	☐ boxers	0930
☐ attractive	1383	☐ below	1260	☐ boy	0519
☐ audience	1579	☐ bend	0563	☐ bra	0612
☐ authentic	1436	☐ beside	1268	☐ brace	0623
☐ author	0799	☐ besides	0299	☐ brain	0692
☐ authority	1620	☐ bet	0385, 0521	☐ brake	0679
☐ available	1647	☐ beverage	1572	☐ branch	0607
☐ average	1459	☐ biased	1005	☐ brand	0205
☐ avoid	1118	☐ bill	0705	☐ bread	0185
☐ award	1330	☐ bind	0700	☐ break	0506
☐ aware	1217	☐ biology	1619	☐ breakdown	1693
☐ away	1302	☐ birth	0232	☐ breakthrough	1923
☐ awesome	0273	☐ bit	0331, 0604	☐ breast	0709

☐ demonstrate	1762	☐ direction	1351	☐ drama	1044
☐ dense	0645	☐ dirty	0233	☐ draw	0278
☐ dentist	1096	☐ disabled	1423	☐ drawer	0508
☐ deny	1122	☐ disagree	1779	☐ dress	0192
☐ depart	1192	☐ disappear	1783	☐ drive	0530
☐ department	1363	☐ disappoint	1777	☐ drop	0638
☐ depend	0302	☐ disaster	1411	☐ drug	0222
☐ dependent	1441	☐ discomfort	1447	☐ drugstore	1691
☐ deposit	1452	☐ discount	1064	☐ due	0482
☐ depressed	1304	☐ discover	1399	☐ dull	0570
☐ depth	0704	☐ discuss	1209	☐ during	0989
☐ describe	1160	☐ disease	0313	☐ duty	0857
☐ desert	0923	☐ dish	0321		
☐ deserve	1274	☐ dislike	1141		

E

☐ design	1925	☐ display	1206	☐ each	0341
☐ desire	1238	☐ disposable	1652	☐ eager	0946
☐ despite	1308	☐ dispute	1224	☐ early	0964
☐ destination	1813	☐ distant	1012	☐ earn	0230
☐ destroy	1263	☐ distract	1187	☐ ease	0591
☐ detail	1066	☐ distribute	1355	☐ economy	1617
☐ detect	1154	☐ district	0936	☐ edge	0293
☐ determine	1357	☐ disturb	1315	☐ education	1816
☐ determined	1365	☐ diversity	1651	☐ effect	1267
☐ develop	1431	☐ divide	1125	☐ efficient	1380
☐ developer	1636	☐ divorce	1218	☐ effort	1016
☐ device	1157	☐ dizzy	0719	☐ either	0117, 0983
☐ devote	1309	☐ document	1565	☐ elderly	1591
☐ diabetes	1790	☐ dollar	0072	☐ elect	1193
☐ diagnose	1774	☐ domestic	1368	☐ electric	1428
☐ dialogue	1752	☐ dominant	1566	☐ electricity	1871
☐ die	0488	☐ donation	1389	☐ electronic	1855
☐ diet	0817	☐ double	0735	☐ elevator	1830
☐ differ	0789	☐ doubt	1952	☐ eliminate	1850
☐ different	1472	☐ downstairs	1699	☐ else	0480
☐ difficult	1491	☐ downtown	1707	☐ embarrass	1422
☐ digital	1511	☐ dozen	0725	☐ emergency	1650
☐ dine	0166	☐ draft	0648	☐ emission	1407
☐ dip	0329	☐ drag	0193	☐ emotion	1350
☐ direct	1252	☐ drain	0592	☐ emphasis	1529

☐ employ	1213	☐ excellent	1462	☐ faith	0109
☐ empty	0955	☐ except	0403	☐ fake	0129
☐ enable	1416	☐ exception	1367	☐ fall	0276
☐ encounter	1426	☐ excess	1182	☐ false	0269
☐ encourage	1361	☐ exchange	1248	☐ familiar	1354
☐ enemy	1570	☐ exciting	1400	☐ fan	0200
☐ energy	1471	☐ exclusive	1344	☐ fancy	0966
☐ engage	1251	☐ excuse	0314	☐ fantastic	1376
☐ engine	0943	☐ executive	1634	☐ far	0244
☐ engineer	1782	☐ exercise	1739	☐ farewell	1709
☐ enormous	1364	☐ exhaust	1932	☐ fascinating	1828
☐ ensure	1291	☐ exist	1181	☐ fashionable	1598
☐ enter	0935	☐ expand	0296	☐ fat	0134
☐ enterprise	1723	☐ expect	0397	☐ father	0116
☐ entertainment	1811	☐ expensive	0011	☐ fault	0268
☐ enthusiastic	1863	☐ experience	1623	☐ favor	0756
☐ entirely	1401	☐ experiment	1638	☐ favorite	1473
☐ entrepreneur	1852	☐ expert	0757	☐ fear	0135
☐ entry	0880	☐ expire	1223	☐ feature	0965
☐ environment	1657	☐ explain	1208	☐ federal	1592
☐ equal	0446	☐ explore	1232	☐ fee	0339
☐ equipment	1395	☐ export	1306	☐ feedback	1683
☐ error	0046	☐ express	1300	☐ feel	0138
☐ especially	1640	☐ extend	1297	☐ feeling	0899
☐ essential	1425	☐ extent	1246	☐ fellow	0767
☐ establish	1449	☐ extra	1076	☐ female	1040
☐ esteem	1144	☐ extract	1227	☐ feminine	1542
☐ estimate	1749	☐ extraordinary	1856	☐ fever	0141
☐ evaluate	1851	☐ extremely	1372	☐ few	0136, 0507
☐ eve	0143	**F**		☐ fiercely	1063
☐ event	1137			☐ fight	1906
☐ eventually	1663	☐ fabric	0819	☐ figure	1095
☐ evidence	1543	☐ fabulous	1535	☐ file	0094
☐ evolution	1794	☐ face	0131	☐ fill	0511
☐ exactly	1421	☐ fact	0393	☐ film	0097
☐ exam	1149	☐ factor	0795	☐ filter	0797
☐ examine	1444	☐ fade	0375	☐ final	0843
☐ example	1356	☐ fail	0127	☐ finance	1316
☐ exceed	0298	☐ fair	0139, 0651	☐ fine	0159, 0493

☐ manipulate	1844	☐ meter	0766	☐ move	0152
☐ manners	0841	☐ method	0734	☐ multiple	1479
☐ mansion	0991	☐ microwave	1724	☐ municipal	1646
☐ manufacture	1807	☐ middle	1045	☐ murder	1078
☐ mark	0246	☐ might	1919	☐ muscle	1958
☐ market	1011	☐ mile	0096	☐ must	0586
☐ marry	0047	☐ military	1835	☐ mutual	1585
☐ mass	0207	☐ mind	0557	☐ myth	0514
☐ massive	0847	☐ minimum	1549	**N**	
☐ master	1021	☐ minor	0798		
☐ match	0631	☐ minority	1639	☐ naive	1328
☐ material	1627	☐ minute	1898, 1899	☐ naked	1018
☐ math	0101	☐ miserable	1609	☐ narrow	0049
☐ matter	0777	☐ mislead	1332	☐ nasty	1103
☐ mature	1231	☐ miss	0325	☐ national	1489
☐ maximum	1594	☐ missile	0973	☐ native	0801
☐ mayor	0969	☐ missing	0755	☐ natural	1496
☐ meal	0536	☐ mission	1017	☐ nature	0994
☐ mean	0158, 0628	☐ mistake	1216	☐ naughty	1915
☐ means	0659	☐ mixed	0647	☐ navigation	1805
☐ meanwhile	1670	☐ mixture	1051	☐ nearby	1705
☐ measure	1081	☐ mobile	0875	☐ nearly	0852
☐ measures	0816	☐ mode	0621	☐ necessary	1833
☐ mechanical	1635	☐ model	0874	☐ negative	1507
☐ media	1587	☐ moderate	1576	☐ negotiate	1847
☐ medical	1527	☐ modern	1077	☐ neighbor	1912
☐ medicine	1540	☐ modest	0898	☐ neither	0878
☐ medium	1468	☐ modify	1727	☐ nervous	0962
☐ meet	0334	☐ moisture	1043	☐ neutral	0933
☐ member	0892	☐ moment	0804	☐ never	0147
☐ memory	1523	☐ money	0772	☐ nevertheless	1853
☐ mental	0760	☐ monitor	1530	☐ news	0306
☐ mention	0876	☐ month	0106	☐ nod	0376
☐ merger	0811	☐ mood	0359	☐ noisy	0831
☐ mess	0564	☐ moral	0045	☐ nominate	1725
☐ message	1025	☐ mortgage	0893	☐ nonsense	0730
☐ messy	0866	☐ mostly	0412	☐ normal	1007
☐ metabolism	1870	☐ motion	0953	☐ notable	1518
☐ metal	1014	☐ motivation	1800	☐ note	0264, 0624

☐ radiation	1820	☐ refuse	0315	☐ respond	1205
☐ radical	1550	☐ regard	1174	☐ responsible	1624
☐ raise	0690	☐ regardless	1443	☐ rest	0038, 0641
☐ random	0868	☐ region	0971	☐ restaurant	1695
☐ range	0541	☐ registration	1806	☐ restrict	1146
☐ rank	0033	☐ regret	1264	☐ result	1117
☐ rapid	0906	☐ regular	1498	☐ resume	1235
☐ rarely	1023	☐ reject	1133	☐ résumé	1737
☐ rate	0041	☐ relation	1446	☐ retail	1673
☐ rather	0114	☐ relative	1513	☐ retire	1147
☐ rating	0981	☐ relax	0076	☐ return	1278
☐ ratio	1099	☐ release	0075	☐ reverse	1121
☐ raw	0270	☐ relevant	1581	☐ review	1222
☐ reach	0029	☐ relieve	0081	☐ revise	1241
☐ react	1204	☐ religious	1336	☐ reward	1294
☐ ready	0794	☐ rely	0077	☐ rhythm	0122
☐ real	0034	☐ remain	1191	☐ rich	0031
☐ realize	1747	☐ remarkable	1613	☐ ride	0040
☐ really	0079	☐ remedy	1578	☐ ridiculous	1615
☐ rear	0577	☐ remind	1165	☐ right	1907
☐ reason	0934	☐ remote	1242	☐ rise	0317
☐ reasonable	1606	☐ remove	1307	☐ risky	1031
☐ reboot	1162	☐ rent	0032	☐ rival	1013
☐ recall	1285	☐ repair	1253	☐ roast	0039
☐ receive	1226	☐ repeat	1148	☐ robbery	1582
☐ recently	0417	☐ replace	1202	☐ rock	0035
☐ reception	1382	☐ reply	1277	☐ role	0535
☐ recipe	1490	☐ report	1265	☐ roll	0620
☐ recognize	1712	☐ request	1258	☐ romantic	1384
☐ recommend	1769	☐ requirement	1439	☐ room	0368
☐ record	1886	☐ rescue	0882	☐ rough	0036
☐ recover	1387	☐ research	1671	☐ round	0030
☐ recruit	1134	☐ reservation	1791	☐ route	0389
☐ recycle	1375	☐ resign	1926	☐ routine	0024
☐ reduce	1150	☐ resist	1136	☐ row	0042
☐ refer	1124	☐ resolution	1812	☐ rude	0374
☐ reflect	1326	☐ resolve	1200	☐ ruin	0362
☐ reform	1199	☐ resource	1694	☐ rule	0366
☐ refund	1878	☐ respect	1119	☐ rumor	0972

S

sack	0208	senior	0805	silly	0001
safely	1019	sensible	1539	similar	1465
salad	0082	sensitive	1556	simple	0004
salary	1494	separate	1519	single	0768
sale	0089	series	1047	sink	0013
same	0471	serious	1544	site	0388
sample	0782	server	0810	situation	1796
sandwich	0806	service	1089	size	0518
satisfy	1732	session	0769	skill	0552
sauce	0279	set	0386	skin	0163
sausage	0754	settle	0982	slender	1092
save	0153	several	1571	slide	0173
scale	0566	severe	1228	slightly	1913
scare	0459	sex	0672	slim	0328
scene	0005	shake	0693	slip	0178
scenery	1500	shame	0699	smart	0243
schedule	0984	shampoo	1283	smell	0090
scholarship	1714	shape	0467	smile	0087
science	1086	share	0694	smoke	0259
scissors	0911	sharp	0242	smooth	0517
score	0610	shave	0539	snap	0501
screen	0498	sheet	0338	soap	0256
screw	0643	shelf	0500	social	0787
seal	0007	shift	0330	society	1656
search	0237	shirt	0543	solution	1393
season	0006	shock	0547	solve	0150
seat	0003	shoot	0364	somewhat	1667
secretary	1829	shopping	0781	son	0502
section	0869	short	0636	soon	0357
secure	1155	shortly	0411	sore	0627
security	1621	shorts	0587	sorry	0052
seek	0014	shot	0682	sort	0666
seem	0008	shy	0664	sound	0662
select	0084	sick	0009	soup	0358
selfish	0849	side	0378	source	0629
sell	0537	sight	1918	space	0560
send	0489	sign	1924	spare	0558
		signal	0010	speak	0580
		silent	1032	special	1110

句動詞

A B

- ask for ~ 2100
- ask out ~ 2065
- back down 1973
- back off 1982
- back up ~ 2077
- beat up ~ 2092
- bite off ~ 2036
- blow away ~ 2017
- blow out ~ 2062
- blow up 2006
- break down 1971
- break down ~ 2026
- break off ~ 2045
- break out 1990
- break through ~ 2113
- break up ~ 2081
- brush up ~ 2089
- bump into ~ 2103
- burn out 1994

C

- call back ~ 2019
- call off ~ 2043
- calm down 1972
- care for ~ 2101
- carry on 1987
- carry out ~ 2066
- catch on 1984
- catch up ~ 2075
- catch up with ~ 2135
- check in on ~ 2127
- check out ~ 2053
- chop up ~ 2093
- clean out ~ 2068

- clear out ~ 2057
- clear up ~ 2088
- close down ~ 2023
- close off ~ 2044
- come across ~ 2095
- come apart 1964
- come off as ~ 2128
- come on 1983
- come over 1998
- come up 2005
- come up with ~ 2136
- cool off 1979
- count on ~ 2109
- cover up ~ 2090
- cross off ~ 2034
- cut back on ~ 2122
- cut down on ~ 2125
- cut off ~ 2040
- cut out ~ 2049
- cut up ~ 2076

D E F

- do over ~ 2072
- do without ~ 2119
- drop in 1975
- drop off ~ 2037
- dry off 1980
- dry out 1995
- eat up ~ 2091
- fall down ~ 2097
- fall off 1981
- fall over 1999
- fight back 1968
- figure out ~ 2064
- fill in ~ 2031
- fill out ~ 2054
- fill up ~ 2080
- find out ~ 2067

G

- get along 1963
- get away 1967
- get away from ~ 2121
- get back to ~ 2123
- get behind 1969
- get behind ~ 2096
- get down to ~ 2124
- get in ~ 2102
- get off ~ 2108
- get on ~ 2110
- get out of ~ 2134
- get to ~ 2115
- get together 2001
- give away ~ 2016
- give out 1997
- give out ~ 2063
- go ahead 1962
- go away 1966
- go by 1970
- go down ~ 2098
- go in 1974
- go over ~ 2112
- go up ~ 2117

H

- hand in ~ 2032
- hand out ~ 2058
- hand over ~ 2071
- hang on 1985
- hang on to ~ 2131
- hang out 1989
- hang up 2002
- hang up ~ 2086
- head toward ~ 2116
- hear of ~ 2107
- heat up 2004
- heat up ~ 2078

☐ help out	1993
☐ hold on	1986
☐ hold on to ~	2130
☐ hold up	2003

K L

☐ keep away from ~	2120
☐ keep on ~	2111
☐ keep up ~	2074
☐ lay down ~	2025
☐ leave behind ~	2022
☐ leave out ~	2055
☐ let in ~	2029
☐ let off ~	2038
☐ let out ~	2050
☐ light up ~	2082
☐ line up	2012
☐ live with ~	2118
☐ look forward to ~	2126
☐ look into ~	2105
☐ look over ~	2070

M N P

☐ make up ~	2085
☐ mix up ~	2079
☐ move in	1976
☐ move out	1991
☐ narrow down ~	2027
☐ pay back ~	2020
☐ pay for ~	2099
☐ pick out ~	2056
☐ pick up ~	2084
☐ plug in ~	2028
☐ point out ~	2059
☐ point to ~	2114
☐ pull over	2000
☐ put away ~	2015
☐ put down ~	2024
☐ put off ~	2042

☐ put together ~	2073

R S

☐ run into ~	2106
☐ run out of ~	2132
☐ screw up	2013
☐ sell out of ~	2133
☐ set up ~	2083
☐ show off	1978
☐ shut off ~	2039
☐ shut up	2011
☐ sign in	1977
☐ sign out	1996
☐ sign up	2009
☐ sort out ~	2060
☐ stand up	2008
☐ stand up for ~	2137
☐ start up ~	2087
☐ stay up	2007
☐ stop off at ~	2129
☐ straighten out ~	2061
☐ switch off ~	2033
☐ switch on ~	2047

T W

☐ take apart ~	2014
☐ take back ~	2021
☐ take out ~	2051
☐ throw away ~	2018
☐ throw out ~	2069
☐ throw up	2010
☐ trade in ~	2030
☐ try on ~	2046
☐ turn around	1965
☐ turn into ~	2104
☐ turn off ~	2041
☐ turn on ~	2048
☐ turn up ~	2094
☐ watch out	1988

☐ wear out ~	2052
☐ wipe off ~	2035
☐ work out	1992

参考文献

本書の執筆に際しては主に以下の文献・資料を参考にしました。

井上永幸・赤野一郎（編）（2003）.『ウィズダム英和辞典』（第3版）（三省堂）

梅田修（1990）.『英語の語源辞典』（大修館書店）

小池生夫他（編）（2003）.『応用言語学事典』（研究社）

小菅和也（2003）.「英語発音カタカナ表記の活用」『武蔵野英米文学』（武蔵野大学英文学会）36, 71-87.

下宮忠雄・金子貞雄・家村睦夫（編）（1989）.『スタンダード英語語源辞典』（大修館書店）

竹林滋（1996）.『英語音声学』（研究社）.

竹林滋・小島義郎・東信行・赤須薫（編）（2007）.『ライトハウス英和辞典』（第5版）（研究社）

竹林滋・斎藤弘子（1998）.『改訂新版 英語音声学入門』（大修館書店）

長瀬慶來教授古希記念出版刊行委員会（編）（2022）.『英語音声学・音韻論 —理論と実践—』（大阪教育図書）

堀田隆一（2016）.『英語の「なぜ」に答える　はじめての英語史』（研究社）

堀田隆一『hellog 〜英語史ブログ』http://user.keio.ac.jp/~rhotta/hellog/

松坂ヒロシ（1986）.『英語音声学入門』（研究社）

松坂ヒロシ（2021）.『歯型と絵で教える英語発音 —発音をはじめて教える人へ—』（開拓社）

南出康世・中邑光男（編）（2023）.『ジーニアス英和辞典』（第6版）（大修館書店）

望月正道・相澤一美・投野由紀夫（2003）.『英語語彙の指導マニュアル』（大修館書店）

Avery, P. & Erhlich, S. (1992). *Teaching American English pronunciation*. Oxford University Press.

Hands, P. (Ed.) (2020). *Collins COBUILD Phrasal Verbs Dictionary* (4th ed.). Collins.

Hewlett, N. & Beck, J. (2006). *An introduction to the science of phonetics*. Lawrence Erlbaum.

Lewis, A. (2010). *New Oxford American Dictionary* (3rd ed.). Oxford University Press.

Wells, J. C. (2006). *English intonation: An introduction*. Cambridge University Press.

謝辞

黙字に関して手島良氏から貴重な示唆をいただきました。心より感謝申し上げます。

［ 著者紹介 ］

静 哲人（しずか・てつひと）

1960年生まれ。東京外国語大学外国語学部英米語学科卒業。コロンビア大学ティーチャーズカレッジより英語教授法の修士号（MA in TESOL）、レディング大学より博士号（Ph.D.）取得。関西大学教授、埼玉大学教授を経て、現在大東文化大学外国語学部教授。専門は英語授業実践学、特に発音指導法。英語の先生向けの実践的トレーニング研修・講演会・ワークショップの経験が豊富。『日本語ネイティブが苦手な英語の音とリズムの作り方がいちばんよくわかる発音の教科書』『日本語ネイティブが苦手な英語の音とリズムの聞き方がいちばんよくわかるリスニングの教科書』（テイエス企画）、『英語授業の心・技・体』『英語授業の大技・小技』（研究社）、『絶対発音力』（ジャパンタイムズ）、『ENGLISHあいうえお』（文藝春秋）、『英語テスト作成の達人マニュアル』（大修館書店）など、英語の授業方法関係、発音指導方法関係の著書・論文多数。

執筆協力：佐藤浩子
編集：山田広之
編集協力：小宮徹、飯塚香
デザイン・DTP：Isshiki
イラスト：飯山和哉
録音・音声編集：ELEC録音スタジオ
ナレーター：Neil Demaere ／ Jennifer Okano ／ Rachel Walzer ／
　　　　　　水月優希

日本語ネイティブが苦手な英語の音とリズムの
作り方がいちばんよくわかる
単語の教科書

発行：2023年10月10日　第1刷

著者　　　：靜哲人
発行者　　：山内哲夫
企画・編集：トフルゼミナール英語教育研究所
発行所　　：テイエス企画株式会社
　　　　　　〒169-0075
　　　　　　東京都新宿区高田馬場1-30-5 千寿ビル6F
　　　　　　E-mail　books@tseminar.co.jp
　　　　　　URL　https://www.tofl.jp/books/
印刷・製本：図書印刷株式会社